숭실대학교 법학연구소
『법학논총』 논문선 [1]

융합적 사회변화와 법

저자 김영국 · 송승현 · 박선종 · 박창규 · 권지현
김정현 · 주승희 · 백경희 · 박성진

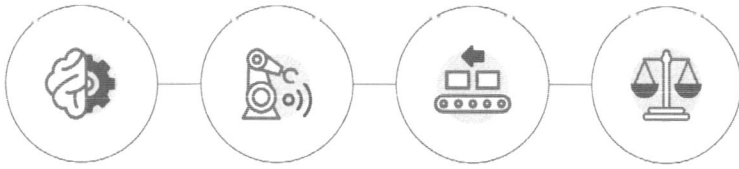

디 사 랑

융합적 사회변화와 법

초판인쇄	2022년 10월 20일
초판발행	2022년 10월 25일
저　　자	김영국·송승현·박선종·박창규·권지현 김정현·주승희·백경희·박성진
펴 낸 곳	도서출판 디시링
펴 낸 이	신진호
출판등록	제2002-000017호
주　　소	07027 서울시 동작구 사당로 8 (상도동)
전　　화	(02)812-3694(代)

ISBN 978-89-97756-65-0 03360

정가 15,000원

ⓒ 2022

무단 전재와 복사를 할 수 없습니다.

발간사

과학기술의 발전은 법학에 있어서도 새로운 논의를 가져오고 있습니다. 특히 기술의 발전에 따른 최근의 급격한 사회 변화는 매우 다양한 법적 연구를 활발히 이루어지게 하는 원인으로 작용하고 있습니다. 이와 같은 흐름 속에서의 법학 연구가 과거와 다른 점은, 융합적 시각에서 문제해결을 고민하고 있다는 점에 있습니다. 이는 최근의 4차 산업 혁명과 관련된 주요한 법적 문제들이 우리 사회의 기술 발전에 따른 변화 속에서 다양한 요인들과 밀접한 관계를 갖고, 이에 대한 규범적 접근 역시 법을 기반으로 한 융합적 관점에서 다루어지지 않으면 그 실효성이 떨어진다는 점에 대한 공감대가 있기 때문입니다.

숭실대학교 법학연구소는 우리 사회가 요구하는 역할을 수행하고자 법률 실무와 이론의 접목을 중심으로 한 선도적 연구를 수행하고자 노력하고 있습니다. 구체적으로 연구소 산하 지식재산·융합법학연구센터, 통일법연구센터, 환경법연구센터, 금융법연구센터를 두고, 최근 주요한 분야에 대한 시의성 있는 법학 연구의 효과적 수행을 위한 활동을 해 오고 있습니다. 특히 학술지인 '법학논총'(KCI등재지)을 발간해오면서 현재의 다양한 법적 논의들을 담아내고 있으며, 이를 통하여 우리 사회의 법적 담론을 형성해오는데 기여해 왔습니다.

우리 연구소는 다양한 사회적 변화 속에서 우리 사회가 함께 생각해볼 필요가 있는 문제들에 대하여 수준 높은 법학적 논의들의 장을 제공하고자 합니다. 그간 '법학논총'은 과학기술의 발전에 따른 다양한 문제에 대한 논문들을 게재해 오고 있었습니다.

그 가운데 4차산업혁명기에 나타날 문제에 대한 연구자들이 논문들을 선별해 '융합적 사회변화와 법'이라는 한 권의 책으로 발간하였습니다. 이를 통해 연구자들의 제안을 여러분들과 함께 고민해 볼 수 있는 기회가 되기를 바랍니다.

2022년 1월
숭실대학교 법학연구소장 **최정식**

추천사

4차산업혁명은 기존의 산업혁명에서 야기했던 • 대량생산, 디지털 전자기기, 정보통신 기술 등을 융합하는 • 초연결성 사회(hyper-connected society), 그리고 빅데이터(big data)를 가지고 기계가 스스로 학습을 수행하는 머신러닝(machine-learning) 즉 인공지능(Artificial Intelligence, AI)을 활용하는 • 지능정보사회로의 변화를 가져오고 있습니다. 이러한 변화의 과정 중 블록체인기술을 활용한 가상자산, AI 로봇, 자율주행 자동차, 그리고 드론 등 예전에는 생각지 못하였던 새로운 재화나 생산 및 이동수단이 등장함으로써 우리의 재화의 구입이나 소비 등에 관한 우리의 생활양식을 연쇄적·융합적으로 변화시키고 있습니다. 이러한 융합적 사회변화는 코로나 19 팬데믹 상황에서 비대면이 강조되면서 더욱 빠르게 나타나고 있습니다.

이러한 융합적 사회변화의 이면에는 AI의 특허권 주체성, AI 발명품의 특허권 인정을 위한 진보성 판단 기준, 자율주행자동차 운행 중 야기할 사고의 배상책임 주체, 알고리즘 담합에 대한 제재, 스마트 계약과 사회적 신용, 빅데이터 활용에 따른 데이터 소유권, 개인정보보호와의 충돌 등 전통적 법이론만으로 쉽사리 해결하지 못하는 난제들 즉 법적 쟁점들이 자리잡고 있습니다.

대한민국 국회는, 그러한 법적 쟁점들을 풀어나가고자, 이미 데이터 3법을 통과시켰으며, 비대면 원격의료의 법제화를 위한 법안, 자상자산에 관한 법안을 심의 중입니다.

이러한 때에, 본 서 '융합적 사회변화와 법'은 융합적 사회변화에 따른 법적 쟁점들의 해결을 위한 탁견을, 위에 언급한 분야 별로 엄선해 책으로 제시한 소중한 자료입니다. 법과 정책 분야 종사자, 법조인, 연구자, 나아가 법을 학습하는 이들 분만 아니라 일반 지성인에게도 융합사회의 방향과 법적 대처에 관한 논의를 이해하고 분별력을 고양하는데 필요한 내용들을 담고 있다는 점에서 추천할 만합니다. 가히 융합사회의 문제점과 해결방안을 한번에 고찰할 수 있는 Code라고 할 수 있습니다.

저는 본 서의 출간으로, 이미 우리 한가운데 파고든 융합적 사회변화에 대하여, 모두 함께 힘을 모아 지혜로운 규범적 대응을 해나가는 분위기를 형성함으로써, 4차산업혁명이 우리 모두에게 유익이 될 수 있기를 기원합니다.

2022년 1월
4차산업혁명 융합법학회 회장 **한명관**

숭실대학교 법학연구소 소개

숭실대학교 법학연구소는 "법의 이념과 실제에 관한 연구, 조사 및 그 결과의 발표와 보급을 통하여 법학교육과 법률문화 발전에 이바지함"을 목적으로 하여 설립되었습니다.

1986년 이래 매년 1~2회 법학 분야 학술대회를 한 해도 쉬지 않고 개최하여 법학연구에 꾸준히 노력해 왔으며, 연구소가 운영하는 정기간행물인 종합학술지 『법학논총』(한국연구재단 등재지)을 통해 법학 전반에 관한 우수 논문들을 모아 매년 발간되어 왔습니다. 이렇게 지속적으로 개최된 학술대회와 학술지 『법학논총』의 발간은 법학 분야 연구자들에게 옥고를 발표할 수 있는 소중한 기회를 정규적으로 제공해 왔습니다.

2011년 이래 법학 분야 국내 학술대회 외에도 고당 국제 학술대회를 매년 개최해 왔습니다. 코로나19로 집합이 불가능했던 2020년부터는 온라인 고당국제학술대회를 개최하는 등 슬기롭게 역경을 이겨내고 법학 분야의 국제화에 지속적으로 투자해 왔습니다. 이러한 학술대회의 우수 발표문들은 심사를 통해 『법학논총』에 게재하도록 유도하여 법학 연구의 국제화에 기여해 왔음은 자부심이라 할 수 있습니다.

법학 교육이 이론 중심에서 실무 위주로 전환되어 있는 상황에서 실무와 이론을 접목하는 분야, 기후 변화로 나타나는 환경 관련 법제의 분야, 4차산업혁명으로 새롭게 기술의 융합, 학제 융합에 대응할 법적 대응 분야에 관심을 갖고 있습니다. 숭실대 법학연구소가 법학의 적절한 방향에 대해 자기 성찰을 통한 정진을 하고자 합니다. 그 첫걸음으로 4차산업혁명 관련 법 분야의 연구논문들 중 엄선하여 단행본으로 『융합적 사회변화와 법』을 출간하게 되었습니다. 숭실대학교 법학연구소와 학술지 『법학논총』에 독자 여러분들께서 깊은 애정과 관심, 성원을 부탁드립니다.

- 전임 소장 최정식 (2018.2. ~ 2022.1.)
- 신임 소장 박완규 (2022.2. ~ 현재)

  - 주소. 서울시 동작구 상도로 369 숭실대학교 진리관 308호[우편번호 06978]
  - e-mail. legalins@ssu.ac.kr
  - 전화번호. 02-828-7413, 02-820-0470 (fax)02-817-5837

학술지 『법학논총』 소개

숭실대학교 법학연구소의 『법학논총』(한국연구재단 등재 학술지)은 헌법, 민사법, 형사법, 상법, 행정법, 국제법, 법제사, 비교법, 법철학 등 전통 법학 분야 뿐만 아니라 환경, 기후변화 관련 법제, 지식재산권법, 4차산업혁명 기술 관련 분야의 법 등 새로운 분야의 국내외 우수 논문들을 엄정한 심사를 통해 발간하는 법학 분야 종합 학술지입니다. 1985년 이래 매년 발간되어 왔으며, 현재 연 3회(1월 말, 5월 말, 9월 말) 발간되고 있습니다. 투고기한은 각 1월 초, 3월 초, 9월 초이며, 숭실대학교 법학연구소 홈페이지에 기한 마감 한달 전부터 원고모집을 공지합니다. 투고는 JAMS를 통해 가능합니다.

- 편집위원장 이상현 (국제법무학과 교수)
- 편집간사 유용식 (법학연구소 조교)

숭실대학교 법학연구소의 홈페이지: https://legalins.jams.or.kr/ (원고 투고 가능)

숭실대학교 법학연구소 홈페이지에서는 『법학논총』에 게재된 논문의 원문을 제공합니다.

CONTENTS

1 자율주행자동차의 법적 쟁점과 입법 과제 ---------------------------------- 1
김영국

2 스마트 계약과 사회 신용 -형법상의 법적 문제를 중심으로- -------------- 41
송승현

3 증권형 가상자산의 투자자보호에 관한 연구 ------------------------------ 89
박선종

4 디지털 경제에서 알고리즘 담합에 관한 연구 ---------------------------- 107
박창규

5 비기술적요소가 포함된 AI발명의 진보성 판단기준 ---------------------- 135
권지현

6 빅데이터 시대의 개인정보 보호법제 개선방안 -------------------------- 159
김정현

7 데이터 3법의 주요 개정 내용 및 형사법적 의의에 관한 소고 ---------- 183
주승희

8 펜데믹(Pandemic) 기간 동안의 원격의료 허용 여부 및
그 범위에 관한 고찰 -- 205
백경희 · 박성진

융/합/적/사/회/변/화/와/법

자율주행자동차의 법적 쟁점과 입법 과제

김영국[*]

국회 입법조사처 입법조사관

Ⅰ. 들어가는 말

자율주행자동차[autonomous driving car(vehicle)][1](이하 "자율주행차" 병기)란 자동차 스스로 주변환경을 인식하고 위험을 판단하면서, 계획한 목적지까지 경로를 주행하는 자동차로서, 운전자의 주행조작을 최소화하며 스스로 안전주행이 가능한 인간 친화형 자동차를 말한다.[2] 이러한 자율주행차는 보통 정밀 위성항법장치(GPS/map)와 높은 기술수준

---

[*] 〈논문 게재 당시 소속〉 법조협회, 법학박사
[1] 자율주행자동차의 영어 표기가 어떠해야 하는가에 대해서는 논란이 있다. autonomous vehicle로 번역하는 예가 많으나, 일부에서는 vehicle은 비행기나 드론, 선박을 포함하는 광범위한 개념이므로 autonomous car로 번역하는 것이 타당하다는 지적이 있다. 외국에서는 autonomous vehicle(car), unmanned vehicle, self-driving car 등 다양한 용어가 사용되고 있다. 법제처 국가법령정보센터(http://www.law.go.kr/main.html; 2016년 7월 13일 방문)의 자동차관리법 영문법령이 2016년 2월 시행중인 법률을 반영하지 않아 자율주행자동차에 대한 명확한 용어를 알 수 없으나 자동차를 "motor car"(자동차관리법 제2조 제1호)로 자동차사용자를 "motor vehicle user"(자동차관리법 제2조 제3호) 표기하고 있고, 자동차손해배상보장법(이하 "자배법" 병기)의 경우에 자동차는 "motor vehicle"(자배법 제2조 제1호)로 운전자를 "driver"(자배법 제2조 제4호)로 표기하고 있다. 자동차의 용어와 관련하여 법률에 따라 각각 "motor car", "motor vehicle"로 다르게 표기하는 이유는 법률의 성격에 차이가 있는 것으로 보이는데, 통일된 번역 기준을 마련할 필요가 있다. 위와 같은 법제처 영문표기로 볼 때, car와 vehicle은 동시 사용이 가능한 것으로 보이며, 자율주행자동차의 명확한 영문표기는 추후 자동차관리법의 영문법령을 통해 확인 가능할 것이지만, 필자는 autonomous (driving) car 또는 autonomous (driving) vehicle로 표기하는 것이 적절하다고 본다.
[2] 이종영·김정임, "자율주행자동차 운행의 법적 문제", 「중앙법학」 제17집 제2호, 2015. 6, 146면.

의 센서(sensor, 인식장치), 프로세서(processor, 연산제어장치), 제어알고리즘(algorithm) 및 물리적인 구동장치에 해당하는 액추에이터(actuator, 작동장치) 등으로 구성되어 있다. 앞으로 자동차 산업은 운전자의 주행조작 없이도 원하는 목적지까지 운행할 수 있는 완전자율주행자동차의 상용화를 향해 지속적인 발전이 이루어질 것이다. 우리가 예측할 수 있는 멀지 않은 미래에 사람들은 운전대에 손을 대지 않고도 원하는 일들을 할 수 있을 것이며, 현재와 같은 자동차 운전면허 없이도 자율주행자동차를 타고 목적지까지 갈 수 있게 될 것이다.

자율주행자동차는 인간생활, 산업체계, 나아가 국가의 기본적인 인프라를 변화시킬 수 있을 정도의 파급력이 크다. 예컨대 자율주행자동차의 상용화는 보험분야, 교통분야, 물류분야 등에서 많은 구조적 변화를 예고하고 있으며, 심지어 자동차가 소유의 대상에서 공유의 대상으로 전환될 것으로 예측되고 있다.3) 자동차의 운행 효율이 향상되면서 굳이 자동차를 소유할 필요성이 줄어들고, 필요한 때에 이용할 수 있는 사용 개념이 확대될 것으로 보인다. 또한 대도시에서의 주차 및 교통, 환경 문제 등을 해소하기 위한 목적으로 자율주행자동차의 보급은 정책적 지원을 받게 될 것이다. 결과적으로 자동차를 소유하기 위해 필요한 비용 및 주차 공간이 줄어듦으로서 부동산의 활용도 높아질 것으로 보인다.

궁극적으로 자율주행자동차는 인간이 운전하는 일반적인 자동차에 비해 안전하다는 점이며, 부수적으로 도로 등의 사정을 고려한 정보시스템의 활용으로 원활한 교통상황에 기여할 수 있다는 사실이다. 오늘날 자동차 사고의 대부분은 자동차 자체의 결함보다는 운전자의 과실로 발생하는 경우가 훨씬 높은 것으로 나타나고 있는데, 자율주행자동차의 자율주행시스템에 의할 경우 스스로 수집한 정보 이외에도 다른 자율주행자동차로부터 수집한 정보에 의존할 수 있는 체계를 갖고 있으므로 교통사고를 방지하는 능력이 상대적으로 높다고 볼 수 있다.4) 따라서 자율주행자동차는 교통사고로 인해 발생하는 사회적 비용을 획

---

3) 머니투데이 2016. 1. 1.자(http://stock.thinkpool.com/news/newsFlash/read/newsFlash.do?sn=9982141; 2016. 7. 13일 방문); 세계적인 미래학자 제러미 리프킨도 2014년에 펴낸 '한계비용 제로 사회'에서 카풀이나 우버 등 차량 공유 서비스를 이용하는 사람들의 80%가 가지고 있던 차를 팔았다며 공유 차량 1대가 자가용 15대를 도로 위에서 사라지게 했다고 지적했다.

4) 미국 일반도로에서의 자율주행자동차 시험주행과 관련하여 미시간대학교 교통연구소와 구글의 지원을 받은 버지니아 기술교통연구소의 상반된 연구가 흥미롭다; 미시간대학교 연구에 의하면, 자율주행차 안전성에 대한 지나친 낙관을 경계해야 한다는 시사점을 얻을 수 있는 반면, 버지니아 기술교통연구소는 일반 차량의 교통사고에 비해 자율주행차의 교통사고 발생률이 낮다는 결과를 제시하고 있기 때문이다(박준환, "자율주행자동차 교통사고 시 손해배상 책임에 관한 쟁점", 「이슈와 논점」, 제1136호, 국회입법조사처, 2016. 3. 17, 2면 참조). 전자의 경우, 자율주행차의 과실은 아니지만 자율주행차가 포함된 교통사고가 다수 발생했으며, 자율주행차의 운행거리 백만 마일당 교통사고 발생률과 부상자 발생률 등이 일반 차량의 경우보다 높다는 결과를 포함하고 있다. 이를 통해 볼 때, 자율주행자동차의 연구 개발 및 상용화 단계에서 안전성에 대한 막연한 기대를 갖는 입장은 지양되어야 할 것으로 보인다. University of Michigan Transportation Research Institue, "A preliminary analysis of real-world crashes involving self-driving vehicles", 2015. 10; Virginia Tech Transportation Institue,

기적으로 낮출 수 있음은 물론, 전체적인 교통흐름의 원활화, 연료의 효율성 증가와 오염 배출 감소 등의 효과도 얻을 수 있다. 또한 자율주행자동차는 운전자 없는 자동차 운행을 가능하게 함으로써 시각장애인, 고령자, 미성년자 등 운전에 어려움이 있거나 불가한 사람들에게 운송 서비스를 제공할 수 있다. 더 나아가 사람들이 차량을 운전하는 공간으로 인식하기보다는 이동을 위해 잠시 머무는 공간으로 인식하게 한다는 점에서 우리 삶의 획기적인 변화를 예상할 수 있다. 자동차의 홍수 속에서 기계적으로 운전함으로써 낭비되는 시간을 자기개발, 휴식 등을 위한 시간으로 활용할 수 있게 만들 것이기 때문에 사회적 생산성 측면에서 엄청난 진보로 이어질 것이다.

이처럼 인간생활의 획기적인 변화를 가져올 자율주행자동차의 도입을 위해서는 관련 과학기술 이외에 교통사고 발생시의 처리 등 다양한 법적 문제의 검토가 필요하다. 자율주행자동차의 운행이 현행 법제도에서 허용될 수 있는지, 자율주행에 의한 운행이 허용될 경우 운전 중 교통사고가 발생했을 때 운전자와 자동차 제조업자의 법적 책임을 어떻게 지울 것인지, 사고 피해자의 손해를 신속하게 배상 또는 보상하기 위해 누가 먼저 손해를 부담할 것인지, 자율주행자동차의 운행을 실현하기 위한 정보를 어떻게 관리할 것인지 등에 관한 검토가 필요하다.

II. 자율주행자동차 운행 관련 법적 쟁점

1. 자율주행자동차 운행의 허용 여부

(1) 자율주행자동차 임시 운행

2016년 1월 28일 시행된 자동차관리법 제2조 제1호의3은 자율주행자동차를 "운전자 또는 승객의 조작 없이 자동차 스스로 운행이 가능한 자동차"로 정의하고, 자율주행자동차가 고장감지 및 경고 장치, 운전자 준수사항 등 안전 운행 요건을 갖춘 경우, 시험·연구 목적에 한정하여 임시운행 허가를 받을 수 있도록 하였다(동법 제27조). "운전자나 승객의 조작 없이도 자동차 스스로 운행이 가능"하다는 것은 완전 자율주행을 의미하는 것으로서 레벨 3단계의 상용화가 2020년 예정되어 있는 시점에서 상당히 획기적인 입법이다.[5] 현

"Automated vehicle crash rate comprarison using naturalistic data", 2016. 1.

5) 미국 네바다 주 및 캘리포니아 주의 자율주행자동차 규정은 자율주행기술을 먼저 정의하고, 자율주행기술이 적용된 자동차를 자율주행자동차로 정의하는 입법방식인 반면[The Nevada Revised Statutes(NRS) Chapter 482A-Autonomous Vehicles; California Vehicle Code Division 16.6 Autonomous Vehicles (38750)], 우리나라 자동차관리법은 자율주행기술에 대한 정의 없이

행법상 운전자 없는 자율주행자동차는 도로 주행이 원칙적으로 불가능하다는 점에서, 앞으로 무인자동차6)의 운행도 고려한 입법으로 평가할 수 있다. 최근 개정된 자동차관리법 시행규칙(2016. 2. 12. 시행)에 근거하여 새롭게 제정된 "자율주행자동차의 안전운행요건 및 시험운행 등에 관한 규정"[시행 2016. 2. 12. 국토교통부고시 제2016-46호, 2016. 2. 11. 제정, 이하 "국토교통부고시"라 한다]에 "운전조작"에 대한 정의 규정을 두고 있다.7) 이에 의하면 운전자가 목적지나 경로 설정을 입력하는 행위는 자율주행자동차의 운전조작으로 보지 않는다. 따라서 자동차관리법상 자율주행자동차의 정의 규정에서 "조작 없이"는 2030년 상용화 예정인 레벨 4단계 자율주행자동차를 포섭가능하다. 그러나 일반 자동차의 운전조작 장치에 해당하는 자율주행기술에 대한 법률상 적확한 규정 없이 자율주행자동차를 정의하고, 하위 법령에 관련 사항을 위임함으로써 법률 체계상 및 해석상 혼란이 제기되고 있는 점에서 개정이 필요하다.8)

자율주행자동차 임시운행허가를 받으려는 자는 자동차관리법 시행규칙 제26조 임시운행허가 절차에서 정하는 필요 서류를 갖추어 국토교통부장관에게 임시운행허가 신청을 하도록 하고, 기타 임시운행 관련 절차는 기존 임시운행 규정을 따르도록 하고 있다. 또한 동 시행규칙 제26조의2에 자율주행자동차 안전운행 요건을 규정하고 있다. 이에 의하면 자율주행자동차의 임시운행 허가대상 자동차의 차종, 고장감지 및 경고장치, 기능해제장치, 운행구역, 운전자 준수사항 등 안전운행 요건 등을 명시하고 있으며, 세부요건 및 확인방법 등은 국토교통부장관이 고시하도록 하고 있다.9)

자율주행 여부를 기준으로 자율주행자동차를 정의하고 있다; 김경환, "우리법의 '자율주행자동차' 개념에 대한 검토"(http://legalinsight.co.kr/archives/64813; 2016년 6월 19일 방문) 참조.

6) 무인자동차(driverless car)는 일반 차량의 운전자 역할을 컴퓨터가 대신하여 스스로 진행방향을 바꾸기 위한 조향장치를 조작하고 속도조절을 위한 가속페달과 제동페달을 작동시킴으로써 인간 운전자의 기능을 대신할 수 있는 차량(한민홍, "무인자동차의 기술 및 동향", 「로봇공학회지」, 제5권 제3호, 한국로봇학회, 2008, 42면)이므로 레벨 3단계 자율주행자동차는 무인자동차라 할 수 없다. 따라서 자율주행자동차는 운전자의 개입이 필요하지 않고 심지어 운전자의 탑승조차 필요하지 않은 무인자동차보다 넓은 개념이다(권영준·이소은, "자율주행자동차 사고와 민사책임", 「민사법학」 제75호, 2016. 6, 449면). 즉 무인자동차는 레벨 4단계이상의 자율주행자동차를 의미한다. 이 글에서는 레벨 4 단계 자율주행자동차에 무인자동차가 포함되는 것으로 한다.

7) 국토교통부고시 제2조 제1호 "운전조작"이란 운전 중 발생하는 작동(조향, 제동, 가·감속 및 자동차와 도로상황 파악)과 판단(주행 중 발생하는 상황에 대한 대응, 차선변경, 선회, 방향지시등의 조작 등)에 관련된 행위를 말하며, 목적지나 경로 설정은 포함하지 않는다.

8) 국토교통부고시는 2020년 상용화 예정인 레벨 3단계를 고려한 입법으로 보여진다. 레벨 3단계는 기본적으로 운전자의 통제가 가능한 단계이므로 자율주행자동차를 "자율주행용법으로 운행이 가능한 자동차" 정도로 규정하는 것이 타당하다고 본다[한국포스트휴먼학회·서울대철학사상연구소·철학문화연구소가 주최한 제9회 공동콜로키움(자율주행자동차 입법 로드맵 구성 전략-심우민 국회입법조사관의 발표 코멘트 참조)].

9) 자동차관리법 시행규칙으로 정하는 안전운행요건으로는 ⅰ) 자율주행기능을 수행하는 장치에 고장이 발생한 경우 이를 감지하여 운전자가 인식할 수 있는 경고 장치를 갖출 것, ⅱ) 운행 중 언제든지 운전자가 자율주행기능을 해제할 수 있는 장치를 갖출 것, ⅲ) 국토교통부장관이 정한 운행구역에서

자율주행자동차의 임시운행허가 신청이 관련 절차에 따라 이루어진 경우, 국토교통부장관은 성능시험대행자로 하여금 안전운행 요건에 적합한지 여부를 조사 및 확인하게 하여야 한다. 따라서 임시운행허가 신청자는 안전운행 요건 적합여부를 확인할 수 있도록 허가 대상 자율주행자동차 시험품 및 관련 자료를 성능시험대행자에게 제출하여야 한다. 성능시험대행자가 당해 자율주행자동차가 안전운행 요건에 적합하다고 인정하는 경우에 국토교통부장관은 임시운행을 허가하여야 한다.

그동안 높은 수준의 자율주행자동차는 원칙적으로 도로 주행이 불가능했다는 점에서 자동차관리법 및 동 시행규칙의 개정은 국내 자율주행자동차의 연구와 기술개발의 활성화에 기여할 것으로 보인다. 그러나 이는 자율주행자동차의 상용화를 위한 첫걸음에 불과한 것으로 앞으로 자율주행자동차 자체에 대한 기술개발 이외에 운행으로 발생할 수 있는 복잡다기한 책임문제를 연구하는 계기가 되어야 할 것이다. 이와 관련하여 정부는 물론 보험업계, 학계의 적극적인 대응 및 연구가 필요하다. 특히 정부는 GPS(Global Position System) 기반 위치오차 보정기술 및 시험운행 전용노선 확충 등 자율주행 지원 인프라를 구축하는 정책의 추진과 아울러 법제도의 제·개정을 위해 보험업계 및 학계와의 유기적인 협력관계를 만들어 가야 할 것이다.10)

(2) 자율주행자동차 운행 허용 관련 법적 검토

1) 자율주행자동차 운전자의 운전 주체로서의 한계

운전 주체와 관련하여 도로교통법 제43조는 누구든지 제80조에 따라 지방경찰청장으로부터 운전면허를 받지 아니하거나 운전면허의 효력이 정지된 경우에는 자동차 등을 운전할 수 없도록 규정하고 있다. 이처럼 동법 제43조가 자동차를 운전할 수는 주체를 사람으로 전제하는 입법 방식을 취하고 있으므로, 사람이 아닌 자동차 등 기계 장치나 그 운용자는 운전면허의 주체가 될 수 없는 것으로 해석된다. 따라서 사람이 승차하지 않거나 직접 자동차의 기계장치를 조작하지 아니하고 운행되는 차량은 허용될 수 없다고 본다.

자동차를 운전할 수 있는 주체가 운전자라는 것은 도로교통법상 운전 개념에 의해서도 파악할 수 있다. 도로교통법 제2조(정의) 규정 제26호에 의하면, "운전이란 도로에서 차마

만 자율주행기능을 사용하여 운행할 것, iv) 운행정보를 저장하고 서상된 정보를 확인할 수 있는 장치를 갖출 것, v) 자율주행자동차임을 확인할 수 있는 표지를 자동차 외부에 부착할 것, vi) 자율주행기능을 수행하는 장치에 원격으로 접근·침입하는 행위를 방지하거나 대응하기 위한 기술이 적용되어 있을 것, vii) 그 밖에 자율주행자동차의 안전운행을 위하여 필요한 사항으로서 국토교통부장관이 정하여 고시하는 사항 등이 있다.

10) 자동차관리법 개정안에 대한 국토교통위원회 검토보고서(1911946), 15면; 국회 의안정보시스템 2016년 6월 18일 방문(http://likms.assembly.go.kr/bill/billDetail.do?billId=PRC_L1F4W1B0V0V1N1A4W0K3Q4T4G3P4L2)

를 그 본래의 사용방법에 따라 사용하는 것(조종을 포함)을 말한다"라고 정의하고 있다. 운전의 개념에 사람을 주체로 명시하고 있지는 않지만, 운전의 개념 중 사용이나 조종의 주체는 사람을 의미한다고 보아야 한다. 운전의 행위 유형이라고 할 수 있는 주차, 정차, 서행, 앞지르기, 일시정지의 개념에는 주차, 정차, 서행, 앞지르기, 일시정지의 주체로 운전자를 명시하고 있기 때문이다.[11]

앞으로 자율주행자동차의 상용화를 위해서는 운전 주체와 관련하여 다음의 사항에 대한 검토가 필요하다. 첫째 자율주행자동차의 운행을 위하여 별도의 운전면허의 발급이 필요한지 여부, 둘째 자율주행자동차도 움직이기 위해서는 구동을 위한 조작이 필요한데 이러한 조작을 운전의 개념에 포함시킬 수 있는지 여부, 셋째 운전의 주체를 어떻게 정할 것인지 여부 등이다.

2) 자율주행자동차의 도로 주행 여부

도로교통법에 따르면, 도로는 「도로법」에 따른 도로, 「유료도로법」에 따른 유료도로, 「농어촌도로 정비법」에 따른 농어촌도로, 그 밖에 현실적으로 불특정 다수의 사람 또는 차마(車馬)가 통행할 수 있도록 공개된 장소로서 안전하고 원활한 교통을 확보할 필요가 있는 장소를 의미한다(법 제2조 제1호). "자동차전용도로"란 자동차만 다닐 수 있도록 설치된 도로를 말하고(법 제2조 제2호), "고속도로"란 자동차의 고속 운행에만 사용하기 위하여 지정된 도로를 말한다(법 제2조 제3호).

자동차관리법의 개정으로 자율주행자동차의 개념 정의가 이루어졌으나 근본적으로 일반 자동차와 자율주행자동차는 엄격히 구분되어 있으며, 자율주행자동차는 시험·연구 목

---

11) 도로교통법 제2조(정의) 이 법에서 사용하는 용어의 뜻은 다음과 같다.
    24. "주차"란 운전자가 승객을 기다리거나 화물을 싣거나 차가 고장 나거나 그 밖의 사유로 차를 계속 정지 상태에 두는 것 또는 운전자가 차에서 떠나서 즉시 그 차를 운전할 수 없는 상태에 두는 것을 말한다.
    25. "정차"란 운전자가 5분을 초과하지 아니하고 차를 정지시키는 것으로서 주차 외의 정지 상태를 말한다.
    26. "운전"이란 도로(제44조·제45조·제54조제1항·제148조 및 제148조의2의 경우에는 도로 외의 곳을 포함한다)에서 차마를 그 본래의 사용방법에 따라 사용하는 것(조종을 포함한다)을 말한다.
    27. "초보운전자"란 처음 운전면허를 받은 날(처음 운전면허를 받은 날부터 2년이 지나기 전에 운전면허의 취소처분을 받은 경우에는 그 후 다시 운전면허를 받은 날을 말한다)부터 2년이 지나지 아니한 사람을 말한다. 이 경우 원동기장치자전거면허만 받은 사람이 원동기장치자전거면허 외의 운전면허를 받은 경우에는 처음 운전면허를 받은 것으로 본다.
    28. "서행"(徐行)이란 운전자가 차를 즉시 정지시킬 수 있는 정도의 느린 속도로 진행하는 것을 말한다.
    29. "앞지르기"란 차의 운전자가 앞서가는 다른 차의 옆을 지나서 그 차의 앞으로 나가는 것을 말한다.
    30. "일시정지"란 차의 운전자가 그 차의 바퀴를 일시적으로 완전히 정지시키는 것을 말한다.

적으로 시험운행을 위한 임시운행허가를 받을 수 있다. 임시운행허가를 받더라도 자율주행자동차가 운행할 수 있는 도로는 국토교통부장관이 지정하는 도로구간에 한정된다. 현재 자율주행자동차는 정부에서 시험운행구역으로 지정한 고속도로 1개 구간(서울-신갈-호법: 41km)과 일반국도 5개 구간(수원, 화성, 용인, 고양 지역 등 319km)이다.[12] 자율주행자동차는 국토교통부장관이 지정하는 위 도로구간을 제외하고 도로교통법상 도로를 운행할 수 없다. 앞으로 자율주행자동차 개발 속도 등 상용화 시점 등을 고려하여 그 실제 운행구역이 지정될 것으로 보인다. 자동차 운행이 가능한 모든 도로에서 자율주행자동차가 운행되는 시점을 정확히 예측하기는 어렵지만, 도로의 이용이 용이하고 도로의 상태가 양호한 고속국도(고속도로), 일반국도가 우선적으로 자율주행자동차 운행구역으로 지정될 것이다.

3) 자율주행자동차 운전자의 안전 운행의 한계

1949년 체결된 도로교통에 관한 제네바 협약(이하 "1949년 제네바 협약") 제8조 제5항[13])은 우리 도로교통법 제48조 제1항과는 다르게 운전자의 핸들 등의 조작의무를 명확하게 규정하고 있지 아니하다. 그런데 1949년 제네바 협약 당시에도 자동차를 운행하기 위해서는 적절한 핸들 등의 조작이 불가피하였다는 점에서 동 협약 제8조 제5항도 운전자의 핸들 등 조작의무를 전제하는 것으로 해석해야 할 것이다.[14] 자율주행자동차의 상용화에 대비하여 EU연합은 1968년 비엔나 도로교통 협약 제8조를 2014년 9월에 개정하였다.[15] 이로 인해 협약 가입국인 독일, 프랑스, 이탈리아 등 EU 대부분의 국가에서 자율주행자동차의 상용화가 원칙적으로 가능해졌다. 다만 개정된 내용에서도 운전자가 탑승하고

---

12) 국토교통부 보도자료, 2015. 10. 29; 국토교통부 보도자료 2016. 2. 12; 고속도로 1개 구간(서울-신갈-호법 41km), 국도 5개 구간 총 319km(① 수원, 화성, 평택 61km, ② 수원, 용인 40km, ③ 용인, 안성 88km, ④ 고양, 파주 85km, ⑤ 광주, 용인, 성남 45km)

13) 운전자는 항상 차량을 조종할 수 있고 또는 동물을 안내할 수 있어야 한다. 타 도로사용자에 접근할 때에는 운전자는 낭해 노로사용자의 안전을 위하여 필요한 주의를 하여야 한다; Drivers shall at all times be able to control their vehicles or guide their animals. When approaching other road users, they shall take such precautions as may be required for the safety of the latter.

14) 이형범, "일본의 자율주행자동차 관련 법적 허용성과 민사·행정·형사책임 연구 동향", 「월간교통」, 2016. 1, 79면. 도로교통에 관한 제네바협약 제8조 제1항은 "한 단위로서 운행되고 있는 차량 또는 연결차량에는 각기 운전자가 있어야 한다(Every vehicle or combination of vehicles proceeding as a unit shall have a driver)"라고 규정하고 있다.

15) 1968년 처음 체결된 비엔나 협약에서는 "운전자가 항상 차량을 제어하고 있어야 한다"고 규정했으나 변경된 협약에서는 '운전자의 제어가 가능한 상황'에서 자율주행을 허용했다. 운전자 탑승을 조건으로 손과 발을 떼고도 차량 운행이 가능하도록 한 것이다. 구체적으로 비엔나 협약은 제8조 제5항의2을 신설하고, 제39조 제1항의 내용을 개정하였다.
http://www.etnews.com/news/article.html?id=20140714000310 (2016. 6. 16. 방문)

있어야 한다는 점을 명시하고 있어 비엔나협약은 무인자동차가 아닌 레벨3 단계의 부분적 자율주행자동차의 일반운행을 가능하게 하는 것으로 평가할 수 있다. 한편 자율주행자동차의 상용화와 관련하여 2016년 2월 4일 미국 교통부 도로교통안전청(NHTSA)은 구글(Google)의 자율주행시스템을 연방 자동차 안전기준(FMVSS; Federal Motor Vehicle Safety Standard)상 운전자로 인정할 수 있다고 해석하였다. 특히 NHTSA는 사람이 자율주행자동차에 탑승했더라도 그가 자율주행시스템을 직접 조작하여 운전할 수 없다면, 자동차 그 자체를 인정하는 것이 합리적이며, 이에 따라 FMVSS상 운전자 개념 규정의 변경을 예고하였다.[16]

그러나 우리나라는 제네바협약 가입국이며,[17] 현행법상 운전자는 자동차관리법에 따라 등록된 자동차를 도로교통법이 정한 바대로 운행하여야 한다. 도로교통법 제48조에 의할 경우, 모든 차의 운전자는 차의 조향장치와 제동장치, 그 밖의 장치를 정확하게 조작하여야 하며, 도로의 교통상황과 차의 구조 및 성능에 따라 다른 사람에게 위험과 장해를 주는 속도나 방법으로 운전해서는 아니 된다. 즉 차량의 운전대(핸들), 브레이크 및 그 밖의 기계 장치를 정확하게 조작하지 않는 운전 유형은 안전 운전에 반하며, 교통사고의 방지라는 동 규정의 취지에 반하므로 허용되지 않는 행위에 해당한다. 따라서 현행 도로교통법에 의할 경우 자율주행자동차의 주행은 원칙적으로 불가능하다. 이처럼 현행 도로교통법상 자율주행자동차 자체는 운전자로서 인정되기 어려울 것이나, 앞으로 자율주행자동차의 운행을 위해서는 운전면허체계에 대한 근본적인 변경이 필요하다.

(3) 자율주행자동차 운행의 법적 과제

현재 운행 중인 일반자동차의 경우에도 조향 또는 가감속 제어보조 등 낮은 수준의 자율주행은 부분적으로 실현되고 있는데, 국토교통부는 2020년 부분 자율주행(돌발상황 수동전환, 레벨3)이 가능한 자율주행차의 상용화를 목표로 다양한 지원을 하고 있다.[18]

앞으로 높은 수준의 자율주행자동차가 개발되어 상용화 될 경우, 교통사고 발생시 책임소재가 문제될 수 있다. 이 때 자율주행 운전 중 교통사고에 대한 법적 책임은 운전자의

---

16) http://isearch.nhtsa.gov/files/Google%20--%20compiled%20response%20to%2012%20Nov%20%2015%20interp%20request%20--%204%20Feb%2016%20final.htm (2016. 6. 16. 방문)

17) 제네바협약은 제8조와 제22조에서 개정 전의 비엔나협약 제8조 및 제39조 제1항과 유사한 내용을 규정하고 있는데, 현재 개정된 비엔나협약과 거의 유사한 내용으로의 개정작업이 추진되고 있어서 조만간 비엔나협약에서와 같이 3단계 자율주행자동차의 일반운행을 허용하는 내용으로 개정될 것이 예상된다(신동현, "자율주행차 운행의 법적 문제에 관한 시론(試論)", 2016년 하계학술대회, 한국민사법학회, 2016.6.10, 9-10면).

18) 〈표 1〉자율주행 레벨 0-4단계: 국토교통부 홈페이지; NHTSA자동차 자동화 레벨 정의 참조.

능력과 자율주행에 제공된 기술과의 상관관계에 따라 결정되어야 한다. 왜냐하면 정상적인 운전자에게 기대되는 능력과 높은 수준의 자율주행자동차의 기술적 운전지원은 상호보완적 관계에 있기 때문이다. 이러한 사실관계를 전제로 하면 자율주행 중 발생한 교통사고에 대한 법적 책임도 운전자의 능력과 자율주행에 제공된 기술과의 상관관계에 따라 결정되는 것으로 해석할 수 있다. 다시 말해 운전자와 자율주행의 기술을 제공한 사람과의 사이에서 교통사고라는 결과에 대한 관여의 정도에 따라 각각의 책임이 결정 또는 분배되어야 한다. 특히 자율주행자동차의 운행 중 운전자가 차량 고장, 급박한 위험 등과 같은 자율주행을 해제할 수 있는 상황과 관련하여 차량의 경고 장치가 제대로 작동하였는지 여부, 운전자가 경고 장치에 적절히 대응했는지 여부가 중요한 쟁점이 될 수 있다.

일반 자동차의 경우 자동차 운행자가 교통사고에 대하여 책임을 부담하는 것이 일반적이나, 자율주행자동차는 교통사고의 책임주체의 범위나 정도가 확대되어야 할 유인이 있다. 즉, 자율주행 기술 제공자로서의 당해 차량의 제조사, 자율주행시스템관리자,[19] 해당 기술을 승인한 행정청이 책임의 주체로서 부각되어야 한다. 국가는 차량 제조사가 만든 자동차를 승인하여 번호판을 부여하므로 적절한 비율로 책임을 분산시킬 필요가 있다. 따라서 교통사고 발생시 운전자를 포함한 운행자, 자율주행자동차 제조사, 자율주행시스템 제조사, 자율주행시스템관리자, 데이터 제공자, 국가 및 지방자치단체 등이 책임 주체가 될 수 있다.

먼저 자율주행자동차 제조사 등은 당해 차량의 자율주행 중에 사고가 발생한 경우 우선적으로 그 책임을 분담할 것이나, 자율주행자동차 운전자 등이 당해 교통사고 발생시 자동

레벨 0	완전 수동주행 (No Automation)	운전자가 항상 브레이크, 속도조절, 조향 등 안전에 민감한 기능을 제어하고 교통 모니터링 및 안전 조작에 책임
레벨 1	조향 또는 가감속 제어 보조 (Function-specific Automation)	운전자가 정상적인 주행 혹은 충돌 임박 상황에서의 일부 기능을 제외한 자동차 제어권을 소유
레벨 2	조향·가감속 제어 통합 보조 (Combined Function Automation)	어떤 주행 환경에서 두 개 이상의 제어 기능이 조화롭게 작동. 단, 운전자가 여전히 모니터링 및 안전에 책임을 지고 자동차 제어권을 소유
레벨 3	부분 자율주행(돌발상황 수동전환) (Limited Self-Driving Automation)	특정 교통 환경에서 자동차가 모든 안전 기능을 제어. 자동차가 모니터링 권한을 갖되 운전자 제어가 필요한 경우 경고신호 제공. 운전자는 간헐적으로 제어
레벨 4	완전 자율주행(시스템 완전운전) (Full Self-Driving Automation)	자동차가 모든 안전 기능을 제어하고 상태를 모니터링. 운전자는 목적지 혹은 운행을 입력. 자율주행시스템이 안전 운행에 대하여 책임

[19] 자율주행자동차 관련하여 "운영자" 용어를 사용하는 논문(김영국, "자율주행자동차 운행 중 사고와 보험적용의 법적 쟁점", 「법이론실무연구」 제3권 제2호, 2015. 10, 251면 등)은 "프로그램 운영자"라는 명칭을 사용하는데, 국토교통부고시에서 자율주행 프로그램을 포함하는 의미로 자율주행시스템을 사용하고 있으므로, 이 글에서는 자율주행시스템관리자 또는 자율주행시스템운영자를 병용한다. 다만 이 글에서 제시한 입법안에서는 자율주행시스템관리자 용어를 사용하였다. 운영자의 사전적 의미보다는 관리자 개념이 자율주행자동차에 더 적합한 것으로 보았다.

차의 운행에 관여하였는지 여부, 관여했다면 그 정도에 따라 책임분배가 이루어져야 한다.[20] 이때, 운전자 측의 교통사고에 대한 관여도는 물적·인적 피해의 발생을 예견할 수 있었는지에 따라 판단되어야 한다. 그리고 제조자의 관여도는 해당 기술의 한계, 즉 특정 조건에서는 해당 기술을 신뢰해도 사고가 발생할 수 있다는 점 등을 사전에 운전자에게 적절히 알려줬는지 등을 기초로 판단해야 한다. 이와 같이 자율주행자동차의 사고 발생시 제조사, 운전사 및 기타 관련자 사이의 책임을 Case-by-Case로 분담 처리하거나 해결하는 것은 쉽지 않은 문제이다.[21] 또한 자율주행자동차 제조사가 자율주행기술을 보유하고 직접 차량을 제작한 경우에는 자동차 제조사에게 책임을 물을 수 있을 것이나, 일반자동차에 부가적으로(튜닝을 허용할 경우) 자율주행기능이 포함된 장치를 탑재한 경우에는 자동차 제조사에 직접 책임을 묻기가 어려울 수도 있다.

2. 교통사고로 인한 행정 및 형사 책임 문제

(1) 운전자의 행정책임

행정책임은 교통법규를 위반한 운전자에게 가해지는 제재의 성격으로서 교통사고가 발생하거나 교통사고의 위험이 야기될 수 있는 상황에 운전자 등에게 부여된다. 자율주행기술이 지속적으로 발전된다 하여도 완전 자율주행이 가능해 지는 시점은 다소 시일이 걸릴 것이고, 실제 일반적으로 널리 이용되는 단계까지는 적지 않은 시일 후에나 가능하게 될 것이다. 그리고 완전 자율주행이 널리 이용된다고 하더라도 일반적인 자동차가 상당기간 그 명맥을 유지할 수밖에 없을 것이다. 따라서 현 시점에서 볼 때, 운전자가 차량의 주행관리를 해야 하는 상황은 지속적이라고 보아야 한다. 따라서 운전자는 자신에게 적합한 운전면허를 취득할 필요가 있다. 운전면허를 전제로 한 차량의 운행이 합법적이라면, 운전면허 없이 자율주행자동차를 운전할 경우 무면허운전이 성립하게 된다.

또한 차량의 자율주행 중 신호를 위반하는 상황이 발생한다면, 도로교통법상의 제재가

---

20) 레벨 3단계의 자율주행자동차는 사고발생 위험상황이나 운전이 어려운 상황에서 운전자에게 운전을 다시 맡으라는 Take-over를 요구하고 있으므로 사고 발생시 법적 처리의 어려움이 있다. 운전에 신경을 쓰지 않던 운전자에게 갑자기 운전을 하라는 것과 이에 따른 사고 책임을 묻는 것은 현실적이지 않다는 의견이 있다[김유, "무인자동차·자율주행자동차 시대를 대비한 국내 관련 법령의 문제점 및 개선방안" (http://blog.naver.com/barunlaw7/220712939364; 2016. 6.19. 방문)]

21) 최근 자동열차주행조정장치 하자로 9인 사망, 70명 이상 부상당한 사건(In re Fort Tottem Metrorail Cases)와 같이 개별 사건에 따라 책임 분배를 논의하는 것은 어려움이 있으므로, 자율주행자동차 사고의 경우 법으로 제조사 및 운전사 사이 책임 비율을 명시화(예: 제조사 70%, 운전자 30%)하는 방법이 바람직하다는 주장이 있다(김유, 위의 글 참조). 이러한 주장의 필요성은 인정되나 책임 비율 문제 등 법으로 명시하기에 어려운 문제가 있다고 본다. 따라서 책임 분배의 과정에서 사고 당사자 및 그들을 대신한 보험사 간의 문제로 정리되는 것이 타당하다.

가해지게 될 것이다. 그런데 이러한 제재는 실질적으로 운전자가 무과실책임을 지는 것으로 운용되는 측면도 있으나, 근본적으로는 과실책임주의로 귀결되는 것이 타당하다고 본다.22) 예컨대 자율주행 중 신호를 위반한 경우, 운전자가 자율주행 기술을 신뢰한 상태에서 예기치 못한 신호위반의 결과가 발생한 것이므로 행정책임을 가하는 것은 지나치다고 볼 수 있다. 운전자가 자율주행 기술을 신뢰하고 그렇게 신뢰한 것에 대하여 책임이 없는 한 운전자는 행정책임을 부담하지 않는다고 보아야 한다.

더 나아가 자율주행 차량의 국도 주행이 법적으로 허용되고, 기존 차량과 자율주행 차량이 동시에 주행하는 상황이 전개될 경우, 행정청의 책임도 증가할 것으로 예상된다. 이처럼 기존 차량과 자율주행 차량의 혼합운행이 이루어지는 상황에서 교통사고를 예방하기 위한 추가적인 기술적 조치 등이 필요하다. 예컨대 적절한 게시판을 설치한다거나 자율주행용 데이터 통신에 근거한 기기 등의 설치 및 유지 등이 필요하다. 행정청이 위와 같은 적절한 조치를 취하지 않아 교통사고가 발생하였다면, 그에 대한 책임을 부담해야 한다.23)

(2) 운전자의 형사책임

운전과정에서 발생하는 형법상의 범죄행위, 예컨대 업무상 과실로 인한 치상 내지 치사 행위가 발생한 경우 그에 적용되는 업무상 과실치사상의 죄책과 관련하여서는 행위 주체로서의 문제와 함께 운전자 또는 이에 준하는 행위자의 행위가 과실치사상이라는 결과에 어떠한 영향을 미쳤는가라는 인과론의 문제와도 함께 검토될 필요성이 있다. 즉 도로교통법 등에서는 '운전자'라는 정의를 통해서 범죄구성요건을 실현할 행위주체로서의 요건이 검토되는 반면에, 이러한 행위자 요건을 규정하고 있지 않은 일반 형법의 체계에서는 비록 운전자에 해당하지 않더라도 만약 운전자에 준하는 자의 특정한 지시행위가 과실치사상이라는 결과에 영향을 미쳤다면 그러한 결과에 대하여 행위자로서의 책임을 지는지 여부가 검토되어야 할 것이다. 이 부분은 행위주체론의 문제라기보다는 행위와 결과 간의 인과관계의 문제라고 볼 수 있기 때문이다.

운전자가 자율주행 기술을 신뢰하고 운행하던 중 보행자 등 교통 관여자에게 상해를 입힌 경우, 형사책임 문제가 발생할 수 있다. 자율주행차 운전자는 자율주행이었음을 이유로 본인의 과실이 없다고 인식할 수 있지만, 교통사고처리특례법에 따라 운전자로서 주의의무를 다하지 않은 것으로 볼 수도 있다. 현행 형법은 업무상과실 또는 중대한 과실로 인하여 사람을 사상에 이르게 한 자는 5년 이하의 금고 또는 2천만원 이하의 벌금에 처하도록 규정하고 있으며(동법 제268조), 교통사고처리특례법에 따라 교통사고도 적용 대상이 된

---

22) 이형범, 앞의 글, 81면.
23) 이형범, 위의 글, 81면 참조.

다. 따라서 운전자가 주의의무를 게을리 하여 상해라는 결과를 발생시켰으므로 '자동차운전과실치사상죄'가 성립할 수 있다.24)

그런데 운전자가 자율주행 기술을 신뢰하고 이에 따라 운전 할 경우, 사상에 이르는 추돌사고가 발생하지 않을 것으로 신뢰하였다면, 상해에 대한 예견가능성이 부정될 여지도 있다. 이는 위법한 결과(법익침해)가 발생하지 않을 것이라고 신뢰함이 상당한 경우로 위법한 결과가 발생하여도 그 예견가능성을 부정함으로써 과실을 인정해서는 안된다는 '신뢰의 원칙'에 따른 것이다.25) 예컨대 주행 대부분을 자율주행자동차에 맡기고 운전자는 보조적인 역할에 불과한 레벨 3단계와 최종목적지를 입력하는 외에는 아무 것도 하지 않는 레벨 4단계의 경우 사람이 아닌 소프트웨어가 자동차를 운행하는 것이므로, 이러한 자율주행기술을 신뢰한 운전자에 대한 형사처벌 규정은 의미 없는 규정으로 볼 수 있다.26)

자율주행 차량에 복수의 동승자가 있는 경우 이들 중 누가 다음의 형사책임을 질 것인지도 검토해야 할 사항이다. 예를 들어 주행 중 기기가 이상을 감지하여 알린 경우 수동 운전으로 전환하거나 운전을 정지해야 하는데 이를 누가 해야 할 것인지가 문제된다. 이는 복수의 동승자들 사이에서 긴급한 때 수동 운전을 해야 하는 작위의무자를 정하는 문제로 형법학에서의 부진정부작위범에 관한 논의에 해당한다. 복수의 동승자가 모두 공평하게 작위의무를 지게 되고 아무도 해당 작위의무를 이행치 않아 교통사고를 회피할 수 없었던 경우 자동차운전과실치사상죄의 공동정범이 성립될 수 있다. 한편 자율주행 기술이 진보하여 사고가 발생한 때에 자율주행 차량이 자동으로 구급차 등을 요청할 수 있게 되면 동승자의 교통사고 피해자 구호의무도 경감되고 동시에 부작위범으로서의 형사책임도 면제될 수 있다.27)

(3) 개인정보 침해 문제

자율주행차의 상용화는 기존과는 다른 정보 환경을 전제로 한다. 먼저 엄청난 빅 데이터를 처리해야 되는 문제에 직면하여 일차적으로 취득한 정보의 분석과 활용이 우선적으로 이루어질 것이다. 특히 자율주행자동차의 정보활용은 현행 교통시스템의 효율성뿐만 아니라 미래의 교통체계에 대한 투자효율성도 증진시킬 것이다.28) 이러한 과정에서 일정한 정

---

24) 김두원, "자율주행자동차 관리 및 교통사고에 대한 형사책임", 「법학논문집」 제39집 제3호, 중앙대학교 법학연구원, 2015, 262-263면 참조.
25) 이형범, 앞의 글, 82면 참조.
26) 이러한 경우에 책임은 자동차 제조사와 소프트웨어 관리자 등에게 물어야 하는데, 기술개발 당시에 구체적으로 사고발생을 예측했는지 등을 검토할 수 있어야 한다. 그러나 명백한 오류발생 가능성을 인지하고 고의로 제품을 생산했는지 증명하기가 쉽지 않다. 또 예측하지 못했던 오류로 인해 사고가 발생했을 경우 제조사와 소프트웨어 개발자는 책임져야 할 의무가 없다.
27) 이형범, 앞의 글, 82면 참조.

도의 자율주행자동차의 운행 정보를 활용할 필요가 생기는데, 데이터의 관리문제가 제기된다. 즉 데이터의 취급 과정에서 개인의 프라이버시를 침해하거나 데이터의 안전 관리에 문제가 발생할 수 있다.29) 따라서 대량의 데이터를 처리하는 자는 자신에게 부여된 권한 범위 내에서 의무를 준수하는 것이 전제되어야 한다. 이러한 데이터 처리문제는 운전자 등의 정보를 수집하고 이용하는 자율주행시스템운영자 등에 의해 발생하는 문제로서, 운전자는 법익 침해의 대상이 될 수 있다.

자율주행자동차는 특정 호스트 컴퓨터와 도로상황 정보를 송수신함으로써 운행된다. 송수신 정보는 누군가에 의해 감청되거나 누설, 변조될 수 있는데 이러한 부정개입은 정보화 사회에서 예상되는 것으로 이미 대처 법률이 존재한다. 가령 권한 없이 타인의 자율주행 정보를 감청하면 헌법 위반 및 통신비밀보호법 소정의 범죄가 성립한다. 또한 취득한 무선 통신의 내용을 누설하거나 도용하면 전파법 소정의 범죄가 성립한다.

앞으로 자율주행차의 상용화 진행에 따라 자율주행과 관련된 사회적 인프라가 갖춰지면 현재의 교통신호기와는 별도로 자율주행 정보를 발신하는 기기가 일반도로에 설치될 것이다. 이에 따라 교통량이 많은 도로에서는 교통신호기를 이용한 교통정리에 갈음하여 자동적으로 교통정리가 이루어질 것이 예상된다. 이러한 경우 해당 정보를 송수신하는 컴퓨터에 허위정보나 부정한 명령을 입력하여 교통장애를 야기한 경우 전자계산기손괴 등 업무방해죄가 성립한다. 또한 이러한 결과를 목적으로 컴퓨터 바이러스 등을 작성·제공하면 형법상 사전자기록위작·변작(제232조의2) 또는 공전자기록위작·변작(제227조의2)의 죄가 성립할 수 있다. 위의 내용들은 사이버범죄라고 불리는 문제군(群)에서 공통적으로 볼 수 있다. 현시점에서 자율주행 기술에 특화된 새로운 문제는 보이지 않고 있다.

3. 교통사고로 인한 민사책임 문제

(1) 교통사고 손해배상 관련 현행 법체계

고의 또는 과실로 인한 위법행위로 손해가 발생된 경우, 손해배상의 책임은 원칙적으로 '과실책임의 원칙'(민법 제750조)에 따라 가해자의 과실 정도에 따라 정해진다. 하지만 교통사고에 따른 책임은 자배법에서 일부 달리 규정하고 있어 당해 교통사고의 발생과 관련

---

28) 이종영·김정임, 앞의 글, 157면.
29) 우선 자율주행자동차의 데이터 관리주체에 대한 문제가 제기되며, 저장해야 할 데이터와 공유할 데이터를 어떻게 결정할 것인지에 대한 판단 문제, 데이터의 이용방식 및 사용목적에 관한 문제가 발생한다. 그리고 자율주행차의 안전운행을 목적으로 차량의 운행경로, 목적지, 운행일자 등에 관한 데이터가 중앙집중적으로 관리되거나 정부에 제공될 것인데, 이러한 데이터의 저장과 활용에 의해 개인정보가 노출되고 개인의 프라이버시를 침해하는 결과가 초래될 수 있다.

된 자동차보유자, 운전자, 도로관리자, 차량제조사 등 여러 주체가 책임의 주체가 될 수 있다. 즉 현행법은 사상자가 발생한 교통사고의 민사적 책임주체를 일단 가해운전자로 간주하고, 자배법상 운행자가 다른 사람의 생명 신체에 위해를 끼쳐 사망하거나 다치게 한 경우 손해배상책임을 지도록 하고 있다. 그리고 도로관리자나 차량 제조사 등 운행자가 아닌 자에게 책임이 있다면 이들의 책임을 운행자가 입증해야만 운행자의 책임을 다른 이에게 전가할 수 있도록 하고 있다.

이와 관련하여 자배법 제3조 제1항에서는 "자기를 위하여 자동차를 운행하는 자는 그 운행으로 다른 사람을 사망하게 하거나 부상하게 한 경우에는 그 손해를 배상할 책임을 진다."라고 하고 있고, 다만 '승객이 아닌 자가 사망하거나 부상한 경우에 자기와 운전자가 자동차의 운행에 주의를 게을리 하지 아니하였고, 피해자 또는 자기 및 운전자 외의 제3자에게 고의 과실이 있으며, 자동차의 구조상의 결함이나 기능상의 장해가 없었다는 것을 증명한 경우'에는 그 책임이 면책되도록 규정하고 있다. 즉 현행법상 사람이 다친 사고에 대하여 운행자에 대해 조건부 무과실책임주의를 채택하고 있고, 더 나아가 안정적인 손해배상을 위해 자배법 제5조는 자동차보유자에게 보험이나 공제 가입을 의무화하고 있다.

이처럼 우리나라 자동차사고 관련 법제는 사람이 자동차를 운전하는 경우만을 고려하고 있으므로 앞으로 자율주행시스템에 의한 주행이 본격적으로 상용화 될 경우, 자율주행자동차의 운행에 직접 관여한 자에 대하여 운행책임을 물을 수 있는 법체계가 필요하다. 한편 차량의 결함으로 인한 사고가 발생하여 소비자 피해가 입증되면, 제조물 책임법에 따라 제조사가 배상책임을 부담할 수도 있는데, 현재까지 자동차의 결함으로 인한 제조물책임 사례는 거의 없는 실정이다. 자동차 급발진 사고로 인한 제조물책임 사례 정도가 있을 뿐이다.[30]

우리나라 현행 법체계에서 교통사고 가해운전자에게 운전행위에 대한 과실 책임을 지우고, 운행자에게 대부분의 민사 책임을 부담하도록 엄격히 규정한 이유는 교통사고 처리와 관련한 기존 법체계의 관점이 "교통사고는 일반불법행위와는 달리 가해자의 책임문제보다는 피해자에게 어떤 방식으로 공평·타당한 보상을 할 것인가가 법률적으로 중요한 과제"라는 입장을 취하기 때문인 것으로 보인다. 여기서 운행자, 즉 '자기를 위하여 자동차를 운행하는 자'의 의미와 관련하여 많은 판례들이 축적되어 있다.[31]

그런데 이러한 판례들이 자율주행자동차, 특히 무인자동차(레벨 4단계 이상)의 경우에도 동일하게 적용될 수 있을 것인가? 일응 자동차의 운행을 지시하는 자는 여기서 '자기를

---

30) 대법원 2004. 3. 12. 선고 2003다16771 판결.
31) 대법원 2009. 12. 24. 선고 2009다69432 판결; 대법원 2006. 7. 27. 선고 2005다56728 판결; 대법원 2009. 11. 12. 선고 2009다63106 판결; 대법원 2001. 4. 24. 선고 2001다3788 판결; 대법원 2007. 7. 26. 선고 2006다13339 판결; 대법원 2009. 9. 10. 선고 2009다37138, 37145 판결; 대법원 2005. 9. 29.선고 2005다25755 판결 등.

위하여 자동차를 운행하는 자'의 범위에 포섭될 수 있을 것이고, 이러한 면에서 유연한 해석이 가능하다고 보여진다. 다만 이 역시 무인자동차 기술의 발전에 따라서 해석상 논란의 여지가 여전히 존재한다. 만약에 해킹으로 인하여 자동차의 운전에 대한 권한이 완전히 제3자에게 넘어간 상황에서 교통사고가 발생한 경우는 어떻게 할 것인가? 해킹의 원인이 '자동차의 구조상 결함이나 기능상의 장해'로 인한 것이라면 그 경우에도 '자기를 위하여 자동차를 운행하는 자'는 여전히 책임을 부담할 것이다. 그러나 해킹이 '자동차의 구조상 결함이나 기능상 장해'와 무관하게 이루어진 것이라면 이러한 경우에는 '자기를 위하여 자동차를 운행하는 자'가 그 책임을 부담하지 않게 될 것이다.[32] 따라서 해킹의 발생시에는 자동차 구조상의 결함이나 기능상의 장해가 있었는지 여부의 판단이 운행자의 책임 여부를 판단하는 기준이 될 가능성이 높다 할 것이다.

(2) 운전자와 제조사의 책임에 따른 손해배상액 산정

운전자는 자동차의 운행으로 인한 교통사고 발생시 피해자에게 손해배상책임을 부담한다. 이러한 운전자의 민사책임은 교통사고의 피해자가 손해배상을 청구함으로써 법적인 책임 여부가 결정된다. 운전자는 교통사고의 발생이 자기책임에 의한 것이 아닌 사정으로 피해자에게 손해가 발생했음을 주장하여 재판 등에서 그 주장이 인정되면 배상책임을 면할 수 있다. 특히 자율운전 상황에서 차량 시스템의 오류로 사고가 발생한 경우 현행 법적 책임구조 아래서는 운전자 처벌의 근거라 할 수 있는 지배가능성 및 회피가능성이 존재한다고 보기 어려움에도 차량 운행자가 1차적인 책임을 면할 수 없다.[33] 다만 자동차 제조자가 제공한 기술에 결함이 있고, 그 결함이 교통사고를 유발하였다고 인정되는 경우 제조자가 손해배상책임을 부담할 수 있다.

이러한 경우 자동차 제조자 측의 책임은 본래 당해 사고차량의 운전자가 피해자에게 모든 손해를 배상한 후에, 운전자가 결함이 있는 기술을 제공한 제조자에게 그 과실에서 발생한 손해만큼을 구상하는 방식으로 이루어진다. 그러나 운전자가 구상 청구를 할 경우, 제조자에 대한 과실입증이 현실적으로 어려워 제조자가 구상에 응할 가능성이 매우 낮다. 그리하여 최근 운전자 등 소비자 측의 입증책임을 면제하고 제조자에게 무과실책임을 부

---

[32] 교통사고처리특례법은 원칙적으로 형사와 민사 책임을 고의과실이 있는 사람에게 부과하는 법률체계를 갖고 있는데, 이와 같은 상황에서는 자율주행자동차 사고에 대한 책임을 물을 대상이 없는 결과에 이를 수 있다; 자율주행자동차의 운행으로 인하여 발생한 인명사고나 재산사고에 대하여 운전자에게 책임을 부여할 수 없다면 최종적인 책임은 자율주행자동차의 제조사가 부담해야 한다. 그러나 현행법상으로는 구체적인 형사처벌의 대상자가 확정되지 않는 등의 문제가 있으며, 제조물 책임법도 제조물책임자에 대한 형사처벌을 규정하지 않고 있다. 이하 이종영·김정임, 앞의 글, 167-168면.
[33] 장한별, "자율주행자동차 도입과 규제", 「월간교통」, 2013. 11, 63-64면 참조.

담하도록 하는 법리가 부각되고 있다. 제조물 책임법은 제조물의 결함으로 발생한 손해에 대하여 제조업자 등에게 민사 책임을 규정하고 있는데, 이때 자율주행자동차의 자율주행에 제공된 기술에 결함이 있는 경우, 그 기술을 제공한 제조사가 사고로 인한 손해배상책임을 부담하도록 하는데 문제가 없다. 본래 제조물책임 법리는 자동차의 출현으로 정립된 것이기도 한다.34)

이러한 제조물책임 법리는 자율주행자동차의 경우에 적용했을 때, 일반자동차의 경우와 차이가 있다. 자율주행기술의 기초가 되는 소프트웨어는 제조물 책임의 대상에 포함되지 않는 것으로 해석된다는 사실이다.35) 소프트웨어의 경우 제조사 또는 운영자가 항시 적절하게 작동해서 교통사고 발생이 예방될지를 정확히 예측하기 어렵다는 것이 그 이유 중의 하나이다.36) 운전자의 소프트웨어 오작동 등에서 기인한 사고에 대해서까지 전적으로 제조사에게 책임을 지도록 할 경우, 제조사의 기술개발 의욕을 위축시켜 사회에 유익한 기술발전을 위축시킬 수 있다는 현실적인 문제도 있는 것으로 보인다.

(3) "제조물"의 개념 및 "제조주체"의 범위 확장

제조물 책임법상 제조물은 "제조되거나 가공된 동산"만을 의미하며, 가공된 동산에는 다른 동산이나 부동산의 일부를 구성하는 경우도 포함한다(제2조 제1호). 따라서 자율주행자동차가 제조물 책임법상 제조물임은 명백하다. 그러나 소프트웨어 결함은 제조물 책임법의 규율대상이 아니므로 피해자가 소프트웨어 결함과 더불어 제조자의 예견가능성까지 입증해야하는 문제가 발생한다. 즉 문제는 자율주행자동차의 소프트웨어에 결함이 있는 경우, 이를 제조물의 결함으로 볼 것인가에 있다. 소프트웨어는 동산이 아니므로 그 자체만으로 제조물 책임법상 제조물로 보기는 어렵다.37) 그러나 임베디드 소프트웨어

---

34) Macpherson v. Buick 판결[217 N. Y. 382, 111 N. E. 1050 (1916)]; 자동차 부품결함으로 발생한 사고에서 피해자가 계약관계가 없는 제조자에게 직접 책임을 물을 수 있도록 허용한 미국의 판례가 제조물책임 법리의 출발점이 되었다.

35) 권오승 등, 「제조물 책임법」, 법문사, 2003, 190면.

36) 그러나 이에 대하여 소프트웨어 자체를 제조물 책임법상 제조물로 볼 수 있다는 견해가 있다; 차성민, "정보통신업에서의 제조물책임", 「법조」 제55권 제1호, 2006, 257-258면; 김민중, "컴퓨터바이러스에 따른 손해에 대한 법적 책임", 「인터넷법률」 통권 제18호, 법무부, 2003, 97면; 신봉근, "컴퓨터소프트웨어와 제조물책임", 「인터넷법률」 통권 제27호, 법무부, 2005, 108면.

37) 소프트웨어는 디지털정보의 형태로 공급되므로 무체물이고 또한 관리가능한 자연력도 아니므로 동산이 아니라고 한다(박동진, "제조물책임법상 제조물의 개념", 「비교사법」 제10권 제4호, 2003, 203-204면). 소프트웨어는 인간의 지적창작물이므로 이러한 지적창작물은 관리가능한 "자연력"으로 볼 수 없으므로, 동산으로 파악하는 것은 문제가 있다고 한다. 독일의 경우에도 이러한 맥락에서 소프트웨어의 제조물성을 인정하지 않고 있다고 한다(윤진수, "제조물책임의 주요 쟁점-최근의 논의를 중심으로", 「비교사법」 제21권 제3호, 2011, 6면 참조); 반면에 동산으로 보는 견해도 있다 (홍춘의, "컴퓨터 소프트웨어의 오류와 민사책임", 「기업법연구」 제20권 제1호, 2006, 335면).

(embedded software)38)로 파악할 수 있다면, 소프트웨어의 결함은 곧 자동차의 결함으로 볼 수 있다.39) 왜냐하면 자율주행자동차의 경우 자율주행 소프트웨어가 일단 자동차에 탑재되어 자율주행을 실현하는 중요한 부품으로서의 기능을 수행한다고 볼 수 있기 때문이다. 현행 제조물 책임법은 피해자 구제의 필요성이 높은 경우에 형평의 관점에서 제조자에게 무과실책임을 인정하는 가치판단 구조를 갖고 있으므로, 이러한 입법 취지에 비추어 동법에서 정의하는 '제조물'에 자율주행과 관련된 소프트웨어를 포함시키는 법개정의 검토가 필요하다.

자동차의 운행 중에 발생한 교통사고가 자동차 설계 또는 제조상의 결함으로 발생했다고 인정되는 경우에 제조사가 책임을 부담하지만, 이에 대한 입증책임이 제조사에 있지 않으므로 인과관계를 입증하기가 현실적으로 쉽지 않다. 실제 우리나라에서 급발진 사고 문제가 2000년대 이후 급증하였음에도 제조사 책임이 인정된 사례는 거의 없는 것으로 보여진다.40) 그런데 자율주행기술 등 첨단 기술이 가미된 자율주행차량의 기술적 안전성을 법적으로 담보하지 않고 상용화하는 것은 위험천만한 일이 아닐 수 없다. 앞으로 정부는 자율주행자동차의 보급 및 확산에 필요한 정책을 자동차 제조사를 위해서가 아니라 국민의 안전에 초점을 두고 추진할 필요가 있다.

자율주행자동차의 자율주행 중 교통사고에 대한 책임은 일반자동차와 비교했을 때, 운행자보다는 자동차 제조사 등 관련 기술의 설계, 제조, 관리운영 주체에 더 비중이 두어질 것임은 분명하다.41) 제조물 책임의 입증책임을 완화 또는 전환하거나 책임의 범위 및 대상을 확대한다고 하여 자율주행자동차의 혁신에 저해된다고 보기도 어렵다. 왜냐하면 이러한 비용 등이 자율주행자동차의 제조 가격에 모두 포함되어 차량을 구입하는 소비자에게 분산될 것이므로 자연스럽게 보험의 원리가 작동되는 효과가 있다.42) 더 나아가 제조물 책임보험의 가입을 의무화 하는 등 보험을 적절하게 활용하게 된다면 제조사가 실질적으로 부담하는 비용은 자율주행자동차 개발을 포기할 정도로 많지는 아닐 것이다. 현실적

---

38) 이상수, "임베디드 소프트웨어의 결함과 제조물책임 적용에 관한 고찰", 「법학논문집」 제39집 제2호, 중앙대학교 법학연구소, 2015, 73면, 91면 참조. 특정제조물에 내장되어 구동되는 임베디드 소프트웨어는 "특정 유체물의 부품으로서의 성격으로 구성"되므로, 제조물 책임법상의 제조물로 보아야 한다고 주장한다.

39) 이와 같이 소프트웨어의 결함을 제조물의 결함으로 본다면, 소프트웨어 개발자가 제조물책임의 주체가 되어야 한다는 견해가 있다(이상수, 위의 글, 91-92면).

40) 김영국, 앞의 글, 270면.

41) 그런데 현행 법체계 하에서는 제조사 등이 책임을 부담하기보다는 운행자가 그 책임을 부담하게 될 가능성이 높다. 따라서 책임구조의 변화를 위해서는 현행 자동차손해배상보장법 및 제조물 책임법의 개정이 필요하다.

42) David G. Owen, "Products Liability: Principles of Justice for the 21st Century", 11 Pace L. Rev. 63 (1990), p. 72; 양창수·권영준, 「민법 II 권리의 변동과 구제」 제2판, 박영사, 2015, 760면 참조. 양창수·권영준은 이를 '외부비용의 내부화'라고 표현한다.

으로 자동차 제조사 등이 구글과 같은 인터넷기반 기업과의 경쟁과 협력 관계 속에서 주도적인 위치를 차지할 것인지 아니면 하청업체로 전락할 것인지 선택의 기로에 처할 지도 모르는 상황이므로 제조물 책임이 인정되는 제조주체를 확대하는 방안을 긍정적으로 논의할 수 있는 여건은 충분하다.43)

4. 소 결

운전자에게 행정제재를 과할 것인가(또는 형벌제재를 과할 것인가)를 판단할 때에 자율주행 기술에 대한 운전자의 신뢰와 결과 발생에 대한 예견가능성이 판단요소가 된다. 운전자의 신뢰가 상당하다면 어떠한 법적책임도 인정할 수 없게 된다. 여기서 신뢰의 상당성을 판단할 때 해당 기술의 완성도가 중요하다. 만약에 해당 기술을 그 시점에서 평균적·과학적 견지에서 평가해서 사고를 방지하기에 부족하고 그 기술을 제공한 제조자가 이 사실(또는 사고의 발생)을 예견할 수 있었다면 (광의의) 제조물 책임을 지게 된다고 한다.44)

자율주행자동차를 성공적으로 도입하기 위해서는 교통의 안전을 고려한 기술 개발이 중요하다. 자율주행 기술(레벨3 이상)의 이용 가능성을 높이기 전에 법적 허용성과 다른 관련 문제를 심도 있게 검토하고 관련 법률을 정비해야 한다. 현시점에서 핸들 조작 문제 등 자율주행 운전 기술을 이용하는 데에는 한계가 있다. 현행법은 운전자의 의사와 기능에 의존해서 차량을 관리·운행함으로써 교통의 안전을 유지하도록 하고 있기 때문이다. 하지만 앞으로 운전자의 관여를 완전히 배제하는 자율주행 기술이 더욱 구체화될 것이므로 운전자 중심의 현재의 법제도는 근본부터 재검토되어야 한다.45)

또한 피해자의 신속한 피해회복을 위해 피해자에게 손해를 배상한 자동차보유자 등이 과실있는 제조자에게 구상권을 용이하게 행사할 수 있는 정책 대안이 필요하다. 그러한 방안으로 보험 제도가 검토될 수 있다. 자율주행자동차의 보급을 위해서는 자율주행 운전에 특화된 보험 상품의 개발이 필요하다. 현재 낮은 수준의 자율주행자동차가 운행되고 있으므로 머지않은 장래에 자율주행에 특화된 보험상품의 판매도 가능할 것이다. 다만, 자율주행 기술에 대한 신뢰도가 낮고 관련 교통사고 기록의 부족으로 보험료 산정이 현실적으로 어려운 점이 있으므로, 향후 자율주행자동차의 운행 활성화 정도에 따라 순차적으로 도입될 필요가 있다.

---

43) 이에 반하여 산업의 위축을 방지하기 위해 자율주행자동차로 인한 사고의 발생시 곧바로 자율주행자동차 제조사에 대하여 제조물 책임법 적용을 일정부분 제한하도록 하는 입법적 고려가 필요하다는 주장이 있다(김두원, 앞의 글, 256면.)
44) 이형범, 앞의 글, 82면.
45) 이형범, 위의 글, 83면.

한편 자율주행차 산업의 경쟁력 강화라는 측면에서 지나친 규제 정책은 자율주행차의 정착에 장애 요인이 될 것이므로, 교통사고에 대한 처벌 문제는 자율주행차가 완전히 궤도에 올라 정착된 이후 발생되는 병리 현상을 고려하여 대응할 필요가 있다고 본다. 미리 선제적으로 문제를 부각시켜 처벌에 주안점을 두기 보다는 시범도시 운영, 전용도로 설치, 인프라 등 주행 환경에 대한 논의가 우선될 필요가 있다. 따라서 자율주행차의 운행 중 사고에 대한 처벌문제는 일반 자동차에 준해서 검토되어야 할 것이고, 추후 축적된 경험을 바탕으로 기본적인 개선방안을 모색할 필요가 있다. 그 출발점은 교통사고처리특례법, 도로교통법, 도로법 등에 규정된 운전자 개념에 대한 정의 규정에서부터 이루어져야 할 것이다. 예컨대 무인자동차는 운전자의 운전 개입이 없는 것을 의미하므로 운전자에 준하는 새로운 주체가 필요하다. 이러한 관점에서 이 글에서는 자율주행자동차 운행을 위한 입법 과제(후술하는 Ⅲ.)와 관련하여 형사책임 문제와 개인정보보호46)에 관한 논의는 다루지 않기로 한다.47)

Ⅲ. 자율주행자동차 운행을 위한 입법 과제

1. 자율주행 관련 법령의 입법 방향

자동차손해배상보장법은 사고가 발생했을 때, 책임의 주체를 '자동차를 운행하는 자'로 규정하고 있다. 그러나 자율주행자동차의 경우, 법을 어떻게 해석하느냐에 따라 차량 제조사에 책임을 물을 여지도 있다. 즉 사고 당시 운전자가 운행에 전혀 관여하지 않고, 자율주행기술로 운행되었다면 책임의 주체는 자율주행자동차 제조업체 또는 자율주행운용자가 될 수도 있다. 그런데 현행 법체계 하에서는 사고 발생시 법적 책임 소재가 분명하지 않아 이에 대한 보완이 필요하다.

현재 자동차 관련 법령은 총 21개 항목에 이르고 있음에도 자율주행차 관련 법령은 자율주행자동차의 정의 개념과 임시운행을 허가하는 자동차관리법 정도이다. 레벨 1, 2 수준의 자율주행차는 이미 현행법 적용에 어려움이 없으나,48) 2020년 레벨3 등급에 해당하

---

46) 개인정보보호 문제는 자율주행시스템관리자 등 제조사 측이 운전자 등의 정보 수집 및 이용 과정에서 개인의 프라이버시를 침해하여 발생되는 경우가 주류를 이루게 되는데, 이 글에서는 지면 관계상 생략한다.
47) 자율주행자동차의 형사책임에 관해서는 김두원, 앞의 글, 258-265 참조.
48) ○○자동차의 제네시스 EQ의 경우 고속도로 주행지원(HDA)시스템을 국내 최초로 차량에 탑재하였다. 고속도로에서 이 시스템을 작동시키면, 톨게이트나 인터체인지에 진입해 자동 해제될 때까지 안전하게 주행을 보조해주는 능동형 주행 시스템으로서 완전 자율주행차의 초기 단계에 해당한다.

는 자율주행차가 양산될 경우 교통사고 발생시 현행법 체계로는 법적 공백의 우려가 있다. 레벨3 등급은 자율주행 중임에도 운전자가 운전에 개입하여 자동차의 기계장치를 조작할 수 있는 것을 말하므로, 이러한 운전자의 감시와 조작을 전제로 할 경우 현행법에 따른 손해배상이 가능하다.49) 제한적 자율주행을 의미하는 레벨3 자율주행차는 기본적으로 현행법에 따라 운전자에게 법적 책임을 물을 수 있지만, 운전자의 주의의무 위반 등과 관련하여 분쟁의 소지가 많아 법적 문제를 해결하기에는 한계가 있다. 교통사고가 자율주행자동차의 센서 인식 부재, 최신 도로 업데이트 미비 등 자율주행 제조차량 자체 문제 또는 프로그램 문제로 야기될 수 있음을 배제할 수 없기 때문이다.50) 자율주행모드로 운전하는 운전자는 자율주행자동차를 신뢰하고 있음을 전제로 운행하는 것이므로 일반 자동차와 동일한 주의의무를 부담시키는 것은 적절하지 않을 뿐만 아니라, 자율주행 관여자의 과실 정도에 따른 책임분배의 원리에도 맞지 않는다. 따라서 레벨 4단계는 물론 레벨3 단계의 자율주행자동차의 경우에도 현행 법체계로는 법적 공백이 불가피하다고 보아야 한다.

특히 레벨3 단계로 넘어가게 되면 새로운 법적 쟁점들이 다수 제기될 것이다. 자동차의 운행과 관리, 운전자의 면허와 안전운전 등과 관련된 규제법적 쟁점들, 민사 및 형사 책임문제와 책임보험 등에 관한 책임법적 쟁점들, 대량 정보 수집·분석·저작·교환을 둘러싼 정보법적 쟁점들이 부각될 것이다. 이는 법제 또는 법리의 변화로도 이어져야 한다. 이에 따라 2020년 상용화가 임박한 레벨3 단계의 자율주행차에 초점을 맞추어 사고 발생시 법적책임을 부여하는 형태로 나아가야 할 것이다.

다만 자율주행기술은 우리가 예상하는 속도보다 빠르게 발전할 수 있으며, 레벨 3단계 상용화가 이루어질 경우 레벨 4단계의 상용화도 신속하게 이루어질 것이므로 레벨 4단계도 고려한 입법 정책을 수립해야 한다. 일종의 인공지능(Artificial Intelligence) 시스템에 의해 운행되는 자율주행차는 전통적인 운전자의 개념을 유지하는데 한계가 있으므로 인공지능을 운전자로 볼 수 있는지에 대한 논의가 필요하다.51) 자율주행자동차에 탑재되는 인공지능 자체를 책임주체로 보자는 주장도 나오고 있다.52) 자율주행자동차의 운전에

---

49) 박준환, 앞의 글, 2면.
50) 자율주행자동차의 운행중 일어날 수 있는 교통사고의 유형으로 ⅰ) 자율주행자동차 상호 간의 충돌사고, ⅱ) 자율주행자동차와 일반 자동차의 충돌사고, ⅲ) 자율주행자동차와 사람 간의 충돌사고, ⅳ) 자율주행자동차와 건물 등 기타 사물과의 충돌사고 등을 예상할 수 있다.
51) 사고나 학습 등 인간이 가진 지적 능력을 컴퓨터를 통해 구현하는 기술을 인공지능이라고 하며, 개념적으로 강 인공지능(Strong AI)와 약 인공지능(Weak AI)로 구분할 수 있다. 사람처럼 자유로운 사고가 가능한 강 AI와는 달리 약 AI는 자의식이 없는 인공지능을 말하는데, 여기에는 최근 부각된 바둑프로그램 알파고(AlpaGo)나 의료분야에 사용되는 왓슨(Watson) 등이 대표적이다. 자율주행자동차는 약 AI에 해당한다.
https://en.wikipedia.org/wiki/Artificial_intelligence (2016. 6. 20. 방문) 상용화 단계의 발전에 따라 레벨4단계 중 무인자동차의 경우에는 인공지능을 운전자로 볼 여지가 있다.
52) Weaver, John Frank, Robots Are People Too: How Siri, Google Car, and Artificial

대한 지배권이 자율주행차에 탑재된 인공지능이 가진다고 볼 수도 있으나 인공지능이 사고에 대한 책임을 질 수는 없다.53) 인공지능은 人(사람)이 아니므로 운전자에 준하여 책임 문제를 논할 수는 없으며, 자율주행시스템 즉 인공지능을 관리 또는 운영하는 관리자가 자율주행용법에 의한 운행의 책임 주체로 보는 것이 타당하다. 그리고 현행 법령 중 자동차 자체의 안전을 관리하는 자동차관리법, 운행상 안전관리를 목적으로 하는 도로교통법, 국민이 안전하고 편리하게 이용할 수 있는 도로의 건설과 공공복리의 향상에 이바지함을 목적으로 하는 도로법, 교통사고의 처벌과 관계되는 교통사고처리특례법, 사고발생에 따른 손해배상과 관련된 자동차손해배상보장법, 차량 자체의 결함과 관련하여 사고가 발생한 경우 적용되는 제조물 책임법 등의 개정이 검토되어야 한다.54)

2. 자율주행자동차 "운행" 관련 규정 개정

자율주행자동차의 관리 및 사고 발생시 책임 배분을 위해 관련 규정을 정비할 필요가 있다.

(1) 자율주행자동차시스템관리자 개념 신설

자동차관리법 제2조 제1의3호에서 "자율주행자동차"를 정의하고 있는데, 이를 "자동차" 개념의 일부로 볼 수 있느냐는 의문이다. 자동차관리법에 자율주행자동차 개념을 규정하였다는 것은 기존 자동차와는 다르다는 것을 전제로 하기 때문이다. 따라서 자동차관리법상 자동차에 적용되는 모든 규정이 자율주행자동차에 그대로 적용된다고 볼 수 없다. 그러므로 자율주행자동차의 상용화를 위해서는 자동차관리법상 자동차에 적용되는 규정을 자율주행자동차에도 확대 적용되도록 할 필요가 있다. 자동차에 관한 규정을 자율주행자동차의 경우에도 적용되도록 하기 위해서는 두 가지 입법 방안을 고려할 수 있다. 첫째 자동차에 자율주행자동차도 포섭 가능하도록 하면 자동차에 관한 모든 규정이 자연스럽게 자율주행자동차에도 적용 가능하다. 둘째, 자동차에 관한 규정을 개별적으로 자율주행자동차에 확대하는 방법이다.55) 현재 자율주행자동차를 명시하여 적용되는 규정은 시험운행을

Intelligence Will Frorce Us to Change Our Lives, 2014, p. 18 이하; 권영준·이소은, 앞의 글, 465면 재인용.
53) 이춘원, "자율주행 자동차 운행에 따른 민사책임의 분배", 2016년 하계학술대회, 한국민사법학회, 2016. 6. 10, 47면.
54) 이종영·김정임, 앞의 글, 148면; 자율주행자동차의 상용화를 위해서는 기술적 문제 외에도 다양한 문제를 극복해야 되는데, 그 가운데 법과 관련된 문제가 가장 중요하다[Sven A. Beiker, "Legal Aspects of Autonomous Driving", 52 Santa Clara L. Rev. 1145 (2012), p. 1146].
55) 가천대학교 산학협력단, 「신기술과 창조경제를 지원하는 법제 개선방안 연구」, 법무부 연구용역 보

위한 임시운행 허가에 불과하므로, 자동차 관련 규정을 개별적으로 자율주행자동차에 확대 적용하는 개정 작업이 필요하다. 더 나아가 자율주행차의 특수한 장치 또는 시스템에 대한 정의 규정 및 관리주체에 대한 규정이 필요하다. 이와 같이 자율주행자동차가 기존 자동차 관련 규정과는 차별되는 특수성이 있음을 고려하여 주무부처인 국토교통부는 고시에 관련 내용을 규정하고자 한다.

국토교통부고시 제2조 제7호에 의하면, 자율주행시스템은 "운전자가 적극적인 제어 없이 주변 상황 및 도로정보를 스스로 인지하고 판단하여 자동차의 가·감속, 제동 또는 조향장치를 제어하는 기능 및 장치를 말한다." 자동차에 승차한 사람, 즉 "운전자"가 자동차를 직접 운전하기 위해 조작하여야 하는 조향·가속·감속 등 일체의 장치를 "수동제어장치"라 할 때, 자율주행시스템의 운영 또는 관리 주체에 대한 명확한 정의 규정이 필요하다. 즉 자율주행자동차의 운행을 위해서는 "자율주행시스템관리자" 개념을 도입해야 한다.[56] 자율주행자동차는 부분적으로 인간보다 우수한 인공지능일 뿐이므로 자율주행을 하기 위해 필요한 여러 가지 정보 등을 제공하고, 이를 통제 및 관리할 수 있는 주체가 필요하다. 따라서 관리자가 자율주행시스템을 제조·보수·개량·운영하여 자율주행자동차 운행의 모든 과정을 직접 통제할 수 있도록 해야 한다. 이와 같이 관리자로 하여금 자율주행시스템을 통한 자동차의 운행 전과정을 관리·감독할 주의의무를 부과하여 이를 위반한 경우 손해배상책임을 지도록 할 필요가 있다.

(2) 자율주행자동차의 안전운행을 위한 규정의 개정 방안

운전자가 자동차의 기계장치를 직접 조작하여 운행하는 일반자동차는 과학기술의 발달에 따라 점차적으로 그 기능이 축소되고, 자율주행자동차와 같이 인공지능이 제어하는 형태의 차량이 점차적으로 증가할 것임은 분명하다. 그러나 기존의 일반자동차에 자율주행시스템을 장착할 경우, 부분 또는 완전 자율주행이 가능한 상황이 전개될 수 있다. 또한 레벨4 수준의 자율주행자동차가 일반화 된다고 가정할지라도 사람이 자동차의 기계장치를 제어할 수 있는 상황을 완전 배제할 수는 없을 것이다. 과학기술의 진보에도 불구하고 사람들은 안전성을 담보하기 위한 비상장치 등 스스로 자동차 운행을 제어할 수 기계장치를 원할 것이기 때문이다.

고서, 2016. 1, 86면 참조.

56) 자율주행자동차는 자율주행프로그램에 의해 따라 데이터 등을 다양한 경로를 통해 입수하여 정해진 알고리즘에 따라 운행되는 일종의 인공지능 시스템이다. 이러한 인공지능이 법률 체계상 책임의 주체로 기능할 수 있도록 명명할 필요가 있다. 이에 이 글에서는 자율주행시스템을 운영하는 주체로서 자율주행시스템관리자 개념을 도입하여 논의를 전개한다. 자동차관리법 등(국토교통부고시)에 자율주행시스템관리자 규정을 둘 것을 제언하며, 교통사고 책임의 주체와 관련하여서는 후술하는 III. 4. (2)에서 다루고자 한다.

국토교통부고시에 의하면, 시스템우선모드(이하 "자율주행모드" 병기), 운전자우선모드 개념을 도입하였고 운전자 등이 자유롭게 상호 전환이 가능하도록 하였다. 특히 자율주행 시스템 운행 중 언제라도 가·감속, 제동, 조향 등 운전자에 의한 적극적인 운전조작이 있는 경우에는 운전조작의 전부 또는 일부에 대해 안전하게 운전자우선모드로 자동전환 되도록 규정하고 있다(국토교통부고시 제15조 참조). 또한 시스템우선모드로 주행 중 비상상황에서 자율주행시스템이 운전자에게 운전자우선모드로 전환하도록 알리는 신호를 의무화하도록 하고 있다(동 고시 제19조, 제2조 제3호 참조). 이는 자율주행자동차에 즉각적인 대응이 가능한 동승자가 1인 이상 탑승하고 있음을 전제로 이루어진 규정으로서, 자율주행자동차가 상용화 되는 시점에는 무인자동차의 운행을 고려한 검토도 필요하다. 특히 구글 등이 애초에 추구했던 자율주행자동차는 소형의 무인 택배 차량임을 고려할 때, 사람이 탑승하지 않고 운행되는 차량의 상용화도 미국 등에서는 2020년 이전에 이루어질 가능성이 높다. 따라서 현행 국토교통부고시는 레벨3을 기준으로 만들어진 것이므로, 비상상황에서 즉각적으로 대응할 수 없는 사람이 탑승하는 레벨4 기준과 무인자동차의 운행도 고려한 안전운행기준을 제시할 필요가 있다. 즉 레벨4 수준의 경우에는 자동차면허증이 필요하지 않는 사람의 탑승을 전제하거나 무인자동차의 주행을 의미하는 것으로 이해해야 한다. 교통주행 환경 등 비상상황에 대한 직접적인 인지력이 미약하거나 운행중단 조치를 직접 할 수 없는 상황을 고려하여 안전운행이 가능할 수 있는 기계 장치의 설치를 의무화하는 방식을 고려할 수 있다. 자율주행 중 비상상황에 직접적으로 대응하지 못하여 발생하는 사고에 대해서는 시스템제조자, 시스템관리자, 도로관리자, 차량소유자 등 기타 관련자들이 과실에 따라 책임을 배분하는 것이 타당하다.

아울러 현 시점에서 자율주행시스템의 결함으로 발생하는 사고에 대하여 증명 책임이 운행자 등에게 전가될 가능성이 높다. 따라서 자율주행차 사고가 운행자 등의 주의의무 위반에 의한 것인지 자율주행시스템의 결함에 의한 것인지 명확히 판단할 수 있는 기계장치 등이 필요하다. 이와 관련하여 자동차관리법 시행규칙 및 동 국토교통부고시에 의하면, 운행기록장치와 영상기록장치 등을 설치하여 관련 기록을 저장하도록 하고 있다. 즉 사고 전후의 영상기록, 사고기록 등을 담을 수 있는 블랙박스의 설치가 의무화 되었다고 본다. 이와 같은 블랙박스나 텔레매틱스 등의 기술을 이용하여 실시간 차량 운행 상태를 기록하는 도로교통모니터링 시스템의 구축이 선행되어야 한다. 또한 이러한 차량 운행정보는 제조사를 통해 저장될 것인데, 이를 보험회사와 공유할 수 있는 방안도 제도적으로 연구할 필요가 있다. 현재 레벨1, 레벨2와 같은 낮은 단계의 자율주행차는 이미 생산되어 도로를 주행하고 있는 상황이므로 앞으로 높은 수준의 자율주행차가 도로를 주행할 수 있는 단계에 적용가능 하도록 법적 제도적 보완이 지속적으로 이루어져야 할 것이다.

3. 자율주행자동차 운행 도로 및 운전자 관련 규정의 개정

(1) 자율주행자동차가 운행할 수 있는 도로

자율주행자동차의 상용화를 위해서는 먼저 자율주행자동차가 운행할 수 있는 도로 문제가 해결되어야 한다. 도로와 관련하여 국토교통부령으로 정하는 안전운행 요건상 운전자가 직접 운전하지 않고 자율주행기능만으로 운행하는 경우에는 국토교통부장관이 정한 도로구간 내에서만 운행하도록 하고 있다. 그러므로, 국토교통부장관이 자율주행자동차가 운행할 수 있는 도로구간의 범위를 자동차가 운행하는 도로로 확대 지정하면 자율주행자동차의 상용화를 위한 도로 문제는 해결될 수 있다고 한다.[57] 시험운전 단계에서 일부 구간으로 제한 운용되고 있는데 실제 상용화되는 시점에서는 고속국도, 일반국도 등으로 자율주행 구간이 확대될 것으로 보인다. 다만 자율주행자동차의 안전운행에 저해되지 않는 기타 도로안전 장치가 완비되어야 할 것이다. 자율주행자동차가 주행 도로의 상황을 인지할 수 있을 정도의 장치 등이 필요하다. 예컨대 도로 중 중앙선 또는 차선이 없는 경우, 비보호좌회전 또는 유턴과 같은 신호체계가 불명확한 경우 등에 대한 보완이 필요하다.

자율주행자동차 제조사 등은 자율주행자동차가 운행할 수 있는 도로의 확충을 정부에서 조속히 해 줄 것을 촉구하고 있으나, 현실적으로 도로의 개보수를 필요로 하므로 비용 문제에 대한 합리적인 고려가 필요하다.[58] 따라서 2020년 레벨3 단계 차량의 상용화 시에 제한적으로 운용될 수밖에 없을 것이다. 국토교통부장관은 국가가 부담하는 도로 관련 비용을 행정청에 부담시키거나(도로법 제87조), 도로보수의 원인자에게 비용을 부담시키도록 하고(도로법 제91조) 있으므로 자율주행차 구입시 자율주행 가능 도로개보수 명목으로 세금을 부과하거나, 자율주행자동차를 보유한 자에 대하여 자동차세 등 인상을 검토하여야 할 것이다.

(2) 자율주행자동차의 운행에 따른 운전면허 발급 필요성

자동차관리법 시행규칙 안전운행 요건에 따르면, 운전자가 언제든지 자율주행기능을 해제할 수 있을 것과 자율주행 장치에 고장이 발생한 경우 이를 감지하여 운전자가 알 수 있도록 하는 경고 장치를 갖출 것을 요건으로 하고 있다. 즉, 자동차관리법에 따른 자율주행자동차는 언제든지 운전자가 수동으로 운전이 가능한 자율주행자동차를 의미한다. 결과적으로 자율주행자동차는 언제든지 자율주행기능을 해제하고 운전자가 운전을 할 수 있고, 반드시 운전자가 탑승하는 것을 전제로 하고 있어 운전면허의 발급을 필요로 한다.

---

57) 가천대학교 산학협력단, 앞의 보고서, 87면.
58) 심우민, 앞의 발표(주8)시 코멘트 참조.

위와 같은 운전면허와 관련하여 레벨3 수준의 수동 자율주행자동차가 아닌 순수하게 자동차 스스로 운행하는 완전한 형태의 자율주행자동차의 상용화를 고려하면, 운전면허의 발급은 반드시 필요하지 않을 수 있다. 예를 들어 지금은 앞을 보지 못하거나 운전대를 조작할 수 없는 장애인의 경우에는 운전면허를 발급받을 수 없는데, 앞으로 완전한 형태의 자율주행자동차는 간단한 버튼 조작만으로 운행이 가능하므로 운전면허증의 발급은 불필요하다고 할 것이다. 예컨대 현재 일정한 안전운행요건을 갖춘 경우 시험 연구 목적으로 임시운행허가를 받아 운행할 수 있음에 착안하여 도로교통법에서 요구하는 운전자의 운전면허의 취득 수준, 즉 운전자가 사고를 내지 않고 도로주행을 할 수 있는 수준을 자율주행자동차의 운행 능력 기준으로 보아 자율주행자동차에 대해 운행을 허가해 주면, 운전자 및 운전자책임 개념이 필요 없게 될 수 있다.59) 그러나 현재 자동차관리법이 예상하는 자율주행자동차는 운전면허를 가진 운전자의 탑승을 전제로 하는 과도기적인 자율주행자동차라고 인식할 경우, 운전면허 발급에 있어서 적절한 변화가 필요하다.

(3) 운전자의 운전면허 규정 개정 방안

현행 도로교통법 등은 자동차 운행을 위해서는 운전면허증을 취득하도록 되어 있는데, 자율주행자동차의 경우에도 운전면허제도가 필요하다. 현행 운전면허증으로 자율주행차를 운전하는 것은 문제가 없겠지만, 자율주행자동차는 사람이 자동차의 기능을 제어할 수 있는 운전을 하지 않으므로 현행 운전면허보다는 완화된 면허제도가 도입되어야 할 것이다. 그러나 자율주행자동차의 주행 실험이 충분히 이루어지지 않았으며, 이에 따라 표준화된 시험제도를 도입하기에는 일정한 한계가 존재한다.

미국은 자율주행자동차의 운행에 적합하게 도로교통법령의 개정이 주별로 이루어지고 있다. 캘리포니아주와 네바다주에서는 기존의 운전면허제도와는 달리 자율주행자동차의 운행을 위한 면허제도가 도입되었다.60) 우리나라의 경우 도로교통법 제80조에서 운전면허에 대하여 규정하고 있는데, 크게 제1종 운전면허, 제2종 운전면허, 연습운전면허로 구분된다. 제1종 운전면허에는 대형면허, 보통면허, 소형면허, 특수면허 등이 있으며, 제2종 운전면허에는 보통면허, 소형면허, 원동기장치자전거면허 등이 있다. 따라서 자율주행자동차의 면허도 제1종 및 제2종으로 세분하여 규정해야 할 것이다. 예컨대 자율주행자동차를 운행하기 위해서는 제1종 자율주행운전면허, 제2종 자율주행운전면허를 받도록 하여야 할 것이다. 기존 제1종 및 제2종 운전면허보다는 운전 기능의 평가 정도가 높지 않아야 한다. 또한, 현행 운전면허소지자가 자율주행자동차를 운행하기 위해서는 일정한 교육 과

---

59) 이중기·황창근, "자율주행자동차 운행에 대비한 책임법제와 책임보험제도의 정비필요성: 소프트웨어의 흠결, 설계상 흠결 문제를 중심으로", 「금융법연구」 제13권 제1호, 2016, 100면.

60) 이종영·김정임, 앞의 글, 157면.

정을 이수하도록 하는 방식도 고려할 수 있다. 기존 운전면허소지자는 일반자동차의 운행에 능숙하므로 별도의 자율주행운전면허는 필요하지 않지만, 시스템우선모드와 운전자우선모드의 전환과 위험상황에서 운전자로서 역할을 해야 하므로 차량에 대한 이해가 전제되어야 한다.

4. 책임 법제의 개선 방안

자율주행자동차 용어에서 "자율"의 사전적 의미는 남의 지배나 구속을 받지 않고 자기가 세운 원칙에 따라서 스스로 규제하는 일을 말한다. 철학적 의미에 의할 경우에도 자신의 요망이나 남의 명령에 의존하지 않고 실천적 이성에 의하여 스스로 세운 객관적인 도덕법칙을 따르는 일을 말한다.61) 스스로 세운 규칙을 따른다는 의미가 내포되어 있으므로, 그에 대한 책임도 질 수 있는 주체여야 할 것이다.62) 본래 자율은 이성적으로 판단하고 행위하는 인격체를 전제로 한 것인데, 자동차에 인격이 있는 것과 같은 의미의 용어를 부여함으로써 책임의 주체를 확장하려는 의미가 내포되어 있는 것으로 해석한다. 즉 교통사고에 대한 책임을 묻는 구조가 운행자에서 제조사 중심으로 이동하고 있으며, 제조사의 책임도 확장 해석할 필요성이 제기되는 시점이다.63) 따라서 자동차 제조사, 자율주행시스템 제조자, 자율주행시스템관리자, 운행자 등이 사고 책임을 배분하는 구도로 전개되어야 한다고 본다. 특히 자동차손해배상보장법의 무과실책임 구조는 자율주행자동차의 운행책임에 적용하기에 적절하지 않다고 보고 운행자의 면책 범위를 확대하는 수정 제안과 동시에 자율주행자동차 제조자 등의 책임을 규정하는 새로운 제조물책임규정 도입 방안을 모색하였다.

---

61) http://dic.daum.net/word/view.do?wordid=kkw000216441&supid=kku000272256#kku000272256 (2016. 6. 19. 방문)

62) 한국포스트휴먼학회·서울대철학사상연구소·철학문화연구소가 주최한 제9회 공동콜로키움에서 백종현 한국포스트휴먼학회 회장(서울대 명예교수)은 모두발언을 통해 자율주행자동차 용어의 문제점을 지적하고, 법령은 쉽게 개정할 수 없으므로 "수동적 자율주행자동차" 개념의 사용이 필요하다고 한다.

63) 이와 관련하여 이중기·황창근, 앞의 글, 115면은 자배법과 제조물 책임법의 동시개정을 통한 조정의 필요성을 제언하고 있으며, 자율주행자동차의 등장으로 인한 책임보험제도의 역할 변화 가능성(V)을 잘 설명하고 있다. 자율주행자동차의 운행에 따른 손해배상은 운행자 책임에서 제조자의 책임으로 그 책임이 전가될 가능성은 분명하지만(이종영·김정임, 앞의 글, 160면), 현행 제조물책임법의 해석상 자율주행자동차의 운행으로 인한 운행책임이 전부 자율주행자동차 제조자 등에게 전가될 것인지는 분명하지 않고 여전히 불투명한 영역이 있다[이에 대하여는 이중기·황창근, 앞의 글, 102-108면(현행 제조물 책임법 적용여부), 108-115면(제조물의 결함 여부가 논란이 되는 경우) 참조]. 따라서 새로운 자동차책임보험법제의 정비가 필요하다.

(1) 책임 구도의 다원화와 합리적인 책임 배분의 필요성

교통사고는 운전자, 도로관리자, 차량제조사 등 여러 주체와 관련될 수 있다. 그런데 현행법은 사상자가 발생한 교통사고의 민사적 책임주체를 일단 가해 운전자로 간주한다. 그리고 도로관리자나 차량 제조사 등 운전자가 아닌 자에게 책임이 있다면 이들의 책임을 운전자가 입증해야만 운전자의 책임을 다른 이에게 전가할 수 있도록 하고 있다.64) 그러나 자율주행자동차의 경우에는 운전자의 역할보다 자동차의 역할이 커지면서 자동차의 결함이 문제되는 사례들이 급증할 것으로 예상된다. 따라서 자율주행자동차가 상용화 될 경우 전통적인 책임 구도의 변화가 불가피하며, 이러한 상황에 맞추어 책임 법제도 변화를 수용해야 되는 실정이다. 별도의 특별법을 제정하지 않는 한 자율주행자동차 시대에 교통사고 상황을 규율하게 될 책임법제는 제조물 책임법과 자배법으로 재편될 것으로 보인다.65)

특히 자동차에서 소프트웨어가 차지하는 비중이 커지면서 소프트웨어의 설계자와 제조자, 관리자의 책임도 문제된다. 또한 정보의 교류가 자율주행자동차의 핵심 요인이 되면서 자동차와 자동차, 자동차와 도로관리시스템, 자동차와 외부 통신기기와의 연결성도 높아질 것으로 보인다. 이로 인해 해킹 등 보안사고의 위험성도 증가하고 네트워크 관리 주체나 해커의 책임 문제도 제기된다.66) 이처럼 자율주행자동차가 일상화되는 시대에는 책임주체가 다원화되고 이들 사이의 책임 분배도 복잡하게 전개될 가능성이 높아진다. 즉 자율주행자동차 사고로 인한 책임 문제는 단순히 새로운 교통사고로 인한 책임 문제의 차원을 뛰어 넘어 책임 배분의 근본적인 패러다임의 전환을 필요로 한다.

자율주행자동차와 관련된 책임 논의는 두 가지 관점에서 논의될 필요가 있다. 책임 배분과 관련된 기본적인 원리인 예방 패러다임과 회복 패러다임의 관점이 그것이다.67) 예방 패러다임은 사고를 예방하거나 최소화하는 것이 불법행위법의 목적으로 보는 것을 말하며, 회복 패러다임은 가해자가 피해자에게 손해를 전보하는 것이 불법행위법의 목적으로 본다.68) 불법행위에 대한 책임을 누구에게 부담시켜야 하는가와 관련하여 1차적으로 회복

---

64) 박준환, 앞의 글, 2-3면.
65) 김범준, "무인자동차의 상용화에 따른 보험 법리의 개선", 「상사판례연구」 제26권 제3호, 한국상사판례학회, 2013; 김영국, 앞의 글; 이종영·김정임, 앞의 글 등이 이러한 입장에 있다.
66) 이종영·김정임, 위의 글, 155-157면
67) 불법행위법의 목적과 관련하여 예방, 회복, 제재가 논해지고 있으나, 사법의 영역에서는 주로 예방과 회복의 관점에서 논의가 이루어지고 있다. 특히 전통적인 불법행위의 목적은 회복에 중점을 두고 논해지고 있다고 한다; 이춘원, 앞의 글, 49면.
68) 권영준, "불법행위법의 사상적 기초와 그 시사점 - 예방과 회복의 패러다임을 중심으로 -", 「저스티스」 통권 제109호, 2009. 2. 참조; 특히 회복이라는 목적은 불법행위제도보다 보험제도나 공적 부조가 더 큰 기여를 할 수 있다는 점을 지적한다(권영준, 위의 글, 90면). 또한 예방 패러다임에서는 사고에 대한 최소비용회피자에게 책임을 귀속시켜야 사고를 더 잘 예방할 수 있다(권영준, 위의 글, 96

패러다임이 2차적으로 예방패러다임이 단계적으로 적용되어야 한다고 한다.[69] 이러한 예방 및 회복의 원리를 자율주행자동차의 경우에 접목하게 되면, 책임귀속주체의 확대로 이어질 수 있다.[70] 즉 교통사고가 발생한 후 그로 인한 책임을 분배하는 사후적인 논의와 책임 배분 체계를 사전에 확립하여 자율주행자동차 개발 단계에서부터 규범적으로 적합한 주행이 이루어질 수 있도록 설계 및 제조 하는 것이다. 구체적으로 ⅰ) 자배법상 운행자의 면책범위를 확대하는 방안과 ⅱ) 자율주행기술이 포함된 차량의 제조사, 제조물의 사용에 필요한 소프트웨어를 제조하거나 운영하는 관리자에게도 제조물책임을 묻는 방안이 검토될 수 있다.

(2) 자율주행시스템관리자 등의 자율주행에 대한 책임 인정

1) 운전자에 준하는 의미의 "자율주행시스템관리자" 규정의 신설

자동차 운전자가 자율주행이 가능한 차량을 구입하여, 실제 자율주행용법에 따라 운행한 경우 직접 운전 조작을 하는 것이 아니므로 이로 인해 발생한 사고에 대해 모든 책임을 지울 수 없음은 주지한 바와 같다. 그렇다면, 이러한 책임의 주체를 확정해야 하는 문제가 제기되는데, 자율주행용법에 의한 운행에 관여한 모든 주체들을 상정해 볼 수 있다. 자율주행자동차 제조사, 소프트웨어 제조사, 데이터 제공자, 자율주행시스템관리자, 운행자 등이 가능하다. 여기에 도로를 관리하는 국가, 지방자치단체 등도 포함될 수 있다.

자율주행자동차의 상용화가 이루어지는 민간 영역에서의 다양한 형태를 검토하면, 자율주행용법에 의한 사고 발생시 책임주체를 가늠할 수 있을 것이다. 자율주행자동차가 상용화 되는 단계에서는 다음의 형태로 자율주행기능이 장착된 차량이 제공될 수 있다고 본다. ⅰ) 기존 자동차 제조사 또는 구글과 같은 인터넷기업이 독자적으로 자율주행기능이 포함된 소프트웨어를 차량에 장착하고 직접 시스템을 관리하는 형태, ⅱ) 구글과 같은 인터넷기업 등이 기존 자동차 제조사와 합작 또는 주문제작 방식으로 차량을 제조하고 시스템관리는 전자 또는 후자가 맡는 형태, ⅲ) 자동차 제조사나 구글과 같은 인터넷기업이 직접 자율주행차량을 제조하든 합작하여 제조하든, 인터넷기업 등이 주문제작 방식으로 차량을 제조하든 상관없이 별도의 시스템관리자를 두는 형태, ⅳ) 일반자동차에 자율주행기능이

면). 자율주행자동차 사고에 있어서 최소비용회피자는 사고발생 원인에 따라 달라진다. 일반적으로 제조물의 경우에는 제조업자가, 정보제공의 경우에는 정보제공자가 최소비용회피자에 해당할 것이다(이춘원, 위의 글, 50면).
69) 권영준, 위의 글, 98면.
70) 자율주행자동차를 둘러싼 책임법적 쟁점과 관련하여 권영준·이소은, 앞의 글, 456-466면에서는 책임 배분의 기본 원리를 예방, 회복, 혁신으로 나누어서 설명하고 있으며, 책임 구도의 주체를 운전자·운행자·제조업자·매도인·도로관리주체 등으로 확장하고 있다.

있는 시스템을 장착하는 형태(자율주행기능의 튜닝을 허용할 경우)로서 별도의 시스템관리자가 있는 형태 등을 예상할 수 있다.

ⅰ)~ⅲ)의 형태가 2020년 자율주행자동차의 상용화 시점에 실현가능할 것으로 전제 할 때 자동차 제조사, 자율주행 소프트웨어 제조사, 데이터 제공자, 자율주행시스템관리자, 자동차보유자 등이 교통사고의 민사책임 주체가 될 수 있다고 본다. 자동차보유자는 자동차의 소유자나 자동차를 사용할 권리가 있는 자로서 자기를 위하여 자동차를 운행하는 자이다. 자동차는 소유자가 운행하는 것이 일반적이나 운전자 등이 당해 자동차를 운전하는 경우도 있다. 이에 자배법은 운전자를 다른 사람을 위하여 자동차를 운전하거나 운전을 보조하는 일에 종사하는 자로서 정의한다. 결과적으로 자동차의 운행은 자동차의 소유자 및 운전자 등 자동차를 사용할 권리가 있는 자에 의해 이루어졌을 때, 사고가 발생한 경우 운행자가 책임을 부담하게 된다. 그런데 현행 자배법상으로는 자율주행자동차의 시스템우선모드 시에 누가 운전 주체인지에 대한 규정이 존재하지 않는다. 레벨 3단계를 전제할 경우, 자율주행자동차의 운행은 운전자(자동차소유자 포함)와 자율주행시스템관리자에 의한 운행으로 세분화 될 것이므로 자율주행시스템관리자에 대한 명확한 정의 규정이 신설되어야 할 것이다.[71]

자율주행시스템관리자는 당해 자율주행 소프트웨어(프로그램)의 유지 보수의 책임이 있는 자로서 자동차보유자 등이 프로그램 등을 업그레이드 할 수 있도록 제반 여건을 고려한 최적의 시스템 환경을 조성해 줄 의무가 있는 자이어야 한다. 자율주행 프로그램은 자율주행자동차가 정상적인 주행을 할 수 있도록 다양한 정보를 처리해야 하며, GPS 교란 등 해킹 문제에 대해서도 안전한 보안 장치를 가동할 수 있어야 한다. 또한 자동차보유자 등이 당해 자율주행 프로그램을 업그레이드 할 수 있도록 공지하고 관련 기술적인 문제를 주지시켜야 한다. 대부분의 경우 자동으로 당해 프로그램이 업그레이드되는 것으로 설계될 것이지만, 보유자 등이 자율주행자동차의 안전한 운행을 위해 프로그램을 관리할 수 있도록 관련 정보를 제공해야 한다.

그렇다면, 어느 경우에 자율주행시스템관리자에게 "자율주행모드로 차량을 운전을 권한이 부여되는가?"와 관련하여 정당한 권리에 의한 주행이어야 한다는 "일정한 범위"를 부여해 주어야 할 것이다. 여기서 말하는 "일정한 범위"는 자동차 소유자 등 자동차를 이용할 정당한 권리가 있는 자와 자율주행시스템관리자와의 이용계약 관계가 존재해야 함을 의미한다. 즉 자동차의 자율주행시스템 이용에 대하여 당사자 간에 유효하고 정상적인 매매계약이 체결된 경우, 현실적으로 자율주행시스템의 용법에 따라 시스템우선모드로 운행 중 사고가 발생했을 때 자동차보유자 등의 운행자책임이 면책되는 법규의 개정이 필요하다.

---

[71] 자율주행시스템관리자 정의 규정 신설에 앞서 자배법 제2조 제1항 제1호에 자율주행자동차를 새로이 규정하는 입법안을 제언하였다(〈표 2〉참조).

이때의 이용계약은 레벨3 단계를 전제할 경우, 운전자가 시동을 건 이후 수동주행 여부와 상관없이 시스템우선모드로 진입하는 순간부터 자동적으로 이용계약 관계가 적용되는 구조가 될 것이다.

자율주행기술이 장착된 자율주행차량의 운전자가 시스템우선모드로 전환할 경우, 시스템관리자가 자동차를 운행할 권리를 자동적으로 부여받는 것으로 해석하여 자동차보유자 등과 공동운행자성이 있는 것으로 인정되어야 한다. 이미 자동차 설계 및 제조단계에서 시스템우선모드와 운전자우선모드로 상호 전환이 가능하도록 만들어진 것이고, 이러한 사실을 인식하고 자동차를 구입한 것이므로 별도의 계약 즉 구체적인 청약과 승낙의 합의가 없다 할지라도 자동차 소유자와 자동차시스템관리자 간에는 대리운전 의뢰자와 대리운전자의 관계와 같이 일정한 계약 관계가 있다고 보아야 한다. 따라서 자동차시스템관리자는 운전자의 시스템우선모드 전환 시에 자동차를 운행할 권리가 있는 운행자로서 인정되어야 하며, 차량에 탑승한 운전자 등이 유효하고 정상적인 방법으로 자율주행 기능을 조작하고 이들이 시스템상의 운전자우선모드 전환 신호에 대하여 적절하게 대응하는 등 주의의무를 해태하지 않았음이 합리적이고 객관적으로 인정된다면 당해 운행으로 인해 발생한 사고에 대하여 면책되는 것으로 해석해야 한다. 레벨4 단계는 시동을 켠 이후 자율주행운행으로 진입했을 때 자율주행시스템관리자와 승객 간에 이용계약 관계가 있는 것으로 본다.

2) 자율주행자동차 기술단계의 상향에 따른 운행자 면책 범위의 확대

자율주행차의 운행 중 사고가 발생하면 자동차보유자 또는 운전자가 직접 운전하지 않았음에도 자배법 제3조에는 "자기를 위하여 자동차를 운행하는 자"는 그 운행으로 다른 사람을 사망하게 하거나 부상하게 한 경우에는 그 손해를 배상할 책임을 진다고 규정하고 있기 때문에 자배법에 따라 자동차보유자가 운행자 책임을 부담해야 하는지 문제될 수 있다.

자율주행시스템에 의해 자동차가 운행되던 중 사고가 발생한 경우, 자동차보유자 등은 자동차의 기계장치를 조작하는 직접적이고 구체적인 행위를 하지 않았으므로 운행중 사고에 대하여 운행자책임을 전적으로 부담하도록 하는 것은 과실책임 및 공평타당한 책임분배의 원칙에 맞지 않는다. 자율주행 중임에도 자동차보유자 등에게 운행자 책임을 부여하는 이러한 책임 구조는 자율주행자동차의 기술개발 및 상용화, 더 나아가 대중화에도 저해된다고 본다. 다만 자율주행 단계 중 레벨3의 경우 자율주행시스템의 작동 하에서도 운전자는 교통사고로 인한 위험을 최소화할 주의의무를 부담하게 되며, 자율주행시스템은 단지 그 어려움을 경감시켜주는 보조적인 기능에 불과하므로 운행자 책임을 인정하는데 큰 문제는 없다.

그러나 완전 자율주행자동차의 사고로 인해 발생하는 책임문제는 현행법으로 규율하기 어려운 한계에 봉착한다. 레벨 4단계에서는 자율주행시스템이 자동차 주행의 모든 부분을

주도적으로 제어하고, 승객 등이 운전에 개입할 여지가 없거나 극히 적은 것을 의미하기 때문이다. 따라서 자동차보유자 등이 자율주행차의 자율주행 중 사고에 대해서는 운행자 책임을 부담하지 않도록 관련 법규의 개정이 필요하다.

자동차보유자 등은 차량의 기계적인 장치의 작동에 직접 관여하지 않은 것이므로, 책임의 주체인 "운행자"가 아니라 보호의 개체인 "타인"으로 인정되어야 한다. 즉 자율주행자동차 레벨4 단계의 경우, 자율주행시스템에 의한 독자적인 운전이 가능함에도 불구하고 자율주행자동차에 승차한 자동차보유자나 승객들에게 운행지배의 개념을 인정하고 운전자로서의 주의의무를 지우는 것은 법리적으로나 정책적으로 타당하지 않다. 따라서 자율주행자동차의 주행을 직접적으로 제어하는 자율주행시스템관리자가 직접 민사책임을 부담할 수 있도록 자배법 제3조 운행자의 면책 범위를 개정해야 한다.

자동차로 인해 발생하는 교통사고의 경우 피해자의 신속한 손해 복구에 중점에 맞춰져 당해사고의 과실책임 인정 및 책임 분배와 관련되어서는 명확한 법리 정립이 이루어지지 않은 측면이 있다. 자동차의 운행으로 이익을 얻고 운행을 지배하는 운행자가 전적으로 손해배상책임의 주체로서 기능하고, 추후 책임 있는 도로관리자 및 자동차 제조사에게 구상하는 구조는 자율주행자동차 시대에는 적합하지 않다. 그렇다면 당해 자율주행으로 발생한 사고에 대하여 누가 책임을 지도록 하는 것이 타당한가? 자율주행시스템관리자 등에게 그 책임을 묻는 법적 구조가 필요하다.

그런데 현행 자동차손해배상보장법 제3조는 운행자에게 배상 책임을 묻도록 하고 있다. 특히 운행자의 책임을 넓게 규정하고 있는데, 피해자 보호라는 자동차손해배상보장법의 법리적 구조를 전면적으로 부정하기는 어렵다. 운행자는 당해 자동차의 운행을 지배하고 있을 뿐만 아니라 이로 인해 운행이익을 얻고 있기 때문이다. 따라서 자동차보유자 등이 부담하는 운행자 책임을 축소하여 그 책임이 자율주행시스템관리자 및 자율주행자동차 제조사나 자율주행시스템 제조사가 부담하도록 책임 구조의 변화가 필요하다. 다만 레벨 3단계의 경우 운전자 등 자동차보유자의 자율운행에 대한 지배가능성을 고려할 필요성이 있으며, 자율주행자동차시스템관리자가 운전자 등이 운행에 대한 주의의무를 게을리 하였음을 입증할 경우 자동차보유자 등이 부담하는 운행책임의 면책범위는 축소될 수 있다.

<표 2> 자동차손해배상보장법 제2조 및 제3조 등 새로운 입법안

현 행	새로운 입법안
제2조(정의) ① 이 법에서 사용하는 용어의 뜻은 다음과 같다. 1. "자동차"란 「자동차관리법」의 적용을 받는 자동차와 「건설기계관리법」의 적용을 받는 건설기계 중 대통령령으로 정하는 것을 말한다. 2. "운행"이란 사람 또는 물건의 운송 여부와 관계없이 자동차를 그 용법에 따라 사용하거나 관리하는 것을 말한다. 3. "자동차보유자"란 자동차의 소유자나 자동차를 사용할 권리가 있는 자로서 자기를 위하여 자동차를 운행하는 자를 말한다. 4. "운전자"란 다른 사람을 위하여 자동차를 운전하거나 운전을 보조하는 일에 종사하는 자를 말한다. 신 설 5. "책임보험"이란 자동차보유자와 「보험업법」에 따라 허가를 받아 보험업을 영위하는 자(이하 "보험회사"라 한다)가 자동차의 운행으로 다른 사람이 사망하거나 부상한 경우 이 법에 따른 손해배상책임을 보장하는 내용을 약정하는 보험을 말한다.	좌 동 1. "자동차" <u>또는 "자율주행자동차"</u>란 「자동차관리법」의 적용을 받는 자동차 <u>또는 자율주행자동차</u>와 「건설기계관리법」의 적용을 받는 건설기계 중 대통령령으로 정하는 것을 말한다. 좌 동 <u>5. "자율주행시스템관리자"란 자동차보유자 등과 자율주행 이용계약 관계에 있는 자로서 자동차를 자율주행용법으로 운행하는 자를 말한다.</u> <u>6.</u> 좌 동
제3조(자동차손해배상책임) 자기를 위하여 자동차를 운행하는 자는 그 운행으로 다른 사람을 사망하게 하거나 부상하게 한 경우에는 그 손해를 배상할 책임을 진다. 다만, 다음 각 호의 어느 하나에 해당하면 그러하지 아니하다. 1. 승객이 아닌 자가 사망하거나 부상한 경우에 자기와 운전자가 자동차의 운행에 주의를 게을리 하지 아니하였고, 피해자 또는 자기 및 운전자 외의 제3자에게 고의 또는 과실이 있으며, 자동차의 구조상의 결함이나 기능상의 장해가 없었다는 것을 증명한 경우 2. 승객이 고의나 자살행위로 사망하거나 부상한 경우 신 설	제3조(자동차손해배상책임) 좌 동 <u>3. 운전자 또는 자율주행시스템관리자가 유효하고 정상적인 자율주행용법에 따라 자동차를 운행한 경우</u>

(3) 입증책임의 전환과 제조자의 제조물책임 인정 방안

1) 교통사고에 대한 입증책임의 전환

교통사고의 발생시 현행 법체계는 "운행자가 피해자 구제 및 회복 등을 위해 엄격책임을

부담하도록 하고 운행상 과실이 없음을 스스로 입증"하도록 하고 있으므로, 이러한 연장선에서 보면 운행자가 자율주행차의 과실 즉, 차량의 결함을 입증해야 하는 결론에 이르게 된다. 한편 자율주행자동차는 레이더, 센서, 비디오카메라, GPS 등 다양한 기술 및 장치들이 복합적으로 응용되고 상호작용하면서 자율주행을 하게 되는데, 이러한 기술이나 장치 자체가 본래 설계와 다르게 제조되거나 가공·응용된 경우, "제조상의 결함"으로서 자율주행자동차 제조사는 제조물책임을 질 수 있다. 그러나 이러한 기술이나 장치들을 복합적으로 작동하게 하는 알고리즘 혹은 이러한 알고리즘에서의 소프트웨어의 흠결이 사고의 원인인 경우, 이는 "제조물의 결함"에 해당하지 않으므로 제조자가 제조물책임을 지지 않을 가능성이 높다. 또한 피해자의 입증책임을 완화[72]하더라도 피해자인 원고가 자율주행자동차 사고의 원인이 "설계상 결함"에 있다고 주장하면서 자율주행자동차에 대한 특정의 대체설계를 제시하는 것은 어려운 일이다. 그 결과 현행 제조물 책임법 체계하에서 자율주행자동차가 상용화되는 경우, 운행자의 운행책임이 제조자의 책임으로 전가될 가능성이 낮아지게 된다.

이처럼 교통사고의 발생시 현행 법체계는 운행자가 과실 없음을 스스로 입증해야 하지만, 고도의 첨단장치로 작동되는 자율주행차에 과실(결함)이 있다는 것을 보통의 운행자가 입증하는 것은 사실상 불가능하므로, 과실의 입증방법을 개선할 필요성이 있다. 교통사고의 정확한 원인을 파악하게 되면, 운행자에게 사실상 무과실책임을 부과하는 현행 교통법 체계에서 탈피하여 민법의 기본원칙인 과실책임주의를 실현할 수 있다. 이러한 과실책임주의를 교통사고에도 적용할 수 있도록 법제를 개선할 경우, 제조사 입장에서도 유리한 측면이 있다. 예컨대 자율주행 상태의 사고라도 운전자 등의 책임이 있을 것이고, 이를 증명하면 제조사 입장에서도 책임경감이 가능하기 때문이다. 제조사 측 입장에서 볼 때, 자율주행차 운전자의 과실을 입증할 유인이 강화될 수 있다. 그러므로 입증방법의 개선, 즉 입증책임의 전환은 중요한 과제로 부각되기에 충분하며 블랙박스(영상기록장치 등) 로그 분석을 통해 사고 당시의 상황, 차량 부품과 소프트웨어의 정상작동 여부 등 사고원인과 과실주체를 정확히 파악할 수 있는 정책방향을 견지할 필요성이 있다.[73]

---

[72] 일반인인 소비자가 제품의 결함 및 그 결함과 손해의 발생과의 사이의 인과관계를 과학적·기술적으로 입증한다는 것은 지극히 어려우므로 "그 제품이 정상적으로 사용되는 상태에서 사고가 발생한 경우 소비자 측에서 그 사고가 제조업자의 배타적 지배하에 있는 영역에서 발생하였다는 점과 그 사고가 어떤 자의 과실 없이는 통상 발생하지 않는다고 하는 사정을 증명하면, 제조업자 측에서 그 사고가 제품의 결함이 아닌 다른 원인으로 말미암아 발생한 것임을 입증하지 못하는 이상 그 제품에게 결함이 존재하며 그 결함으로 말미암아 사고가 발생하였다고 추정하여 손해배상책임을 지울 수 있도록 입증책임을 완화하는 것이 손해의 공평·타당한 부담을 지도원리로 하는 손해배상제도의 이상에 맞다"고 한다(대법원 2004. 3. 12. 선고 2003다16771).

[73] 박준환, 앞의 글, 3면.

2) 제조물 책임법의 개정 방안

자율주행차가 상용화되면 자율주행의 정도에 따라 운전자의 역할이 축소되거나 사실상 없어지게 될 것이다. 일부 자동차의 경우에 이미 제한된 범위에서 자율주행이 이루어지고 있을 뿐만 아니라, 완전 자율주행 단계의 경우 운전자가 운행에 전혀 관여하지 않은 상태에서도 자동차는 이동할 수 있으므로 운전자의 역할은 사실상 없다고 보아야 한다. 그런데 이러한 자율주행자동차의 과실(결함)로 인해 교통사고가 발생하면 제조사가 손해배상의 주체가 될 수 있으므로 피해자에 대한 안정적인 배상을 위해 보험이 필요하다. 따라서 자동차 소유자에게 부과되는 보험 가입 의무를 자율주행자동차 제조사에도 부과하는 방안을 적극 검토해야 한다.[74]

현재 자동차 제조사가 지는 의무는 주로 제조물 책임법에 따라 제품의 결함에 대한 책임에만 한정되어 있으며, 제조물을 동산으로 제한하고 있어 자율주행자동차의 자율주행 중 교통사고가 발생한 경우 차량 제조사에게 책임을 묻기 어렵다. 먼저 교통사고의 책임이 있는 자율주행차의 소프트웨어는 제조물에 포함되지 않으므로 이 부분에 대한 개정이 선행되어야 한다. 소프트웨어가 제조물, 즉 "제조되거나 가공된 동산"에 해당할 수 있도록 명문 규정을 두는 새로운 입법안을 제안한다.

〈표 3〉 제조물 책임법 제3조 제3항 신설 등 새로운 입법안

현 행	새로운 입법안
제3조(제조물 책임) ① 제조업자는 제조물의 결함으로 생명·신체 또는 재산에 손해(그 제조물에 대하여만 발생한 손해는 제외한다)를 입은 자에게 그 손해를 배상하여야 한다. ② 제조물의 제조업자를 알 수 없는 경우에 그 제조물을 영리 목적으로 판매·대여 등의 방법으로 공급한 자는 제조물의 제조업자 또는 제조물을 자신에게 공급한 자를 알거나 알 수 있었음에도 불구하고 상당한 기간 내에 그 제조업자나 공급한 자를 피해자 또는 그 법정대리인에게 고지(告知)하지 아니한 경우에는 제1항에 따른 손해를 배상하여야 한다. 신 설	좌 동 ③ 제조물의 제조업자와 제조물의 사용에 필요한 소프트웨어를 제공 또는 운용하는 관리자는 제1항에 따른 손해를 배상하여야 한다.

---

[74] 머지않은 미래에 사람의 운전 행위 없이도 운행이 가능한 자율주행차가 일반화될 경우, 자동차손해보험의 역할보다는 제조물책임보험의 필요성이 증가할 것이므로 제조물책임보험의 가입을 강제하는 개정이 이루어져야 한다고 본다.

(4) 검토

자율주행자동차와 같은 신기술의 보급이 보편화되기 위해서는 기술 자체의 신뢰성 여부(이용자 수용성), 산업간 갈등(산업적 수용성) 및 사회의 법과 제도, 그리고 그 법과 제도를 이루고 있는 철학 등 기존 규제와 상충하는 문제(사회적 수용성) 등의 신기술에 대한 수용성 문제가 모두 해결되어야 하는데,75) 이 중 법제도와 관련해서는 자율주행자동차를 수용할 수 있는 관련기술을 허가하고 관리하기 위한 제도적 정비와 법적 기반의 정비 등에 관한 사회적 수용성이 특히 문제된다.76) 따라서 완전 자율주행기술이 개발되었다고 하여 즉시 상용화되는 경우는 예상할 수 없을 것이다. 그러나 자율주행자동차의 상용화를 위해서는 지속적인 법령의 제·개정이 이루어져야 하며 이에 근거한 법제도를 완비하여야 할 것이다.

일반적으로 입법은 과거나 현재를 반영하여 이루어지므로, 관련 논의가 충분히 성숙된 상태에서 이루어져야 한다. 그런데 본격적인 자율주행자동차는 아직 현재화 되지 않은 미래의 일이므로, 관련 법제도를 선제적으로 개정하는 일은 어려운 문제이다. 행정규제적 관점에서의 법령은 법정책을 수립하는 차원에서 접근할 경우 일정한 가이드라인을 제시한다는 점에서 현실의 문제를 다소 앞서갈 수 있다. 그러나 민사법적 책임 문제를 미리 입법하는 문제는 이제까지 축적된 경험도 없을뿐더러 미래를 예측한다는 사실 자체가 일정한 한계를 예정하고 있는 것이므로 현실적인 어려움이 적지 않다.77)

자율주행자동차 운행과 관련한 민형사상 책임 법제의 개편 문제와 관련하여 상법 보험편, 형사법, 자배법 등 민사책임법제의 소관부처가 법무부 및 국토교통부에 산재되어 있으므로 가칭 "자율주행자동차의 운행과 책임에 관한 특례법"을 신설하는 것이 현실적이라는 주장이 있다. 특히 자동차, 운전자, 도로라는 자동차 운행 3요소 관련 법제와 관련하여 자동차관리법, 도로법, 도로교통법 등의 개별법 개정에 있어서도 소관부처 문제 등 일관된 입장을 견지하기 어렵고 일반자동차 중심의 법률체계에 자율주행자동차 관련사항을 직접 규율하기 힘든 상황이므로 관련 사항을 포괄하는 특별법의 제정을 주장한다.78) 그러나 현재 우리나라의 자율주행차는 차선을 지키고 차간 거리를 유지하는 수준의 레벨2 단계의

---

75) 황상규, "자율주행자동차의 수용성과 불가역성", 「월간교통」, 한국교통연구원, 2016. 1, 2-3면.

76) 신동현, 앞의 글, 3면.

77) 책임법제는 그 속성상 기술 혁신의 속도보다 느리게 발전할 수밖에 없는 구조를 갖고 있다(Kyle Graham, "Of Frightened Horses and Autonomous Vehicles: Tort Law and its Assimilation of Innovations", 52 Santa Clara L. Rev. 1241 (2012), p. 1242; 권영준·이소은, 앞의 글, 452면 재인용). 아직 자율주행자동차가 본격적으로 상용화되지 않았고, 책임법제의 방향성에 대한 논의도 충분하지 않기 때문이다(권영준·이소은, 앞의 글, 452면).

78) 황창근·이중기, "자율주행자동차 운행을 위한 행정규제 개선의 시론적 고찰 -자동차, 운전자, 도로를 중심으로", 「홍익법학」 제17권 제2호, 2016, 54-55면.

상용화에 불과하며, 본격적인 자율주행차의 개발을 위한 시험운행 단계에 있는 상황이므로 특별법의 제정은 아직 시기상조라 판단된다. 자율주행차가 전체 차량의 50%가 넘은 대세[79])의 수준은 아니라 하더라도 의미 있는 점유율에 이르렀을 때 관련 법령상의 미비 또는 불비 등의 문제점을 검토하면서 특별법 제정 여부를 결정해야 할 것으로 본다. 따라서 현행 자동차관리, 운행, 사고 등에 관련된 개별 법령의 지속적인 개정을 통해 자율주행 자동차 상용화를 준비해야 하며, 관련 인프라 등도 점진적으로 보완해 가야 할 것이다.

자율주행자동차의 운행 중 교통사고의 문제는 시스템우선모드의 경우 운행지배와 운행이익이 운행자에게 있느냐로 귀결되는데, 현행 자배법상 자동차보유자 등에게 운행자성을 인정하는데 어려움이 없는 것으로 보인다. 시스템우선모드로 운행 중이라 하더라도 운전자 등에게 일정한 주의의무를 부여하고 있다. 자율주행자동차의 시스템상 위험상황을 예정하고 운전자 등에게 경고할 수 있는 장치를 의무화함으로써 운전자가 운전에 직접 참여할 수 있는 가능성을 분명하게 제시하고 있기 때문이다. 따라서 레벨 3단계의 경우에 운행자의 책임은 일반자동차와 동일한 수준은 아니지만, 운행자 책임을 부인할 수 있을 정도로 높지는 않은 것으로 본다.

그러나 레벨 4단계의 경우에는 다소 다른 차이점이 있다. 시동을 걸고 자율주행시스템 운행으로 진입한 이후에는 탑승자가 운전에 개입할 가능성이 거의 없으므로 사람의 운행지배를 인정하기 어려운 구조이다. 따라서 레벨 4단계의 경우에 자동차보유자 등에게 운행자 책임을 인정할 가능성은 아주 적어진다.[80]) 다만, 자동차보유자 등이 자율주행자동차의 관련 소프트웨어를 업데이트하거나 관련 부품이 제 기능을 발휘하도록 관리하고, 필요한 경우에는 이를 교체하는 등의 임무는 존재하는 것이므로 이러한 행위를 게을리 하였다면, 주의의무 위반 책임을 부담하는 것이 타당하다.[81]) 본래 운행자는 정해진 목적지까지 가는 동안 발생할 수 있는 여러 가지 위험에 대하여 법적인 책임을 부담하겠다는 합리적인 의사가 있는 것으로 보아야 하며 그러한 준비 단계로서 차량을 유지하고 보수하는 행위에 대한 책임은 존재한다고 보기 때문이다. 그런데 자배법상 레벨 4단계의 경우 자동차보유자 등의 운행자 책임을 인정하는 데에는 일정한 한계가 존재한다. 자동차보유자 등이 자율

---

79) 자율주행자동차가 대세를 점하게 되면 장기적으로는 자동차 사고에 대한 새로운 보상제도 도입이 논의될 필요가 있다. 예컨대 보상기금을 만들어 자동차 사고로 인한 피해자에게 일단 보상금을 지급하고, 그 보상기금의 운영 주체가 사고에 대해 책임 있는 주체에게 구상을 하는 제도를 고려할 수 있다(권영준·이소은, 앞의 글, 486면).

80) 이때, 운전자 등의 수동적 통제가 가능한 레벨 3단계와 그렇지 않은 레벨 4단계는 책임의 배분에서 차이가 있음을 전제한다. 예컨대 레벨 3단계에서의 자율시스템관리자는 운전자 등이 위험상황에 개입하지 못한 것에 대한 과실의 입증을 통해 부분적으로 책임이 경감되거나 면책될 수 있으나, 레벨 4단계의 경우에는 자율주행시스템관리자가 운전자 등의 과실 있음을 주장하기에는 내재적 한계가 있다.

81) 권영준·이소은, 앞의 글, 484면 참조.

주행차량의 유지 및 보수에 책임을 지지 않는 상황인 경우, 예컨대 자율주행시스템관리자의 과실로 자율주행시스템의 유지 및 보수가 이루어지지 않았다면, 자동차보유자 등은 면책될 수 있다. 이러한 관점에서 자동차의 소유자 또는 자동차를 운행할 권리가 있는 자의 면책 범위를 확장하고 제조물 책임법상 제조물에 소프트웨어를 포함하는 방안의 검토가 이루어질 필요가 있다. 이에 이 글에서는 운전자에 준하는 자율주행시스템관리자 등의 개념을 설정하고 자배법 제2조 및 제3조의 개정 입법안을 제안하였다.

Ⅳ. 나가는 말

과학기술의 혁신으로 촉발된 자율주행자동차의 발전이 우리 삶을 풍요롭게 할 것이라는 희망적인 전망을 갖게 한다. 그런데 사람이 자동차의 기계적인 장치를 조작하여 운행함으로서 발생하는 교통사고에 대한 책임을 운전자 등 운행자에게 우선적으로 지우는 법체계는 자율주행자동차의 상용화에 앞서 변화를 모색해야 상황에 직면해 있다. 교통사고에 대한 책임 소재를 분명하게 하고, 책임분배에 대한 명확한 기준이 요구되고 있기 때문이다. 자율주행자동차의 시험 운행 등 제조와 관련된 기술 개발이 지속되고 있는 시점에서 교통사고의 발생을 줄이고, 자율주행자동차의 안전성을 담보하기 위해서는 민사책임 부분에 대한 법제의 개편이 시급히 요청된다. 자율주행자동차의 설계 및 제조 단계에서부터 민사책임의 주체와 책임 소재가 어떻게 되는지 명확히 인식할 수 있도록 법제를 정비해야 할 것으로 본다.

예방과 회복이라는 불법행위법의 두 가지 관점이 균형을 이루도록 예방적 차원의 법제도에 무게중심이 두어지는 법규의 개선이 필요하다. 현재와 같이 회복의 관점에서 피해자 구제에 집중된 민사책임 법제는 자율주행자동차의 혁신을 오히려 저해하는 요인이 될 수 있다. 자율주행자동차를 이용하게 될 사용자의 안전을 우선적으로 고려하고, 당해 차량의 주행에 대한 책임소재 및 책임분배가 명확히 이루어질 수 있도록 그 근거를 명확히 할 때, 자율주행자동차의 성공적인 상용화가 이루어질 것이다.

이에 이 글에서는 현행법체계 하에서의 자율주행자동차의 법적 쟁점과 문제점을 검토하고, 앞으로의 입법방향에 대하여 논의하였다. 먼저 행정규제적 관점에서 자율주행자동차의 상용화시에 쟁점이 될 수 있는 자동차관리법과 도로교통법을 살펴보고, 아울러 자율주행자동차의 보급 시에 이루어져야 할 규제법령의 개정방안도 논의하였다. 또한 교통사고의 형사책임 문제도 논의하였다. 이어서 자동차 운행 중 사고에 대한 손해배상책임 문제 등과 관련하여 현행 자동차손해배상보장법의 개정을 통한 법적 규율 방안을 모색하였고, 운전자 중심에서 자동차 중심으로 책임의 주체가 변화함에 주목하여 제조물 책임법의 개정 방안도 검토하였다. 이 논문은 자율주행자동차 운행 관련하여 별도의 특별법을 제정하기보다는 현행 법체계 내에서 관련 법령의 해당 규정을 개정하는 방식이 타당하다고 판단하였다.

참고문헌

1. 국내문헌

가천대학교 산학협력단,「신기술과 창조경제를 지원하는 법제 개선방안 연구」, 법무부 연구용역 보고서, 2016. 1.
권오승 등,「제조물 책임법」, 법문사, 2003.
양창수·권영준,「민법 Ⅱ 권리의 변동과 구제」제2판, 박영사, 2015.

권영준, "불법행위법의 사상적 기초와 그 시사점 - 예방과 회복의 패러다임을 중심으로 -",「저스티스」통권 제109호, 한국법학원, 2009. 2.
권영준·이소은, "자율주행자동차 사고와 민사책임",「민사법학」제75호, 한국민사법학회, 2016. 6.
김경환, "우리법의 '자율주행자동차' 개념에 대한 검토"(http://legalinsight.co.kr/ archives/64813; 2016.6.19. 방문)
김두원, "자율주행 자동차 관리 및 교통사고에 대한 형사책임",「법학논문집」제39집 제3호, 중앙대학교 법학연구원, 2015.
김민중, "컴퓨터바이러스에 따른 손해에 대한 법적 책임",「인터넷법률」통권 제18호, 법무부, 2003.
김범준, "무인자동차의 상용화에 따른 보험 법리의 개선",「상사판례연구」제26권 제3호, 한국상사판례학회, 2013.
김영국, "자율주행 자동차의 운행 중 사고와 보험적용의 법적 쟁점",「법이론실무연구」제3권 제2호, (사)한국법이론실무학회, 2015. 10.
김 유, "무인자동차·자율주행자동차 시대를 대비한 국내 관련 법령의 문제점 및 개선방안" (http://blog.naver.com/barunlaw7/220712939364; 2016.6.19. 방문)
김해식, "무인자동차의 등장과 자동차보험시장의 미래",「주간포커스」제204권, 보험연구원, 2012.
박동진, "제조물책임법상 제조물의 개념",「비교사법」제10권 제4호, 2003.
신동현, "자율주행차 운행의 법적 문제에 관한 시론(試論)", 2016년 하계학술대회, 한국민사법학회, 2016. 6. 10.
신봉근, "컴퓨터소프트웨어와 제조물책임",「인터넷법률」통권 제27호, 법무부, 2005.
심우민, "자율주행자동차 입법 로드맵 구성 전략", 제9회 공동콜로키움 발표자료, 한국포스트휴먼학회·서울대철학사상연구소·철학문화연구소, 2016. 6. 18.
오지용, "무인자동차와 관련한 자동차손해배상부장법 제3조의 해석",「법조」64권 제10호, 2015. 10.
윤진수, "제조물책임의 주요 쟁점-최근의 논의를 중심으로",「비교사법」제21권 제3호, 2011.
이상수, "임베디드 소프트웨어의 결함과 제조물책임 적용에 관한 고찰",「법학논문집」제39집 제2호, 중앙대학교 법학연구소, 2015.
이종영·김정임, "자율주행 자동차 운행의 법적 문제",「중앙법학」제17집 제2호, 2015.6.
이숭기·황창근, "자율주행자동차 운행에 대비한 책임법제와 책임보험제도의 정비필요성: 소프트웨어의 흠결, 설계상 흠결 문제를 중심으로",「금융법연구」제13권 제1호, 2016.
이춘원, "자율주행 자동차 운행에 따른 민사책임의 분배", 2016년 하계학술대회, 한국민사법학회, 2016. 6. 10.
이형범, "일본의 자율주행자동차 관련 법적 허용성과 민사·행정·형사책임 연구 동향",「월간교통」, 한국교통연구원, 2016. 1.
장한별, "자율주행 자동차 도입과 규제",「월간교통」, 한국교통연구원, 2013. 11.

차성민, "정보통신업에서의 제조물책임", 「법조」 제55권 제1호, 2006.
한민흥, "무인자동차의 기술 및 동향", 「로봇공학회지」 제5권 제3호, 한국로봇학회, 2008.
홍춘의, "컴퓨터 소프트웨어의 오류와 민사책임", 「기업법연구」 제20권 제1호, 2006.
황창근 · 이중기, "자율주행자동차 운행을 위한 행정규제 개선의 시론적 고찰 –자동차, 운전자, 도로를 중심으로", 「홍익법학」 제17권 제2호, 2016.

2. 국외문헌

Kyle Graham, "Of Frightened Horses and Autonomous Vehicles: Tort Law and its Assimilation of Innovations", 52 Santa Clara L. Rev. 1241 (2012).

Owen, David G., "Products Liability: Principles of Justice for the 21st Century", 11 Pace L. Rev. 63 (1990).

Sven A. Beiker, "Legal Aspects of Autonomous Driving", 52 Santa Clara L. Rev. 1145 (2012).

University of Michigan Transportation Research Institue, "A preliminary analysis of real-world crashes involving self-driving vehicles", 2015. 10.

Virginia Tech Transportation Institue, "Automated vehicle crash rate comprarison using naturalistic data", 2016. 1.

Weaver, John Frank, Robots Are People Too: How Siri, Google Car, and Artificial Intelligence Will Frorce Us to Change Our Lives, 2014.

융/합/적/사/회/변/화/와/법

스마트 계약과 사회 신용
-형법상의 법적 문제를 중심으로-

송승현[*]
서강대학교 대우교수

I. 머리말

오늘날의 세상은 ICT의 세상이라고 할 수 있다. 즉, 혁신기술이 상용화시대를 맞이하고 있는 것이다. 업무·학업·거래 내지 계약 등 모든 분야라고는 할 수 없겠지만, 대부분의 분야가 ICT로 움직이고 있기 때문이다. 그리고 이 중에서도 최근에는 블록체인 기술의 등장 및 발전이 두드러진다고 할 수 있다. 이 기술은 등장할 때부터 현재까지도 논란의 대상이 되고는 있지만, 현재 금융업계·보험업계·공유서비스 등에 큰 변화를 가져왔다. 블록체인 기술은 네트워크상에서 모든 참여자가 공동으로 거래정보를 검증·기록·보관할 수 있는 분산원장을 활용한다는 점에서 서래수난에 채용할 경우 신뢰성, 투명성, 탈 중개성(P2P Based)을 특징을 갖고 있기 때문이다. 또한 블록체인 기술에 기반한 스마트 계약의 등장으로 인해 이들 분야에서 블록체인 기술의 활용이 증가하고 있고, 여기에 더하여 스마트 계약을 접목하려는 시도가 나타나고 있기 때문이기도 하다. 그래서 블록체인 기술은 핀테크 산업 분야에서 비트코인(Bitcoin)과 이더리움(Ethereum) 등 가상화폐 분야에서 가장 먼저 상용화되었으나 최근 블록체인 2.0으로 불리는 스마트 계약(Smart Contracts)을 실제 채용하여 계약 체결을 대체하는 사례가 급증하면서 이를 계약규범에 수용하는 문

---

[*] 〈논문 게재 당시 소속〉 충북대학교 국가위기관리연구소

제를 놓고 논의가 진행되고 있다. 이러한 현상은 우리나라보다는 독일·미국·일본·프랑스·호주 등 외국의 주요 국가에서 두드러지게 나타나고 있지만, 우리나라에서도 -아직까지는 활발하게 이루어지고 있다고 볼 수 없지만- 시도하려는 움직임이 나타나고 있고, 앞으로는 더 확산될 전망이다.

스마트계약은 당사자들 간의 계약조건에 따라 블록체인에게 자동으로 실행되는 컴퓨터 알고리즘이다. 프로그래머의 코드 작성, 코드의 공개, 상대방의 조건 성취, 토큰 이전이라는 단계에 따라 계약이 자동 실행되어 계약의 '이행' 절차가 필요 없기 때문에 거래에서 스마트계약이 활용될 경우 재화나 서비스 거래수단에 엄청난 변화가 예상된다. 그리고 계약 규범에 대한 인식변화도 불가피할 것으로 보인다. 왜냐하면 전통적으로 계약은 청약의 의사표시와 승낙의 의사표시의 합치, 의사표시의 도달, 계약 내용의 합법성 등 복잡한 절차를 요하는 반면, 스마트계약에서는 계약의 체결과 이행이 코드 입력이라는 조건 제시 및 합치에 따라 그 효력을 발동하기 때문이다.

스마트계약의 수범자(受範者) 입장에서 보면 블록체인 기술 자체가 아직 생소한 개념이고, 스마트계약의 법적 성격이 불분명한 상황에서 계약 체결과 이행이 소스 코드로 입력된 조건에 따라 자동 실행되는 내용의 계약을 접하게 될 경우 전통 규범과의 사이에서 많은 혼동을 겪게 될 것이다. 그러나 이는 소비자보호 측면, 사법적 질서 유지 측면, 그리고 더 나아가서는 법적 안정성 측면에서 결코 바람직하지 않다고 본다.

현재 우리 일상은 대부분의 분야에서 스마트한 세상이 되어가고 있다. 이러한 현실에서 스마트 계약은 이제 먼 이야기가 아니라고 할 수 있다. 즉, 우리가 받아 들여야 할 세계의 한 부분이라고 할 수 있다. 그러나 스마트 계약에 대한 연구는 부족한 상황이고, 이에 대한 정립(定立)도 미비한 상황이며, 스마트 계약도 계약의 범주에 속하는 것이다 보니 그나마 진행되고 있는 연구도 민법 및 상법에 한정되어 있다. 그러나 스마트 계약도 계약의 범주에 속하는 이상 계약이라는 관점에서 보면 이 과정에서 발생하는 사안은 형법의 영역이 된다고도 할 수 있다. 이에 스마트 계약을 통한 거래 내지 계약 체결 과정에서 발생하는 또는 발생할 수 있는 문제에 대해 형법의 관점에서 논하고자 한다. 이는 앞으로의 사회 신용의 안전성 및 경제적 생활영역에 있어 사회적 평가의 보호 등을 위해 살펴볼 필요가 있고, 이에 대한 연구의 필요성이 있다고 할 것이다.

II. 이론적 배경

1. 스마트 계약의 개념

스마트 계약이라는 용어는 스마트(smart)와 계약(contract)의 합성어로서 이 용어의 국어적인 의미로는 "정보의 축적과 검색이 자연 언어로 이루어지면 컴퓨터가 그 정보를 읽고 처리하여 상관도가 높은 것부터 순차적으로 검색 결과를 출력하는 대형 정보 검색 시스템을 이용하여 일정한 법률 효과의 발생을 목적으로 -두 사람 사이의- 관련되는 사람이나 조직체 사이에서 서로 지켜야 할 의무에 대해 글이나 말로 정하여 두거나 그런 약속의 의사 표시를 통해 청약 및 승낙이 합치함으로써 성립하는 법률행위"를 의미한다고 할 수 있다.

그러나 이러한 스마트 계약에 대한 정의는 법적으로 아직 정립되어 있지 않기 때문에 다양하게 정의하여 사용하고 있다. 이에 이러한 개념 정의에 대한 견해로는 i) 계약 조건을 실행하는 컴퓨터화 된 거래 프로토콜이라는 견해,[1] ii) 스마트 계약은 그 조항이 컴퓨터 코드로 만드는 것이므로 컴퓨터 코드화된 계약이거나 계약상의 권리 의무와 연계되지 않고 오로지 코드에 의해 정의되는 동시에 자동적으로 이행되는 관계이므로 코드에 의해 규정되는 관계라는 견해,[2] iii) 스마트 계약은 협의로는 블록체인 기술을 기반으로 계약의 자동실행이 보장된 컴퓨터 프로그램이라고 하고, 광의로는 코드가 상대방의 의사 표시와 합치한 경우 이는 청약과 승낙의 구조를 가진 계약과 유사하므로 코드에 따라 상대방의 의사 표시가 행하여진 것이라는 견해,[3] iv) 스마트 계약을 강한 것과 약한 것으로 구분하여 계약 성립 이후 당사자나 법원이 계약을 철회하거나 변경하는 것이 상대적으로 쉬운 경우를 약한 것으로, 반대로 불가능하거나 무의미한 경우를 강한 것으로 보는 견해,[4] v) 스마트 계약은 법적 관련 행위가 디지털로 검증할 수 있는 사건에 따라 조정되고, 통제되며, 이를 사용하여 일정한 사정하에서 물권적 또는 채권적인 계약을 체결할 수 있는 소프트웨어라는 견해,[5] vi) 스마트 계약은 사전 프로그래밍이 된 이벤트가 발생하던 일정 효과

---

[1] Szabo, Nick, "Smart Contracts: Building Blocks for Digital Markets", *Copyright* ©, 1996(https://www.fon.hum.uva.nl/rob/Courses/InformationInSpeech/CDROM/Literature/LOTwinterschool2006/szabo.best.vwh.net/smart_contracts_2.html(검색일 : 2020.11.16.)).

[2] 김제완, "블록체인 기술의 계약법 적용상의 쟁점", 「법조」 제67권 제1호, 법조협회, 2018, 164면.

[3] 정경영/백명훈, "디지털사회 법제연구[II]-블록체인 기반의 스마트계약 관련 법제 연구", 「글로벌법제전략 연구」 17-18-1, 한국법제연구원, 2017, 32면; 정경영, "암호통화(cryptocurrency)의 본질과 스마트계약(smart contract)에 관한 연구", 「상사법연구」 제36권 제4호, 한국상사법학회, 2018, 135면.

[4] Raskin, Max, "The Law and Legality of Smart Contracts", 「*1 Georgetown Law Technology Review*」 304, Georgetown Law, 2017, pp.309-310.

[5] Kaulartz, Markus/Heckmann, Jörn, "Smart Contracts-Anwendungen der Blockchain-

가 자동 발생하도록 설계된 컴퓨터 프로그램이라는 견해,[6] vii) 스마트 계약은 계약의 교섭과 이행이 코드에 의해 자동으로 수행되거나, 인증되거나 또는 집행되는 약정이라는 견해,[7] viii) 스마트 계약은 전통적인 계약이론의 관점에서는 계약이라기 보다는 계약의 즉시 이행을 실현시키는 기술이라고 할 수 있지만, 코드 설정자와 코드 실행자간 관계의 형성 및 디지털재산의 이전은 전통적인 계약적 관점에서 계약의 일종이라는 견해[8] 등이 있다.

스마트 계약은 전자거래[전자금융거래+전자지급거래]에 있어 블록체인 기술을 적용하여 거래의 이행이 거래 당사자 간의 개입 없이 거래 내지 계약 의무의 이행에 대한 자동실행이 보장된 컴퓨터 프로그램 코드 즉, 컴퓨터 네트워크상에서 안전하게 합의된 프로토콜에 따라 작동되는 분산형 애플리케이션에 의해 양 당사자[9] 모두에게 수시로 자동으로[10] 이루어지는 것을 의미한다. 그래서 한쪽 당사자의 의무 이행을 통해 다른 한쪽 당사자의 의무 이행이 자동으로 이행되고, 거래 내지 계약 당사자들은 이를 중지할 수 없는 구조를 가지고 있다. 이에 스마트 계약이라는 용어에는 블록체인 기술을 적용한 프로그램 코드에 의해 자동으로 이루어진다는 기술적인 관점에서 계약을 보존하고, 유용성을 담보하며, 전통적인 계약에서와 마찬가지의 이행의 관행 및 거래의 관행을 수립할 수 있고,[11] 반복적 급부 의무를 규정하는 의사표시 또한 가능하며,[12] 계약 내지 거래를 이행하는 프로세스라는 점에 더하여 법적인 관점에서 계약의 유효성 및 집행가능성 등 실현을 위해 계약을 보완하거나 대체하는 계약이론과 기술의 응용이라는 점이 내포되어 있다고 할 수 있다. 물론 스마트 계약은 전통적인 계약이 청약과 승낙의 구조에서 이루어진다는 점에서 분명한 차이는 있다. 그리고 기술적 관점 및 기술의 응용이라는 점에서 보편적인 개념을 찾는 것도 쉬운 일은 아니다. 그러나 스마트 계약이라는 것 역시 계약 당사자 중 급부 의무자가 프로그램 코드가 요구하는 특정 요건을 충족시키면 계약 내지 거래의 내용이 자동으로 실행되

Technologie", 「*Computer und Recht*」Volume 32. Issue 9., Otto Schmidt, 2016, p.618.

6) 김진우, "스마트계약과 약관통제에 관한 시론(試論)적 고찰", 「비교사법」 제27권 제1호, 한국비교사법학회, 2020, 202면.
7) 정진명, "블록체인 기반 스마트계약의 법률문제", 「비교사법」 제25권 제3호, 한국비교사법학회, 2018, 931면.
8) 고형석, "스마트계약에 관한 연구", 「민사법이론과 실무」 제22권 제1호, 민사법의 이론과 실무학회, 2018, 181면.
9) 이는 능동 당사자와 수동 당사자로 표현될 수도 있다.
10) 이에 대한 예외적인 경우에 대한 내용은 '고형석, 앞의 논문(주 8), 180면.' 참조.
11) 이행의 관행이란 계약을 이행하는 당사자가 어느 정도 수준으로 계약을 이행할 경우 상대방이 별다른 이의 없이 이행 결과를 반복적으로 받아들여 성립하는 계약 이행 수준의 관행을 의미하고, 거래의 관행이란 계약 당사자들 사이에 거래 계약의 조항이나 절차 등에 대한 해석의 관행이 수립되는 것을 의미한다(Don Tapscott/Alex Tapscott, 「블록 체인 혁명」(박지훈 옮김) (박성준 감수), 을유문화사, 2018, 72면.).
12) Don Tapscott/Alex Tapscott (박지훈 옮김) (박성준 감수), 위의 책, 72면.

어 실질적으로 이행까지 이루어지는 구조라는 점에서 전통적인 계약과 유사하다고도 할 수 있다. 그리고 스마트 계약은 자기강제성(self-enforcing)을 가지고 있고, 블록체인 기술을 적용한다는 점에서 비트코인 거래와 유사하지만, 블록체인에 다양한 조건을 설정하여 자율집행적인 계약 및 클라우드 펀딩(ICO) 등의 프로그래밍이 가능한 암호화폐와 동시에 탈중앙화 자율기구(DAOs)를 창설하는13) 클라우드 컴퓨팅 플랫폼인 이더리움이 활용되며, 이는 지갑주소(wallet address)를 통해 이루어지는 지갑 프로그램(wallet program)을 통한 이더리움 가상머신(EVM)을 실행하게 하는 계약주소(contract address)14)를 만들어 스마트 계약을 인식하여 자동으로 실행되어 계약 내용이 양 당사자로 하여금 실질적으로 이행되도록 한다는 점에서 차이가 있다. 다시 말하면 스마트 계약은 i) 계약 방식이 프로그램 코드/자연어+프로그램 코드로 이루어질 수 있지만, 결과적으로는 전자적 방식으로 체결되고, ii) 계약 조건은 문서의 역할을 하면서 지적재산권의 대상인 프로그램 코드로 표현되고, 이러한 프로그램 코드는 인간에 의해 해석되는 기존의 계약과는 달리 불 논리(boolean logic)15)에 기초하여 풀이되어 해석되며, iii) 일단 계약 내지 거래가 체결되면 그 계약의 실행 및 계약 내용의 이행에 있어 당사자 또는 제3자의 의사가 필요 없을 뿐만 아니라 추가적인 승인이나 행위도 필요하지 않고, iv) 계약의 대부분은 쌍무계약으로 이루어지는데, 이때 양자의 권리 및 의무의 교환을 이어주는 중개인에 의존하지도 않으며, v) 단기간 내에 집행이 이루어져 거래 비용 내지 절차적 비용을 줄이는 효과가 있고, vi) 양 당사자가 각자 분산된 정보를 보유할 수 있다. 이에 더하여 i) 블록체인 기술에 기반하기 때문에 투명하고, 위·변조가 불가능하며, 서로를 신뢰할 필요가 없고, ii) 채무불이행이 문제될 여지가 없어 법원(法院) 등 전통적인 계약상의 사법적 집행방법 등을 사용하지 않아도 된다고 하고 있다.16) 그러나 아무런 문제없이 정상적으로 계약이 진행된다는 전제하에서는 의심할 여지가 없고, 이것이 스마트 계약이 가지고 있는 고유한 특징이라고 할 수 있지만, 최근에 스마트 계약도 프로그램 코드를 파기한 후 다시 계약을 만드는 방식으로 스마트 계약의 코드를 변경하거나 하나의 계약주소에 여러 개의 계약을 중복하여 만드는 방식 등17)으로 변경이 가능하기 때문에 추가적인 i)과 ii)의 견해가 제시하는 주장의 내용

---

13) 탈중앙화 자율기구에 대한 내용은 'Scholz, Lauren Henry, "Algorithmic Contracts", 「Stanford Technology Law Review」 Vol. 20., SLS, 2017, p.148.' 참조.

14) https://etherscan.io/accounts/c(→이 사이트에서 현재 생성되어 있는 contract address를 확인할 수 있음.)

15) 위키백과, "불 논리", 위키백과, 2020.09.24.(https://ko.wikipedia.org/wiki/%EB%B6%88_%EB%85%BC%EB%A6%AC(검색일 : 2020.11.17.))

16) 김진우, 앞의 논문(주 6), 195-196면; 정경영, 앞의 논문(주 3), 139면.

17) Christine, Kim, "이더리움 콘스탄티노플 하드포크, 이번엔 무사히 진행될까?", 「News」, coindesk korea, 2019.02.20.(http://www.coindeskkorea.com/news/articleView.html?idxno=39745 (검색일 : 2020.11.18.))

들은 대수롭게 넘길 문제가 아니라고 할 수 있고, 더 이상 스마트 계약의 특징으로 제시하기에는 그 가치가 없다고 본다.18) 물론 스마트 계약을 체결하면 이는 블록체인 기술을 기

---

18) 스마트 계약의 생성 및 전개에 대한 예상도를 그려보면 다음과 같다. 그리고 다음의 예상도는 본 논문에서 다루고 있는 주제를 논함에 있어 중요한 사항이면서 각각의 사안을 다룸에 있어 기본적인 사항이 된다고 본다.

스마트 계약의 생성 및 전개 예상도

예상도 1	예상도 2
1. 계약의 양 당사자(→2명 이상일 수 있음.)가 전통적인 방식으로 일정한 계약 내용을 작성한 후 합의 및 체결한다. 여기서의 계약은 포괄적인 계약일 수 있다. 2. 양 당사자는 합의 및 체결한 내용을 통상적인 계약서에 기술하고, 그 기술한 내용(위 1.)을 컴퓨터 프로그램 코드로 변환한다.* 이 과정에서 계약서의 기술내용을 담고 있는 자연어가 프로그램 코드로 번역된다. 3. 프로그램 코드로 변환된(위 2.) 계약 내용은 인터페이스(→오라클(oracle)** 등)를 통해 네트워크 등 컴퓨팅에서 컴퓨터 시스템끼리 연결되어 활성화된다. 4. 스마트 계약의 체결 기간 동안 계약서의 내용에 따라(위 1.) 변환되어 프로그램 코드(위 2.)에 기록된 내용 내지 이벤트에서 요구되는 (특정) 요건이 충족되면 프로그램 코드에 지정된 행위가 자동으로 실행되어 실질적으로 이행까지 이루어진다.	1. 계약의 양 당사자(→2명 이상일 수 있음.)가 자연어로 된 전통적인 계약 방식이 없이 프로그램 코드에 의한 계약만 합의 및 체결한다. 2. 프로그램 코드로 합의 및 체결된(위 1.) 계약 내용은 인터페이스를 통해 네트워크 등 컴퓨팅에서 컴퓨터 시스템끼리 연결되어 활성화된다. 3. 스마트 계약의 체결 기간 동안 프로그램 코드로 합의 및 체결된 계약서의 내용(위 1.)에 기록된 내용 내지 이벤트에서 요구되는 요건이 충족되면 프로그램 코드에 지정된 행위가 자동으로 실행되어 실질적으로 이행까지 이루어진다.
	※ 이 경우에는 양 당사자가 서로 합의 및 체결한 내용대로 프로그램 코드로 작성되었는지(=프로그램 코드의 계약 내용을 쉽게 알 수 있도록 한글로 번역 내지 변환하여 작성하고, 표준화·체계화된 용어를 사용하며, 계약의 중요한 내용을 부호, 색채, 굵고 큰 문자 등으로 명확하게 표시하여 알아보기 쉽게 작성되었는가의 여부)에 대해 진위여부로서 확인절차를 거쳤는가의 여부가 쟁송이 발생했을 때 쟁점이 된다고 할 수 있다.

  * 프로그램 코드로 변환함에 있어는 i) 양 당사자 중 공급자 내지 사업자가 직접 행할 수도 있고, ii) 코드 설계자(프로그래머)를 참여하게 할 수도 있으며, iii) 중개인(→양 당사자와 코드 설계자를 연결해주는 자)과 코드 설계자를 독립적으로 선정하여 참여하게 할 수도 있다.
 ** 오라클은 외부환경으로부터 새로운 정보를 저장하거나 제공하는 개인 또는 프로그램으로서 실시간으로 변화하는 상황에 대응하여 코드에 기록된 계약상 권리 및 의무 등을 수정하고 변경할 수 있다(Priyanka Desai/Freeman Lewin/Benjamin L Van Adrichem, ""SMART CONTRACTS" & LEGAL ENFORCEABILITY", 『The Cardozo Blockchain Project Research Report』#2, LARC, 2018, p.6.; Vitalik Buterin, "Ethereum and Oracles", 『Research & Development』, 2014.07.22.(https://blog.ethereum.org/2014/07/22/ethereum-and-oracles/(검색일 : 2020.11.19.))).

반으로 하고 있기 때문에 계약과 관련된 모든 정보가 분산 컴퓨팅 기술 기반의 원장 관리 기술(=분산원장기술/분산거래장부)을 통해 블록체인 플랫폼 내에 존재하기 때문에 단순히 컴퓨터를 끄더라도 그 정보가 사라지지 않을 뿐만 아니라 위·변조 및 변경을 가할 수는 없다.

이러한 점들에 근거하여 스마트 계약은 계약이 아니라 전자코드에 지나지 않는다고 반론을 제기할 수 있다.[19] 물론 계약 요건의 실행 및 이행은 계약 당사자 중 급부 의무자의 요건 충족에 의해 이루어지고, 이 급부 의무자는 인간이며, 실질적으로 지급 행위를 행하는 행위자 역시도 인간이라는 점에서 결국에는 인간의 개입이 완전히 배제될 수 없는 인간의 행위에 의해 이루어지는 계약이므로 스마트 계약이 프로그램 코드라는 점은 맞다고 할 수 있다. 그러나 계약 내지 거래의 양 당사자의 자유의사 합치가 있고, 그 계약의 내용이 사회적으로 적법하고 허용되는 사항이며, 일정한 형식(계약한 사람, 계약 내용, 계약한 날짜, 계약 당사자들의 서명 또는 날인 등)이 갖추어져 있으면 계약이 정상적으로 체결되었다고 할 수 있다. 이에 스마트 계약을 이용하겠다고 또는 스마트 계약에 입력을 하는 순간 거래 내지 계약 의무의 이행에 대한 자동실행이 보장된 컴퓨터 프로그램 코드를 통해 계약을 체결한다는 청약과 승낙에 대한 자유의사의 합치가 양 당사자에게 존재하는 것이고, 이러한 존재는 당해 계약의 청약과 승낙 및 그 내용에 대한 합치가 있음을 의미하는 것이며, 이러한 사항들은 일정한 형식으로 서면에 의해 이루어졌거나, 전자문서법[20] 및 전자서명법[21]에 의해 전자문서 및 전자서명의 방법으로 이루어졌다고 할 수 있다.

스마트 계약은 i) 무결성의 네트워크화, ii) 권력의 분산, iii) 가치의 보상, iv) 보안성, v) 프라이버시권 존중, vi) 권리의 보전, vii) 경제의 편입(=자본주의 플랫폼) 등 일곱 가지의 원칙을 그 특성을 가지고 있다. 따라서 스마트 계약은 컴퓨터 프로그램 코드의 방법으로 이루어진 다는 점에서 차이가 있지만, 이는 스마트 계약이 가지고 있는 고유한 특성이라고 할 수 있는 것이고, 이와는 별도로 독립적으로 계약 내지 거래 당사자 간의 권리와 의무를 형성하므로 전통적인 계약과 다를 바가 없기에 단순한 계약 이행 프로그램이 아닌 계약 이행 프로그램에 더하여 전통적인 계약과 마찬가지의 성질을 가지고 있다고 봐야 하고, 원칙적으로 민법상의 계약법 일반원칙 및 법리에 의해 규율하여야 한다고 본다.[22]

---

[19] 선지원/김경훈, "공법 영역에서의 스마트컨트랙트 활용의 법적 문제", 「법과 정책연구」 제19권 제2호, 한국법정책학회, 2019, 32면; 정경영, 앞의 논문(주 3), 135면.

[20] [시행 2020. 12. 10.] [법률 제17353호, 2020. 6. 9., 일부개정]

[21] [시행 2020. 12. 10.] [법률 제17354호, 2020. 6. 9., 전부개정]

[22] 이와 관련하여 스마트 계약이 '전자문서교환' 및 '알고리즘계약' 그리고 '전자대리인'과 유사하다고 할 수 있다. 그러나 정보처리시스템에 의하여 전자적 형태로 작성·변환되거나 송신·수신 또는 저장된 정보를 거래의 당사자 간에 교환하는 것을 의미하는 전자문서교환과는 차이가 있고, 스마트

2. 스마트 계약의 법적 형성 요건

(1) 계약의 성립 여부

스마트 계약이 무엇인가 하는 개념에 대한 정의는 앞서[II. 1.] 살펴보았다. 그렇다면 스마트 계약이 계약으로써 자리 잡으려면 민법상의 계약이 성립하는지 즉, 계약성을 가지고 있는지에 대해 살펴보아야 한다.

민법상 계약이 성립되었다고 하려면 앞서 언급한 바와 같이[II. 1.] 계약 방식 자유의 인정을 고려하면 계약의 성립에 필요한 계약 내지 거래의 양 당사자의 자유의사 합치가 있고,[23] 그 계약의 내용이 사회적으로 적법하고 허용되는 사항이며, 일정한 형식이 갖추어져 있으면 계약이 정상적으로 체결되었다고 할 수 있다. 그리고 이렇게 성립한 계약이 효력을 발휘하려면 효력요건을 갖추어야 즉, 계약을 구성하는 양 당사자의 의사 표시가 구체적, 확정적 의사 표시로서 권리능력과 행위능력을 갖추고 있어야 하고, 이러한 의사 표시에는 신의에 기초한 불일치 및 하자가 없어야 하며, 사회적으로 타당성을 갖추고 있어야 한다. 그런데 이는 전통적인 계약법상의 이론이고, 스마트 계약의 경우에는 이에 더하여 프로그램 코드가 이러한 계약 사항을 인식하여 작동하여야 계약이 체결되었다고 할 수 있는 것이다. 이에 스마트 계약은 앞서 언급한[II. 1.] 개념 정의에 비추어볼 때 채무 등과 같은 향후 이행하여야 할 권리 및 의무에 있어 계약이 성립되는 과정에서 또는 급부의 이행과 동시에 프로그램 코드가 요구하는 특정 요건을 충족시키게 되면 계약 내지 거래의 내용이 자동으로 실행되어 실질적으로 이행까지 이루어지기 때문에 계약이 성립과 동시에 이행된다고 할 수 있고, 이는 차후에 이행의 문제를 남기지 않는다고 할 수 있다. 또한 이는 그러한 이행이 아무런 원인 없이 이루어진 것이 아니라는 것을 의미한다고 할 수 있다. 계약이 채무를 성립시키는 것이 본질적인 특징 중의 하나인 것은 사실이지만, 우리나라의 경우

계약은 이더리움 능력이 있다는 점에서 알고리즘계약과도 차이가 있으며, 양 당사자 간의 계약 내지 거래의 체결 내지 성립 및 의사 표시를 송신·수신만을 중심으로 한다는 점에서 전자대리인과도 차이가 있다고 할 수 있다.

[23] 대법원 2003. 4. 11. 선고 2001다53059 판결 : "계약이 성립하기 위하여는 당사자의 서로 대립하는 수개의 의사 표시의 객관적 합치가 필요하고 객관적 합치가 있다고 하기 위하여는 당사자의 의사 표시에 나타나 있는 사항에 관하여는 모두 일치하고 있어야 하는 한편, 계약 내용의 '중요한 점' 및 계약의 객관적 요소는 아니더라도 특히 당사자가 그것에 중대한 의의를 두고 계약성립의 요건으로 할 의사를 표시한 때에는 이에 관하여 합치가 있어야 계약이 적법·유효하게 성립한다."
대법원 2001. 3. 23. 선고 2000다51650 판결 : "계약이 성립하기 위하여는 당사자 사이에 의사의 합치가 있을 것이 요구되고 이러한 의사의 합치는 당해 계약의 내용을 이루는 모든 사항에 관하여 있어야 하는 것은 아니나 그 본질적 사항이나 중요 사항에 관하여는 구체적으로 의사의 합치가 있거나 적어도 장래 구체적으로 특정할 수 있는 기준과 방법 등에 관한 합의는 있어야 하며, 한편 당사자가 의사의 합치가 이루어져야 한다고 표시한 사항에 대하여 합의가 이루어지지 아니한 경우에는 특별한 사정이 없는 한 계약은 성립하지 아니한 것으로 보는 것이 상당하다고 할 것이다."

계약과 합의를 구별하는 실익이 크지는 않다.24) 계약이라는 것은 계약의 양 당사자에게 권리와 의무에 대한 법적 구속력을 발생시키는 데에 중심이 놓여있기 때문이다.

이에 스마트 계약은 양 당사자가 스마트 계약으로 계약을 진행하겠다는 의사의 합치가 전제된 이상 계약의 양 당사자에게 청약과 승낙 및 그 내용에 대한 합치에 의해 요물성에 대한 권리 및 의무의 구속력이 인정되어 법적으로 의미 있는 효력을 가지고 있고, 이는 양 당사자의 의사 표시에 기인하여 체결된 계약으로 볼 수 있으므로 전통적인 계약과 마찬가지의 성질을 가지고 있다고 봐야 한다.

(2) 합의의 성립 및 법적 성질 여부

스마트 계약은 앞서 살펴본 바와 같이[II. 1.] 프로그램 코드가 요구하는 (특정) 요건을 충족시키게 되면 계약 내지 거래의 내용이 양 당사자 모두에게 자동으로 실행되어 실질적으로 이행까지 이루어지므로 이러한 현실에 대해 합의가 성립됐다고 볼 수 있는 것인지 그리고 그러한 합의의 법적 성질이 문제가 된다고 할 수 있다.

계약의 양 당사자가 스마트 계약의 방법을 통해 계약을 체결한다는 청약 및 승낙에 대한 자유의사가 양 당사자에게 존재한다면 이는 합치가 있음을 의미하는 것이므로 양 당사자의 계약에 대한 합의가 성립됐음을 의미한다고 봐야 한다. 물론 여기에는 그 체결 과정에 하자(→양 당사자의 합의 내용과 코드화된 내용 간의 차이 발생, 프로그램 코드의 오류 및 버그 발생, 법령의 제·개정 미반영 등)가 없어야 한다. 그리고 양 당사자 간에 스마트 계약을 통한 합의 및 체결이 이루어졌다면 스마트 계약에 대해 원칙적으로 민법상의 계약법 일반원칙 및 법리에 의해 규율하여야 한다고 보기 때문에 마찬가지로 민법상의 계약의 무효·취소 법리를 적용하여 규율하여야 한다고 본다. 그리고 합의를 통해 체결된 계약에 대한 법 적용을 위한 중요한 단계 중 하나는 계약의 해석이다. 즉, 당사자가 그 표시행위에 부여한 객관적인 의미를 명백하게 확정하는 것으로서 사용된 문언에만 구애받는 것이 아니라 당사자의 내심의 의사가 어떤지에 관계없이 그 문언의 내용에 의해 당사자가 그 표시행위에 부여한 객관적 의미를 합리적으로 해석하여야 한다.25) 이러한 작업이 필요한 이유는 양 당사자가 체결한 계약의 내용을 확정하기 위함도 있지만, 자연어라는 것이 경우에 따라 그 의미가 분명하지 않기 때문이다.

이는 스마트 계약에도 그대로 적용된다고 할 수 있다. 물론 프로그램 코드를 사용하는 경우 계약의 해석과 관련한 분쟁을 어느 정도 상대적으로 감소시킬 수도 있겠지만,26) 'A가

---

24) 김제완, 앞의 논문(주 2), 175면.
25) 대법원 2018. 6. 28. 선고 2016다221368 판결; 대법원 2009. 5. 14. 선고 2008다90095, 90101 판결
26) Raskin, Max, op.cit., p.324.; Savelyev, Alexander, "Contract Law 2.0: «Smart» Contracts

충족되면 B를 실행한다'라고 할 때 자연어에서 추상적인 용어들 즉, 선의 무과실, 상당한, 중대한, …할 수 있다, 즉후, 일반적, 사회상규 등의 단어는 실생활에서도 해석상 다의적인 의미가 가능하여 논란의 대상이 되고 있기에 법적인 관점에서도 불확정한 개념을 프로그램 코드로 만들어 기계적·자동적으로 하는 것은 어렵다고 보이고, 명확하지 않기 때문에 분쟁을 초래하게 되고, 고의적으로 분쟁 및 책임 회치의 수단으로 작용하게 된다고 보이기 때문이다. 그리고 이러한 점에서 계약의 양 당사자가 합의 및 체결한 사항과 프로그램 코드의 의미가 다르게 이해되는 경우에도 '오표시 무해의 원칙'[27])이 적용된다고 할 수 있다.

이에 스마트 계약은 양 당사자가 스마트 계약으로 계약을 진행하겠다는 의사의 합치가 전제된 이상 계약의 양 당사자에게 청약과 승낙 및 그 내용에 대한 합치가 있다고 봐야 하고, 이에 의해 양자의 계약 내용에 대한 권리 및 의무의 구속력이 인정되어 법적으로 의미 있는 효력을 가지고 있다고 봐야 한다.

(3) 계약의 의사 표시 및 체결의 성립 여부

스마트 계약이 민법상의 계약으로 인정되려면 계약의 양 당사자의 의사의 합치가 존재해야 하고, 스마트 계약은 앞서[II. 1-2.] 이에 대한 합치가 존재하는 것으로 봐야 한다고 하였다. 여기서 의사 표시는 법률 효과를 발생시키는 원인인 동시에 목적이 되는 외부적인 의사 행위이고, 사법적 법률관계를 발생시키며, 계약 내용의 변경 및 소멸에 대한 인식 내지 인지 그리고 의욕 내지 의사를 인용하는 법률 효과를 가지고 있는 의사 행위여야 한다. 이에 스마트 계약의 경우 프로그램 코드가 의사 표시로서의 법적 성질을 가지고 있다고 볼 수 있는가 하는 것이 문제가 된다고 할 수 있다. 이는 스마트 계약의 프로그램 코드가 소스 코드(source code)에 있는 경우가 그러하고, 목적 코드(object code)에 있는 경우에는 그러하지 않다.[28])

스마트 계약은 앞서 언급한 바와 같이 의사의 합치가 존재하는 것으로 봐야 하므로 법적

As the Beginning of the End of Classic Contract Law", 「*BASIC RESEARCH PROGRAM WORKING PAPERS SERIES : LAW*」WP BRP 71-LAW-2016, National Research Univ. Higher School of Economics, 2016, pp.24-25.

27) 대법원 1993. 10. 26. 선고 93다2629, 2636(병합) 판결 : "일반적으로 계약의 해석에 있어서는 형식적인 문구에만 얽매여서는 아니되고 쌍방당사자의 진정한 의사가 무엇인가를 탐구하여야 하는 것이므로, 부동산의 매매계약에 있어 쌍방당사자가 모두 특정의 갑 토지를 계약의 목적물로 삼았으나 그 목적물의 지번 등에 관하여 착오를 일으켜 계약을 체결함에 있어서는 계약서상 그 목적물을 갑 토지와는 별개인 을 토지로 표시하였다 하여도 위 갑 토지에 관하여 이를 매매의 목적물로 한다는 쌍방당사자의 의사합치가 있는 이상 위 매매계약은 갑 토지에 관하여 성립한 것으로 보아야 할 것이고 을 토지에 관하여 매매계약이 체결된 것으로 보아서는 안 될 것이며, 만일 을 토지에 관하여 위 매매계약을 원인으로 하여 매수인 명의로 소유권이전등기가 경료되었다면 이는 원인이 없이 경료된 것으로써 무효라고 하지 않을 수 없다."

28) Kaulartz, Markus/Heckmann, Jörn, op.cit., p.621.

으로 의미 있는 효력을 가지고 있다고 봐야 한다. 이와 관련하여 스마트 계약은 기본적으로 당사자가 합의하고, 당사자의 법률관계를 형성하는 서면의 계약서와 동일하게 볼 수 없다는 견해가 있다.29) 그러나 이는 앞서 언급한 스마트 계약의 생성 및 전개에 대한 예상도30)의 경우를 생각해 볼 수 있는데, 프로그램 코드의 방법은 스마트 계약이 가지고 있는 고유한 특성으로서의 차이일 뿐 독립적으로 계약 내지 거래 당사자 간의 권리와 의무를 형성하고, 전자문서법 및 전자서명법을 고려하더라도 전통적인 계약과 마찬가지의 성질을 가지고 있다고 봐야 한다.

그렇다면 전자방식(예상도 2)이든 서면방식+전자방식(예상도 1)이든 스마트 계약에 대한 양 당사자의 합의 및 체결이 존재한다면 이것은 그 프로그램 코드 내에 당해 계약에 대해 양 당사자의 의사가 표시되는 동시에 반영된 것이라고 봐야 한다. 그리고 스마트 계약이 블록체인 기술을 기반으로 하고 있다는 점에서 이러한 의사 표시는 개인키로 체크 및 서명 그리고 인증 방식 등 자신의 표시를 통해 발신되고, 이러한 표시는 한 블록에 형성되어 다른 블록체인에 연결됨으로써 수신된다고 할 수 있다. 또한 스마트 계약에서 양 당사자가 의사 표시를 위해 프로그램 코드를 계약 언어로 사용하는 것은 트랜잭션(transaction)을 수단으로 하는 계약체결을 의미한다.31) 그런데 여기서 또 한 가지 문제는 대부분의 계약은 원칙적으로 채권 계약이 전제가 된 합의로 표현될 수 있다. 그러나 이러한 관계에서 스마트 계약의 경우는 이더(Ether) 또는 비트코인(Bitcoin)과 같은 네트워크형 전자화폐 내지 가상화폐를 이용하여 자금을 지급하기에 이에 대한 계약 성질을 어떻게 볼 것인가 하는 점이 문제라고 할 수 있다. 오늘날은 화폐의 형태가 달라진지 오래라고 할 수 있다. 모든 곳에서 인터넷 뱅킹이나 각종 모바일 페이 및 케이캐쉬(K-CASH) 등 전자 금융을 통해 -상거래 등이- 이루어지고 있기에 현재의 법정 화폐가 전자화폐화(化)되어 통용되고 있고, 이는 전자금융거래법32)이 그 정당화를 뒷받침하고 있다. 따라서 스마트 계약에서 양 당사자는 이더, 비트코인, 기타 다른 디지털 지급 수단을 매매대금으로 합의할 수 있으므로33) 그 수단이 전자화폐 내지 가상화폐라고 하더라도 양자 간의 청약과 승낙 및 그 내용에 대한 합치는 매매 계약이라고 본다.

이에 스마트 계약에 있어 프로그램 코드는 양 당사자에게 청약과 승낙 및 그 내용에 대한 합치에 있어 의사 표시라고 할 수 있고, 이는 법적으로 의미 있는 효력을 가지고 있다고 봐야 한다.

---

29) 정진명, 앞의 논문(주 7), 946면.
30) 각주 18) 참조.
31) Kaulartz, Markus/Heckmann, Jörn, op.cit., p.621.
32) [시행 2020. 11. 20.] [법률 제17297호, 2020. 5. 19., 일부개정]
33) Kuhlmann, Nico, "Bitcoins : Funktionsweise und rechtliche Einordnung der digitalen Währung", 「*Computer und Recht*」Volume 30. Issue 10., Otto Schmidt, 2014, p.695.

(4) 계약의 효력 및 이행

스마트 계약의 체결을 통해 그 계약이 효력을 발휘하려면 이것이 컴퓨터 프로그램 코드의 방법으로 이루어진 다는 점에서 코드에 대해 독점적으로 법적인 효력이 부여될 수 있는가 하는 것이 쟁점이 된다고 할 수 있다. 이에 대해 프로그램 코드로 작성된 계약 내용은 현행법에 위배될 수 있고, 이 경우 프로그램 코드는 법적으로 그 효력이 없다는 견해가 있다.[34] 그러나 앞서 언급한 바와 같이[II. 1-2.] 스마트 계약은 컴퓨터 프로그램 코드의 방법으로 이루어진 다는 점에서 차이가 있지만, 이는 스마트 계약이 가지고 있는 고유한 특성이라고 할 수 있는 것이고, 이를 통해 독립적으로 계약 내지 거래 당사자 간의 권리와 의무를 형성하므로 전통적인 계약과 다를 바가 없기에 전통적인 계약과 마찬가지의 성질을 가지고 있다고 봐야 하며, 민법상의 계약법 일반원칙 및 법리에 의해 규율하여야 한다고 본다. 그리고 스마트 계약은 앞서 언급한 바와 같이[II. 2. (1)] 채무 등과 같은 향후 이행하여야 할 권리 및 의무에 있어 계약이 성립되는 과정에서 또는 급부의 이행과 동시에 프로그램 코드가 요구하는 특정 요건을 충족시키게 되면 계약 내지 거래의 내용이 자동으로 실행되어 실질적으로 이행까지 이루어지기 때문에 계약이 성립과 동시에 이행된다고 할 수 있고, 이는 차후에 이행의 문제를 남기지 않는다고 할 수 있다. 또한 여기서 알 수 있는 바와 같이 계약상의 권리 및 의무에는 구속력이 인정되는데, 이는 계약 당사자로 하여금 어떠한 작위 또는 부작위가 이행되어야 한다는 정도를 의미한다고 보고, 급부 의무자는 이에 대한 이행 여부의 재량권을 가진다고 본다.

그리고 스마트 계약도 계약이기 때문에 전자방식에서든 서면방식+전자방식에서든 합의 및 체결 과정에서 하자(瑕疵)가 발생할 수 있다. 그러나 이 경우에도 당연히 민법상의 계약법 일반원칙 및 법리에 의해 규율하여야 함에는 의문의 여지가 없다. 이는 강행규정의 위반으로 인한 경우, 법령의 제·개정 미반영으로 인한 경우, 양 당사자의 진의와 다르게 표시되어 체결 및 이행된 경우, 양 당사자의 합의 내용과 코드화된 내용 간의 차이로 인한 경우, 프로그램 코드의 오류 및 버그 등 기술적 오작동으로 인한 경우 등으로 인해 계약이 불이행되거나, 불이행되어야 함에도 -자동적으로- 이행된 상황에서도 마찬가지이다.

이에 스마트 계약은 양 당사자가 스마트 계약으로 계약을 진행하겠다는 의사의 합치가 전제된 이상 계약의 양 당사자에게 청약과 승낙 및 그 내용에 대한 합치가 있다고 봐야 하고, 이렇게 체결된 스마트 계약은 이것이 가지고 있는 고유한 특성은 문제될 것이 없으므로 법적으로 의미 있는 효력을 가지고 있다고 할 수 있고, 이를 통한 계약의 실질적인 이행도 문제될 것이 없으며, 양자 모두 민법상의 계약법 일반원칙 및 법리가 적용된다고 본다.

---

34) Kaulartz, Markus/Heckmann, Jörn, op.cit., p.623.

(5) 약관법의 적용 여부

스마트 계약에 있어 논의의 중요한 쟁점 중 하나가 약관법의 적용 여부이다. 약관이라는 용어는 국어적인 의미로 "계약의 당사자가 다수의 상대편과 계약을 체결하기 위해 일정한 형식에 의해 미리 마련한 계약의 내용"을 의미한다. 약관법35)도 제2조 제1호에 "그 명칭이나 형태 또는 범위에 상관없이 계약의 한쪽 당사자가 여러 명의 상대방과 계약을 체결하기 위하여 일정한 형식으로 미리 마련한 계약의 내용을 말한다."라고 약관의 용어에 대해 정의하고 있다. 이러한 점에 비추어볼 때 약관과 계약은 구별된다고 본다. 즉, 계약은 양 당사자가 약속의 의사 표시를 통해 청약 및 승낙의 합치에 대한 합의 및 체결이 이루어진 양방성을 특징으로 가지고 있고, 약관은 양 당사자 중 급부 의무자 내지 고객의 반대 당사자인 공급자 내지 사업자가 계약의 세부적인 사항을 미리 마련한 내용으로서 공급자 내지 사업자의 이익만을 관철할 가능성 및 일방성을 특징으로 가지고 있다고 본다. 그렇다면 스마트 계약의 경우는 양 당사자의 합의 및 체결 과정이 전자방식 또는 서면방식+전자방식 등 앞서 언급한 스마트 계약의 생성 및 전개에 대한 예상도36)의 방식으로 이루어진다고 볼 수 있으므로 -일반적으로는- 약관성이 없어 약관법의 적용이 부정되는 것으로 봐야 한다고 본다. 물론 약관의 특성과 같이 스마트 계약을 합의 및 체결함에 있어 공급자 내지 사업자가 전자방식으로든 또는 서면방식+전자방식으로든 계약에 필요한 별도의 내용을 정해두었다면 이는 약관성이 인정된다고 할 수 있다. 그래서 이 경우에는 스마트 계약상의 약관은 약관법 제3조부터 제6조의 규정이 반드시 준수되어야 한다.

이에 스마트 계약은 앞서 언급한 바와 같이 민법상의 계약법 일반원칙 및 법리에 의해 규율하여야 한다고 보기 때문에 원칙적 또는 일반적으로는 약관법이 적용되는 약관성이 부정된다고 본다.

Ⅲ. 스마트 계약과 범죄 유형(=형법상의 문제)

-현재- 스마트 계약과 관련된 연구 -결과- 들을 보면 -전부- 민법 및 상법과 관련된 연구들이다. 이에 스마트 계약과 관련하여 형법적인 논의도 필요하다고 본다. 스마트 계약도 계약인 만큼 여기시 발생하는 사인이 범죄를 구싱하기도 하기 때문이나.

형법적인 논의를 함에 있어 스마트 계약에서 발생하는 문제를 몇 가지로 구성해볼 수 있다. 이는 앞서 언급한 예상도37)를 바탕으로 하여 구성된다고 할 수 있다.38) 이하에서는

---

35) [시행 2018. 12. 13.] [법률 제15697호, 2018. 6. 12., 일부개정]
36) 각주 18) 참조.

스마트 계약을 통해 합의 및 체결함에 있어 부정한 행위가 있을 경우 형법 간에 발생 문제에 대해 살펴보고자 한다.39)40)

1. 사기죄 성립 여부

(1) 서면방식+전자방식 유형

단순사기죄(형법 제347조)는 사람을 기망하여 자기 자신이 재물 또는 재산상의 이익을 취득함으로써 성립하는 범죄이다. 이에 사기죄가 성립하려면, i) 기망 행위가 있을 것, ii) 상대방이 착오에 빠질 것, iii) 상대방의 -하자있는- 의사에 기한 교부 내지 처분행위가 있을 것, iv) 재물 또는 재산상의 이익을 취득할 것, v) 상대방에게 재산상의 손해를 발생

---

37) 각주 18) 참조.
38) 스마트 계약에서 발생하는 문제에 대한 예상도를 그려보면 다음과 같다. 그리고 다음의 예상도는 본 논문에서 다루고 있는 주제 및 스마트 계약과 형법 간의 문제를 논함에 있어 중요한 사항이면서 각각의 사안을 다룸에 있어 기본적인 사항이 된다고 본다.

스마트 계약과 형법 간에 발생 문제 예상도	
스마트 계약의 양 당사자로서 공급자 내지 사업자(A) / 급부 의무자 내지 고객(B)	
유형 서면방식+전자방식(예상도 1) / 전자방식(예상도 2)	세부내용
① A - B	A가 코드 설계자 역할을 동시에 하는 경우
②* A - 코드 설계자 - B	㉮ A와 코드 설계자가 같은 기관인 경우 ㉯ A와 코드 설계자가 다른 기관인 경우
③* A - 중개인 - 코드 설계자 - B	㉮ 중개인과 코드 설계자가 같은 기관인 경우 ㉯ A와 코드 설계자가 같은 기관인 경우 ㉰ A와 중개인 및 코드 설계자가 모두 다른 기관인 경우
④ 코드의 오류 및 버그로 인한 경우	-
⑤ 법령의 제·개정 미반영으로 인한 경우	-
※ 형법상 제기되는 범죄 문제	- 사기죄 - 컴퓨터 등 사용사기죄 - 배임죄 - 문서 위조·변조죄 - 전자기록 위작·변작죄

* ②와 ③의 경우에는 중개인 및 코드 설계자를 B와의 관계에서도 생각해볼 필요가 있다.

39) 각주 38) 참조.
40) 본 장에서는 특별한 언급이 없으면 본 장에서 언급하는 '예상도'라는 의미는 각주 38)의 예상도를 의미한다.

시킬 것 등이 요건으로 성립되어야 한다.

그렇다면 이러한 요건을 먼저, ①의 경우에 대입해보면, A와 B는 계약 내지 거래를 체결함에 있어 스마트 계약을 통해 계약을 체결한다는 것에 대해 양 당사자가 자유의사에 기한 약속의 의사 표시를 통해 청약 및 승낙의 합치에 대한 합의 및 체결이 정상적으로 이루어진 상태라고 볼 수 있다. 즉, 사람과 사람 간의 계약이라고 할 수 있다. 문제는 A가 B와 계약을 체결하는 과정에서 A가 직접 코드 설계를 할 때 이미 양 당사자의 의사에 기한 합의 및 체결한 내용과 다르게 프로그램 코드화 한 경우이다. 이때 양 당사자는 자연인으로서 A는 B에 대한 기망 행위가 존재한다고 할 수 있다. 청약과 승낙에 대한 양 당사자의 자유의사의 합치는 양자 간의 공정성·신뢰성·효율성을 기반으로 이루어지는 것이기에 합의 및 체결한 내용에 대한 프로그램 코드로의 변환에 대한 합치 역시도 당연히 그 내용 그대로 변환될 것임이 전제가 된다고 봐야하기 때문이다. 구두 내지 서면에 의한 계약 내용이 코드로 변환되면서 달라질 수 있다는 것은 있을 수도 없고, 있어서도 안 된다고 본다. 이는 변환 과정에서 차이가 발생할 수 있다고 말하는 것, 진실인 사실을 왜곡하거나 은폐하는 것 등의 경우에도 역시 마찬가지이다. 변환 과정에서 달라지거나 차이가 발생한다는 것은 엄연히 기망자의 고지내용과 객관적 사실이 불일치하는 경우이고, 이는 신의칙에 반하는 경우이며, A와 B 간에 B는 프로그램 코드 변환에 대한 일반인으로서 B로 하여금 객관적 사실에 부합한다는 관념을 갖도록 하는 것이라고 할 수 있다. 이는 작위이든 부작위이든, 명시적이든 묵시적이든 문제가 되지 않는다고 본다. 어떠한 경우이든 상대방을 착오에 빠지게 한 행위이고, 이는 B로 하여금 중요부분의 착오이면서 동기의 착오라고 할 수 있고, B의 중대한 과실이 경합한 경우라고도 할 수 있기 때문이다. 그러나 만약 양 당사자가 합의 및 체결한 후 프로그램 코드로 변환하는 과정에서 또는 변환하기 전에 A가 B에게 프로그램 코드의 한계성에 의해 변환 시 계약 내용과 달라지거나 차이가 발생할 수 있다는 점 또는 이러한 상황이 발생했을 시 양자가 최초의 합의 및 체결한 내용이 우선한다는 점 등을 알렸을 경우에는 기망 행위가 존재한다고 할 수 없다고 본다. 이는 B로 하여금 계약의 무효 및 취소에 있어 계약 내용의 차이 발생에 대한 어떠한 기망 행위가 존재한다고 할 수 없고, 이는 계약 유지 여부를 결정함에 아무런 영향을 끼치지 않기 때문이다. 그리고 내적 사실이든 외적 사실이든 B가 변제능력이 없음에도 합의 및 체결한 때에는 역(逆)으로 B의 A에 대한 기망이 존재한다고 할 수 있다.

그리고 B는 A와 계약 내지 거래를 체결함으로써 그에 따른 급부 의무를 이행하게 될 것이고, 이로 인해 (특정) 요건이 충족됨으로써 프로그램 코드에 지정된 행위가 자동으로 실행되어 실질적으로 이행까지 이루어진다. 그렇다면 B가 급부 의무를 이행하지 않았다면 교부행위 내지 처분행위가 없기 때문에 사기죄가 문제되지 않겠지만, 이행을 하였다면 B는 피기망자로서 사실상 처분할 수 있는 자의 위치에 놓여 있다고 볼 수 있고, 이러한 지위에서 사실상의 교부행위 내지 처분행위가 이루어졌으며, 이로 인해 A는 B로부터 재물 내지 재산상의 이익을 취득함과 동시에 B에게 재산상의 손해를 발생하게 했다고 할 수 있고, 처분행위와 착오에 빠진 상황 간에는 인과관계가 인정된다고 본다. B에게는 A와 계약 내지 거래를 체결하였고, 이로 인해 자기에게 부여된 급부 의무를 이행해야 한다는 인식을 가지고 있으며, 이러한 급부 의무 이행 행위는 처분행위로서 자신이 이행하여야 상대방도 이행할 것이고, 그래야 자신이 계약한 내용대로 법률적인 효과를 받을 수 있다는 것을 인식하고 있다고 할 수 있으며, A는 B의 이행 행위로 인해 B에게 이행 내지 지급하여야 할 급부를 이행 내지 지급하지 않음으로써 -적극적·소극적·영구적·일시적 등의- 재상상의 이익을 취득하였다고 할 수 있기 때문이다. 여기서 B는 피기망자로서 처분의사에 대한 인식만 있으면 족하고, 처분결과에 대한 인식까지 요하는 것은 아니기에 급부 의무를 이행한다는 인식이 있고, 이것이 착오에 기한 것이면 족하다고 본다.41) 그리고 스마트 계약의 체결을 통한 의무의 이행은 프로그램 코드에 지정된 행위가 자동으로 실행되어 실질적으로 이행까지 이루어진다는 점을 고려하면 B를 기망하여 급부 의무를 이행시켰기 때문에 구체적·직접적으로 B의 재산에 대한 이익을 취득한 것이라고 본다. 또한 B가 사실상 처분행위를 할 수 있는 지위에 놓여 있지 않다면 사실상의 지위인 피기망자의 지위가 부정되지만, 피기망자와 실질적인 재산상의 피해자 간의 동일성 여부는 문제되지 않기 때문에

---

41) 대법원 2017. 2. 16. 선고 2016도13362 전원합의체 판결 : "사기죄에서 처분행위는 행위자의 기망행위에 의한 피기망자의 착오와 행위자 등의 재물 또는 재산상 이익의 취득이라는 최종적 결과를 중간에서 매개·연결하는 한편, 착오에 빠진 피해자의 행위를 이용하여 재산을 취득하는 것을 본질적 특성으로 하는 사기죄와 피해자의 행위에 의하지 아니하고 행위자가 탈취의 방법으로 재물을 취득하는 절도죄를 구분하는 역할을 한다. 처분행위가 갖는 이러한 역할과 기능을 고려하면, 피기망자의 의사에 기초한 어떤 행위를 통해 행위자 등이 재물 또는 재산상의 이익을 취득하였다고 평가할 수 있는 경우라면 사기죄에서 말하는 처분행위가 인정된다. 사기죄에서 피기망자의 처분의사는 기망행위로 착오에 빠진 상태에서 형성된 하자 있는 의사이므로 불완전하거나 결함이 있을 수밖에 없다. 처분행위의 법적 의미나 경제적 효과 등에 대한 피기망자의 주관적 인식과 실제로 초래되는 결과가 일치하지 않는 것이 오히려 당연하고, 이 점이 사기죄의 본질적 속성이다. 따라서 처분의사는 착오에 빠진 피기망자가 어떤 행위를 한다는 인식이 있으면 충분하고, 그 행위가 가져오는 결과에 대한 인식까지 필요하다고 볼 것은 아니다. 사기죄의 성립요소로서 기망행위는 널리 거래관계에서 지켜야 할 신의칙에 반하는 행위로서 사람으로 하여금 착오를 일으키게 하는 것을 말하고, 착오는 사실과 일치하지 않는 인식을 의미하는 것으로, 사실에 관한 것이든, 법률관계에 관한 것이든, 법률효과에 관한 것이든 상관없다. 또한 사실과 일치하지 않는 하자 있는 피기망자의 인식은 처분행위의 동기, 의도, 목적에 관한 것이든, 처분행위 자체에 관한 것이든 제한이 없다. 따라서 피기망자가 기망당한 결과 자신의 작위 또는 부작위가 갖는 의미를 제대로 인식하지 못하여 그러한 행위가 초래하는 결과를 인식하지 못하였더라도 그와 같은 착오 상태에서 재산상 손해를 초래하는 행위를 하기에 이르렀다면 피기망자의 처분행위와 그에 상응하는 처분의사가 있다고 보아야 한다. 피해자의 처분행위에 처분의사가 필요하다고 보는 근거는 처분행위를 피해자가 인식하고 한 것이라는 점이 인정될 때 처분행위를 피해자가 한 행위라고 볼 수 있기 때문이다. 다시 말하여 사기죄에서 피해자의 처분의사가 갖는 기능은 피해자의 처분행위가 존재한다는 객관적 측면에 상응하여 이를 주관적 측면에서 확인하는 역할을 하는 것일 뿐이다. 따라서 처분행위라고 평가되는 어떤 행위를 피해자가 인식하고 한 것이라면 피해자의 처분의사가 있다고 할 수 있다. 결국 피해자가 처분행위로 인한 결과까지 인식할 필요가 있는 것은 아니다."

사기죄 또는 기타 발생한 해당 범죄에 의해 규율하면 된다고 본다. 또한 A와 B 간에 체결한 스마트 계약이 전형적인 계약 내지 거래가 아닌 B의 채무를 변제받기 위한 A의 기망행위에 기한 스마트 계약인 경우 A에게 재물 또는 재산상의 이익을 취득할 권리가 있다면 그러한 행위가 기망 행위라고 하더라도 불법영득의 의사 내지 불법이득의 의사가 결여된다고 할 수 있으므로 사기죄의 주관적 구성요건해당성이 부정되어 사기죄가 성립하지는 않는다고 본다.42) 만약 이 경우 이 과정에서 다른 범죄행위를 발생시켰다면 그 행위는 불가벌적 사후행위를 구성하지 않는 한 해당 범죄가 성립함은 당연하다. 또한 -이하에서도 마찬가지로- 재산적 법익에 대한 범죄에서 실질적·현실적으로 재물 또는 재산상의 이익을 취득하지 않았거나 취득한 것으로 볼 수 없는 경우에는 범죄가 성립하지 않는다고 할 수 있다.

다음으로, ②의 경우에 대입해보면, 기본적으로는 앞서 언급한 사기죄의 기본적 이론 및 내용이 그대로 적용된다고 할 수 있다. 여기서 차이점이라고 한다면 양 당사자 사이에 코드 설계자가 개입되어 있다는 점이다. 그래서 코드 설계자의 지위에 따라 살펴볼 필요가 있다. 이 경우는 코드 설계자가 A와 같은 기관인지(②-㉮) 다른 기관인지(②-㉯)로 크게 구분할 수 있다. 그러나 어찌 보면 같은 기관인지의 여부는 중요한 사항이 아닐 수 있다. 즉, 같은 기관인지의 여부가 중요한 것이 아니라 행위 당시에 코드 설계자가 A와 어떠한 관계를 형성하고 있느냐가 중요한 사항이라고 할 수 있다는 것이다. 그래서 '…기관인지의 여부'라는 의미는 이러한 의미로 봐야 한다.

이에 코드 설계자가 A에 대한 상하주종관계 또는 지휘감독관계라고 한다면, 코드 설계자를 생명 있는 도구로서 규범의식 없는 도구로 이용할 때 또는 구성요건에 해당하지 않는 행위를 이용할 때 또는 처벌되지 않는 과실행위를 이용할 때 또는 적법행위를 이용할 때 또는 강요된 행위를 이용할 때 또는 과실범으로 처벌되는 자를 이용할 때는 사기죄의 간접정범이 성립한다고 보고, 고의 있는 도구 또는 악의의 도구(→신분 없는 고의 있는 도구 또는 목적 없는 고의 있는 도구)로 이용할 때는 A는 사기죄의 교사범, 코드 설계자는 사기죄의 방조범이 되거나 방조범조차 성립될 수 없다고 본다.43) 고의 있는 도구 또는 악의의

---

42) 이와 관련하여 대법원은 권리행사로 기망의 수단을 사용한 것은 위법성을 조각하지 않는다고 한다 (대법원 2011. 3. 10. 선고 2010도14856 판결: "기망행위를 수단으로 한 권리행사의 경우 그 권리행사에 속하는 행위의 그 수단에 속하는 기망행위를 전체적으로 관찰하여 그와 같은 기망행위가 사회통념상 권리행사의 수단으로서 용인할 수 없는 정도라면 그 권리행사에 속하는 행위는 사기죄를 구성한다.").

43) 고의 있는 도구 또는 악의의 도구에 대해 다수 견해는 간접정범이 성립한다고 한다(권오걸, 「형법총론」 제3판, 형설출판사, 2009, 603면; 김성천, 「형법」, 소진, 2009, 408-409면; 배종대, 「형법총론」 제9개정판, 홍문사, 2010, 611면; 성낙현, 「형법총론」, 동방문화사, 2010, 609면; 신동운, 「형법총론」 제5판, 법문사, 2010, 650면; 이형국, 「형법각론」, 법문사, 2007, 298면; 정영일, 「형법총론」 제3판, 박영사, 2010, 439면; 진계호/이존걸, 「형법총론」 제8판, 대왕사, 2007, 594면.).

도구의 경우 피이용자는 규범의식을 가지고 있기에 사물의 변별능력 및 의사결정능력이 가능하고, 이로 인해 이용자의 견해에 반대동기의 형성이 가능하기 때문에 도구성이 희석된다고 볼 수 있기 때문이다. 그리고 이와는 달리 코드 설계자와 A가 서로 공동으로 의사연락을 통해 공동실행의 의사 내지 공동가공의 의사를 형성한 후 공동실행의 사실 내지 공동가공의 사실이 각자의 기능적 행위지배가 인정되는 범위 내에서 실현된 때에는 사기죄의 공동정범이 성립한다고 본다. 이는 코드 설계자가 A와 같은 기관이라면 이러한 상황은 더욱더 그러하다고 할 수 있지만, 다른 기관이라면 중간에 개입될 수 있는 다른 요인(예를 들면, 기관장·상급자 등)과의 관계를 한 번 더 따져봐야 한다. 즉, 후자의 경우에는 중간 개입자와의 관계에서 간접정범과 신분범, 교사의 착오, 교사의 교사, 교사범과 신분범, 공범(교사범)의 경합, 방조의 방조, 교사의 방조, 방조의 교사, 방조범과 신분범, 공범(방조범)의 경합 및 A와 기관장·상급자 등과의 공동정범 등이 문제가 된다고 할 수 있고, 이러한 법리에 의해 규율하여야 한다. 또한 전자의 경우이든 후자의 경우이든 A와 B가 의사의 합치에 기한 스마트 계약을 합의 및 체결함에 있어 A가 사기 행위를 행하고 있다는 것을 알고 있는 악의인 경우에는 사기죄의 방조범이 성립된다고 보고, A가 사기 행위를 행하고 있다는 것을 모르고 있는 선의인 경우에는 아무런 형사책임도 부담하지 않는다고 본다. 코드 설계자가 A와 같은 기관이라면 당연하지만, 다른 기관이라고 하더라도 A가 B와 스마트 계약을 체결하면서 양 당사자가 합의한 계약서의 내용을 프로그램 코드로 변환하기 위해 코드 설계자를 선택하는 쪽은 -절대적으로- A라고 할 수 있고, A가 당해 기관의 코드 설계자를 선택했다는 것은 이미 그 기관과 협력관계 또는 유대관계 등 공생관계가 형성되어 있는 것이라고 볼 수 있기 때문이다. 또한 코드 설계자가 A를 기망한 때에는 당해 스마트 계약 체결에서 A도 B와 마찬가지로 피해자의 지위에 놓인다고 할 수 있다. 그러나 A는 공급자 내지 사업자로서 스마트 계약의 체결에 있어 주의의무 및 검토의무가 고도(高道)로 요구된다고 할 수 있다. 허용된 위험의 법리로 설명될 지위에 놓여 있지 않다는 것이다. 그리고 이때 코드 설계자는 같은 기관이든 다른 기관이든 관계없이 A와의 관계에서 상하주종관계 또는 지휘감독관계일 수도 있고, 아닐 수도 있다. 이에 코드 설계자는 A에 대한 위계에 의한 업무방해죄(형법 제314조 제1항) 또는 컴퓨터 등 업무방해죄(형법 제314조 제2항)가 성립한다고 본다. 만약 이로 인해 코드 설계자가 자기 자신 또는 제3자로 하여금 불법영득의 의사 내지 불법이득의 의사로서 재물 또는 재산상의 이익을 취득하였고, A이든 B이든 당사자로 하여금 재산상의 손해를 입혔다면 사기죄의 성립도 가능하다고 본다.

여기서 ②의 경우 반대로 A와 코드 설계자의 관계가 아닌 B와 코드 설계자의 관계에서 문제가 될 수 있는데, 이 경우에는 앞서 ②의 사항에서 언급한 A와 코드 설계자와의 관계에서의 내용이 B와 코드 설계자와의 관계에 그대로 적용된다고 할 수 있다. 이는 이하의 범죄 문제에서 ②의 경우에도 마찬가지이다.

다음으로, ③의 경우에 대입해보면, 기본적으로는 앞서 언급한 사기죄의 기본적 이론 및 내용이 그대로 적용된다고 할 수 있다. 여기서 차이점이라고 한다면 양 당사자 사이에 중개자 및 코드 설계자가 개입되어 있다는 점이다. 즉, 앞서 언급한 ②의 경우에 더하여 중개자라는 인물이 개입되어 있다는 점이다. 그래서 중개자 및 코드 설계자의 위치에 따라 살펴볼 필요가 있다. 이는 어찌 보면 셈법이 복잡해 보일 수 있으나, 간단하게 보고자 한다면 간단하게 볼 수도 있다.

이에 ③-㉮ 및 ③-㉯의 경우에는 앞서 언급한 ②의 경우와 같은 상황이므로 그대로 적용된다고 본다. 문제는 중개인인데, 중개인은 다른 사람의 의뢰를 받고 상행위의 대리 또는 매개를 하여 이에 대한 수수료를 받는 자라고 할 수 있기 때문에 실질적으로는 A와의 관계에서 완전히 독립적이라고는 할 수 없지만, 적어도 A와 같은 기관이 될 수는 없다. 즉, A와 중개인 및 코드 설계자가 같은 기관인 경우 및 A와 중개인이 같은 기관인 경우는 상정할 수 없다는 것이다. 만약 이러한 경우가 가능하다면 이는 A와 중개인이 실질적으로는 같은 기관이지만 법인이 분리된 기관이거나 페이퍼 컴퍼니(paper company)일 가능성이 높다고 할 수 있다. 이때는 결과적으로 중개인은 A에 대한 상하주종관계 또는 지휘감독관계에 놓여 있다고 할 수 있기 때문에 ②의 경우의 법리가 그대로 적용된다고 할 수 있다. 즉, 간접정범 및 교사범과 방조범의 법리가 그대로 적용된다고 할 수 있다. 그리고 중개인이 A와의 관계에서 실질적으로 다른 기관이라고 하더라도 i) A에 대한 상하주종관계 또는 지휘감독관계에 놓여 있다면 이 경우 역시도 각각의 사안에 따라 간접정범 및 교사범과 방조범의 법리가 적용되어 사기죄의 간접정범 및 교사범과 방조범이 성립한다고 보고, ii) 각자의 기능적 행위지배가 인정된다면 이 경우 역시도 공동정범이 성립하며, iii) 중개인에게 악의가 있거나 공생관계에 놓여 있다면 이 경우 역시도 방조범이 성립한다고 본다. 또한 ③-㉯의 경우 중개인 및 코드 설계자가 다른 기관이라고 하더라도 i) A와의 관계에서 상하주종관계 또는 지휘감독관계에 놓여 있다면 이 경우 역시도 각각의 사안에 따라 간접정범 및 교사범과 방조범의 법리가 적용되어 사기죄의 간접정범 및 교사범과 방조범이 성립한다고 보고, ii) 중개인에게는 악의가, 코드 설계자에게는 선의가 있다면 중개인은 사기죄의 방조범, 코드 설계자는 아무런 형사책임을 부담하지 않는다고 보며, iii) ii)와 반대의 상황에서는 반대의 결과가 도출될 것이며, iv) 중개인 및 코드 설계자가 모두 악의라면 양자 모두 방조범이, 모두 선의라면 양자 모두 아무런 형사책임을 부담하지 않는다고 보고, v) A·중개인·코드 설계자 모두가 서로 공동으로 의사연락을 통해 공동실행의 의사 내지 공동가공의 의사를 형성한 후 공동실행의 사실 내지 공동가공의 사실이 각자의 기능적 행위지배가 인정되는 범위 내에서 실현된 때에는 사기죄의 공동정범이 성립한다고 보며, vi) 코드 설계자가 중개인과의 관계에서 상하주종관계 또는 지휘감독관계에 놓여 있다면 앞서 언급한 각각의 법리가 적용됨과 동시에 중개인과 A와의 관계에 따라 간접정범과 신분범, 교사의 착오, 교사의 교사, 교사범과 신분범, 공범(교사범)의 경합, 방조의 방조, 교사의 방조, 방조의 교사, 방조범과 신분범, 공범(방조범)의 경합 등이 문제가 된다고 할 수 있고, 이러한 법리에 의해 규율하여야 한다.

그렇다면 ③-㉮의 경우를 살펴볼 필요가 있다. 중개인과 코드 설계자가 같은 기관이라면 코드 설계자가 중개인에 종속되어 있는 주종관계가 성립될 가능성이 크다고 할 수 있다. 만약 각각 독립된 법인이라고 하더라도 코드 설계업을 중개에 의존한다면 이는 하나의 기관으로 봐야 한다고 본다. 이는 이와 반대의 경우 즉, 중개인이 코드 설계자에 종속되어 있는 경우에도 마찬가지이다. 이에 전자의 경우를 예로 들어 살펴보면, i) 중개인이 A와 함께 스마트 계약의 사기죄의 범행을 실행하고 있고, 중개인이 계약 내용과 다른 내용을 프로그램 코드로 변환을 지시하였다면 사기죄의 간접정범이 성립한다고 보고, ii) 이때 코드 설계자가 고의 있는 도구 또는 악의의 도구일 때는 중개인은 사기죄의 교사범, 코드 설계자는 사기죄의 방조범이 되거나 방조범조차 성립될 수 없다고 보며, iii) 코드 설계자가 중개인과 같이 의사연락을 통해 공동실행의 의사 내지 공동가공의 의사를 형성한 후 공동실행의 사실 내지 공동가공의 사실이 각자의 기능적 행위지배가 인정되는 범위 내에서 실현된 때에는 사기죄의 공동정범이 성립한다고 보고, 코드 설계자가 악의인 경우에는 사기죄의 방조범이 성립된다고 보고, A가 사기 행위를 행하고 있다는 것을 모르고 있는 선의인 경우에는 아무런 형사책임도 부담하지 않는다고 본다. 또한 코드 설계자가 A를 기망한 때에는 앞서 언급한[III. 1. (1) ②] 바와 같다고 할 수 있다.

여기서 ③의 경우 반대로 A와 중개인 및 코드 설계자의 관계가 아닌 B와 중개인 및 코드 설계자의 관계에서 문제가 될 수 있는데, 이 경우에는 앞서 ③의 사항에서 언급한 A와 중개인 및 코드 설계자와의 관계에서의 내용이 B와 중개인 및 코드 설계자와의 관계에 그대로 적용된다고 할 수 있다. 이는 이하의 범죄 문제에서 ③의 경우에도 마찬가지이다.

다음으로, ④의 경우에 대입해보면,44) A와 B 양 당사자는 스마트 계약을 통해 계약을 체결한다는 것에 대해 양 당사자가 자유의사에 기한 약속의 의사 표시를 통해 청약 및 승낙의 합치에 대한 합의 및 체결이 정상적으로 이루어진 상태라고 볼 수 있다. 그런데 이 과정에서 서면방식에 의해 작성한 자연어의 계약 내용이 프로그램 코드로 변환되면서 또는 변환 된 이후에 프로그램 코드의 오류 및 버그로 인해 계약 내지 거래의 내용 등 프로그램 코드에 지정된 행위가 재산의 득실·변경 등 잘못된 방식으로 자동으로 실행되거나 실질적으로 이행까지 이루어진 경우가 문제가 된다. 이 경우 A에게 형사책임을 부담시킬 수 있는가, 부담시킬 수 있다면 어떠한 책임을 부담시킬 수 있는가 하는 것이다.

이러한 상황에서는 코드의 오류 및 버그의 발생이 당해 계약에 관계된 자 이외의 관계된

---

44) 이에 대한 자세한 내용은 III. 2. 및 III. 4.에서 살펴보기로 한다.

자의 영향이 없이 순수하게 외부적인 요인에 이루어진 경우라면 A에게는 어떠한 책임이 없다고 본다. 불가항력의 상황이라고 볼 수 있기 때문이다. 그러나 A에게 그에 대한 고의가 있다면 컴퓨터 등 사용사기죄가 성립되는 것은 별론으로 하고, 단순사기죄가 성립하는 데는 문제가 없다고 본다. 스마트 계약을 구성하고 있는 틀은 컴퓨터 정보처리장치라고 할 수 있고, 여기에 허위정보를 입력하거나 부정한 명령을 입력한 것이라고 할 수 있기 때문이다. 그러나 A에게 과실이 있다면 사기죄는 과실범 처벌규정이 없기 때문에 불가벌이라고 본다. 그리고 코드의 오류 및 버그가 발생했음에도 A가 B에게 이러한 사실을 고지하지 않았다면 고의에 의한 사기죄가 성립한다고 본다. 이 역시도 B로 하여금 착오에 빠지게 함으로써 급부 의무 이행 행위를 지속하게 하여 교부행위 내지 처분행위를 달성하게 하였고, 이를 통해 A는 재산 또는 재산상의 이익을 취득하여 B에게 재산상의 손해를 발생하게 한 행위이기 때문이다. 이 경우 고지하지 않는 행위에 대해 과실이 성립할 수 있는지가 문제가 되는데, 과실에 의한 불고지(不告知) 행위는 성립할 수 없다고 본다. 코드의 오류 및 버그가 발생했느냐의 여부, 이러한 사실을 상대방에게 고지했느냐의 여부에 대한 양자택일이 가능한 것이지 이를 과실로 인해 고지하지 않았다는 것은 -사기죄에 과실범을 처벌하지 않는 다는 점을 이용한- 책임을 회피하기 위한 수단으로 밖에 보이지 않고, 고의에 의한 경우가 과실로 변모하는 현상이 만연해 질 수 있어 법적 안정성이 훼손될 수 있기 때문이다. 또한 코드의 오류 및 버그가 발생했을 때 A가 B에게 이러한 사실을 고지했더라도 계약 내지 거래의 내용에서 그 본질적 사항이나 중요 사항에 대해 구체적으로 고지하지 않은 경우, 이 역시도 고의에 의한 불고지 행위로 보아 사기죄가 성립하는 것으로 봐야 한다고 본다. 계약 내용 중에서 본질적 사항이나 중요 사항은 당해 계약의 핵심이면서 전체를 구성하는 요건이 되기 때문에 이에 대한 불고지 행위는 B로 하여금 착오에 빠지게 함으로써 급부 의무 이행 행위를 지속하게 하여 교부행위 내지 처분행위를 달성하게 하였고, 이를 통해 A는 재산 또는 재산상의 이익을 취득하여 B에게 재산상의 손해를 발생하게 한 행위이기 때문이다.

마지막으로, ⑤의 경우에 대입해보면, 이 경우는 ①의 경우와 비슷하다고 본다. 스마트 계약도 계약인 만큼 계약 내지 거래 내용의 이행은 법령의 범위 내에서 이루어지고, 양 당사자가 자유의사에 기한 약속의 의사 표시와 이를 통한 청약 및 승낙의 합치에 대한 합의 및 체결 역시도 법령의 테두리에서 보장 내지 보호를 받기 때문에 제·개정된 법령을 미반영하는 행위 역시도 계약 체결 당시 법령의 오류가 발생한 것과 같은 논리이기 때문이다. 그러나 ⑤의 경우에는 경우가 다른 점이 존재하는데, 계약은 한번 체결되면 양 당사자 간에 소급효에 대한 약정이 있거나, 법령이 제·개정되면서 소급적용에 대해 명문으로 명시되어 있거나, 민법상 소급되는 경우(예를 들면, 실종선고(민법 제28조·제29조), 취소(민법 제141조·제406조), 추인(민법 제133조), 해제(민법 제548조 제1항), 혼인이나 입양의 취소(민법 제824조·제897조·제908조의7 제2항) 등)를 제외하고는 법령이 제·개정되었다고 해서 이전에 체결한 계약 내용에 대한 소급효가 인정된다고 할 수 없다고 본다. 이에 제·개정된 법령을 미반영하였다는 점은 사기죄의 구성요건을 구성한다고 볼 수 없다. 그러나 이 경우 예외적인 경우를 제외하고는 원칙적으로 제·개정된 법령은 소급효가 인정되지 않는다고 하더라도 법령이 제·개정되었다는 사실은 B로 하여금 알권리를 충족시킴과 동시에 향후의 계약 유지 내지 해지·해제 내지 철회 등의 여부를 결정할 기회를 부여한다고 할 수 있다. 그래서 이러한 사실을 고지하지 않았고, 이로 인해 A가 B로부터 재산 또는 재산상의 이익을 취득하여 B에게 재산상의 손해를 발생하게 하였다면 불법원인급여물 내지 부당이득이라고 할 수 있다. 이에 형법상으로는 재산개념을 경제적 재산개념설에 의해야 하므로 불법원인급여물에 대해 사기죄가 성립한다고 본다.

(2) 전자방식 유형

본 항에서 다룰 사항은 앞서 언급한[III. 1. (1)] 사안과는 달리 전자방식 유형만을 살펴보고자 한다. 본 항에서도 마찬가지로 기본적으로는 앞서 언급한 사기죄의 기본적 이론 및 내용이 그대로 적용된다고 할 수 있다.

그렇다면 먼저, ①의 경우에 대입해보면, A와 B는 계약 내지 거래를 체결함에 있어 스마트 계약을 통해 계약을 체결한다는 것에 대해 양 당사자가 자유의사에 기한 약속의 의사표시를 통해 청약 및 승낙의 합치에 대한 합의 및 체결이 정상적으로 이루어진 상태라고 볼 수 있다. 이 과정에서 전통적인 계약방식으로 이루어지는 것이 아니기에 A는 B에게 고지의무 내지 설명의무로써 프로그램 코드에 대한 즉, 프로그래밍 언어에 대한 설명이 이루어졌다고 할 수 있고, 반드시 이루어졌어야 한다고 본다. 그렇다면 양자 모두 스마트 계약 체결에 대한 인지가 있다고 할 수 있으므로 B에 대한 기망 행위가 존재하지 않고, 착오에 빠지지도 않았으며, 교부행위 내지 처분행위가 착오에 빠진 상황에서 이루어졌다고도 할 수 없고, A가 B로부터 기망에 의한 재물 또는 재산상의 이익을 취득하였다고도 할 수 없으며, B에게 재산상의 손해를 발생하게 했다고 할 수 없다. 만약 이 과정에서 A가 B에게 고지의무 내지 설명의무를 해태하였다면 B에 대한 착오에 빠지게 하는 기망 행위가 있다고 보아 사기죄가 성립한다고 본다. 여기서 한 가지 의문점이 들 수 있는데, A가 B에게 양 당사자가 서로 합의 및 체결한 내용대로 프로그램 코드로 작성되었다는 사실(=프로그램 코드의 계약 내용을 쉽게 알 수 있도록 한글로 번역 내지 변환하여 작성하고, 표준화·체계화된 용어를 사용하며, 계약의 중요한 내용을 부호, 색채, 굵고 큰 문자 등으로 명확하게 표시하여 알아보기 쉽게 작성되었는가의 여부)에 대한 진위여부로서 확인절차를 거쳐야 하는가 하는 점이다. 이러한 확인절차는 고지의무 내지 설명의무의 일환이라고 볼 수 있다. 그래서 A가 B에게 이러한 사실 확인을 위한 자료 등을 B에게 제시하는 것은 업무의 일환으로서 당연한 것이라고 보고, 이를 해태했을 때는 계약 체결에 있어 과실이 있는 것이라고 본다. 만약 일부러 하지 않았다면 고의가 있는 것이라고 본다. 그러나 이 경우는 그에 대한 민법상 손해배상의무가 발생할 수는 있어도 형법상 사기죄를 구성하지는 않는다고 본다. 위에서 언급한 고지의무 내지 설명의무와 이러한 의무의 일환으로써 이루어지는 사실 확인을 위한 자료 등의 제시는 차이가 있다고 봐야하기 때문이다. 즉, 계약 내지 거래를 체결함에 있어 전자는 일차적인 의무라고 할 수 있고, 후자는 부수적인 의무 내지 이차적인 의무라고 봐야하기 때문이다. 또한 스마트 계약을 전자방식 유형으로 체결하면서 B가 이러한 사실 확인을 위한 자료 등을 A에게 스스로 요청하면 좋겠지만, B에게 이러한 행위를 강제할 수는 없고, 하지 않았다고 해서 B에게 주의의무위반 내지 검토의무 위반을 물을 수는 없다고 본다.

또한 ②부터 ⑤까지의 경우에 대입해보면, 이 경우 역시도 앞서 언급한[III. 1. (1) ②-⑤ /III. 1. (2) ①] 내용이 그대로 적용된다고 본다.

2. 컴퓨터 등 사용사기죄 성립 여부

(1) 서면방식+전자방식 유형

컴퓨터 등 사용사기죄(형법 제347조의2)는 컴퓨터 등 정보처리장치에 허위의 정보 또는 부정한 명령을 입력하거나 권한 없이 정보를 입력·변경하여 정보처리를 하게 함으로써 자기 자신이 재산상의 이익을 취득하거나 제3자로 하여금 취득하게 함으로써 성립하는 범죄이다. 이에 컴퓨터 등 사용사기죄가 성립하려면, 컴퓨터 등 정보처리장치에 i) 허위의 정보 또는 부정한 명령의 입력, 권한 없이 정보를 입력·변경행위가 있을 것, ii) i)을 통해 정보처리를 행하도록 할 것, iii) 자기 또는 제3자로 하여금 재산상의 이익을 취득할 것, iv) 상대방에게 재산상의 손해를 발생시킬 것 등이 요건으로 성립되어야 한다.

그렇다면 이러한 요건을 먼저, ①의 경우에 대입해보면, 기본적으로는 앞서 언급한[III. 1. (1) ①] 사기죄의 기본적 이론 및 내용이 그대로 적용된다고 할 수 있다. 이에 A와 B가 계약 내지 거래를 체결함에 있어 A가 직접 코드 설계를 할 때 이미 양 당사자의 의사에 기한 합의 및 체결한 내용과 다르게 허위의 정보 또는 부정한 명령을 입력함으로써 프로그램 코드화 하면 양 당사자는 자연인으로서 A는 B에 대한 기망 행위가 존재한다고 할 수 있다. 정확히 말하면 본 죄는 그 행위가 사람에 대한 것이 아닌 컴퓨터 등 정보처리장치이지만, 프로그램 코드화 하는 과정에서 컴퓨터 등 정보처리장치에 그러한 행위를 행하면, 이로 인해 (특정) 요건이 충족됨으로써 프로그램 코드에 지정된 행위가 자동으로 실행되어 실질적으로 이행까지 이루어지고, 결국에는 B에게 재산상의 손해가 발생하게 되고, A는 반대로 재산상의 이익을 취득하게 되므로 A의 B에 대한 사기죄가 성립하는 동시에 A는 허위의 정보 또는 부정한 명령의 입력으로써 컴퓨터 등 사용사기죄가 성립하게 된다. 허위 정보의 입력은 사실관계에 비추어볼 때 사실이 아닌 자료를 입력하는 것을 의미하고, 부정한 명령의 입력은 사무처리시스템에 예정되어 있는 사무처리의 목적에 비추어 지시해서는 안 될 명령을 입력하는 것을 의미하며,45)46) 정보처리의 실행은 허위정보의 입력이나 부정한 명령의 입력으로 진실에 반하거나 부정한 사무처리를 하게 하는 것으로써 재산의 득실·변경에 영향을 미칠 수 있는 행위를 의미47)하기 때문이다.

다음으로, ②의 경우에 대입해보면, 기본적으로는 앞서 언급한[III. 1. (1) ①, ②] 사기죄의 기본적 이론 및 내용이 그대로 적용된다고 할 수 있다. 이에 i) 코드 설계자가 A에 대한 상하주종관계 또는 지휘감독관계라고 할 때, ii) 코드 설계자와 A가 서로 공동으로 의사연락을 통해 공동실행의 의사 내지 공동가공의 의사를 형성한 후 공동실행의 사실 내지 공동가공의 사실이 각자의 기능적 행위지배가 인정되는 범위 내에서 실현된 때, iii) 코드 설계자와 A가 다른 기관이면서 중간에 다른 요인이 개입되었을 때, iv) 코드 설계자가 악의 및 선의일 때 등의 경우 모두 앞서 언급한 사기죄에서 본 장에서 논의하는 컴퓨터 등 사용사기죄로의 죄명만 달라질 뿐 그 적용 논리는 그대로 적용된다고 본다. 그리고 코드 설계자가 A를 기망한 때에도 코드 설계자는 A에 대한 위계에 의한 업무방해죄 또는 컴퓨터 등 업무방해죄가 성립한다고 보고, 배임죄의 성립도 가능하다고 보며, 컴퓨터 등 사용사기죄는 컴퓨터를 사용하는 업무자 뿐만 아니라 이와 무관한 외부인도 그 주체가 되기 때문에 A를 기망하여 허위의 정보 또는 부정한 명령을 입력하였다면 본 죄의 단독범 즉, 단독정범

---

45) 대법원 2010. 9. 9. 선고 2008도128 판결

46) 대법원 2013. 11. 14. 선고 2011도4440 판결 : "형법 제347조의2는 컴퓨터 등 정보처리장치에 허위의 정보 또는 부정한 명령을 입력하거나 권한 없이 정보를 입력·변경하여 정보처리를 하게 함으로써 재산상의 이익을 취득하거나 제3자로 하여금 취득하게 하는 행위를 처벌하고 있다. 여기서 '부정한 명령의 입력'은 당해 사무처리시스템에 예정되어 있는 사무처리의 목적에 비추어 지시해서는 안 될 명령을 입력하는 것을 의미한다. 따라서 설령 '허위의 정보'를 입력한 경우가 아니라고 하더라도, 당해 사무처리시스템의 프로그램을 구성하는 개개의 명령을 부정하게 변개·삭제하는 행위는 물론 프로그램 자체에서 발생하는 오류를 적극적으로 이용하여 그 사무처리의 목적에 비추어 정당하지 아니한 사무처리를 하게 하는 행위도 특별한 사정이 없는 한 위 '부정한 명령의 입력'에 해당한다고 보아야 할 것이다."

47) 대법원 2014. 3. 13. 선고 2013도16099 판결 : "형법 제347조의2는 컴퓨터 등 정보처리장치에 허위의 정보 또는 부정한 명령을 입력하거나 권한 없이 정보를 입력·변경하여 정보처리를 하게 함으로써 재산상의 이익을 취득하거나 제3자로 하여금 취득하게 하는 행위를 처벌하고 있다. 이는 재산변동에 관한 사무가 사람의 개입 없이 컴퓨터 등에 의하여 기계적·자동적으로 처리되는 경우가 증가함에 따라 이를 악용하여 불법적인 이익을 취하는 행위도 증가하였으나 이들 새로운 유형의 행위는 사람에 대한 기망행위나 상대방의 처분행위 등을 수반하지 않아 기존 사기죄로는 처벌할 수 없다는 점 등을 고려하여 신설한 규정이다. 여기서 '정보처리'는 사기죄에서 피해자의 처분행위에 상응하므로 입력된 허위의 정보 등에 의하여 계산이나 데이터의 처리가 이루어짐으로써 직접적으로 재산처분의 결과를 초래하여야 하고, 행위자나 제3자의 '재산상 이익 취득'은 사람의 처분행위가 개재됨이 없이 컴퓨터 등에 의한 정보처리 과정에서 이루어져야 한다."

이 성립한다고 본다.

또한 코드 설계자가 A로부터 위임받아 프로그램 코드로 번역 내지 변환하면서 자신에게 주어진 권한을 넘어 정보를 입력·변경하거나, 코드 설계자 자신의 업무를 행하는 과정에서 알게 된 B의 정보를 이용하여 예금액을 자신 또는 제3자의 계좌로 이체하는 행위, B의 홈뱅킹(인터넷뱅킹/텔레뱅킹 등)에 접속하여 예금액을 자신 또는 제3자의 계좌로 이체하는 행위 등을 행한 때에도 범죄가 성립한다고 할 수 있는데, 전자의 경우에는 권한 없이 정보를 입력·변경에 의한 컴퓨터 등 사용사기죄가 성립하고, 후자의 경우에는 당해 코드 변환 업무와는 관련이 없는 상황이라고 할 수 있으므로 -앞서 다른 범죄가 존재한다면- 권한 없이 정보를 입력·변경에 의한 컴퓨터 등 사용사기죄의 단독정범이 별개로 성립한다고 본다. 또한 코드 설계자가 코드 설계자 자신의 업무를 행하는 과정에서 알게 된 B의 정보를 제3자에게 누설하여 제3자가 기존의 프로그램 코드를 변환하게 하거나 B의 예금액을 자신이나 제3자의 계좌로 이체하였다면, -단독으로 행했을 때- 코드 설계자의 누설 행위는 업무방해죄 또는 컴퓨터 등 업무방해죄, 제3자의 계좌 이체 행위는 권한 없이 정보를 입력·변경에 의한 컴퓨터 등 사용사기죄가 성립한다고 보고, -단독으로 행한 것이 아닐 때- 코드 설계자가 제3자로 하여금 그러한 행위를 하도록 하였다면 코드 설계자는 권한 없이 정보를 입력·변경에 의한 컴퓨터 등 사용사기죄의 교사범이 성립하고, 제3자는 그 정범이 성립한다고 본다. 이때 후자의 경우 코드 설계자에게 업무방해죄 또는 컴퓨터 등 업무방해죄의 교사범이 성립하는 것은 별개의 문제이다.

다음으로, ③의 경우에 대입해보면, 기본적으로는 앞서 언급한[III. 1. (1) ①-③] 사기죄의 기본적 이론 및 내용이 그대로 적용된다고 할 수 있다. 이에 i) 중개인이 A에 대한 상하 주종관계 또는 지휘감독관계라고 할 때, ii) 중개인이 A와의 관계에서 실질적으로 다른 기관이라고 할 때, iii) 중개인 및 코드 설계자가 다른 기관이라고 할 때, iv) 중개인과 코드 설계자가 같은 기관이라고 할 때, v) 중개인과 코드 설계자가 각각 독립된 법인이라고 할 때, vi) 중개인이 코드 설계자에 종속되어 있다고 할 때 등의 경우 모두 앞서 언급한 사기죄에서 본 장에서 논의하는 컴퓨터 등 사용사기죄로의 죄명만 달라질 뿐 그 적용 논리는 그대로 적용된다고 본다. 또한 vii) 코드 설계자가 A를 기망한 때, viii) 코드 설계자가 A로부터 위임받아 행할 때에도 앞서 언급한[III. 2. (1) ②] 논리가 그대로 적용된다고 본다. 이는 i)-vi)에 대입되어 각각의 사항에 따라 논의될 수도 있다. 이때 A·중개인·코드 설계사의 관계에 따라 간섭성범과 신분범, 교사의 착오, 교사의 교사, 교사범과 신분범, 공범(교사범)의 경합, 방조의 방조, 교사의 방조, 방조의 교사, 방조범과 신분범, 공범(방조범)의 경합 등의 논리가 적용된다고 본다.

다음으로, ④의 경우에 대입해보면, 기본적으로는 앞서 언급한[III. 1. (1) ④] 사기죄의 기본적 이론 및 내용이 그대로 적용된다고 할 수 있다. 이에 i) 코드의 오류 및 버그의 발생이 순수하게 외부적인 요인에 이루어진 경우에는 앞서 언급한 사기죄에서 본 장에서 논의하는 컴퓨터 등 사용사기죄로의 죄명만 달라질 뿐 그 적용 논리는 그대로 적용된다고 본다. 그러나 ii) 코드의 오류 및 버그가 발생했음에도 A가 B에게 고지하지 않은 경우에는 컴퓨터 등 사용사기죄는 성립할 수 없다고 본다. 본 죄는 컴퓨터 등 정보처리장치에 부정한 행위를 했을 때 성립하는 것이므로 불고지(不告知) 행위는 단순사기죄의 대상이 된다고 본다. 그리고 A-중개인-코드 설계자의 관계에서 각각의 관계에 따라 간접정범과 신분범, 교사의 착오, 교사의 교사, 교사범과 신분범, 공범(교사범)의 경합, 방조의 방조, 교사의 방조, 방조의 교사, 방조범과 신분범, 공범(방조범)의 경합 등의 논리가 적용된다고 보고, 이러한 상황은 앞서 언급한[III. 2. (1) ①-③] 각각의 경우에 해당한다고 할 수 있다.

마지막으로, ⑤의 경우에 대입해보면, 기본적으로는 앞서 사기죄에서 언급한[III. 1. (1) ⑤] 기본적 이론 및 내용이 그대로 적용된다고 할 수 있다. 그래서 이에 대해 특별이 언급할 것은 없다고 본다.

(2) 전자방식 유형

본 항에서 다룰 사항은 앞서 언급한[III. 2. (1)] 사안과는 달리 전자방식 유형만을 살펴보고자 한다. 본 항에서도 마찬가지로 기본적으로는 앞서 언급한 컴퓨터 등 사용사기죄의 기본적 이론 및 내용이 그대로 적용된다고 할 수 있다. 그리고 전자방식만을 다루고자 할 때는 컴퓨터 등 사용사기죄가 컴퓨터 등 정보처리장치에 부정한 행위를 함으로써 정보처리가 이루어지도록 하고, 이를 통해 재산상의 이익을 취득했을 때 성립하는 범죄이므로 전형적인 사항이라고 할 수 있다. 이에 ①의 경우 B에 대한 A의 고지의무 내지 설명의무 사항 및 확인절차 사항 등에 대한 이론 및 내용은 앞서 언급한[III. 1. (2)] 사기죄에서 본 장에서 논의하는 컴퓨터 등 사용사기죄로의 죄명만 달라질 뿐 그 적용 논리는 그대로 적용된다고 본다. 또한 ②부터 ⑤까지의 경우에 대입해보면, 이 경우 역시도 앞서 언급한[III. 2. (1) ②-⑤/III. 2. (2) ①] 내용이 그대로 적용된다고 본다.

3. 배임죄 성립 여부

(1) 서면방식+전자방식 유형

단순배임죄(형법 제355조 제2항)는 타인의 사무를 처리하는 자가 그 임무에 위배하는 행위로써 재산상의 이익을 취득하거나 제3자로 하여금 이를 취득하게 하여 본인에게 손해를 가함으로써 성립하는 범죄이고, 업무상배임죄(형법 제356조)는 업무상의 임무에 위배하여 단순배임죄를 범함으로써 성립하는 범죄이다. 이에 배임죄가 성립하려면 대내적 신의성실의무에 기반한 당사자 간의 신임관계에 기초하여 i) 진정신분범(단순배임죄)·부진정신분범(업무상배임죄)의 타인의 사무를 처리하는 지위에 놓여 있을 것, ii) i)의 지위에서 배임 행위가 있을 것, iii) 자기 또는 제3자로 하여금 재산상의 이익을 취득할 것, iv) 본인에게 재산상의 손해를 발생시킬 것 등이 요건으로 성립되어야 한다.

그렇다면 이러한 요건을 먼저, ①의 경우에 대입해보면, A와 B는 계약 내지 거래를 체결함에 있어 스마트 계약을 통해 계약을 체결한다는 것에 대해 양 당사자가 자유의사에 기한 약속의 의사 표시를 통해 청약 및 승낙의 합치에 대한 합의 및 체결이 정상적으로 이루어진 상태라고 볼 수 있다. 즉, 사람과 사람 간의 계약이라고 할 수 있다. 문제는 A가 B와 계약을 체결하는 과정에서 A가 직접 코드 설계를 할 때 이미 양 당사자의 의사에 기한 합의 및 체결한 내용과 다르게 프로그램 코드화 한 경우이다. 여기서 쟁점은 A를 신분범으로서 타인의 사무를 처리하는 자의 지위에 놓여있다고 할 수 있는가 하는 점이다.

i) 여기서 '타인의 사무'라 함은 문자 그대로 나 자신이 아닌 타인(본인)에 대한 일 즉, 본래 타인이 -직접- 해야 할 일 또는 나 자신을 위한 것이 아닌 타인을 위한 일을 의미한다고 할 수 있다. 그리고 '사무'라 함은 사회생활상의 계속적인 일을 의미하는데, 이는 '업무'라는 보다 큰 범위에 포함되는 요소이다. 즉, 업무는 사회생활상의 지위, 계속성, 사무라는 개념요소로 이루어져 있다고 할 수 있다. 이를 분설하여 살펴보면, 먼저 '사회생활상의 지위'라 함은 자연적인 생활현상으로 발현된 일이 아닌 사회의 일원으로서 집단적으로 모여서 질서를 유지하며 살아가는 공동생활에서 발현된 일을 의미한다. 이에 가사(家事)·육아·세탁 등은 여기서 말하는 업무가 될 수 없다. 다음으로 '계속성'이라 함은 객관적인 관점에서 호기심 등에 의한 단순한 일회성의 행위가 아닌 상당한 횟수가 반복적으로 행해지거나 반복·계속할 의사로 행해지는 것을 의미한다. 그런데 만약 일회성의 행위라도 장차 반복·계속할 의사로 행한 것이라면 계속성에 속하여 여기서 말하는 업무가 될 수 있다. 마지막으로 '사무'라 함은 자신이 맡은 직책에 관련된 여러 가지 일을 처리하는 일로써, 이는 사회생활상 계속적인 일을 의미한다. 그리고 이러한 일은 적법한 것인가 부적법한 것인가를 불문하고, 사회생활상 용인되는 사무이면 되며, 법령·계약에 의한 것 뿐만 아니라 관습상 또는 사실상 맡고 있는 것을 포함한다.[48] 또한 사무라고 인정된다면 공무·사무 여부도 불문하고, 본무·겸무·부수적 업무 여부도 불문한다.[49][50] 이에 배임죄에서

---

[48] 대법원 1982. 1. 12. 선고 80도1970 판결 : "형법 제356조에서 말하는 업무는 직업 혹은 직무라는 말과 같아 법령, 계약에 의한 것 뿐만 아니라 관례를 좇거나 사실상이거나를 묻지 않고 같은 행위를 반복할 지위에 따른 사무를 가리킨다고 할 것이다."

[49] 대법원 1972. 5. 9. 선고 72도701 판결 : "피고인이 위와 같이 완구상 점원으로서 완구배달을 하기 위하여 자전거를 타고 소매상을 돌아다니는 일을 하고 있었다고 한다면 그는 자전거를 운전하는 업무에 종사하고 있다고 보아야 할 것이고, 따라서 피고인이 그 자전거를 운전하는 업무에 종사 중 업무상 필요한 주의 의무를 태만한 탓으로 타인의 신체에 상해를 입혔다고 한다면 이는 공소 사실에서 적시한 바와 같이 업무상 과실치상죄에 해당할 것이다."

타인의 사무라 함은 배임죄의 본질인 배신설에 의해 나 자신의 재산보호가 아닌 타인(본인)의 재산보호에 있고, 이는 대내적 신의성실의무에 기반한 당사자 간의 신임관계에 대한 위배에 있으므로 타인(본인)의 재산보호를 위한 사무라고 할 수 있다.

ii) '사무를 처리한다'라 함은 용어 그대로 사무나 사건 따위를 절차에 따라 정리하여 치르거나 마무리를 짓는 것을 의미한다. 여기에는 법령, 위임·고용 등의 계약, 대리권의 수여와 같은 법률 행위 이외에 관습, 사무관리 기타 사실상 신임관계가 발생하는 경우가 포함되고,[51] 사무 처리의 근거가 된 법률 행위가 무효라든지 사무를 처리할 법적 권한이 소멸하였다고 하더라도 사무를 인계하기까지 사실상의 신임관계가 잔존할 수도 있다.[52] 그러나 사무 처리의 근거가 된 법률 행위가 사회상규에 반하는 등의 명백한 법률적 금지를 이유로 무효인 때에는 처음부터 신임관계가 발생하지 않는 것으로 보아 본 죄의 사무 처리에 해당하지 않을 뿐만 아니라 그 행위를 한 자도 주체성이 부인된다.[53] 그리고 사무 처리의 의미가 타인(본인)의 재산보호를 위한 신임관계라고 할 수 있으므로 사무 처리를 함에 있어는 그 지위에 있는 자에게 어느 정도 독립성 및 책임이 전제되어야 한다. 물론 전권을 행사해야 할 필요는 없고, 보조적인 지위에 놓여 있어도 무방하다.[54] 그러나 본인의 지시에 따라 단순히 기계적으로 사무를 처리하는 자는 신임관계의 위배 여부가 문제되지 않는

---

50) 대법원 1961. 3. 22. 선고 4294형상5 판결 : "업무상 과실치사상죄에 있어서의 업무라고 함은 사람의 사회생활면에 있어서의 하나의 지위로서 계속적으로 종사하는 사무를 말하고 반복계속의 의사 우는 사실이 있는 한 그 사무에 대한 격별한 경험이나 법규상의 면허를 필요로 하지 아니한다고 할 것인바 일건 기록에 의하면 피고인은 과거 자동차조수로 약 1년 6월간 근무하였고 한국운수주식회사 대전지점 자동차수리공장에서 수리공으로서 자동차수리 전후에 그 차륜을 수시 시운전을 하였으며 본건에 있어서 운전면허 없이 본건 자동차 우 회사소유를 운전하였든 사실을 인정할 수 있으므로 피고인이 면허 있는 자동차 운전수가 아니라 할지라도 피고인의 본건 자동차 운전사무는 업무상 과실치사죄에 있어서의 업무에 해당한다 할 것이다."

51) 임웅,「형법각론」제9정판, 법문사, 2018, 521면.

52) 대법원 1999. 6. 22. 선고 99도1095 판결 : "사무처리의 근거, 즉 신임관계의 발생근거는 법령의 규정, 법률행위, 관습 또는 사무관리에 의하여도 발생할 수 있으므로, 법적인 권한이 소멸된 후에 사무를 처리하거나 그 사무처리자가 그 직에서 해임된 후 사무인계 전에 사무를 처리한 경우도 배임죄에 있어서의 사무를 처리하는 경우에 해당한다."

53) 대법원 1986. 9. 9. 선고 86도1382 판결 : "내연의 처와의 불륜관계를 지속하는 대가로서 부동산에 관한 소유권이전등기를 경료해 주기로 약정한 경우, 위 부동산 증여계약은 선량한 풍속과 사회질서에 반하는 것으로 무효이어서 위 증여로 인한 소유권이전등기의무가 인정되지 아니하는 이상 동인이 타인의 사무를 처리하는 자에 해당한다고 볼 수 없어 비록 위 등기의무를 이행하지 않는다 하더라도 배임죄를 구성하지 않는다."
대법원 1996. 8. 23. 선고 96도1514 판결 : "국토이용관리법 제21조의2 소정의 규제구역 내에 있는 토지를 매도하였으나 같은 법 소정의 거래허가를 받은 바가 없다면, 매도인에게 매수인에 대한 소유권이전등기에 협력할 의무가 생겼다고 볼 수 없고, 따라서 매도인이 배임죄의 주체인 타인의 사무를 처리하는 자에 해당한다고 할 수 없다."

54) 대법원 2004. 6. 24. 선고 2004도520 판결 : "업무상 배임죄에 있어서 타인의 사무를 처리하는 자란 고유의 권한으로서 그 처리를 하는 자에 한하지 않고 그 자의 보조기관으로서 직접 또는 간접으로 그 처리에 관한 사무를 담당하는 자도 포함한다."

다.55) 또한 여기서 처리하는 사무가 재산상의 사무인가의 여부에 대해 견해의 대립이 있는데,56) 변호사 업무 및 의사 업무 그리고 교직자의 업무 등을 고려할 때 당해 업무가 재산과 관련된 또는 재산을 직접적으로 다루는 사무가 아니더라도 업무를 통해 타인(본인)에게 재산상의 손해를 발생시킬 수 있다면 본 죄에서의 사무 처리에 속한다고 보는 것이 타당하다고 본다. 여기서 말하는 재산상의 손해는 배임죄의 보호법익을 위험범설로 보느냐, 침해범설로 보느냐에 따라 다르지만, 경제적 관점에서 현실적인 손해가 발생한 경우에 배임죄의 기수가 된다고 보는 것이 타당하다고 본다.57) 그러나 배임 행위가 한편에서는 본인에게 재산상의 손해를 발생하게 했지만, 한편에서는 손해에 상응하는 재산상의 이익을 가져온 때에는 재산상의 손해가 없는 것으로 봐야한다.58)

그렇다면 이러한 점들을 바탕으로 A의 지위를 살펴보면, A가 어디에도 소속되어 있지 않고 개인적으로 계약을 체결하는 자의 위치에 놓여 있거나, 단순한 계약이행의무자라면 사기죄의 대상이 되는 것은 별론으로 하더라도 단순배임죄의 대상이 된다고는 할 수 있으며, 어디인가에 소속되어 있거나 1인 회사의 대표이사로서 계약을 체결하는 자의 위치에 놓여 있다면 업무로서의 성격이 없다면 단순배임죄의 대상이 된다고 보고, A의 계약 체결 행위가 업무로서의 성격을 가지고 있다면 업무상배임죄의 대상이 된다고 본다. 또한 A는 B와 스마트 계약을 체결하는 순간부터 서면방식에 의해 작성한 것을 전자방식으로 번역 내지 변환하는 작업을 포함하여 프로그램 코드에 지정된 행위가 자동으로 실행되어 실질적으로 이행까지 이루어지는 전 과정을 처리해야 하는 지위에 놓여 있다고 할 수 있고, 계약은 양 당사자가 약속의 의사 표시를 통해 청약 및 승낙의 합치에 대한 합의 및 체결이 이루어진 양방성을 특징으로 가지고 있기 때문에 자신의 사무이면서 동시에 타인의 사무라고도 할 수 있으며, 이 과정에서 프로그램 코드로 변환 시 허위의 정보 또는 부정한 명령의 입력 행위는 신의성실의 원칙에 비추어볼 때 배임 행위에 해당한다고 본다.59) 청약과

---

55) 임웅, 앞의 책(주 51), 522면.
56) 재산상의 사무이어야 한다는 견해(김성천, 앞의 책(주 43), 1005면; 김일수/서보학, 「(새로 쓴)형법각론」, 박영사, 2009, 484면; 배종대, 앞의 책(주 43), 551면; 이형국, 앞의 책(주 43), 434면; 진계호/이존걸, 앞의 책(주 43), 489면.)와 재산상의 사무일 필요는 없지만 적어도 재산적인 이해관계를 가지는 사무이어야 한다는 견해(정영일, 앞의 책(주 43), 393면.) 및 재산상의 사무이거나 재산적인 이해관계를 가지는 사무일 필요가 없다는 견해(임웅, 앞의 책(주 51), 523면.)가 대립하고 있다.
57) 대법원 2017. 10. 26. 선고 2013도6896 판결; 대법원 2017. 10. 12. 선고 2017도6151 판결; 대법원 2017. 7. 20. 선고 2014도1104 전원합의체 판결
58) 대법원 2005. 4. 15. 선고 2004도7053 판결 : "재산상의 손해를 가한다 함은 총체적으로 보아 본인의 재산상태에 손해를 가하는 경우, 즉 본인의 전체적 재산가치의 감소를 가져오는 것을 말하므로 재산상의 손실을 야기한 임무위배행위가 동시에 그 손실을 보상할 만한 재산상의 이익을 준 경우, 예컨대 그 배임행위로 인한 급부와 반대급부가 상응하고 다른 재산상 손해(현실적인 손해 또는 재산상 실해 발생의 위험)도 없는 때에는 전체적 재산가치의 감소, 즉 재산상 손해가 있다고 할 수 없다."
59) 대법원 2002. 7. 22. 선고 2002도1696 판결 : "업무상 배임죄는 타인의 사무를 처리하는 자가 그

승낙에 대한 양 당사자의 자유의사의 합치는 양자 간의 공정성·신뢰성·효율성을 기반으로 이루어지는 것이기에 합의 및 체결한 내용에 대한 프로그램 코드로의 변환에 대한 합치 역시도 당연히 그 내용 그대로 변환될 것임이 전제가 된다고 봐야하기 때문이다. 또한 구두 내지 서면에 의한 계약 내용이 코드로 변환되면서 달라질 수 있다는 것은 있을 수도 없고, 있어서도 안 된다고 본다. 이는 변환 과정에서 차이가 발생할 수 있다고 말하는 것, 진실인 사실을 왜곡하거나 은폐하는 것 등의 경우에도 역시 마찬가지이다. 변환 과정에서 달라지거나 차이가 발생한다는 것은 엄연히 기망자의 고지내용과 객관적 사실이 불일치하는 경우이고, 이는 신의칙에 반하는 경우이며, A와 B 간에 B는 프로그램 코드 변환에 대한 일반인으로서 B로 하여금 객관적 사실에 부합한다는 관념을 갖도록 하는 것이라고 할 수 있다. 이는 작위이든 부작위이든, 명시적이든 묵시적이든 문제가 되지 않는다고 본다. 그러나 만약 양 당사자가 합의 및 체결한 후 프로그램 코드로 변환하는 과정에서 또는 변환하기 전에 A가 B에게 프로그램 코드의 한계성에 의해 변환 시 계약 내용과 달라지거나 차이가 발생할 수 있다는 점 또는 이러한 상황이 발생했을 시 양자가 최초의 합의 및 체결한 내용이 우선한다는 점 등을 알렸을 경우에는 신의성실의 원칙에 반하는 것은 아니라고 본다. 이는 B로 하여금 계약의 무효 및 취소에 있어 계약 내용의 차이 발생에 대해 본인에 대한 신임관계의 위배가 존재한다고 할 수 없고, 이는 계약 유지 여부를 결정함에 아무런 영향을 끼치지 않기 때문이다.

그리고 B는 A와 계약 내지 거래를 체결함으로써 그에 따른 급부 의무를 이행하게 될 것이고, 이로 인해 (특정) 요건이 충족됨으로써 프로그램 코드에 지정된 행위가 자동으로 실행되어 실질적으로 이행까지 이루어진다. 그렇다면 B가 급부 의무를 이행하지 않았다면 교부행위 내지 처분행위가 없기 때문에 문제가 되지 않겠지만, 이행을 하였다면 B는 사실상 처분할 수 있는 자의 위치에 놓여 있다고 볼 수 있고, 이러한 지위에서 사실상의 교부행

임무에 위배하는 행위로서 재산상의 이익을 취득하거나 제3자로 하여금 이를 취득하게 하여 본인에게 손해를 가함으로써 성립하는바, 이 경우 그 임무에 위배하는 행위라 함은 처리하는 사무의 내용, 성질 등 구체적 상황에 비추어 법률의 규정, 계약의 내용 혹은 신의칙상 당연히 할 것으로 기대되는 행위를 하지 않거나 당연히 하지 않아야 할 것으로 기대하는 행위를 함으로써 본인과 사이의 신임관계를 저버리는 일체의 행위를 포함하는 것으로 그러한 행위가 법률상 유효한가 여부는 따져볼 필요가 없고, 행위자가 가사 본인을 위한다는 의사를 가지고 행위를 하였다고 하더라도 그 목적과 취지가 법령이나 사회상규에 위반된 위법한 행위로서 용인할 수 없는 경우에는 그 행위의 결과가 일부 본인을 위하는 측면이 있다고 하더라도 이는 본인과의 신임관계를 저버리는 행위로서 배임죄의 성립을 인정함에 영향이 없다. … 이 사건에서 피고인이 F의 대외적 신인도를 높이기 위하여 조작된 거래로써 회사의 수익을 가장하고, 그 BIS 비율을 조작하여 회사의 자본충실 정도를 왜곡한 행위는 그 목적과 수단이 모두 위법한 것으로서 그 위법성의 정도가 매우 중하여 법령과 사회상규상 용인될 수 없는 것이고, 결과적으로도 회사의 채권자와 주주들에게 해를 가하는 행위로서 가사 피고인에게 본인인 회사를 위한다는 의사가 있었다고 하더라도 위와 같은 불법한 행위를 위하여 대가를 지급하는 행위는 회사와의 사이의 신임관계를 저버리고 회사에 손해를 끼치는 행위라고 보는 것이 타당하다고 할 것이다."

위 내지 처분행위가 이루어졌으며, 이로 인해 A는 B로부터 재산상의 이익을 취득함과 동시에 B에게 재산상의 손해를 발생하게 했다고 할 수 있고, 양자는 인과관계가 인정된다고 본다. B에게는 A와 계약 내지 거래를 체결하였고, 이로 인해 자기에게 부여된 급부 의무를 이행해야 한다는 인식을 가지고 있으며, 이러한 급부 의무 이행 행위는 처분행위로서 자신이 이행하여야 상대방도 이행할 것이고, 그래야 자신이 계약한 내용대로 법률적인 효과를 받을 수 있다는 것을 인식하고 있다고 할 수 있으며, A는 B의 이행 행위로 인해 B에게 이행 내지 지급하여야 할 급부를 이행 내지 지급하지 않음으로써 -적극적·소극적·영구적·일시적 등의- 재상상의 이익을 취득하였다고 할 수 있기 때문이다. 즉, 스마트 계약의 체결을 통한 의무의 이행은 프로그램 코드에 지정된 행위가 자동으로 실행되어 실질적으로 이행까지 이루어진다는 점을 고려하면 B를 기망하여 급부 의무를 이행시켰기 때문에 구체적·직접적으로 B의 재산에 대한 이익을 취득한 것이라고 보고, 이러한 허위의 정보 또는 부정한 명령의 입력 행위에는 불법이득의 의사로서 재산상의 이익을 취득하고자 하는 목적이 있다고 볼 수 있고, 재산상의 이익을 취득하였다면 대응하는 당사자 즉, 타인(본인)에게는 재산상의 손해가 발생하였음은 당연하다고 할 수 있다. 여기서 B는 스마트 계약에 따른 처분의사에 대한 인식만 있으면 족하다고 봐야하고, 그 처분결과에 대한 인식까지 요하는 것은 아니라고 봐야한다. 배임죄는 양 당사자 간에 신의성실의 원칙에 의한 신임관계에 기반하고 있고, 더 엄밀히 말하면 A에 대한 B의 신임관계가 기반하고 있고, B는 A에게 전적으로 의존하는 관계에 놓여 있기 때문이다. 그리고 이러한 계약 업무는 일회성에 그치는 경우는 없다고 할 수 있기 때문에 A는 업무상배임죄가 성립한다고 본다. 만약 타인(본인)에 대한 신임관계의 위배가 없고, 대내관계에서 신의성실의 원칙에 따라 사무를 처리하는 과정에서 사무를 잘못 처리함으로써 재산상의 손해를 발생시켰다면 불법이득의 의사가 결여되기 때문에 단순/업무상배임죄가 성립하지 않는다고 본다.[60]

또한 B가 사실상 처분행위를 할 수 있는 지위에 놓여 있지 않더라도 B는 A와 계약을 체결한 것이기에 본인에 대한 사실상의 신임관계의 위배는 성립된다고 본다. 여기서 한 가지 의문을 제기할 수 있는데, 사기죄에서와 같이 본인과 재산상의 피해자 간의 동일성 여부이다. 배임죄의 구성요건상 "…본인에게 손해를 가한 때…"라고 규정하고 있으므로 배임 행위의 대응 당사자는 본인만 해당된다고 할 수 있다. 이에 동일성이 같지 않다면 A의 배임 행위는 본인에게는 배임죄의 기수, 재산상의 피해자에게는 사기죄의 기수가 성립하

---

[60] 대법원 1992. 1. 17. 선고 91도1675 판결 : "단위농업협동조합의 조합장이 조합규약에 따른 대금 회수 확보를 위한 담보취득 등의 조치 없이 조합의 양곡을 외상판매함으로 인하여 위 조합에 손해가 발생하였지만 당시 시장에 양곡의 물량이 많아 현금판매가 어려웠고 기온상승으로 양곡이 변질될 우려가 생겼으며 농협중앙회로부터 재고양곡의 조기판매 추진지시를 받는 등 사정으로 오로지 조합의 이익을 위하여 양곡을 신속히 처분하려다 손해가 발생한 것이라면, 위 양곡 외상판매행위가 위 조합에 손해를 가하고 자기 또는 제3자에게 재산상의 이익을 취득하게 한다는 인식, 인용하에서 행해진 행위라고 할 수 없다."

여 양자는 실체적 경합관계에 놓인다고 본다. 만약 동일성이 같다면 즉, A가 B를 기망하여 재산상의 손해를 발생하게 하였다면 배임죄와 사기죄의 상상적 경합관계에 놓인다고 본다. 또한 한 가지 더 의문을 제기할 수 있는데, A가 스스로 독자적으로 B에 대한 배임 행위를 행한 것이 아닌 외부의 가공(加功)된 행위로 인해 행한 경우이다. 이 경우에는 A와의 관계에 따라 각각 간접정범 및 교사범 그리고 신분범 등이 문제가 된다고 할 수 있고, 이러한 법리에 의해 규율하여야 한다.

다음으로, ②의 경우에 대입해보면, 기본적으로는 앞서 언급한 배임죄의 기본적 이론 및 내용이 그대로 적용된다고 할 수 있다. 여기서 한 가지 살펴볼 점은 코드 설계자의 지위가 어떻게 되는가 하는 점이다. 이 경우 코드 설계자가 A와 같은 기관인지(②-㉮) 다른 기관인지(②-㉯)도 문제가 되겠지만, 코드 설계자에게 타인의 사무성이 인정되는지(②-㉰) 인정되지 않는지(②-㉱)도 문제가 되고, 코드 설계자에게 어느 정도 독립성 및 책임이 부여되는지(②-㉲) 부여되지 않는지(②-㉳)도 문제가 된다. 그런데 배임죄에서의 타인의 사무 처리와 이러한 사무 처리 자는 사무성 및 독립성과 책임이 전제되어 있어야 하므로 다시 ②-㉰/②-㉱ 및 ②-㉲/②-㉳로 구분할 수 있다. 물론 사무성이 인정되면서 독립성 및 책임이 부여되지 않는 경우나 그 역(逆)의 사정도 상정할 수 있지만, 이는 결국 비신분자의 지위에 놓이게 되기 때문에 배임죄에서 비신분자의 지위인 ②-㉱/②-㉳의 경우와 같다고 할 수 있다. 그리고 여기서 ②-㉮와 ②-㉯는 앞서 사기죄 부분에서 언급한[III. 1. (1) ②] 바와 같이 어찌 보면 같은 기관인지의 여부는 중요한 사항이 아닐 수 있다. 즉, 같은 기관인지의 여부가 중요한 것이 아니라 행위 당시에 코드 설계자가 A와 어떠한 관계를 형성하고 있느냐가 중요한 사항이라고 할 수 있다는 것이다. 그래서 '…기관인지의 여부'라는 의미는 이러한 의미로 봐야 한다. 이에 i) 코드 설계자가 A에 대한 상하주종관계 또는 지휘감독관계, ii) 각자의 기능적 행위지배의 인정, iii) 코드 설계자의 악의 및 선의 여부 등으로 크게 구분할 수 있고, 각각의 사안에 ②-㉰/②-㉱ 및 ②-㉲/②-㉳가 적용된다고 할 수 있다.

이에 i) 코드 설계자가 A에 대한 상하주종관계 또는 지휘감독관계라고 한다면, ②-㉰/②-㉱의 경우에는 코드 설계자를 생명 있는 도구로서 규범의식 없는 도구로 이용할 때 또는 구성요건에 해당하지 않는 행위를 이용할 때 또는 처벌되지 않는 과실행위를 이용할 때 또는 적법행위를 이용할 때 또는 강요된 행위를 이용할 때 또는 과실범으로 처벌되는 자를 이용할 때는 단순배임죄의 간접정범이 성립한다고 본다. 그러나 코드 설계자도 신분 있는 자라고 할 수 있기에 규범의식 있는 인격체라는 점에서 A가 코드 설계자를 이용했을 때는 코드 설계자에게 범행의 결의가 야기된 것이라고 할 수 있으므로 A는 단순배임죄의 교사범, 코드 설계자는 단순배임죄의 정범이 성립된다고 보고, A가 업무자성도 가지고 있다면 A는 업무상배임죄의 교사범, 코드 설계자는 단순배임죄의 정범이 성립된다고 본다. 이 경우 코드 설계자에게 유형적·무형적으로 A의 범죄 실행을 위한 제공이 인정된다면 방조범의 성립에 문제가 없다고 본다. 그리고 ②-㉯/②-㉰의 경우에도 간접정범이 성립할 수도 있고, 단순히 기계적으로 사무를 처리하는 자의 지위에 놓여 있다면 신임관계의 위배 여부가 문제되지 않기 때문에 배임죄의 성립 여부가 문제되지 않으며, A의 범죄 실행을 위해 유형적·무형적으로 제공한 때에는 배임죄의 방조범이 성립되고, 상하주종관계 또는 지휘감독관계라는 점에서 A가 코드 설계자에게 가공할 수는 있어도 그 역(逆)은 상정할 수 없으므로 진정신분범의 공범이든 부진정신분범의 공범이든 신분자가 비신분자에게 가공한 경우의 신분범과 공범의 법리에 의해 규율하여야 한다. 또한 고의 있는 도구 또는 악의의 도구(→신분 없는 고의 있는 도구 또는 목적 없는 고의 있는 도구)로 이용할 때는 A는 단순배임죄의 교사범, 코드 설계자는 단순배임죄의 방조범이 되거나 방조범조차 성립될 수 없다고 보고, 업무자성도 갖추고 있다면 각각 업무상배임죄의 교사범과 업무상배임죄의 방조범이 되거나 방조범조차 성립될 수 없다고 본다.

ii) 각자의 기능적 행위지배의 인정된다면, ②-㉯/②-㉰의 경우에는 각자는 공동실행하기로 한 의사의 범위 내에서 발생한 결과 전체에 대해 정범의 책임을 진다고 본다. 그래서 타인의 사무를 처리하는 자라는 신분만 있으면 단순배임죄가 성립되고, 업무자성도 갖추고 있다면 업무상배임죄가 성립된다고 본다. 그리고 ②-㉯/②-㉰의 경우에도 각자는 공동실행하기로 한 의사의 범위 내에서 발생한 결과 전체에 대해 정범의 책임을 진다고 본다. 그러나 이때 타인의 사무를 처리하는 자라는 신분만 인정된다면 단순배임죄가 성립되고, 업무자성도 갖추고 있다면 A는 업무상배임죄, 코드 설계자는 단순배임죄가 성립된다고 본다. 그리고 이때는 i)에서와는 달리 누가 누구의 범행에 가공했는가에 따라 그리고 A가 업무자성도 갖추고 있는가에 따라 신분범과 공범의 법리에 의해 규율하여야 한다. 또한 코드 설계자가 A와 같은 기관이라면 이러한 상황은 더욱더 그러하다고 할 수 있지만, 다른 기관이라면 중간에 개입될 수 있는 다른 요인(예를 들면, 기관장·상급자 등)과의 관계를 한 번 더 따져봐야 한다. 즉, 후자의 경우에는 중간 개입자와의 관계에서 간접정범과 신분범, 교사의 착오, 교사의 교사, 교사범과 신분범, 공범(교사범)의 경합, 방조의 방조, 교사의 방조, 방조의 교사, 방조범과 신분범, 공범(방조범)의 경합 및 A와 기관장·상급자 등과의 공동정범 등이 문제가 된다고 할 수 있고, 이러한 법리에 의해 규율하여야 한다.

iii) 코드 설계자에게 악의 또는 선의가 있다고 한다면, 이 경우에는 ②-㉯/②-㉰이든 ②-㉯/②-㉰이든 양자의 여부가 크게 문제가 되지는 않는다고 본다. 이 경우는 신분의 문제라기보다는 코드 설계자에게 A가 배임 행위를 행하고 있다는 것에 대한 인식·인용이 있었는가의 여부가 문제되기 때문이다. 이에 ②-㉯/②-㉰이든 ②-㉯/②-㉰이든 그리고 위의 i)의 경우이든 ii)의 경우이든 A와 B가 의사의 합치에 기한 스마트 계약을 합의 및 체결함에 있어 A가 배임 행위를 행하고 있다는 것을 알고 있는 악의인 경우에는 배임죄의 방조범이 성립된다고 보고, A가 배임 행위를 행하고 있다는 것을 모르고 있는 선의인 경우에는 아무런 형사책임도 부담하지 않는다고 본다. 코드 설계자가 A와 같은 기관이라면 당연하지만, 다른 기관이라고 하더라도 A가 B와 스마트 계약을 체결하면서 양 당사자가 합의한 계약서의 내용을 프로그램 코드로 변환하기 위해 코드 설계자를 선택하는 쪽은 -절대적으로- A라고 할 수 있고, A가 당해 기관의 코드 설계자를 선택했다는 것은 이미 그 기관과 협력관계 또는 유대관계 등 공생관계가 형성되어 있는 것이라고 볼 수 있기 때문이다.

이와 관련하여 코드 설계자가 A를 기망하여 A가 배임 행위를 행하게 된 때에는 당해 스마트 계약 체결에서 A도 B와 마찬가지로 피해자의 지위에 놓인다고 할 수 있다. 그러나 A는 공급자 내지 사업자로서 스마트 계약의 체결에 있어 주의의무 및 검토의무가 고도(高道)로 요구된다고 할 수 있다. 허용된 위험의 법리로 설명될 지위에 놓여 있지 않다는 것이다. 그리고 이때 코드 설계자는 같은 기관이든 다른 기관이든 관계없이 A와의 관계에서 상하주종관계 또는 지휘감독관계일 수도 있고, 아닐 수도 있다. 그러나 어찌됐든 코드 설계자는 A와 B가 서로 체결한 계약 내용에 대한 프로그램 코드로의 변환하는 업무를 담당하는 자이기에 원칙적으로는 타인의 사무를 처리하는 자의 지위에 놓여 있다고 할 수 있다. 프로그램 코드로의 변환 업무는 사람의 업무로서 일회성에 그치는 경우는 없다고 할 수 있기에 사회생활상의 지위에 기하여 지속해서 행하는 사무이기 때문이다. 이에 코드 설계자는 A와 B에 대한 위계에 의한 업무방해죄(형법 제314조 제1항) 또는 컴퓨터 등 업무방해죄(형법 제314조 제2항)가 성립한다고 본다. 만약 이로 인해 코드 설계자가 자기 자신 또는 제3자로 하여금 재산상의 이익을 취득하게 하여 본인에게 손해를 발생하게 하였다면 코드 설계자는 ②-㉯/②-㉰가 인정됨과 동시에 업무자성도 인정되므로 불법이득의 의사로서 재산상의 이익을 취득하였다면 A와 B에 대한 사기죄와 업무상배임죄의 상상적 경합이 성립한다고 본다. 또한 코드 설계자의 관점에서 본인과 재산상의 피해자 간의 동일성이 같지 않다면 코드 설계자의 배임 행위는 본인에게는 배임죄의 기수, 재산상의 피해자에게는 사기죄의 기수가 성립하여 양자는 실체적 경합관계에 놓인다고 본다.

다음으로, ③의 경우에 대입해보면, 기본적으로는 앞서 언급한 배임죄의 기본적 이론 및 내용이 그대로 적용된다고 할 수 있다. 여기서 한 가지 살펴볼 점은 중개자의 지위가 어떻게 되는가 하는 점이다.

이에 ③-㉯ 및 ③-㉰의 경우에는 앞서 언급한 ②의 경우와 같은 상황이므로 그대로 적용된다고 본다. 문제는 중개인인데, A와 중개인 및 코드 설계자가 같은 기관인 경우 및 A와 중개인이 같은 기관인 경우는 상정할 수 없다. 만약 이러한 경우가 가능하다면, 결과적으로 중개인은 A에 대한 상하주종관계 또는 지휘감독관계에 놓여 있다고 할 수 있기 때문에 ②의 경우의 법리가 그대로 적용된다고 할 수 있다. 즉, 간접정범 및 교사범과 방조범의 법리가 그대로 적용된다고 할 수 있다. 그리고 중개인이 A와의 관계에서 실질적으로 다른 기관이라고 하더라도 i) A에 대한 상하주종관계 또는 지휘감독관계에 놓여 있다면 이 경우 역시도 각각의 사안에 따라 간접정범 및 교사범과 방조범의 법리가 적용되어 배임죄의 간접정범 및 교사범과 방조범이 성립한다고 보고, ii) 각자의 기능적 행위지배가 인정된다면 이 경우 역시도 공동정범이 성립하며, iii) 중개인에게 악의가 있거나 공생관계에 놓여 있다면 이 경우 역시도 방조범이 성립한다고 본다. 이는 ③-㉯의 경우와 같이 중개인 및 코드 설계자가 다른 기관이라고 하더라도 마찬가지이다.

그렇다면 ③-㉮의 경우를 살펴볼 필요가 있다. 중개인과 코드 설계자가 같은 기관이라면 코드 설계자가 중개인에 종속되어 있는 주종관계가 성립될 가능성이 크다고 할 수 있다. 만약 각각 독립된 법인이라고 하더라도 코드 설계업을 중개에 의존한다면 이는 하나의 기관으로 봐야 한다고 본다. 이는 이와 반대의 경우 즉, 중개인이 코드 설계자에 종속되어 있는 경우에도 마찬가지이다. 이에 전자의 경우를 예로 들어 살펴보면, i) 중개인이 A와 함께 스마트 계약의 배임죄의 범행을 실행하고 있고, 중개인이 계약 내용과 다른 내용을 프로그램 코드로 변환을 지시하였다면, ii) 이때 코드 설계자가 고의 있는 도구 또는 악의의 도구일 때, iii) 코드 설계자가 중개인과 같이 의사연락을 통해 공동실행의 의사 내지 공동가공의 의사를 형성한 후 공동실행의 사실 내지 공동가공의 사실이 각자의 기능적 행위지배가 인정되는 범위 내에서 실현된 때, iv) 코드 설계자에게 악의 또는 선의가 있을 때, v) 코드 설계자가 A를 기망한 때 등의 경우들 모두 앞서 언급한[III. 3. (1) ②] 바의 상황들과 같다고 할 수 있다.

다음으로, ④의 경우에 대입해보면, 기본적으로는 앞서 사기죄에서 언급한[III. 1. (1) ④] 기본적 이론 및 내용이 그대로 적용된다고 할 수 있다. 그래서 이 경우는 앞서 언급한 사기죄에서 본 장에서 논의하는 단순/업무상배임죄로의 죄명만 달라질 뿐 그 적용 논리는 그대로 적용된다고 본다. 그래서 이에 대해 특별이 언급할 것은 없다고 본다. 이는 마지막인 ⑤의 경우에도 마찬가지이다. 그러나 ⑤의 경우에는 사기죄에서 언급한 바와는 달리 불법원인급여물에 대한 내용은 제외된다고 본다.

(2) 전자방식 유형

본 항에서 다룰 사항은 앞서 언급한[III. 3. (1)] 사안과는 달리 전자방식 유형만을 살펴보고자 한다. 본 항에서도 마찬가지로 기본적으로는 앞서 언급한 단순/업무상배임죄의 기본적 이론 및 내용이 그대로 적용된다고 할 수 있다. 여기서 ①의 경우 B에 대한 A의 고지의무 내지 설명의무 사항 및 확인절차 사항 등에 대한 이론 및 내용은 앞서 언급한[III. 1. (2)] 사기죄에서 본 장에서 논의하는 단순/업무상배임죄로의 죄명만 달라질 뿐 그 적용 논리는 그대로 적용된다고 본다. 그러나 본 장은 배임죄 영역이라는 점에서 B에 대한 A의 기망 행위에 의한 재산상의 이익의 취득은 사기죄와 배임죄의 상상적 경합관계에 놓이고, 본인에 대한 배임 행위가 제3자에 대한 사기죄를 구성하는 때에는 배임죄와 사기죄의 실체적 경합관계에 놓인다고 본다. 또한 ②부터 ⑤까지의 경우에 대입해보면, 이 경우 역시도 앞서 언급한[III. 3. (1) ②-⑤/III. 3. (2) ①] 내용이 그대로 적용된다고 본다.

4. 문서 위조·변조죄 성립 여부[→전자기록 위작·변작죄 포함]

(1) 서면방식+전자방식 유형

문서 위조·변조죄는 그 유형(형법 제225조부터 제237조의2)이 다양하지만, 형법 제22조조 및 제231조가 기본적인 이론 및 내용이 된다고 할 수 있으므로, 여기서는 기본적인 사항인 문서 위조·변조에 대한 경우를 중심으로 살펴보기로 한다. 이에 문서 위조·변조는 크게 공문서 등의 위조·변조죄(형법 제225조)와 사문서 등의 위조·변조죄(형법 제231조)로 구분할 수 있다. 전자는 행사할 목적으로 공무원 또는 공무소의 문서 또는 도화를 위조 또는 변조함으로써 성립하는 범죄이고, 후자는 행사할 목적으로 권리·의무 또는 사실증명에 관한 타인의 문서 또는 도화를 위조 또는 변조함으로써 성립하는 범죄이다. 이에 문서 위조·변조죄가 성립하려면, i) 행사할 목적으로 타인(제225조) 또는 공무원·공무소(제231조)의 문서를 대상으로 할 것, ii) i)의 문서에 대해 위조 또는 변조 행위가 있을 것 등이 요건으로 성립되어야 한다.

그렇다면 이러한 요건을 먼저, ①의 경우에 대입해보면, A와 B는 계약 내지 거래를 체결함에 있어 스마트 계약을 통해 계약을 체결한다는 것에 대해 양 당사자가 자유의사에 기한 약속의 의사 표시를 통해 청약 및 승낙의 합치에 대한 합의 및 체결이 정상적으로 이루어진 상태라고 볼 수 있다. 즉, 사람과 사람 간의 계약이라고 할 수 있다. 문제는 A가 B와 계약을 체결하는 과정에서 A가 직접 코드 설계를 할 때 이미 양 당사자의 의사에 기한 합의 및 체결한 내용과 다르게 프로그램 코드화 한 경우이다. 여기서 쟁점은 A와 B가 체결한 방법인 서면방식+전자방식에서 서면방식은 문제가 되지 않겠지만, 전자방식을 문서라고 볼 수 있는가 하는 점이다.

여기서 먼저 살펴볼 사항은 문서란 무엇인가 하는 점이다. 문서라는 용어는 국어적인 의미로 "글이나 기호 따위로 일정한 의사나 관념 또는 사상을 나타낸 것"을 의미한다. 즉, 문자 또는 기호를 이용하여 사람의 의사 또는 관념 또는 사상 등 어떠한 생각이나 행동 따위의 내용을 글자로 나타낸 기록이라고 할 수 있다. 여기서 문자와 같이 발음적 부호로 표시된 문서를 협의의 문서라고 하고, 상형적 부로로 표시된 도화를 포함하여 광의의 문서라고 한다.[61] 그래서 문서죄에서 말하는 문서는 본 죄의 보호법익이 문서에 대한 공공의 신용이므로 공공의 신용과 관련하여 법적으로 중요한 사실을 증명하는 문서로서 보호가치

---

61) 임웅, 앞의 책(주 51), 711면.

가 있는 문서만이 본 죄의 객체가 된다고 본다. 이러한 문서는 세 가지 기능을 성립요소로 요구하는데, 지속적 기능, 증명적 기능, 보증적 기능 등이 그것이다.

i) 지속적 기능이라 함은 사람의 의사 또는 관념 또는 사상 등이 문자나 부호에 의해 일정한 구체적·확정적 내용으로 표시됨으로써 사회통념상 고정되어 있는 현상을 의미한다. 여기서의 표시는 지속성을 띄어야 하므로 연필·잉크·타자기·컴퓨터 등을 사용하여 쓰여진 물체도 문서가 된다. 그러나 구두 또는 흙 따위의 지속성이 없는 것은 문서라고 할 수 없다. 그리고 이러한 의사표시는 법적인 의미에서의 의사표시의 정도가 필요한 것은 아니다. 단순히 생각을 표현한 것이라도 무방하다. 또한 표시방법은 문자 또는 부호이므로 가독성이 있어야 하지만, 자신 본인만이 또는 특정한 자와의 사이에서만 해독할 수 있는 방법으로 표현된 부호로 표시된 물체는 문서라고 할 수 없다. 그래서 컴퓨터에 입력된 자료 기타 특수매체기록은 출력되지 않는 한 문자·부호에 의한 시각적 가독성이 결여되기에 문서에 포함될 수 없고,62) 서명 또는 낙관 등도 인장에 관한 죄가 규정되어 있으므로 본 죄의 객체에 해당하지 않으며, 전자적 기록도 전자기록 위작·변작죄(형법 제227조의2·제232조의2)가 규정되어 있으므로 여기에는 해당될 수 있어도 단순 문서죄에는 해당하지 않고, 프린터를 통해 출력된 경우라도 작성명의인이 없으면 문서에 속하지 않는다.

ii) 증명적 기능이라 함은 법적으로 중요한 사실을 증명하는 문서로서 객관적 증명능력인 법률상 또는 사회생활상 중요한 사실을 증명과 주관적 증명능력인 증명의사가 필요함을 의미한다. 이에 외부적으로 명백히 무효인 문서, 거래대상이 되지 않는 것에 대한 문서 등은 객관적 증명능력이 없고, 개인의 일기 또는 비망록 또는 초고 등은 확정적 증명의사가 없다고 할 수 있다.

iii) 보증적 기능이라 함은 의사 또는 관념 또는 사상 등을 표시한 주체로서 작성명의인이 존재해야 함을 의미한다. 문서죄는 문서에 대한 공공의 신용을 보호하고자 하는 것이므로 작성명의인의 존재는 당해 문서에 표시된 의사 또는 관념 또는 사상 등에 대한 내용의 보증을 의미하는 것과 같다고 할 수 있다. 즉, 문서로서의 보호가치가 인정되는 것이라고 할 수 있다. 이에 정신적 관점에서 보아 의사 또는 관념 표시의 내용이 유래된 자, 의사 또는 관념 표시의 내용이 귀속되는 자가 명의인이므로 대리인에 의한 의사표시는 대리인이 아니라 대리권수여자가 작성명의인이 된다.63) 그래서 대리권 없는 자가 마치 있는 것

---

62) 대법원 2018. 5. 15. 선고 2017도19499 판결: "형법상 문서에 관한 죄에 있어서 문서란, 문자 또는 이에 대신할 수 있는 가독적 부호로 계속적으로 물체 상에 기재된 의사 또는 관념의 표시인 원본 또는 이와 사회적 기능, 신용성 등을 동시할 수 있는 기계적 방법에 의한 복사본으로서 그 내용이 법률상, 사회생활상 주요 사항에 관한 증거로 될 수 있는 것을 말한다. 따라서 그와 같은 문서의 내용을 저장한 전자 파일이나 그 파일을 실행시켜 컴퓨터 모니터 화면에 나타낸 문서의 이미지는 계속적으로 물체 상에 고정된 것으로 볼 수 없으므로 형법상 문서에 관한 죄에 있어 '문서'에 해당되지 않는다."

63) 임웅, 앞의 책(주 51), 717면.

으로 가장하여 문서를 작성한 경우에는 자격모용에 의한 문서작성죄(형법 제226조·제232조)가 성립한다. 그리고 작성명의인은 당해 문서의 표시 주체로서 특정될 필요는 없으나 형식·외관 등에 비추어 보아 누구인가를 인식할 수 있는 정도는 되어야 하며,[64] 작성명의인이 명시되어 있지 않더라도 추지할 수 있는 정도이면 족하고,[65] 성명이나 서명 내지 날인이 반드시 존재해야 하는 것도 아니다.[66] 또한 여기서의 명의인은 자연인 뿐만 아니라 법인 및 법인격 없는 단체도 해당된다.

그렇다면 이러한 점들을 바탕으로 A는 B와 스마트 계약을 체결하는 순간부터 서면방식에 의해 작성한 것을 전자방식으로 번역 내지 변환하는 작업을 포함하여 프로그램 코드에 지정된 행위가 자동으로 실행되어 실질적으로 이행까지 이루어지는 전 과정을 처리해야 하는 지위에 놓여 있다고 할 수 있고, 계약은 양 당사자가 약속의 의사 표시를 통해 청약 및 승낙의 합치에 대한 합의 및 체결이 이루어진 양방성을 특징으로 가지고 있기 때문에 자신의 사무이면서 동시에 타인의 사무라고도 할 수 있다. 이 과정에서 프로그램 코드로 변환 시 양 당사자의 의사에 기한 합의 및 체결한 내용과 다른 진실에 반하는 내용 즉, 허위의 정보 또는 부정한 명령을 입력하는 행위는 문서에 대한 공공의 신용이라는 관점에서 볼 때 문서 위조·변조죄는 해당하지 않는다고 본다. 문서 위조·변조죄는 무형위조를 처벌하지 않고, A는 B에 대해 대리권·대표권이 있다고 볼 수 있기 때문이다. 그러나 계약이라는 것은 양방성을 특징으로 가지고 있고, 이는 자신의 사무이면서 동시에 타인의 사무라고도 할 수 있기 때문에 A는 대리권·대표권이 있다고 하더라도 B의 사무를 처리를 대표한다고도 할 수 있고, 이때 전자방식으로 번역 내지 변환하는 과정에서 서면방식으로 체결한 내용에 반하는 내용을 입력하는 것은 A 자신에게 주어진 권한을 초과하여 B 본인 명의의 문서를 작성하는 행위라고 할 수 있으므로 권한을 넘는 표현대리(민법 제126조)로서 자격모용에 의한 사문서작성죄가 성립한다고 본다. 이때 모용한 자격이 공무원·공무소인 때에는 자격모용에 의한 공문서작성죄가 성립한다고 본다. 그러나 대리권·대표권이

---

[64] 대법원 1989. 8. 8. 선고 88도2209 판결 : "사문서의 작성명의자의 인장이 압날되지 아니하고 주민등록번호가 기재되지 않았다고 하더라도, 일반인으로 하여금 그 작상명의자가 진정하게 작성한 사문서로 믿기에 충분할 정도의 형식과 외관을 갖추었으면 사문서위조죄 및 동행사죄의 객체가 되는 사문서라고 보아야 한다."

[65] 대법원 2019. 3. 14. 선고 2018도18646 판결 : "문서는 문서상 작성명의인이 명시된 경우뿐 아니라 작성명의인이 명시되어 있지 않더라도 문서의 형식, 내용 등 문서 자체에 의하여 누가 작성하였는지를 추지할 수 있을 정도의 것이면 된다."
대법원 2017. 3. 9. 선고 2014도144 판결 : "문서의 진정한 작성명의인이 누구인지는 문서의 표제나 명칭만으로 이를 판단하여서는 아니 되고, 문서의 형식과 외관은 물론 문서의 종류, 내용, 일반거래에서 그 문서가 가지는 기능 등 제반 사정을 종합적으로 참작하여 판단하여야 한다."

[66] 대법원 2000. 2. 11. 선고 99도4819 판결 : "사문서의 작성명의자의 인장이 찍히지 아니하였더라도 그 사람의 상호와 성명이 기재되어 그 명의자의 문서로 믿을 만한 형식과 외관을 갖춘 이 사건의 경우 사문서위조라고 볼 수 있다."

있는 자가 단순히 권한을 남용한 문서를 작성한 때에는 문서 위조·변조죄 뿐만 아니라 자격모용에 의한 문서작성죄도 성립하지 않는다. 또한 A는 대리권·대표권이 있는 자이기 때문에 무형위조로서 프로그램 코드에 허위의 정보 또는 부정한 명령을 입력함으로써 위작·변작된 기록으로 인해 사무처리전산시스템으로 하자 있는 사무처리를 하게 하였으므로 전자기록 위작·변작죄도 성립한다고 본다. 여기서 중요한 점은 이들 경우에는 당연히 행사할 목적 또는 사무처리를 그르치게 할 목적 등 진정목적범의 성격을 가지고 있어야 한다. 만약 이러한 목적이 존재하지 않는다면 본 죄들이 성립하지 않는다고 본다. 이에 대해 전자방식이 문서에 해당하는가 하는 의문을 제기할 수 있다. 그러나 서면방식+전자방식 유형이든 전자방식 유형이든 A와 B 양 당사자가 계약을 한다는 것에 대한 청약 및 승낙의 합치에 대한 합의 및 체결이 이루어진 것이고, 전자문서도 전자문서법에 의해 그 효력이 인정될 뿐만 아니라 문서의 성립요소인 세 가지 기능이 인정되고 있기 때문에 전자방식이 문서로서 부인될 근거는 없다. 청약과 승낙에 대한 양 당사자의 자유의사의 합치는 양자 간의 공정성·신뢰성·효율성을 기반으로 이루어지는 것이기에 합의 및 체결한 내용에 대한 프로그램 코드로의 변환에 대한 합치 역시도 당연히 그 내용 그대로 변환될 것임이 전제가 된다고 봐야하기 때문이다. 또한 구두 내지 서면에 의한 계약 내용이 코드로 변환되면서 달라질 수 있다는 것은 있을 수도 없고, 있어서도 안 된다고 본다. 이는 변환 과정에서 차이가 발생할 수 있다고 말하는 것, 진실인 사실을 왜곡하거나 은폐하는 것 등의 경우에도 역시 마찬가지이다. 변환 과정에서 달라지거나 차이가 발생한다는 것은 엄연히 기망자의 고지내용과 객관적 사실이 불일치하는 경우이고, 이는 신의칙 뿐만 아니라 공공의 신용에 반하는 경우이며, A와 B 간에 B는 프로그램 코드 변환에 대한 일반인으로서 B로 하여금 객관적 사실에 부합한다는 관념을 갖도록 하는 것이라고 할 수 있다. 이는 작위이든 부작위이든, 명시적이든 묵시적이든 문제가 되지 않는다고 본다. 그러나 만약 양 당사자가 합의 및 체결한 후 프로그램 코드로 변환하는 과정에서 또는 변환하기 전에 A가 B에게 프로그램 코드의 한계성에 의해 변환 시 계약 내용과 달라지거나 차이가 발생할 수 있다는 점 또는 이러한 상황이 발생했을 시 양자가 최초의 합의 및 체결한 내용이 우선한다는 점 등을 알렸을 경우에는 신의성실의 원칙 뿐만 아니라 공공의 신용 보호에 반하는 것은 아니라고 본다. 이는 B로 하여금 계약의 무효 및 취소에 있어 계약 내용의 차이 발생에 대한 공공의 신용관계의 위배가 존재한다고 할 수 없고, 이는 계약 유지 여부를 결정함에 아무런 영향을 끼치지 않기 때문이다.

그리고 B는 A와 계약 내지 거래를 체결함으로써 A에 대한 B의 급부 의무 이행 등 (특정) 요건이 충족됨으로써 프로그램 코드에 지정된 행위가 자동으로 실행되어 실질적으로 이행까지 이루어진다. 그렇다면 계약을 체결하는 과정에서 B는 A가 서류방식으로 작성한 합의 및 체결 내용을 전자방식으로 번역 내지 변환한다는 사항에 대한 점도 합의의 대상이 되었다고 볼 수 있으므로 프로그램 코드로의 변환 과정에서 A의 진실에 반하는 내용의 입력 행위와 B의 착오에 빠진 상황 또는 기망에 의한 착오로 인해 문서에 서명하도록 한 상황 간에는 인과관계가 성립된다고 본다. B에게는 A와 계약 내지 거래를 체결하였고, 이로 인해 자기에게 부여된 급부 의무를 이행해야 한다는 인식·인용을 가지고 있으며, 이러한 급부 의무 이행 행위는 처분행위로서 자신이 이행하여야 상대방도 이행할 것이고, 그래야 자신이 계약한 내용대로 법률적인 효과를 받을 수 있다는 것을 인식하고 있다고 할 수 있으며, A는 B의 이행 행위로 인해 B에게 이행 내지 지급하여야 할 급부를 이행 내지 지급하지 않음으로써 -적극적·소극적·영구적·일시적 등의- 재물 또는 재상상의 이익을 취득할 것이기 때문이다. 이는 스마트 계약이 거래 내지 계약 의무의 이행에 대한 자동실행이 보장된 컴퓨터 프로그램 코드라는 점에 비추어보면 분명하다. 또한 B가 재산을 사실상 처분행위를 할 수 있는 지위에 놓여 있지 않더라도 B는 A와 계약을 체결한 것이기에 B에 대한 사실상의 공공의 신용관계의 위배는 성립된다고 본다. 재산의 처분행위와 문서 작성 시 자격·명의의 모용 행위는 구별해야 하기 때문이다. 이에 A가 사기 행위 또는 배임 행위에 대한 고의를 가지고 행하였다면 사기죄와 문서 위조·변조죄 간에는 상상적 경합관계에 놓이고, 배임죄와 문서 위조·변조죄 간에는 양자가 실체적 경합관계에 놓인다고 본다. 여기서 한 가지 더 의문을 제기할 수 있는데, A가 스스로 독자적으로 B에 대한 문서죄를 행한 것이 아닌 외부의 가공(加功)된 행위로 인해 행한 경우이다. 이 경우에는 A와의 관계에 따라 각각 간접정범 및 교사범 그리고 신분범 등이 문제가 된다고 할 수 있고, 이러한 법리에 의해 규율하여야 한다. 여기서 중요한 점은 진정목적범의 경우에는 진정신분범의 경우와는 달리 목적 없는 자의 행위를 이용하는 경우에는 피이용자는 목적범에 대해 방조의 의사를 가지고 있다고 보기 어려우므로 방조범조차 성립되지 않는다는 점이다.

다음으로, ②의 경우에 대입해보면, 기본적으로는 앞서 언급한 문서죄의 기본적 이론 및 내용이 그대로 적용된다고 할 수 있다. 여기서 한 가지 살펴볼 점은 코드 설계자의 지위가 어떻게 되는가 하는 점이다. 이 경우 코드 설계자가 A와 같은 기관인지(②-㉮) 다른 기관인지(②-㉯)가 문제가 된다. 그러나 어찌 보면 같은 기관인지의 여부는 중요한 사항이 아닐 수 있다. 즉, 같은 기관인지의 여부가 중요한 것이 아니라 행위 당시에 코드 설계자가 A와 어떠한 관계를 형성하고 있느냐가 중요한 사항이라고 할 수 있다는 것이다. 그래서 '…기관인지의 여부'라는 의미는 이러한 의미로 봐야 한다.

이에 i) 코드 설계자가 A에 대한 상하주종관계 또는 지휘감독관계라고 한다면, 코드 설계자를 생명 있는 도구로서 규범의식 없는 도구로 이용할 때 또는 구성요건에 해당하지 않는 행위를 이용할 때 또는 처벌되지 않는 과실행위를 이용할 때 또는 적법행위를 이용할 때 또는 강요된 행위를 이용할 때 또는 과실범으로 처벌되는 자를 이용할 때는 문서죄의 간접정범이 성립한다고 본다. 그리고 코드 설계자가 고의 있는 도구 또는 악의의 도구로서 목적 없는 고의 있는 도구로 이용할 때는 A는 문서죄의 교사범, 코드 설계자는 방조범조차도 성립될 수 없다고 본다. 피이용자는 구성요건의 객관적 요소는 인식하고 있으므로 이용자의 견해에 반대동기의 형성이 가능하기 때문에 구성이 희석된다고 볼 수 있지만, 초과주관적 요소인 목적을 결하고 있기에 규범의식 내지 위법의식이 없을 뿐만 아니라 목적범에 대한 방조의 의사도 가지고 있다고 보기 어렵기 때문에 피이용자는 이용자에 대한 단순한 도구에 불과하다고 볼 수 없기 때문이다. 이 경우 만약 코드 설계자가 A와의 관계와는 별개로 문서죄에 대한 고의를 가지고 위조·변조의 행위를 행했다면 문서 위조·변조죄는 해당하지 않고, 자격모용에 의한 공문서작성죄 및 전자기록 위작·변작죄가 성립한다고 본다. B는 A와 계약을 체결하는 과정에서 코드 설계자의 존재 및 설계자가 참여한다는 점에 대해 양 당사자 간에 자유의사의 합치가 존재하는 것으로 볼 수 있을 뿐만 아니라 그렇게 봐야 하고, 그렇다면 코드 설계자 역시 A와 마찬가지로 B에 대해 대리권·대표권이 있다고 볼 수 있기 때문이다. 물론 이 경우에도 대리권·대표권이 있는 자가 단순히 권한을 남용한 문서를 작성한 때에는 문서 위조·변조죄 뿐만 아니라 자격모용에 의한 문서작성죄도 성립하지 않는다. 만약 코드 설계자에게 대리권·대표권을 인정하지 않는다면 무형위조가 인정되지 않기 때문에 문서 위조·변조죄가 성립함에는 문제가 없다고 할 수 있다. 그리고 이들 경우에도 당연히 행사할 목적 또는 사무처리를 그르치게 할 목적 등 진정목적범의 성격을 가지고 있어야 한다. 만약 이러한 목적이 존재하지 않는다면 본 죄들이 성립하지 않는다고 본다. 또한 코드 설계자에게 사기 행위 또는 배임 행위의 고의가 존재한다면 앞서 언급한 사기죄[III. 1. (1) ②] 및 배임죄[III. 3. (1) ②]의 이론 및 내용이 적용된다고 본다.

ii) 각자의 기능적 행위지배의 인정된다면, 각자는 공동실행하기로 한 의사의 범위 내에서 발생한 결과 전체에 대해 정범의 책임을 진다고 본다. 그래서 A와 코드 설계자에 대한 각각의 사항은 위 i)의 경우와 같다고 할 수 있다. 이는 코드 설계자가 A와 같은 기관이라면 이러한 상황은 더욱더 그러하다고 할 수 있지만, 다른 기관이라면 중간에 개입될 수 있는 다른 요인(예를 들면, 기관장·상급자 등)과의 관계를 한 번 더 따져봐야 한다. 즉, 후자의 경우에는 중간 개입자와의 관계에서 간접정범과 신분범, 교사의 착오, 교사의 교사, 교사범과 신분범, 공범(교사범)의 경합, 방조의 방조, 교사의 방조, 방조의 교사, 방조범과 신분범, 공범(방조범)의 경합 및 A와 기관장·상급자 등과의 공동정범 등이 문제가 된다고 할 수 있고, 이러한 법리에 의해 규율하여야 한다.

iii) 코드 설계자에게 악의 또는 선의가 있다고 한다면, 기본적으로는 A와 코드 설계자에 대한 각각의 사항인 위 i)의 경우와 같다고 할 수 있다. 그래서 이에 더하여 악의 또는 선의과 관련하여 살펴볼 때 A와 B가 의사의 합치에 기한 스마트 계약을 합의 및 체결함에 있어 A가 B와 합의 및 체결한 서면방식의 계약서를 전자방식의 계약서로 번역 및 변환하는 과정에서 문서에 대한 위조·변조 행위를 행하고 있다는 것을 알고 있는 악의인 경우에는 A의 문서죄의 방조범이 성립된다고 보고, A가 문서에 대한 위조·변조 행위를 행하고 있다는 것을 모르고 있는 선의인 경우에는 아무런 형사책임도 부담하지 않는다고 본다. 코드 설계자가 A와 같은 기관이라면 당연하지만, 다른 기관이라고 하더라도 A가 B와 스마트 계약을 체결하면서 양 당사자가 합의한 계약서의 내용을 프로그램 코드로 변환하기 위해 코드 설계자를 선택하는 쪽은 -절대적으로- A라고 할 수 있고, A가 당해 기관의 코드 설계자를 선택했다는 것은 이미 그 기관과 협력관계 또는 유대관계 등 공생관계가 형성되어 있는 것이라고 볼 수 있기 때문이다.

　이와 관련하여 코드 설계자가 A를 기망하여 A가 문서죄에 대한 위조·변조 행위를 행하게 될 때에는 당해 스마트 계약 체결에서 A도 B와 마찬가지로 피해자의 지위에 놓인다고 할 수 있다. 그러나 A는 공급자 내지 사업자로서 스마트 계약의 체결에 있어 주의의무 및 검토의무가 고도(高道)로 요구된다고 할 수 있다. 허용된 위험의 법리로 설명될 지위에 놓여 있지 않다는 것이다. 그리고 이때 코드 설계자는 같은 기관이든 다른 기관이든 관계없이 A와의 관계에서 상하주종관계 또는 지휘감독관계일 수도 있고, 아닐 수도 있다. 그러나 어찌됐든 코드 설계자는 A와 B가 서로 체결한 계약 내용에 대한 프로그램 코드로의 변환하는 업무를 담당하는 자이기에 원칙적으로는 타인의 사무를 처리하는 자의 지위에 놓여 있다고 할 수 있다. 프로그램 코드로의 변환 업무는 사람의 업무로서 일회성에 그치는 경우는 없다고 할 수 있기에 사회생활상의 지위에 기하여 지속해서 행하는 사무이기 때문이다. 이에 코드 설계자는 A와 B에 대한 위계에 의한 업무방해죄(형법 제314조 제1항) 또는 컴퓨터 등 업무방해죄(형법 제314조 제2항)가 성립한다고 본다. 만약 이로 인해 코드 설계자가 자기 자신 또는 제3자로 하여금 재산상의 이익을 취득하게 하여 본인에게 손해를 발생하게 하였다면 코드 설계자는 III. 3. (1) ②-㈎/III. 3. (1) ②-㈏가 인정됨과 동시에 업무자성도 인정되므로 불법이득의 의사로서 재산상의 이익을 취득하였다면 A와 B에 대한 사기죄와 업무상배임죄 및 문서죄가 성립한다고 본다. 그리고 이 죄들 간의 관계는 문서죄와 사기죄 간에는 상상적 경합관계에 놓이고, 문서죄와 배임죄 간에는 실체적 경합관계에 놓이며, 사기죄와 배임죄 간에는 상상적 경합관계에 놓인다고 본다. 또한 코드 설계자의 관점에서 본인과 재산상의 피해자 간의 동일성이 같지 않다면 본인에게는 문서죄와 배임죄의 실체적 경합관계에 놓이고, 재산상의 피해자에게는 사기죄의 기수가 성립되며, 이 죄들 간에는 상상적 경합관계에 놓인다고 본다.

　다음으로, ③의 경우에 대입해보면, 기본적으로는 앞서 언급한 문서죄의 기본적 이론 및 내용이 그대로 적용된다고 할 수 있다. 여기서 한 가지 살펴볼 점은 중개자의 지위가 어떻게 되는가 하는 점이다.

이에 ③-㈏ 및 ③-㈐의 경우에는 앞서 언급한 ②의 경우와 같은 상황이므로 그대로 적용된다고 본다. 문제는 중개인인데, A와 중개인 및 코드 설계자가 같은 기관인 경우 및 A와 중개인이 같은 기관인 경우는 상정할 수 없다. 만약 이러한 경우가 가능하다면, 결과적으로 중개인은 A에 대한 상하주종관계 또는 지휘감독관계에 놓여 있다고 할 수 있기 때문에 ②의 경우의 법리가 그대로 적용된다고 할 수 있다. 즉, 간접정범 및 교사범과 방조범의 법리가 그대로 적용된다고 할 수 있다. 그리고 중개인이 A와의 관계에서 실질적으로 다른 기관이라고 하더라도 i) A에 대한 상하주종관계 또는 지휘감독관계에 놓여 있다면 이 경우 역시도 각각의 사안에 따라 간접정범 및 교사범과 방조범의 법리가 적용되어 문서죄의 간접정범 및 교사범과 방조범이 성립한다고 보고, ii) 각자의 기능적 행위지배가 인정된다면 이 경우 역시도 공동정범이 성립하며, iii) 중개인에게 악의가 있거나 공생관계에 놓여 있다면 이 경우 역시도 방조범이 성립한다고 본다. 이는 ③-㈐의 경우와 같이 중개인 및 코드 설계자가 다른 기관이라고 하더라도 마찬가지이다.

그렇다면 ③-㈎의 경우를 살펴볼 필요가 있다. 중개인과 코드 설계자가 같은 기관이라면 코드 설계자가 중개인에 종속되어 있는 주종관계가 성립될 가능성이 크다고 할 수 있다. 만약 각각 독립된 법인이라고 하더라도 코드 설계업을 중개에 의존한다면 이는 하나의 기관으로 봐야 한다고 본다. 이는 이와 반대의 경우 즉, 중개인이 코드 설계자에 종속되어 있는 경우에도 마찬가지이다. 이에 전자의 경우를 예로 들어 살펴보면, i) 중개인이 A와 함께 스마트 계약의 문서죄의 범행을 실행하고 있고, 중개인이 계약 내용과 다른 내용을 프로그램 코드로 변환을 지시하였다면, ii) 이때 코드 설계자가 고의 있는 도구 또는 악의의 도구일 때, iii) 코드 설계자가 중개인과 같이 의사연락을 통해 공동실행의 의사 내지 공동가공의 의사를 형성한 후 공동실행의 사실 내지 공동가공의 사실이 각자의 기능적 행위지배가 인정되는 범위 내에서 실현된 때, iv) 코드 설계자에게 악의 또는 선의가 있을 때, v) 코드 설계자가 A를 기망한 때 등의 경우들 모두 앞서 언급한[III. 4. (1) ②] 바의 상황들과 같다고 할 수 있다.

다음으로, ④의 경우에 대입해보면, 기본적으로는 앞서 사기죄에서 언급한[III. 1. (1) ④] 기본적 이론 및 내용이 그대로 적용된다고 할 수 있다. 그래서 이 경우는 앞서 언급한 사기죄에서 본 장에서 논의하는 문서죄로의 죄명만 달라질 뿐 그 적용 논리는 그대로 적용된다고 본다. 그래서 이에 대해 특별이 언급할 것은 없다고 본다. 이는 마지막인 ⑤의 경우에도 마찬가지이나. 그러나 ⑤의 경우에는 사기죄에서 언급한 바와는 달리 불법원인급여물에 대한 내용은 제외된다고 본다.

(2) 전자방식 유형

본 항에서 다룰 사항은 앞서 언급한[III. 4. (1)] 사안과는 달리 전자방식 유형만을 살펴보고자 한다. 본 항에서도 마찬가지로 기본적으로는 앞서 언급한 문서죄의 기본적 이론 및 내용이 그대로 적용된다고 할 수 있다. 여기서 ①의 경우 B에 대한 A의 고지의무 내지 설명의무 사항 및 확인절차 사항 등에 대한 이론 및 내용은 앞서 언급한[III. 1. (2)] 사기죄에서 본 장에서 논의하는 문서죄로의 죄명만 달라질 뿐 그 적용 논리는 그대로 적용된다고 본다. 또한 ②부터 ⑤까지의 경우에 대입해보면, 이 경우 역시도 앞서 언급한[III. 4. (1) ②-⑤/III. 4. (2) ①] 내용이 그대로 적용된다고 본다.

IV. 맺음말

스마트 계약은 우리 사회에 서서히 스며들고 있다고 본다. 정확히 말하면 우리 사회에 완벽하게 스며든 것은 아니지만, 블록체인 기술이 발전하면서 금융업계·보험업계·공유서비스 등을 중심으로 스마트 계약 시스템을 도입하려는 곳이 생겨나고 있다. 그러나 이 계약 방식은 아직까지는 낯선 방식이고, 알고 있는 사람도 많지 않다. 그래서 이에 대한 논의 역시도 아직까지는 활발하게 이루어지고 있다고 볼 수 없다.

현재 스마트 계약과 관련된 연구는 -활발하게 진행되고 있지는 않지만, 그래도 현재 진행된 관련 연구를 보면- 민법 및 상법 부분에서만 이루어져 왔다. 계약이라는 것 자체가 원칙적으로는 민법 및 상법의 부분에서 논해지고 있고, 이는 사회 신용과 관련되어 있는 것이기 때문이다. 그러나 스마트 계약은 형법적인 관점에서도 살펴볼 필요가 있다. 스마트 계약은 무결성의 네트워크화, 권력의 분산, 가치의 보상, 보안성, 프라이버시권 존중, 권리의 보전, 경제의 편입(=자본주의 플랫폼) 등 일곱 가지의 원칙을 그 특성을 가지고 있고, 이는 전자거래[전자금융거래+전자지급거래]에 있어 블록체인 기술을 적용하여 거래의 이행이 거래 당사자 간의 개입 없이 컴퓨터 네트워크상에서 안전하게 합의된 프로토콜에 따라 작동되는 분산형 애플리케이션에 의해 양 당사자 모두에게 수시로 자동으로 이루어지기 때문에 이 과정에서 스마트 계약을 통해 합의 및 체결함에 있어 부정한 행위가 있을 경우 재물 또는 재산상의 이익을 취득하는 (범죄) 행위를 구성하기 때문이다. 이에 형법적인 관점에서는 앞에서 언급한 바와 같이 다섯 가지의 범죄 즉, 사기죄, 컴퓨터 등 사용사기죄, 배임죄, 문서 위조·변조죄, 전자기록 위작·변작죄 등이 문제된다고 본다. 그리고 이러한 각각의 범죄와 스마트 계약의 관계에서는 살펴볼 사항들이 많다고 할 수 있는데, 이는 앞서 살펴본 바와 같이 크게 서면방식+전자방식(예상도 1) 및 전자방식(예상도 2)으로 생성 및 전개가 될 수 있기에 두 가지로 구분하여 각각에 대해 다섯 가지 유형별로 대입하여 살펴볼 수 있고, 각각의 유형별로 공동정범 및 간접정범과 신분범, 교사의 착오, 교사의 교사, 교사범과 신분범, 공범(교사범)의 경합, 방조의 방조, 교사의 방조, 방조의 교사, 방조범과 신분범, 공범(방조범)의 경합 등이 문제된다고 보며, 각각의 이론 및 내용 등 형법상의 일반원칙 및 법리에 의해 규율하여야 한다고 본다.

  스마트 계약은 앞으로 실생활에서 다양한 곳에 적용될 가능성이 크다고 본다. 특히 대금결제·송금 등 금융거래 뿐만 아니라 모든 종류의 계약의 경우가 그러하다. 현시대는 ICT의 발전으로 인해 스마트한 세상이 되었고, 기존의 법정 화폐가 이제는 인터넷 뱅킹이나 각종 모바일 페이 및 케이캐쉬 등으로 즉, 법정 화폐가 전자화폐화(化)되어 유통되거나 교환 수단의 주류가 되었으며, 블록체인 기술의 활성화로 공공서비스를 포함한 모든 계약 내지 거래가 앞으로는 더욱더 그러할 것이기 때문이다. 이에 스마트 계약과 형법 간의 문제를 고민할 필요가 있다고 본다. 본 논문이 이러한 고민에 보탬이 되기를 기대한다.

참고문헌

1. 국내문헌

[단행본]
권오걸, 「형법총론」 제3판, 형설출판사, 2009
김성천, 「형법」, 소진, 2009
김일수/서보학, 「(새로 쓴)형법각론」, 박영사, 2009
배종대, 「형법총론」 제9개정판, 홍문사, 2010
성낙현, 「형법총론」, 동방문화사, 2010
신동운, 「형법총론」 제5판, 법문사, 2010
이형국, 「형법각론」, 법문사, 2007
임 웅, 「형법각론」 제9정판, 법문사, 2018
정영일, 「형법총론」 제3판, 박영사, 2010
진계호/이존걸, 「형법총론」 제8판, 대왕사, 2007

[논문]
고형석, "스마트계약에 관한 연구", 「민사법이론과 실무」 제22권 제1호, 민사법의 이론과 실무학회, 2018
김제완, "블록체인 기술의 계약법 적용상의 쟁점", 「법조」 제67권 제1호, 법조협회, 2018
김진우, "스마트계약과 약관통제에 관한 시론(試論)적 고찰", 「비교사법」 제27권 제1호, 한국비교사법학회, 2020
선지원/김경훈, "공법 영역에서의 스마트컨트랙트 활용의 법적 문제", 「법과 정책연구」 제19권 제2호, 한국법정책학회, 2019
정경영, "암호통화(cryptocurrency)의 본질과 스마트계약(smart contract)에 관한 연구", 「상사법연구」 제36권 제4호, 한국상사법학회, 2018
정경영/백명훈, "디지털사회 법제연구[Ⅱ]-블록체인 기반의 스마트계약 관련 법제 연구", 「글로벌법제전략 연구」 17-18-1, 한국법제연구원, 2017
정진명, "블록체인 기반 스마트계약의 법률문제", 「비교사법」 제25권 제3호, 한국비교사법학회, 2018

2. 해외문헌

Kaulartz, Markus/Heckmann, Jörn, "Smart Contracts-Anwendungen der Blockchain-Technologie", 「Computer und Recht」Volume 32. Issue 9., Otto Schmidt, 2016
Kuhlmann, Nico, "Bitcoins : Funktionsweise und rechtliche Einordnung der digitalen Währung", 「Computer und Recht」Volume 30. Issue 10., Otto Schmidt, 2014
Priyanka Desai/Freeman Lewin/Benjamin L Van Adrichem, ""SMART CONTRACTS" & LEGAL ENFORCEABILITY", 「The Cardozo Blockchain Project Research Report」 #2, LARC, 2018
Raskin, Max, "The Law and Legality of Smart Contracts", 「1 Georgetown Law Technology Review」 304, Georgetown Law, 2017

Savelyev, Alexander, "Contract Law 2.0: «Smart» Contracts As the Beginning of the End of Classic Contract Law", 「*BASIC RESEARCH PROGRAM WORKING PAPERS SERIES : LAW*」WP BRP 71-LAW-2016, National Research Univ. Higher School of Economics, 2016

Scholz, Lauren Henry, "Algorithmic Contracts", 「*Stanford Technology Law Review*」Vol. 20., SLS, 2017

3. 기타

[번역본]

Don Tapscott/Alex Tapscott, 「블록 체인 혁명」(박지훈 옮김) (박성준 감수), 을유문화사, 2018

[인터넷자료]

위키백과, "불 논리", 위키백과, 2020.09.24.

Christine, Kim, "이더리움 콘스탄티노플 하드포크, 이번엔 무사히 진행될까?", 「News」, coindesk korea, 2019.02.20.

Szabo, Nick, "Smart Contracts: Building Blocks for Digital Markets", Copyright ©, 1996

Vitalik Buterin, "Ethereum and Oracles", 「Research & Development」, 2014.07.22.

융/합/적/사/회/변/화/와/법

증권형 가상자산의 투자자보호에 관한 연구

박선종

숭실대학교 법과대학 법학과 교수

I. 서론

가상자산 중 비트코인의 거래금액기준으로 한국원화(4.63%)는 미국달러화 (85.50%)에 이어 2위를 점하고 있는데, 일본엔화(4.48%) 및 유럽유로화(4.19%) 상위 4개 통화는, 5위인 영국 파운드화(0.31%)와 격차가 상당하다.[1] 이 통계는 가상자산에 관하여 한국이 국제무대에서 핵심국가 중 하나 임을 보여준다. 동시에 이는 국내의 가상자산 관련 정책과 법제도가 시장상황에 맞추어 정비될 필요성이 적지 않음을 의미한다.

가상자산은 2008년 10월 비트코인이 세상에 출시된 이후 약 13년의 기간 동안 다양한 모습으로 진화되어 왔다. 세계 각국은 그간 다양한 형태의 입법 또는 제도 도입을 통하여 가상자산의 진화에 대응해 왔다. 가상자산의 효시인 비트코인은 스스로를 "비트코인은 혁신적인 결제네트워크이자 신종화폐입니다."[2]라고 주장했고, 초기에는 전 세계가 가상자산의 통화적 성질에 주목했다. 국내에서도 가상자산에 대하여 초기에는 업계를 중심으로 "암호화폐"라는 용어가 주장되었고, 정부당국은 "가상통화"라는 용어를 사용하며 화폐 또는 통화의 성질이 주목되었다.[3] 그러나 정작 각국에서 문제가 부각된 것은 통화나 화폐가 갖

---

[1] https://www.coinhills.com/market/currency (최종방문일 2021.8.29.)
[2] "Bitcoin is an innovative payment network and a new kind of money.", https://bitcoin.org/en (최종검색일 2021.8.27.)
[3] 박선종/김용재, "중앙은행의 디지털화폐 발행 시 법률적 쟁점", 『비교사법』 통권 80호, 한국비교사법학회, 2018, 350면.

는 지급수단으로서의 모습이 아니라, 변동성이 극심한 투자수단인 "증권형 가상자산"[4]으로서의 모습이다.

2013년부터는 가상자산거래소에 등록되는 신규 가상자산의 숫자가 급격히 증가하면서, 가상자산의 투자 수단적 성질도 강화되어 왔다. 현재 세계 시장에서 거래되는 가상자산은 무려 6,141종에 달하며 금액기준으로 1일 기준 약 2조 달러이고, 비트코인의 거래금액은 이 중 약 43%인 9,100억 달러를 점하고 있다.[5] 2013년 4월 기준 가상자산이 7종에 불과했던 점을 감안하면, 새로운 가상자산은 연 평균 700종 이상 출현한 셈이다. 이러한 현실을 감안하면, 기존의 규정중심의 법체계는 다양한 형태로 생성되는 신종 가상자산에 대하여, 구조적으로 규제의 실효성이 우려된다.

최근 정부의 '가상자산사업자 현장컨설팅 결과'에 따르면, 가상자산사업자는 증권시장과 비교할 경우 증권시장에서 거래소, 예탁원, 시장감시, 증권사 등으로 분화되어 있는 기능을 단독으로 수행함으로써, 시장질서의 공정성, 고객자산의 안전성, 시스템 안정성 등이 확보되지 않고 있어 자산거래시장으로서 문제점이 노출되고 있다고 지적하고 있다.[6] 한편, 금융위원회는 최근 가상자산사업자에 대한 관리·감독 등 법정사무를 전담하기 위한 조직의 신설을 발표했다.[7] 이는 그간 가상자산 관련 문제에 대하여 국무조정실 중심으로 대응하며 노출되었던, 부족했던 점을 상당부분을 메울 수 있을 것이라는 점에서 긍정적 효과가 기대된다. 그럼에도 불구하고, 가상사업자 현장 컨설팅을 진행한 정부 당국이 지적한 가상자산거래시장의 문제점은 구조적인 것으로 이해되며, 현재의 규제 체계는 구조적인 보완이 필요하다.

이 글에서는 가상자산의 정체성 중 최근 가장 선명한, 투자목적의 증권형 가상자산에

---

[4] 스위스의 금융감독당국인 FINMA(Financial Market Supervisory Authority)에서는 ICO를 통해 발행된 토큰을 지급형 토큰(Payment Token), 이용형 토큰(Utility Token), 증권형 토큰(Asset Token)으로 구분한 바 있다. 그러나 FINMA의 분류기준은, 가상자산거래소를 통한 투자목적의 거래가 압도적으로 활발한 비트코인을 증권형 토큰으로 분류가 가능할지에 대해서 의문이 든다. 따라서 이 글에서는 발행목적 상 토큰의 유형을 불문하고 가상자산 중, ① 실제로 가상자산거래소에 상장되어 자본이득을 볼 수 있는 투자 대상으로서 거래가 될 것, ② 투자자의 보호 필요성이 있을 것을 요건으로 "증권형 가상자산"으로 칭한다. 한편, 증권형 토큰의 발행·유통은 대개 ① 국제기구가 발행 주체이거나, ② 증권형 토큰 관련 법제가 구비된 국가 내에서 발행되거나, ③ 증권형 토큰 발행을 규제 샌드박스와 같이 시범적으로 도입된 프로젝트 범위 내에서 수행하는 경우에 이루어지는 양상으로 나누어지고 있다는 점에서 발행 및 유통의 범위가 제한적인 것으로 보인다. 최지웅, "증권형 토큰 발행·유통 현황 및 합리적 규제방안",『경제법연구』제19권 제2호, 2020, 13면.

[5] https://coinmarketcap.com (최종방문일 2021.8.24.)

[6] 국무조정실, 보도자료, "가상자산사업자 현장컨설팅 결과", 2021.8.16.

[7] 금융위원회 금융정보분석원(FIU)은「특정 금융거래정보의 보고 및 이용 등에 관한 법률」개정('20.3월)에 따른 가상자산사업자 관리·감독 및 제도개선, 자금세탁방지 등의 법정사무*를 전담하기 위하여 '가상자산검사과'를 신설하고, 가상자산 분야의 특정금융거래정보 심사·분석을 강화하기 위해 실무인력이 증원된다. 금융위원회, 보도자료, "가상자산 거래에 대한 투명성을 강화하겠습니다.-「금융위원회와 그 소속기관 직제 개정령안」입법예고 -", 2021.8.27.

관한 주요국의 대응 상황을 토대로, 국내시장에 필요한 대응방안을 제안하고자 한다.8)

Ⅱ. 국내 가상자산 시장의 주요 논점

1. 가상자산의 정체성 문제

(1) 금융상품성 부정의 한계

2018년부터 국제사회는 비트코인 등이 ① 화폐로서의 핵심특성이 결여된 점, ② Currency라는 명칭으로 인해 일반대중에게 화폐로 오인될 가능성이 있는 점, ③ 현실에서 주로 투자의 대상이 되고 있다는 점을 감안하여 암호자산(crypto-assets)이라는 용어를 사용하기 시작했다. 가상자산(virtual asset)이라는 용어는 2019년 G20 정상회담 선언문에서 사용9)된 이후 국내외에서 사용빈도가 높아지고 있다. 국내에서는 2020년 3월 특정금융정보법 제2조 제3호에 "가상가산"에 대한 정의 규정이 도입되면서, 대표적인 용어로 자리매김하고 있다.

현재 가상자산거래소를 통해서 거래되는 전 세계 6,141종 가상자산의 대표적 정체성은 투자의 대상이라는 점이다. 블록체인 기술이 지금까지 일반인들의 뜨거운 관심 대상으로 된 것도 비트코인을 필두로 한 가상자산에서 기대되는 막대한 투자수익 때문이라고 말하는 것이 솔직한 평가가 될 것이다.10) 그러나 국내에서는 비트코인이 '금융투자상품'인가에 대하여는 의견이 일치하지 않는다.

금융위원회는 지금까지 가상자산의 금융상품성을 부정해왔다.11) 금융상품성을 부정하

---

8) 이 논문의 심사과정에서 '가상자산의 종류도 매우 다양할 수 있을 것임에도 불구하고 이 논문이 주로 비트코인을 가상자산과 동일 시 하여 논의하는 것은 합리적이라 보기 어렵다'는 지적 및 '가상자산반환청구권' 부분의 삽입을 요청히는 의견이 있었으나, 지면의 제한 상 비트고인으로 대표될 수 있는 투자목적의 증권형 가상자산의 규제측면 이외의 쟁점에 관하여는 추후 연구 과제로 검토하고자 한다.
9) 동 선언문에서는 virtual asset(가상자산) 외에 crypto-asset(암호자산)도 사용되었다.
10) 김제완, "블록체인과 스마트 계약(Smart Contract) : 민사법 영영에서의 도전과 응전 – 비가역적·탈중앙화 기술에 의한 거래에서 민사법적 쟁점에 대한 試論", 『한국비교사법학회 2021년 히계학술대회 자료집』, 한국비교사법학회, 2021, 8면.
11) 일부 언론의 보도에 따르면, 정부는 "기초자산이 있는 가상화폐인 '증권형 토큰' 시장을 제도권으로 편입하는 방안을 추진한다고 한다". 매일경제신문(인터넷판), 윤원섭/이새하, "[단독] 기초자산 있는 코인 만들고 이름뿐인 가상화폐는 퇴출", 2021.6.28., https://www.mk.co.kr/news/economy/view/2021/06/624315/ (최종검색일 2021. 9.4.)
그러나 증권형토큰은 증권형자산자산 중 일부에 불과하므로, 이에 대한 제도권 규제가 시행된다 하더라도, 시장 전체 투자자의 보호 측면에서 보완의 여지가 크다.

면 금융투자상품성에 대한 논의 자체가 어려워지는 문제가 제기된다.

금융상품 ⊃ 금융투자상품 ⊃ 투자계약증권

최근 자본시장연구원은 가상자산투자자의 피해 우려를 경고하는 분석결과를 다음과 같이 발표했는데, 이는 주목할 필요가 있다.

> "지난 8년 3개월 동안의 가상자산 발행과 유통 현황을 자세히 살펴본 결과, 가상자산은 대중에게 그 발행 목적 또는 경제적 기능과 무관하게 자본이득을 볼 수 있는 투자대상으로 인식되며 주식과 같은 방식으로 거래되고 있다는 것을 확인할 수 있다. 그럼에도 불구하고 가상자산의 40%가 등록 폐지되었다는 점과 가상자산의 가격이 하루 사이에도 이해하기 어려울 정도로 변동하고 있다는 점을 고려할 때 가상자산에 투자하는 개인에게 상당한 주의가 요구된다. 특히 지금의 가상자산 가격이 가상자산의 본질적인 교환가치, 효용가치 또는 내재가치에 기초하여 형성되었는가를 냉정하게 판단할 필요가 있어 보인다."[12] 이와 더불어, '비트코인을 비롯한 가상자산의 확산과 규제의 필요성을 높인 것은 가상자산거래소의 출현과 그 활성화가 직접적 원인이다.'[13] 라는 주장 또한 경청할 필요가 있다.

증권형 가상자산의 정체성을 금융투자상품으로 포섭하느냐 여부는, 기존의 정교한 관련 규제체제의 적용 여부가 정해지므로 매우 중요하다. 상대적으로 투자자 피해에 취약한 현재의 가상자산 관련제도의 부족 부분을, 단시간 내에 큰 폭으로 개선할 수 있는 효과가 기대된다는 점에서 긍정적인 방향의 검토가 필요하다.

(2) 가상자산과 외환시장 및 알고리즘 매매

현재 6천여 종의 가상자산이 기존의 금융투자상품 거래시스템과 사실상 동일한 거래시스템에서 매매되고 있다. 그러나 매매의 대상이 기존의 증권, 파생상품 등 전통적 '금융투자상품'이 아니라, 새롭게 출현한 '가상자산'이라는 면에서 다르다. 실제로 가상자산을 제외하고는 기존의 금융투자상품의 거래시스템 방식을 통해서 매매되는 경우를 찾기 어렵다는 점만으로도, 증권형 가상상품의 정체성은 금융투자상품으로 포섭될 가능성이 적지 않다.

---

12) 이성복, "가상자산 발행과 유통 현황", 『자본시장포커스』 2021-15호, 자본시장연구원, 2021, 9면.
13) 설민수, "블록체인 기술의 대강과 암호화폐의 규제 및 그 접근방법 - 미국과 비교하여", 『사법』 43호, 2018, 314면.

예컨대, 외환시장(foreign exchange market)에서는 미국달러화, 일본엔화 등 주요국의 법화(legal tender)가 이익추구(賣買差益)의 목적으로 거래되기도 한다. 이 경우 주요국의 법화는 금융투자상품의 지위14)로 보며, 기존 자본시장법의 규제를 받는다. 가상자산의 본질은 다양할 수 있으나, 일 가상자산이 투자목적으로 거래되는 때에는 증권형 가상자산으로 분류하고 그 성질에 적합한 규제를 하는 것이 필요하다.

다른 한편, HFT(High Frequency Trading, 고빈도매매), DMA(Direct Market Access)로 특징지어지는 알고리즘 매매는, 기본적으로 금융투자상품 매매의 판단기준에 있어서 인간의 영역을 기계의 영역으로 置換한 것으로 볼 수 있다.15) 즉, 동일한 금융투자상품을 동일한 거래시스템에서 매매하되, 매매의 판단(의사의 형성)과 주문의 집행(의사의 표시)을 인간이 아닌 컴퓨터에게 위임하는 것에 대하여, 기존 규제체제의 유효성이 문제되었다. 그러나 결국 한국거래소 규정 등 기존 규제체제의 세부 사항을 정비하는 것으로 일단락된 바 있다. 이는 증권형 가상자산의 규제에도 유사하게 적용될 수 있는 기준이 될 수 있다.

(3) 소결

우리 규제당국은 가상자산의 금융상품성을 부인하고 있는 상황이어서, 가상자산의 투자유치 및 자금조달 과정에서 당연히 발생할 수밖에 없는 각종 문제들, 예컨대 이미 증권 등 전통적인 금융투자 영역에서는 이미 세밀하게 규율되고 있는 허위공시와 시세조종과 사기·횡령·배임·이익충돌 등 각종 불법적 행위에 대한 규범의 부재로 인하여 일반 투자자들의 피해가 속출할 수밖에 없는 상황이다.16)

반면, 미국의 SEC(Securities and Exchange Commission)는 가상자산을 투자계약(investment contract)로 포섭하여 대응하는 한편, CFTC(Commodity Futures Trading Commission)는 비트코인 등 가상자산을 Commodity Exchange Act의 규제대상이 되는 상품(commodity)로 판단하고 있다.17) 그 결과 미국은 2017년부터 공신력 있는 기존 유명거래소에 비트코인 선물(Bitcoin Futures)을 상장하였다. 미국에서는 가상자산의 매매거래가 신설된 가상자산거래소뿐만 아니라 기존의 신뢰도가 높은 파생상품거래소에도 동시상장되어 거래가 가능하다. 그러므로 투자자는 동일한 가상자산에 대하여, 신뢰도가 높은 기존 금융투자상품거래소와 참신한 신생가상자산거래소 중에서 선택권이 있다는 점

---

14) 박선종, "가상화폐의 법적 개념과 지위", 『일감법학』 제42호, 2019, 157면.
15) 박선종, "알고리즘 賣買 및 DMA에 관한 硏究", 『증권법연구』 통권 18호, 2009, 2면.
16) 김제완, 앞의 발표문(주 10), 10면.
17) "CFTC Holds that Bitcoin and Other Virtual Currencies Are a Commodity Covered by the Commodity Exchange Act", CFTC Press Release No. 7231-15, 15 Sep. 2015, 〈https://www.cftc.gov/PressRoom/PressReleases/pr7231-15〉 (최종검색일 2021.8.30.)

에서 우리의 경우와 다르다. 이는 예금자가 은행과 저축은행을 선택할 수 있는 선택권과도 유사하다. 예컨대, 가상자산거래소의 폐업 등이 문제되는 경우, 책임이 투자자에게도 분산될 수 있다는 점에서, 동시상장체제는 해결방안의 마련이 상대적으로 용이해 질 수 있다.

우리 자본시장법에도 미국과 사실상 동일한 '투자계약증권'이 규정되었다는 점에서, 증권형 가상자산의 정체성을 금융투자상품으로 포섭할 것인가 여부는 규제당국의 의지내지 해석의 문제로 보인다.18) 따라서 ① 실제로 가상자산거래소에 상장되어 자본이득을 볼 수 있는 투자 대상으로서 거래가 될 것, ② 투자자의 보호 필요성이 있을 것을 요건으로 증권형 가상자산을 금융투자상품으로 포섭할 것과 이를 통한 동시상장 구조의 도입을 제안한다.

2. 한국 가상자산 시장의 지위

(1) 한국원화(KRW)의 지위

〈표 1〉을 살피면, 한국원화는 대표적 가상자산인 비트코인의 거래에 있어서, 금액기준으로 'Big 4통화'에 해당하는 핵심적 지위에 있다.

〈표 1〉 주요통화별 비트코인 일간 거래금액 및 비율

(2021. 8. 29 기준)

순위	통화명	금액(BTC)	비율(%)
1	미국달러화(USD)	256,362	85.50
2	한국원화(KRW)	13,875	4.63
3	일본엔화(JPY)	13,429	4.48
4	유럽유로화(EUR)	12,547	4.19
5	영국파운드화(GBP)	940	0.31
6~82	기타 77개국 통화	2,686	0.89

〈자료〉 https://www.coinhills.com/market/currency 에서 발췌 정리

가상자산 투자시장에 있어서 투자자 보호의 문제는 사실상 Big 4 통화의 문제로 보아도 과언이 아니다. 한국은 가상자산 투자자보호의 문제에서 Big 4통화의 위상에 걸맞은 정치한 규제체계의 확보가 필요한 것으로 볼 수 있다. 최근 우리 정부가 특금법을 통한 가상자산 규제체계를 도입추진 중인 것은 환영할 만하다. 그럼에도 불구하고, 특금법의 규제체계가 가상자산의 투자자 보호에 충분한가에 대해서는 의문이 든다.

---

18) 설민수, 앞의 글(주 13), 330면.

(2) 거래소 기준의 지위 : 무인가 가상자산거래소의 향방

최근 한 정당의 가상자산관련 간담회에서 다음과 같은 주장이 제기되었다.

> "블록체인을 기반으로 거래되는 자산은 암호화폐 외에도 훨씬 많고, 이를 고려할 때 국내 필요한 가상자산거래소 숫자는 500~1000개라고 생각한다. 3~4개만 있으면 된 다고 생각하는 당국과 의견 차이가 너무 크다."[19]

이러한 현저한 의견 차이의 배경은, "거래소"라는 개념의 정의 자체에서 업계와 정부 간에 인식이 다르기 때문인 것으로 추측된다. 자본시장법 제373조의2는 금융투자상품시장을 개설하거나 운영하려는 자는 금융위원회의 거래소 허가를 받도록 규정하고 있다. 만일, 가상자산이 금융투자상품으로 포섭되는 경우라면, 정부의 인식이 현실과 가까운 것으로 보인다. 거래소의 숫자가 500~100개가 되는 경우, 건전성 규제와 소비자 보호는 상대적으로 취약해 질 수 밖에 없을 것이다. 이는 예컨대, 기존의 주식을 한국거래소(Exchange) 내에서 거래하는 것과 장외(OTC: Over The Counter)에서 거래하는 것에서 기대되고·발생하는 차이점으로 이해될 수 있을 것이다.

기존의 무인가 가상자산거래소에 대해서는 현재 가상자산사업자 신고 접수가 진행 중이다. 최근 집계에 따르면, 2021. 8. 23. 기준으로 국내의 무인가 가상자산거래소는 63개에 달한다.[20] 그러나, 특금법 개정에 따른 정부의 신고접수만으로도 상위 4개 가상자산거래소를 제외한 59개사는 존폐가 매우 불투명한 상황이다. 더욱이, 4개 가상자산거래소가 생존하게 되는 경우에도 가상자산거래에 대하여 충분한 규제 수단이 확보되는 것으로 보기는 어렵다. 왜냐하면, 특금법에 따른 규제수단은 구조적으로 자본시장법상 규제수단에 비하여 상당히 제한적이기 때문이다.

(3) 투자자 및 거래대금 기준

금융위원회 집계에 따르면, 국내 4대 가상자산거래소(업비트, 빗썸, 코인원, 코빗) 가입자 수는 약 587만명으로 확인됐다. 국민 10명 중 1명은 가상자산에 투자한 셈이다. 이들 투자자의 누적 순입금액은 22조7000억원으로(2018년 1월1일~2021년 5월3일), 투자자 한 명당 평균 약 387만원을 가상자산에 투자한 것으로 나타났다. 2021년 3월 기준 4대 거래소의 하루 평균 거래대금은 약 13조8000억 원으로 파악되었는데, 이는 각각 15조

---

[19] 허백영(빗썸 대표), "기로에선 가상자산 거래소, 신고 정상화를 위한 과제는?", 국민의 힘 가상자산 특별위원회 간담회, 전자신문(인터넷판), 2020.8.25. 기사, https://www.etnews.com/20210825000140 (최종방문일 2021.8.29.)

[20] 국무조정실, 보도자료, "가상자산사업자 명단공개 및 불법행위 단속실적", 2021.8.25.

1000억원, 11조원 수준인 코스피·코스닥의 일 거래대금과 맞먹는 규모다.21)

그럼에도 불구하고 특금법상 가상자산 투자에 대한 규제는 구조적으로 자본시장법상 금융투자상품 투자에 대한 규제대비, 허점이 상당히 많고 이는 최근 정부의 '가상사업자 현장컨설팅 결과'를 보더라도, 가상자산사업자는 증권시장과 비교할 경우 증권시장에서 거래소, 예탁원, 시장감시, 증권사 등으로 분화되어 있는 기능을 단독으로 수행함으로써, 시장질서의 공정성, 고객자산의 안전성, 시스템 안정성 등이 확보되지 않고 있어 자산거래시장으로서 문제점이 노출되고 있다고22) 규제당국 스스로도 인정하고 있다.

즉, 가상자산사업자가 증권시장 기능을 '단독수행'하는 구조적 취약점이 문제의 핵심이다. 이는 특히 투자자의 피해로 귀결될 수 있다는 점에서 대책 마련의 필요가 적지 않다. 전 국민의 10% 이상이 투자자로 참여하고 있고, 거래대금이 코스피·코스닥과 맞먹는 점을 감안하자면, 증권형 가상자산에 대한 규제 구조 및 규제 수준은 금융투자상품의 규제체제와 균형을 맞출 것이 요구된다.

III. 가상자산에 대한 주요국의 대응

1. 국가별 사정에 따른 다양한 대응

가상자산에 대한 대응은 국가별 사정에 따라 차이가 있으나, 크게 4가지 유형으로 분류할 수 있다. 제1유형은 기존의 규제체제를 통한 부분적 규제형이다. 미국이 대표적인 예이다. 제2유형은 새로운 입법을 통한 적극적 호응형이다. 일본이 대표적인 예이다. 제3유형은 방임 또는 실질적 무규제의 허용형이다. 포르투갈, 아일랜드 등 EU국가가 제3유형에 속한다. 제4유형은 철저한 금지 내지 규제형이다. 중국과 인도가 그러하다.23) 한국 현재까지는 제3유형에 가깝지만, 조만간, 제1유형 내지 제2유형의 장점을 취할 것으로 기대된다. 이하에서는 각각의 상세를 살핀다.

---

21) http://www.coindeskkorea.com/news/articleView.html?idxno=73923 (최종방문일 2021.8.29.), 금융위원회가 2021.5.26. 김희곤 국민의힘 의원(정무위)에게 보고한 자료에 따르면 업비트, 빗썸, 코인원, 코빗 등 국내 4대 거래소의 실명확인(KYC) 절차를 거친 가입자는 2021년 5월 3일 기준 누적 587만3000명이다.
22) 국무조정실, 보도자료, "가상자산사업자 현장컨설팅 결과", 2021.8.16.
23) 설민수, 앞의 글(주 13), 319-302면. 이글에서는 제4유형에 대해서는 추가적인 논의를 생략한다.

(1) 미국 : 기존의 규제체제를 통한 부분적 규제형

미국의 가상자산에 대한 규제는 2013년 FinCen(Financial Crime Enforcement)이 가상자산을 자금세탁관련 규제의 대상으로 포함하면서 시작되었다.[24] 현재까지 가상자산의 불공정거래 규제에 대하여 증권의 규제를 주로 담당하는 SEC (Securities Exchange Commission)와 파생상품의 규제를 주로 담당하는 CFTC (Commodity Futures Trading Commission)[25]가 새로운 규제체제를 만들지 않고 기존 증권·파생상품의 규제체제를 이용하여 규제하고 있다.

미국은 SEC와 CFTC등 규제기관 간 협조에 의하여, 가상자산의 규제가 상대적으로 효과적인 것으로 평가되며, 법원도 규제기관의 입장을 뒷받침하고 있다. 이에 반해 한국의 규제기관은 사실상 무규제 상태에서, 가상자산거래소를 중심으로 한 가상자산의 투기성 높은 투자열풍을 방임한 측면이 있다.[26]

(2) 일본 : 새로운 입법을 통한 적극적 호응형

일본에서는 2014년 마운트곡스사의 파산과 G7 정상회의, 국제자금세탁방지기구(FATF) 등의 가상화폐 활용에 따른 불법자금 조달 방지를 위한 공동대응 요청 등으로 2014년 가상통화 관련 규제 도입을 검토하기 시작하여 2016년 관련법이 성립되어 2017년 4월부터 '가상통화법(Virtual Currency Act)'이 시행되고 있다. 법률은 가상통화 및 가상통화교환업자의 법적 지위 확립, 가상통화교환업자의 의무 규정, 교환업에 대한 감독과 처벌규정 등의 내용을 담고 있다.[27]

한편 일본은 2019년 6월 금융상품거래법(金融商品取引法)을 개정하여 가상자산을 금융상품거래법의 규제대상으로 명시하고 가상자산 시장의 불공정거래 규제를 위한 근거를 마련하였다.[28]

---

24) FinCen, Guidance on Virtual Currencies and Regulatory Responsibilities, 2013.3. 참고로 미국은 각 주별,연방규제가 상이한데, 미국의 주중에서는 뉴욕주가 최초로 2014년 가상자산업에 대하여 BitLicense를 도입하였다. New York State Department of Financial Services, BitLicense FA Q 〈https://www.dfs.ny.gov/apps_and_licensing/virtual_currency_businesses/bitlicense_faqs〉 검색일 2020.11.25).

25) CFTC는 파생상품 및 파생상품의 기초가 되는 상품(Commodity)를 규제하는 기관이며 그 권원은 상품거래법(Commodity Exchange Act)에 기반을 둔다. CFTC, A CFTC Primer on Virtual Currencies, 2017, p. 11.

26) 설민수, 앞의 글(주 13), 294면.

27) 최창열, "금융투자 자산으로서 가상화폐 규제에 관한 연구", 『e-비즈니스연구』20(1), 국제e-비즈니스학회, 2019, 123-124면.

28) 송화윤, "가상자산 시장 불공정거래 규제에 관한 법적 연구", 『은행법연구』제13권 제2호, 은행법학회, 2020, 326면.

(3) EU : 방임 또는 실질적 무규제의 허용형

EU에서는 비금융기업의 지급서비스에 대해 전자화폐지침(Electronic Money Directive) 및 지급서비스 관련 지침(Payment Services Directive; PSD)이 적용된다. 2015년 6월 EU의회는 새로운 PSD의 최종 절충안인 Payment Services Directive2(이하 PSD2)를 발표하였는데, 지급결제서비스의 제공의 정보제공의무를 규정하고, 접근매체 분실 및 도난에 대해 이용자가 13개월 내 통지하면 책임 면제되는 등 법적 구속력이 없는 감시수준에 머무르고 있다.29) EU의 가상자산에 대한 기본 인식은 유럽의회(European Parliament)의 한 자료를 통해 이해할 수 있다.

'대개의 가상자산은 EU금융규제법제의 통제범위에 벗어난 상황이므로, 금융소비자 및 투자자보호와 시장건전성에 대한 적절한 대처가 불가능한 상황이다.'30)

유럽연합은 2022년까지 통일적인 가상자산법을 제정할 계획을 가지고 2020년 9월 가상자산시장법안(MiCAR=Regulation on Markets in Crypto-assets)을 발표하였다.31) 이 법안은 2022년 2분기 혹은 3분기에 통과될 예정이며, 18개월의 경과기간을 두고 시행될 예정이다(법안 제126조 제2항87)). 이 법안은 가상자산에 관한 통일적 규제가 결여된 부분에 대한 유럽연합 차원의 통일적 규제 도입, 안전하고 비례적인 법적 프레임을 통한 혁신과 공정한 경쟁 지원, 소비자보호 및 암호자산시장의 건전성 보호, 금융시장의 안전성 및 암호자산에서 발생하는 금융정책에 대한 위험완화 등을 입법 목적으로 하고 있다. 이 법안은 암호자산과 관련된 다양한 개념 정의와 가상자산의 종류 및 적용대상을 확정하고, 3가지 유형의 가상자산(utility token, asset-referenced token, electronic money token)의 차이를 고려한 규제, 가상자산관련 서비스 제공자에 관한 규제, 가상자산시장의 남용을 방지하기 위한 규제, 감독기관 등 광범위한 내용을 담고 있다.32)

---

29) 최창열, 앞의 글(주 27), 123면.

30) European Parliament, "Updating the Crypto Assets Regulation and establishing a pilot regime for distributed ledger technology", BRIEFING, 24 September 2020, Available at https://www.europarl.europa.eu/RegData/etudes/BRIE/2021/662617/EPRS_BRI(2021)662617_EN.pdf. '...Most crypto-assets fall outside the scope of the EU financial services legislation and therefore are not subject to the provisions on consumer and investor protection and market integrity...',

31) 법안의 정식명칭은 Proposal for a REGULATION OF THE EUROPEAN PARLIAMENT AND OF THE COUNCIL on Markets in Crypto-assets, and amending Directive (EU) 2019/1937.

32) 정대익, "유럽연합 암호자산시장법안(MiCAR)의 암호자산 규제", 『한국비교사법학회 2021년 하계 학술대회 자료집』, 한국비교사법학회, 2021.

2. 시사점

첫째, 기존 증권규제체제의 활용이다. 미국은 가상자산 규제의 초기부터 기존의 증권규제 체제를 활용한 면이 크고, 일본도 2019년 기존의 금상법을 개정하여 가상자산을 기존의 증권규제 체제의 대상으로 포섭했다는 점이다. 미국과 일본 양국의 공통점은 가상자산의 규제에 있어서 기존의 정치한 증권규제체제를 활용함으로써, 금융소비자보호의 강화에 유리한 면이 있다는 점이다. 양국의 규제를 비교하면 일본은 증권형 가상자산을 금융상품으로 명기하고 가상자산 불공정거래 규제에 대한 특례를 마련하고 있어 규제의 명확성 측면에서 앞선다. 미국은 기존 증권 규제를 해석을 통하여 준용하고 있어 규제의 확장성 측면에서 유리한 것으로 보인다.[33]

가상자산과 같이 빠른 속도로 생성·변모하는 투자대상의 경우, 규제의 확장성 측면에서 유리한 미국식 접근 방식이 금융소비자 보호 측면 뿐 아니라 건전성 규제 측면에서도 유리한 것으로 생각된다.

둘째, EU의 규정중심적 접근 방식에 대한 의문이다. 가상자산에 규제에 대한 체계적인 법조문이 준비되는 것은 높이 평가할 만하나, ① MiCAR가 시행될 약 2년 후에도 가상자산이 모습이 현재 상태에서 고정될 것이라는 전제가 현실적으로 어렵다는 점, ② 향후 전혀 새로운 모습의 가상자산이 출현할 경우 규제의 확장성이 제한적이라는 점, ③ 기존의 정치한 증권규제체계의 활용이 병행되는 것인지 의문이라는 점 등이 다소 부족한 점으로 지적된다.

최근까지 EU와 비슷하게 방임적 자세를 견지하던 우리에게는 EU의 규정중심적 접근방식은 반면교사로 삼아야 할 것으로 생각된다.

IV. 가상자산에 대한 한국의 대응

1. ICO 전면금지 정책의 문제점

금융위원회는 2017년 9월 ICO 전면금지 등 가상자산에 대한 강한 규제를 시행했다.[34] 그 골자는 ① 증권발행 형식을 포함한 모든 형태의 ICO 금지, ② 금전대여·코인마진거래 등 신용공여 금지 및 이와 관련한 금융회사의 영업·업무제휴 등 전면차단이다. 이 규제의

---

33) 송화윤, 앞의 글(주 28), 345면.
34) 금융위원회, 보도자료, "가상통화 관계기관 합동 TF 개최", 2017.9.29.

핵심은, ICO라는 형태를 통하여 IPO와 유사한 자금의 공모행위에 관한 규제로 볼 수 있으며, 주 목적은 금융투자자보호를 위한 것으로 이해된다. 즉, ICO라는 행위를 통하여 비트코인 등 가상자산이 금융투자상품의 지위를 갖는 것으로 보고, 이에 대한 규제방침을 천명한 것으로 볼 수 있다.

그러나 결과적으로 첫째, ICO 전면금지 정책은 가상자산을 금융투자상품으로 포섭할 해석상 여지를 사실상 배제시켰다. 따라서, 미국이 기존의 규제체제를 적절히 활용한 것과 달리, 우리는 자본시장법 상 규제체계의 활용을 막음으로써 현재까지 약 4년 가까이 가상자산 투자자 보호의 규제 공백을 초래한 주 원인으로 생각된다. 규제공백의 결과 중 하나는 〈표 1〉에서 살펴본 비트코인 시장에서 한국원화의 Big 4 등극이다. 둘째, 국경을 넘는 ICO에 대한 실질적 규제 공백 초래이다. 즉, 일부 국내기업 들이 해외에 법인을 설립하여 ICO를 진행하고, 상당수 국내투자자들이 해외에서 진행된 국내기업의 ICO에 투자한 결과, 규제의 권한을 스스로 원천봉쇄한 면이 문제로 지적된다. 셋째, 자본시장법 적용이 배제되다 보니 무인가 가상자산거래소의 난립을 막을 근거가 궁색해졌고, '탈중앙화'를 외치던 가상자산들이 '신중앙화'로 보이는 무인가 거래소를 통하여 금융투자상품과 유사한 형태로 거래되어도 자본시장법상 규제의 근거가 상실되는 문제를 초래하였다.

2. 기존 관련 법규정 활용 부족의 문제

가상자산을 금융상품으로 포섭하지 못한 결과는 기존의 금융관련 정치한 법규정을 활용할 수 없게 되는 문제를 야기하였다. 이는 초기부터 기존의 관련 법규정을 충분히 활용하여 대응하고 있는 미국뿐 아니라, 가상자산 관련 법규정의 제정에 적극적인 일본도 기존의 금융관련 법규정을 충분히 활용한다는 점에 비추어 보면, 아쉬움이 있다.

IMF의 2020년 1월 보고서는 다음과 같이 지적한다.

> '효과적인 금융규제는 장기적으로 경제안정을 촉진하고 금융산업의 불안정에서 비롯되는 부의 외부효과와 사회적 비용을 최소화한다. 그러나 가상자산의 급팽창은 적절한 규제 범위와 기존 규제구조의 유효성에 대한 의문을 제기하고 있다.'[35]

---

35) Cristina Cuervo; Anastasiia Morozova; Nobuyasi Sugimoto, Regulation of Crypto Assets, FinTech Notes No. 19/03, International Monetary Fund, Jan. 2020. "The rapid growth of crypto assets has raised questions about the appropriate regulatory perimeter and the ability of the existing regulatory architecture to adapt to changing conditions. Effective regulation of financial services promotes long- term economic stability and minimizes the social costs and negative externalities from financial instability."

이는 기존의 금융규제의 활용을 전제로 부족을 우려하는 것으로써, 보완을 요구하는 것으로 이해된다. 우리 정부는 가상자산 시장규모 확대 등으로 불법행위에 따른 피해예방 노력을 강화하기 위해, 최근 국무조정실장 주재로 관계부처 차관회의[36]를 개최하여 「가상자산 거래 관리방안」을 발표했다. 정부는 가상자산사업자 신고제도 안착에 중점을 두고, 금융위를 관리책임자 지정하여 신고 접수[37] 중이다.[38] 한편, 금융위원회는 최근 금융정보분석원에 '가상자산검사과' 신설을 추진하는 등 가상자산 거래에 대한 투명성 강화를 시도하고 있다.[39]

그러나 이는 기존의 금융규제 관련 법규정을 배제하고, 개정 특금법을 중심으로 대처하고 있는 것으로 평가되는데, 규제구조의 유효성에 상당한 의문이 든다. 최근 정부가 가상자산사업자에 대하여 현장 컨설팅을 실시하고 발표한 결과는 다음과 같이 요약된다.

> '가상자산사업자는 증권시장과 비교할 경우 증권시장에서 거래소, 예탁원, 시장감시, 증권사 등으로 분화되어 있는 기능을 단독으로 수행함으로써, 시장질서의 공정성, 고객자산의 안전성, 시스템 안정성 등이 확보되지 않고 있어 자산거래시장으로서 문제점이 노출되고 있습니다.'[40]

이는 현재의 규제체제에 대한 구조적 문제점을 금융당국이 스스로 인정하고 있다는 점에서 높이 평가된다. 이러한 구조적 문제를 해결하는 방안은 기존의 증권규제 체제로 증권형 가상자산을 포섭하는 것이 효율적일 뿐만 아니라, 규제차익에서 비롯되는 부작용도 최소화할 수 있을 것으로 본다.

3. 시뇨리지의 사유화 문제

인간의 경제활동이 자급자족시대에서 분업화시대로 전환되면서 물물교환이 성행하게 되었다. 그런데 물물교환에 있어서 교환 목적물 각각의 등가성 확보에 어려움이 발생하였고, 이를 극복하기 위하여 하나의 상품을 '화폐'로 선정하게 되었다. 초기에는 조개껍질(조개화폐)에서 점차 금속화폐가 세계 각국에서 통용되었으나, 점차 금속화폐에서 지폐(종이

---

[36] (참석) 기재·과기정통·법무부 자관, 방통·공정·금융·개인정보위 부위원장, 경찰·국세·관세청 차장 등
[37] 가상자산사업자 신고는 접수마감일은 2021.9.24. 이다.
[38] 국무조정실, 보도자료, "가상자산거래 관리방안", 2021.5.28.
[39] 금융위원회, 보도자료, "가상자산 거래에 대한 투명성을 강화하겠습니다.- 8월 27일, 「금융위원회와 그 소속기관 직제 개정령안」 입법예고 -", 2021.8.27.
[40] 국무조정실, 보도자료, "가상자산사업자현장컨설팅결과", 2021.8.16.

화폐)로 변모하였다. 금본위제 폐기 이후 통화량의 대폭 증가가 가능해졌고, 각국 정부는 시뇨리지(seigniorage)41)의 수혜자가 되었다.

이후 전자통신기술의 발달과 사용상의 편의에 힘입어, 화폐사용자의 선호도는 지폐(실물화폐)에서 플라스틱 카드(신용화폐)로 상당부분 이동하였다. 비트코인으로 대표되는 가상자산은, 정부가 아닌 발행자와 채굴자가 시뇨리지의 수혜자가 된다는 점에서, 기존의 화폐와 차별화될 수 있다.42)

현금거래로 발생되는 직접비용은 통상 GDP의 1~2% 수준에 달하는 것으로 알려진다. 그러므로 기술발전에 따라서 더욱 효율적인 화폐가 등장하는 것은 자연스러운 현상으로 이해할 수 있다.43) 미국의 SEC(미국 증권거래위원회)는 해외 가상자산사업자들의 진입을 통제하기 위해 가상자산을 '정부의 자산'으로 간주하도록 하고 있다.44) 이와는 달리, 국내에서 비트코인으로 대표되는 가상자산은 정부가 아닌 발행자와 채굴자가 시뇨리지의 수혜자라는 점이 큰 문제로 지적된다.

더욱이 국내에서 60여개에 달하는 무인가 가상자산거래소는 '신중앙화'의 주체로써 단기간 막대한 수익거두고 있다. 이는 결과적으로 '탈중앙화'의 아이디어와 기술이 시뇨리지에 대한 정부의 기득권을 배척할 뿐만 아니라, 결국 무인가 가상자산거래소가 정부와 금융기관을 대체해서 사실상 '신중앙화' 체계를 구축하고 있다는 점은 구조적인 문제로 지적된다.45)

무인가 가상자산거래소의 난립에 대한 적절한 규제를 하지 못하는 동안, 가상자산의 투자거래에 대하여 한국거래소와 같은 인가된 거래소에서 거래되었더라면 확보할 수 있었던, 시뇨리지에서 비롯된 수익의 상당부분을 무인가 거래소가 취득하게 허용한 결과를 초래한 문제가 있다. 시뇨리지의 사유화 문제는 특금법 적용 이후에도 면밀히 바로잡아야 할 필요가 크다.

---

41) 중앙은행이 발행한 화폐의 실질가치에서 발행비용을 제한 차익을 의미한다.
42) 박선종, "가상화폐의 법적 개념과 지위", 『일감법학』 제42호, 2019, 146-147면.
43) 김성훈, "현금 없는 경제 : 의미와 가능성", 『KERI Brief』 16-28, 한국경제연구원, 2016, 1-14면.
44) 강영기, "암호자산 관련 법적 쟁점과 암호자산의 향후 전망에 대한 소고-최근 일본의 법제도정비 내용을 중심으로-", 『은행법연구』 제12권 2호, 2019, 68면.
45) 탈중앙화를 주창한 비트코인의 거래활성화가 결국 한국거래소와 같은 원래의 '중앙화'된 거래소는 아니지만, 빗썸, 코인원 등 '신중앙화'된 거래소를 통해서 실현되고 있다는 점은 시사하는 바가 있다. 이는 P2P 거래에 비하여 중앙화된 거래가 시장의 활성화에는 일면 기여하는 바가 있다는 방증으로 볼 수도 있다. 박선종, "블록체인과 국내 금융제도에 관한 법적 검토", 『외법논집』 42권 4호, 2018, 138면.

V. 결론

증권형 가상자산의 규제에 있어서도 금융규제의 1차적 목적은 투자자 보호이고, 2차적 목적은 금융시장의 건전성 유지·강화라는 점을 기억할 필요가 있다. 다만, 가상자산은 각국의 사정에 따라 개념의 파악을 달리할 필요가 있어 보인다. 우리나라의 경우, 현재시점에서 가상자산은 상대적으로 금융투자상품적 성격이 두드러지는 것으로 볼 수 있다. 가상자산이 투자목적으로 활발하게 거래되는 현재 상황에서는, 금융투자상품의 투자자에 준하는 가상자산 투자자 보호를 위한 일련의 조치가 필요하다.46)

그 첫째는 원칙중심의 규제가 필요하다는 점이다. 기존의 규정중심 체계의 법 규정으로 가상자산의 법적성격을 획정하는 것은 실익이 크다고 보기 어렵다. 왜냐하면, 한 가상자산의 법적성격을 규정한다하여도 이후에 새로운 구조의 가상자산이 등장하는 경우 동일한 기준으로 법적성격의 규정하는 것이 불가능할 수도 있기 때문이다. 연간 700개 이상 생성되는 가상자산의 경우, 기존의 규정중심 규제체제로는 효율성이 크게 저하될 수밖에 없다. 뿐만 아니라 심지어는 기존의 규제규정이 신산업의 도입과 발전을 가로막는 상황도 발생할 수 있다. 따라서 증권형 가상자산과 같이 빠르게 생성되는 투자수단에 대해서는 원칙중심의 규제체제 도입의 필요가 크다.

둘째는 자율규제의 역할 강화이다. 금융규제의 중요한 목적 중 하나는 금융산업의 효율성제고이다. 금융산업의 효율성 제고를 위해서, 금융규제에서는 공적규제뿐만 아니라 자율규제의 적절한 배분도 중요하다. 가상자산과 같은 새로운 분야일수록 자율규제의 장점은 더욱 부각될 수 있다.47) 자율규제는 공적규제를 보완하기 위한 제도인 바, 법률에는 공적규제기관의 권한과 업무를 규정하고, 공적규제기관은 권한의 일부를 자율규제기관에 위임할 수 있다고 규정함으로써 자율규제의 틀이 설정된다.48) 사실상, 특금법 개정이전의 가상자산사업자는 공적기관으로부터 위임되지 않는 자율규제였던 관계로 자율규제가 상당부분 방종으로 변질된 면을 간과할 수 없다. 그럼에도 불구하고, 다양한 가상자산이 새롭게 창출되는 상황에서는, 자율규제를 공적규제의 보조적인 수단으로 보는 전통적인 규제패러다임을 전환하여, 자율규제를 기본적인 수단으로 하고 보충적으로 공적규제를 적용할 필요성이 인정되어야 한다.

셋째, 규제 샌드박스의 병행이다. 특금법 상 규제체제는 자본시장법 상 규제체제에 비교하자면 규제 샌드박스의 성질이 있는 것으로 보인다. 기존의 자본시장법 상 진입규제는

---

46) 박선종, 앞의 글(주 44), 146면.

47) 박선종, 앞의 글(주 45), 145면.

48) 박선종/김용재『금융감독당국과 거래소의 균형적 발전을 위한 제도개선 방안』(연구용역보고서), 국회사무처, 2016, 17면.

가상자산을 염두에 둔 것이 아니기 때문에, 자칫 창의적인 가상자산의 발전을 저해할 우려가 지적된다. 따라서, 특금법 상 규제에서는 진입규제에 대해서는 상대적인 완화가 필요할 것이다. 그러나, 소비자 보호의 관점에서는 자본시장법 상의 정치한 규제체제가 충분히 활용될 필요가 크다.

한편, 가상자산거래소는 한국거래소와 같이 인가된 거래소에 비하면 규제 샌드박스의 장소로서 활용될 수 있다. 다만, 현재 증권형 가상자산의 거래에서 인가된 거래소가 배제된 구조는 개선이 필요하다. 예컨대, 비트코인과 같은 거래비중이 높은 가상자산은 한국거래소 등 기존에 공신력이 확보된 인가된 거래소와 신고를 완료한 가상자산사업자의 가상자산거래소에 동시상장을 통해서, 시장에서 투자자의 평가를 받는 구조의 확보가 필요하다. 인가된 거래소와 신고된 거래소의 진입장벽에 차등을 둠으로써, 한편으로 신고된 거래소는 새로운 가상자산의 생성에 규제 장벽을 낮추는 용도로 활용이 가능하고, 다른 한편으로 인가된 거래소는 건전성이 더욱 중시되는 대형 가상자산의 상장에 활용이 가능하다. 물론 이는 시장에서 자연스럽게 결정될 것이므로, 규제당국이 할 일은 두 가지 구조의 거래소 모두를 시장에 제공하는 것이다.

참고문헌

1. 국내문헌

[논문]

강영기, "암호자산 관련 법적 쟁점과 암호자산의 향후 전망에 대한 소고-최근 일본의 법제도정비 내용을 중심으로-", 『은행법연구』 제12권 2호, 2019.

김성훈, "현금 없는 경제 : 의미와 가능성", 『KERI Brief』 16-28, 한국경제연구원, 2016.

김제완, "블록체인과 스마트 계약(Smart Contract) : 민사법 영영에서의 도전과 응전 – 비가역적·탈중앙화 기술에 의한 거래에서 민사법적 쟁점에 대한 試論", 『한국비교사법학회 2021년 하계학술대회 자료집』, 한국비교사법학회, 2021.

박선종, "알고리즘 賣買 및 DMA에 관한 硏究", 『증권법연구』 통권 18호, 2009.

＿＿＿, "블록체인과 국내 금융제도에 관한 법적 검토", 『외법논집』 42권 4호, 2018.

＿＿＿, "가상화폐의 법적 개념과 지위", 『일감법학』 제42호, 2019.

박선종/김용재, 『금융감독당국과 거래소의 균형적 발전을 위한 제도개선 방안』(연구용역보고서), 국회사무처, 2016.

＿＿＿＿＿＿＿, "중앙은행의 디지털화폐 발행 시 법률적 쟁점", 『비교사법』 통권 80호, 한국비교사법학회, 2018.

박선종/김용재/오석은, 『중앙은행 디지털화폐 연구』, 한국은행 금융결제국 공동연구 결과보고서, 2018.

설민수, "블록체인 기술의 대강과 암호화폐의 규제 및 그 접근방법 – 미국과 비교하여", 『사법』 43호, 2018.

송화윤, "가상자산 시장 불공정거래 규제에 관한 법적 연구", 『은행법연구』 제13권 제2호, 은행법학회, 2020.

이성복, "가상자산 발행과 유통 현황", 『자본시장포커스』 2021-15호, 자본시장연구원, 2021.

정대익, "유럽연합 암호자산시장법안(MiCAR)의 암호자산 규제", 『한국비교사법학회 2021년 하계학술대회 자료집』, 한국비교사법학회, 2021.

최지웅, "증권형 토큰 발행·유통 현황 및 합리적 규제방안", 『경제법연구』 제19권 제2호, 2020.

최창열, "금융투자 자산으로서 가상화폐 규제에 관한 연구", 『e-비즈니스연구』 20(1), 국제e-비즈니스학회, 2019.

2. 해외문헌

Cristina Cuervo; Anastasiia Morozova; Nobuyasi Sugimoto, Regulation of Crypto Assets, FinTech Notes No. 19/03, International Monetary Fund, Jan. 2020.

European Parliament, "Updating the Crypto Assets Regulation and establishing a pilot regime for distributed ledger technology", BRIEFING, 24 September 2020.

3. 기타

[보도자료 및 웹페이지 등]

http://www.coindeskkorea.com

https://bitcoin.org/en
https://coinmarketcap.com
https://www.cftc.gov
https://www.coinhills.com
https://www.dfs.ny.gov
https://www.etnews.com
https://www.europarl.europa.eu
https://www.imf.org
https://www.mk.co.kr
국무조정실, 보도자료, "가상자산사업자 명단공개 및 불법행위 단속실적", 2021.8.25.
국무조정실, 보도자료, "가상자산사업자 현장컨설팅 결과", 2021.8.16.
금융위원회, 보도자료, "가상자산 거래에 대한 투명성을 강화하겠습니다.-「금융위원회와 그 소속기관 직제 개정령안」 입법예고 -", 2021.8.27.
금융위원회, 보도자료, "가상통화 관계기관 합동 TF 개최", 2017.9.29.
윤원섭/이새하, "[단독] 기초자산 있는 코인 만들고 이름뿐인 가상화폐는 퇴출", 매일경제신문(인터넷판), 2021.6.28.
허백영(빗썸 대표), "기로에선 가상자산 거래소, 신고 정상화를 위한 과제는?", 국민의 힘 가상자산특별위원회 간담회, 전자신문(인터넷판), 2020.8.25.

융/합/적/사/회/변/화/와/법

디지털 경제에서 알고리즘 담합에 관한 연구

박창규[*]
고려대학교 ICR센터 연구위원

Ⅰ. 서론

빅데이터, 인공지능, 사물인터넷 등은 제4차 산업혁명 시대에 주목 받고 있는 정보통신 기술이며, 이러한 기술을 바탕으로 하고 있는 디지털 경제는 계속해서 발전하고 있다. 디지털 경제는 인터넷과 정보를 기반으로 하고 있고 빅데이터를 통한 인공지능의 발전은 우리의 삶에 큰 영향을 끼치고 있다. 이러한 인공지능을 구현하는 기본 요소는 알고리즘인데, 알고리즘은 문제를 해결하기 위해 명령들로 구성된 일련의 순서화된 절차를 의미한다.[1]

이러한 알고리즘은 우리 삶의 곳곳에서 활용되고 있다. 구글 등의 검색엔진, 인스타그램이나 페이스북과 같은 소셜미디어, 아마존과 같은 전자상거래 등은 모두 알고리즘을 이용한다.

이러한 알고리즘은 시장에서의 정보의 비대칭성을 극복하도록 하고 거래 비용을 낮추며 시장의 투명성과 효율성을 극대화하는 장점을 가지고 있다. 하지만 동시에 알고리즘의 활용은 시장 참여자들의 담합을 더 쉽게 유도하여 경쟁을 제한하고 이로 인해 소비자의 후생을 감소시키는 역효과를 가져오기도 한다.

따라서 본 논문에서는 알고리즘 담합에 대한 규제의 필요성과 가능성에 대해서 논하고 규제방안에 대해서 검토하기로 한다.

---

* 〈논문 게재 당시 소속〉 ㈜와이지-원 법무팀장
1) 네이버지식백과,
   https://terms.naver.com/entry.nhn?docId=2270445&cid=51173&categoryId=51173
   (2018. 11.22 최종접속)

II. 디지털 경제와 알고리즘

1. 디지털 경제의 의의

디지털 경제는 디지털화 된 정보와 지식을 생산의 주요한 요소로, 정보네트워크를 중요한 활동 공간으로, 그리고 효과적인 ICT 기술을 생산 증대와 경제적 구조의 최적화의 중요한 추진 수단으로 이용하는 경제적 활동의 광범위한 영역으로 정의된다. 이러한 디지털 경제에서는 인터넷, 클라우드 컴퓨팅, 빅데이터, 사물인터넷, 핀테크 등이 디지털화된 정보를 수집, 저장, 분석 및 공유하면서 사회적 상호작용을 형성하기 위해 이용된다.[2] 즉, 디지털 경제는 디지털 기술 기반의 데이터와 인터넷 서비스 중심의 경제체제를 의미한다.[3] 이러한 디지털 경제에서 구글, 아마존, 페이스북 등은 자신들의 플랫폼을 가지고 비약적인 성장을 하였고, 소프트웨어를 활용하면서 많은 수의 데이터의 처리를 통해 자신들의 영향력을 키우고 있다. 따라서 디지털 경제에서는 소프트웨어, 플랫폼과 데이터가 가장 핵심적인 요소가 된다.[4]

2. 알고리즘 (Algorithms)의 의미

알고리즘은 디지털 경제의 핵심적 요소인 소프트웨어, 플랫폼 및 데이터를 구현하는데 필수적인 요소이다. 알고리즘은 의사결정 트리(tree)와 같이 데이터 입력 등에 기반하여 자동적으로 결과물을 산출할 수 있는 일련의 규칙을 채용하고 있는 의사 결정구조를 의미한다.[5] 이러한 알고리즘은 복잡한 계산과 데이터의 처리와 관련한 반복적인 업무를 자동

---

[2] The digital economy refers to a broad range of economic activities that include using digitized information and knowledge as the key factor of production, modern information networks as an important activity space, and the effective use of information and communication technology (ICT) as an important driver of productivity growth and economic structural optimization. Internet, cloud computing, big data, Internet of Things (IoT), fintech and other new digital technologies are used to collect, store, analyze, and share information digitally and transform social interactions. Digitized, networked and intelligent ICTs enable modern economic activities to be more flexible, agile and smart., G20 Digital Economy Development and Cooperation Initiative, September 5, 2016., http://www.g20.utoronto.ca/2016/160905-digital.html (2018. 11. 22 최종접속).

[3] 한국인터넷기업협회, "디지털 이코노미와 우리경제의 미래", 2016.8, 1-2면.

[4] 김건우, "디지털 경제, 과소평가되고 있다.", 『LG Business Insight』, 2016. 4. 6, 3면.

[5] Michal S. Gal, Niva Elkin-Koren, "Algorithmic Consumers", 『Harvard Journal of Law & Technology』 Volume 30, Number 2, Spring 2017, p.313.

적으로 처리하게 되는데 최근의 AI (Artificial Intelligence)[6]의 발전은 알고리즘을 복잡한 문제를 해결하고 결과를 예측할 수 있도록 하며, 인간보다 더 효율적인 의사결정을 할 수 있는 수준으로 발전시켰다.[7]

3. 디지털 경제에서의 알고리즘의 역할

디지털 경제에서 알고리즘은 광범위한 영역에서 이용되고 있다. 구글의 정보 검색, 에어비앤비 또는 호텔 예약 사이트에서의 예약, 전자상거래에서의 최저가 비교, 우버의 택시공유 서비스, 카카오 택시 등의 택시 호출 서비스, 티맵 등의 네비게이션 검색과 페이스 및 인스타그램 등과 같은 소셜미디어 등에서 알고리즘이 큰 역할을 하고 있다.

알고리즘은 기업 및 소비자와 공공영역에서 중요한 역할을 하고 있는데 기업은 알고리즘을 최적의 사업 수행을 결정하는 도구로 사용한다.[8] 특히 가격 결정과 관련하여 알고리즘은 판매 상품에 대해 외부 시장 환경과 수요자 개개인의 지불 의사를 고려하여 고객 개인별과 시간대별로 실시간으로 가격을 조정하여 다이나믹 프라이싱 (Dynamic Pricing)[9]이라는 형태의 최적화 가격을 설정한다. 숙박공유기업인 에어비앤비(Airbnb)의 스마트 프라이싱(smart pricing)과 글로벌 승차공유 기업인 우버(Uber)의 서지 프라이싱(Surge Pricing)이 이에 해당된다.[10]

또한 알고리즘은 기업이 과거의 데이터를 이용해 소비자의 수요, 소비자의 취향 및 향후 가격 등을 예측하는데 활용되며[11], 고객의 취향과 선호를 분석하여 고객이 관심이 있는

한편, OECD에서는 알고리즘을 아래와 같이 정의한다.
An algorithm is an unambiguous, precise, list of simple operations applied mechanically and systematically to a set of tokens or objects (e.g., configurations of chess pieces, numbers, cake ingredients, etc.). The initial state of the tokens is the input; the final state is the output., OECD, "Algorithms and Collusion: Competition Policy in the Digital Age", 2017, p.8.

6) AI (Artificial Intelligence, 인공지능)는 인간의 지각, 추론 학습 능력 등 인간의 사고 프로세스를 모방하여 컴퓨터 기술로 구현한 것으로 의미한다. 인공지능의 가장 대표적인 기술로는 머신러닝(Machine Learning)과 딥러닝(Deep Learning)이 있다고 한다., 삼정 KPMG, "비즈니스 기회 창출을 위한 AI알고리즘의 활용", 삼정KPMG 경제연구원 제84호, June 2018, 5면.

7) OECD, "Algorithms and Collusion: Competition Policy in the Digital Age", 2017, p.9.

8) OECD, ibid, p.11.

9) 다이나믹 프라이싱(Dynamic Pricing)은 수요와 공급에 대해서 실시간으로 대응하면서 상품 가격을 조정하는 것을 의미한다. (Dynamic pricing is a strategy in which product prices continuously adjust, sometimes in a matter of minutes, in response to real-time supply and demand.,
https://www.business.com/articles/what-is-dynamic-pricing-and-how-does-it-affect-ecommerce/ 2018. 11. 24 최종접속)

10) 삼정 KPMG, 앞의 글, 7-9면.

상품을 추천하기도 한다.12)

알고리즘은 금융업계에서도 활발히 활용된다. 알고리즘에 따라 증권 및 파생상품 등의 자산을 거래하는 방식을 알고리즘 트레이딩(Algorithm Trading)이라고 하는데 골드만삭스에서는 켄쇼 테크놀로지스의 시스템을 도입하여 최적의 투자전략을 제시한다.13)

한편, 알고리즘은 정부기관에 의해서도 활용된다. 미국에서는 범죄를 탐지하는데 활용하고 있고 우리나라에서는 입찰담합을 확인하기 위하여 활용되는데, 머신러닝 알고리즘은 향후에 담합 등을 확인하는데 활용될 수 있다고 한다.14)

III. 알고리즘과 경쟁법

1. 알고리즘의 친경쟁적 효과

알고리즘은 기본적으로 시장의 투명성과 효율성을 높이는 역할을 한다. 알고리즘은 좀 더 신속하고 용이하게 자원의 재분배를 하도록 하여 비용 절감을 가져오게 하는데 이러한 과정을 통해 소비자에게 낮은 가격으로 제품을 공급할 수 있도록 한다. 또한 알고리즘은 알고리즘 소비자(algorithmic consumers)들이 가격비교 사이트를 등을 이용하여 제품의 가격과 품질 및 시장 트렌드 등을 효과적으로 분석하여 효율적이고 최적화된 구매를 가능하도록 한다.15) 이렇듯 알고리즘은 시장의 투명성과 효율성을 높이고 혁신을 가능하게 하고 결과적으로 소비자의 후생을 높이는 친경쟁적 효과를 가져온다.

2. 알고리즘의 반경쟁적 효과와 경쟁법적 문제

이러한 알고리즘의 친경쟁적 효과에도 불구하고 최근 들어 알고리즘의 반경쟁적 효과가 우려되고 있다. 왜냐하면 알고리즘은 그 본질상 디지털 시장에서 담합행위가 더 용이하게 발생하게 하기 때문이다.16) 온라인 마켓에서 소비자들은 같은 제품을 최대한 저렴한 가격

---

11) OECD, op.cit, p.11.
12) 넷플릭스에서 대여되는 영화의 75%는 머신러닝에 의한 것이라고 한다. 삼정 KPMG, 앞의 글, 10-12면.
13) 삼정 KPMG, 위의 글, 13-15면.
14) OECD, op.cit, pp.13-14.
15) Michal S. Gal, Niva Elkin-Koren, op.cit, pp.313-315.
16) OECD, op.cit, p.20.

으로 구매를 하고자 하는데 대부분의 판매자가 자동가격 설정 프로그램을 사용하는 온라인 마켓에는 인터넷상에 공개된 동종 상품의 가격을 실시간으로 모니터링하면서 상품 가격을 조정하는 알고리즘을 사용한다. 이러한 알고리즘의 사용은 경쟁자보다 최저의 가격을 설정하여 소비자들에게 더 많은 선택을 받기 위한 것인데, 실제로는 판매자의 가격조정의 타이밍과 상호의존성이 있는 등의 가격담합 현상이 일어난다.17)

또한, 알고리즘은 구글 쇼핑 사건18)의 경우처럼 소비자가 경쟁제품을 발견하는 것을 어렵게 하여 경쟁자의 경쟁의 기회를 원천적으로 제한할 수 있고, 그 결과 소비자의 선택권과 가격 결정권을 침해할 수 있다.19)

결국 알고리즘은 자동적으로 정보를 교환하고 가격을 모니터링하고 조정하는 기능을 통해 가격 담합의 가능성을 높이고20) 경쟁자의 경쟁 기회 박탈 등의 경쟁법적 문제를 야기하게 된다.

한편, 이러한 알고리즘 담합은 기본적으로 회사 대표간의 물리적인 공모가 필요 없고 단순히 가격 조정 알고리즘만 채택하면 되면 발생할 수 있으며 반드시 반경쟁적인 의도가 필요한 것도 아닌 특징을 가진다.21)

---

17) 전지은/이충권, "온라인 판매자들의 가격조정에 관한 연구", 『한국전자거래학회지』 제19권 제3호, 2014, 151면, 154면.
18) 구글이 자사의 비교쇼핑 검색 결과를 다른 비교쇼핑 서비스보다 위쪽에 노출시켜서 시장지배적 지위를 남용하여 TFEU 제102조를 위반한 사건으로서 2017년 6월 European Commission은 약 24억 유로의 과징금을 부과했다. Case AT.39740-Google Search(Shopping). 2017. 6.27.
19) Algorithms and Competition, Bundeskartellamt 18th Conference on Competition, Berlin 16 March 2017
https://ec.europa.eu/commission/commissioners/2014-2019/vestager/announcements/bundeskartellamt-18th-conference-competition-berlin-16-march-2017_en, (2018.11.24. 최종접속).
20) Ariel Ezrachi, Maurice E. Stucke, "Artificial Intelligence & Collusion: When Computers Inhibit Competition", 『University of Illinois Law Review』, 2017, p.1778.
21) Ariel Ezrachi, Maurice E. Stucke, "Artificial Intelligence & Collusion: When Computers Inhibit Competition", p.1782.

3. 알고리즘 담합22)의 분석

(1) 알고리즘이 담합에 미치는 영향

알고리즘은 시장의 투명성(market transparency)과 거래빈도(frequency of interaction)를 높이는데 시장의 투명성은 시장 참여자의 행동을 모니터링 하고 합의로부터의 일탈을 탐지하기 쉽게 하고, 거래빈도는 합의의 일탈자에 대한 신속한 보복을 가능하기 때문에 결과적으로 담합의 가능성을 높이게 된다.23) 또한 OECD에 따르면 알고리즘은 아래 4가지 형태로 담합에 영향을 미치게 된다고 한다.24)

1) 모니터링 알고리즘(Monitoring Algorithm)

담합에 참여한 경쟁 기업들의 가격 및 수량을 자동적으로 수집하고 경쟁 기업이 담합에서 일탈할 때 즉각적으로 대응하는 알고리즘이다. 즉 실시간으로 수집한 경쟁 기업의 정보가 합의를 준수할 경우에는 담합을 계속하고 담합에 일탈할 경우 가격 경쟁에 돌입하게 되는데 이는 가격비교사이트 등에서 불필요한 가격 전쟁을 회피하는 것을 통해 불법적인 합의를 촉진하고 공모를 좀 더 효과적으로 만들게 된다.

2) 병행 알고리즘(Parallel Algorithm)

담합에 참가하는 기업들의 가격을 자동적으로 일치시키는 알고리즘이다. 경쟁기업들이 동일한 종류의 가격결정 알고리즘을 공유하여 추가적인 시장 변화가 있더라도 직접적인 의사교환 없이 병행적으로 가격을 동일하게 유지하는 경우이다.

---

22) OECD가 언급한 알고리즘 담합(Algorithmic Collusion)이라는 표현과 관련하여 Digital Cartel 또는 Techno-Cartel이라는 표현도 쓰인다. 개인적으로는 알고리즘은 디지털 경제 이전의 시대에도 존재했기 때문에 디지털 시대를 감안하더라도 특별히 알고리즘 담합이라고 할 필요는 없을 것으로 보인다. 또한 Digital Cartel도 디지털 시대를 강조하는 의미로 보이지만 담합과 관련한 알고리즘의 역할을 표현하기에는 부족하다. 따라서 담합에 있어서의 알고리즘의 역할과 디지털 시대의 ICT 기술의 발전을 고려한다면 알고리즘 담합 대신 Techno-Cartel이라고 표현하는 것이 더 바람직한 것으로 보인다. 그러나 Techno-Cartel이라는 표현을 자신의 논문에서 사용한 Salil K. Mehra 교수는 Techno-Cartel의 의미에 대한 별다른 언급이 없다. Salil K. Mehra, "Antitrust and the Robo-Seller: Competition in the Time of Algorithms", 『Minnesota Law Review』, 2016, 1324면. 본 논문에서는 알고리즘의 역할에 주목하여 OECD의 표현에 따라 알고리즘 담합(Algorithmic Collusion)이라고 표현하기로 한다.

23) OECD, op.cit, p.21.

24) ibid. pp.26-32.

3) 신호 알고리즘(Signaling Algorithm)

기업들이 직접 담합 가격을 설정하지는 않지만 담합을 주도하고자 하는 기업이 가격 인상 신호를 계속해서 경쟁 기업에게 보내고 이러한 신호를 받은 모든 기업이 가격 인상에 동의하는 신호를 회신하는 경우 공동으로 가격 인상을 할 수 있게 하는 알고리즘이다. 이러한 신호는 담합을 형성하고 유지할 수 있게 하는데 매우 효율적인 역할을 하게 된다. 이 때 시장 상황은 결과적으로 담합의 형태를 나타내지만 기업들이 보낸 신호가 담합에 직접적인 영향을 주었는지를 확인하기 쉽지 않다.

4) 자기학습 알고리즘(Self-learning Algorithm)

시장의 입력 데이터를 지속적으로 수집하여 학습하고 이를 바탕으로 이윤극대화를 위한 최적의 가격을 도출하게 될 때 인간인 개발자가 이러한 과정에 전혀 관여를 하지 않아도 결과적으로 담합의 결과를 가져올 수 있는 머신러닝과 딥러닝과 같은 AI 알고리즘이다. 지금까지 AI 알고리즘이 담합을 조장한다는 증거도 없으며 실제로 담합이 발생할 경우 경쟁당국이 어떠한 법적인 판단을 내려할지도 명확하지 않은 경우이다.

(2) 알고리즘 담합의 유형

기존의 담합은 알고리즘이 아닌 인간의 공모에 의해서 이루어졌지만, 디지털 경제에서는 인간 사이의 공모는 불필요하게 된다. 기업은 알고리즘을 통해 가격을 결정할 뿐이다. 이 때 공모의 의도는 불필요하게 된다. 따라서 디지털 경제에서의 알고리즘 담합은 명백한 합의 또는 동조적 행위[25] 뿐만 아니라 좀 더 인지하기 어려운 방법에 의해서도 이루어지

---

[25] (A) 동조적 행위(concerted practice)는 TFEU 제101조 제1항에 규정되어 있는데 본질적으로 합의의 성립에 이르지 않았지만, 의도적으로 위험을 수반하는 경쟁의 위치로부터 벗어나기 위하여 실제적으로 협력을 하는 사업자들 사이의 조정의 형태로 정의될 수 있다. [홍명수, "정보교환과 카르텔 규제", 『법과 사회』제36호, 2009, 284면.]
  (B) 또한, EU에서는 동조적 행위를 ECJ, 16.12.1975, Joined Cases 4048, 50, 5456, 111, 113, and 114/73에서 아래와 같이 정의하였다.
    The concept of concerted practices, on the other hand, refers to a form of coordination between undertakings, which, without having been taken to the stage where an agreement properly so-called has been concluded, knowingly substitutes for the risks of competition, practical cooperation between them which leads to conditions of competition which do not correspond to the normal conditions of the market.
  (C) 대표적인 유형이 가격정보를 교환한 후 이를 통하여 행위내용을 조정하여 가격을 결정하는 것인데 통상적으로 정보교환행위가 이루어지는 경우를 중심으로 논의가 되고 있다. 정보교환은 미국에서는 합리의 원칙에 의해서 판단되며, EU에서는 Dole Food 판례 [Dole Food and Dole Fresh Fruit Europe v. Commission, C-286/13P (2015)]에서 가격정보교환을 목적에 의한 위법으로 처리했다. [정재훈, 『공정거래법 소송실무』제2판, 육법사, 2017.]

게 된다.26) Ariel Ezrachi와 Maurice E. Stucke는 알고리즘의 기술적 발전과 활용을 고려하여 알고리즘 담합의 유형을 아래와 같이 4가지로 분류한다.27)

1) 메신저형 담합 (Messenger Category)

메신저형 담합은 기업들이 카르텔 형성에 동의하고 그러한 카르텔을 실행하고 모니터링하고 감시하는데 알고리즘을 사용할 때 형성된다. 이 유형은 기존의 전통적인 카르텔과 동일하되 알고리즘을 수단으로 사용하는 것에 불과하다. 경쟁당국은 합의 개념을 그대로 적용할 수 있고 위법성은 상대적으로 용이하게 입증할 수 있다.28) 앞서 OECD가 분류한 모니터링 알고리즘과 병행 알고리즘이 이에 해당될 수 있으며29) 후술할 2015년 미국 법무부(the US Department of Justice, DOJ)가 아마존의 포스터 판매업자인 David Topkins를 기소한 사건이 이에 해당된다.

2) 허브 앤 스포크형 담합 (Hub and Spoke Category)

허브 앤 스포크형 담합은 다수의 경쟁 기업(Spoke)들이 하나의 알고리즘을 제공하는 사업자(Hub)를 통해서 정보교환이나 합의 등이 이루어져서 수직적 관계에 있는 경쟁 기업(Spoke)들의 수평적 담합 효과를 가져오는 유형이다.30) 하나의 유통업자와 다수의 공급업자 또는 하나의 공급업자와 다수의 유통업자들 사이에서 이루어지는 경우이다. 특히 허브 앤 스포크형 담합은 온라인 플랫폼을 통해 전자상거래, 공유경제, SNS 등의 디지털 경제를 주도하는 기업들에서 발생할 수 있다.31) 수직적 합의 및 경쟁적 효과와 관련된 증거가 혼합되어 있어서, 가격 담합을 위해 동일한 알고리즘을 사용하겠다는 의도가 중요한 증거가 된다.32)

(D) 우리나라 판례에서는 정보교환만으로는 합의가 성립되지 않는다고 하였고, 따라서 대법원은 동조적 행위에 대해서는 부정적인 입장이다. 최근 공정거래법 개정안에서는 정보교환을 통해서 담합을 추정할 수 있도록 하였다.

26) Ariel Ezrachi, Maurice E. Stucke, "Artificial Intelligence & Collusion: When Computers Inhibit Competition", p.1782.
27) Ariel Ezrachi, Maurice E. Stucke, "Artificial Intelligence & Collusion: When Computers Inhibit Competition", pp.1782-1796.
28) Ariel Ezarchi, Maurice E. Stucke, "Artificial Intelligence & Collusion: When Computers Inhibit Competition", p.1782.
29) 김건우, "알고리즘으로 움직이는 경제 디지털 카르텔 가능성 커진다.", LG경제연구원, 2017, 9면.
30) Ariel Ezrachi, Maurice E. Stucke, "Artificial Intelligence & Collusion: When Computers Inhibit Competition", p.1787.
31) 김건우, "알고리즘으로 움직이는 경제 디지털 카르텔 가능성 커진다.", 11면.
32) Ariel Ezarchi, Maurice E. Stucke, "Artificial Intelligence & Collusion: When Computers

후술할 Uber의 가격결정 알고리즘 사건과 Eturas 사례가 이에 해당된다.

3) 예측 에이전트형 담합 (Predictable Agent Category)

예측 에이전트형 담합은 기업들이 각자 자신들의 알고리즘을 통해서 경쟁 기업들의 행위를 예측하고 시장 조건을 변경하기 위하여 그에 대한 대응을 신속하게 이행함으로서 담합 결과가 발생하는 경우이다. 이 형태는 유사한 가격 알고리즘을 기업들이 각각 채택하여 합의나 정보교환이 없이도[33] 반경쟁적 결과에 이르게 되는데 가격 알고리즘의 사용이 시장의 투명성을 제고시키면서 동시에 암묵적인 담합 또는 의식적 병행행위가 좀 더 용이하게 만드는 경우이다. 묵시적 담합의 외형 또는 의식적 병행행위 그 자체는 불법적인 것은 아니지만, 이러한 행위의 의도의 입증이 중요하게 된다. 이러한 예측 에이전트형 담합에 따른 의식적 병행행위와 묵시적 담합의 발생은 합의에 대한 법적 개념을 적용하기 어렵고 집행의 수단이 제한되어 있기 때문에 향후 경쟁당국의 커다란 도전행위가 될 수 있다.[34] 특히 디지털 경제에서는 과점 상태가 아니더라도 알고리즘에 의한 의식적 병행행위가 나타날 수 있다.[35][36]

4) 자기 학습형 담합 (Digital Eye Category)

기업들이 단독으로 이익의 극대화를 위하여 알고리즘을 만들어서 적용을 하고 이러한 알고리즘은 자기학습을 통해서 이익의 극대화를 독립적으로 최적화하는 유형을 의미한다.[37] 이 유형은 담합의 결과가 인간의 의도에 의해서 발생한 것이 아니라 알고리즘의 자

Inhibit Competition", pp.1782-1783.

33) Ariel Ezarchi, Maurice E. Stucke, "Artificial Intelligence & Collusion: When Computers Inhibit Competition", p.1790.

34) Ariel Ezarchi, Maurice E. Stucke, "Artificial Intelligence & Collusion: When Computers Inhibit Competition", p.1783, p.1795.

35) 김건우, "알고리즘으로 움직이는 경제 디지털 카르텔 가능성 커진다." 12면.

36) 예측 에이전트형 담합에서 주목할 만한 사항은 시장의 투명성이 담합을 조장하는 결과를 초래한다는 점이다. 시장 투명성이 경쟁을 약화시킨 사례가 주유소의 가격공개 정책이다. 독일에서는 2013년 12월부터 주유소의 가격 정보를 연방카르텔청에 실시간으로 보고하고 공개하도록 했는데 그 이후 휘발유 가격은 리터당 1.2~1.3 센트가 인상되었고 경유는 약 2센트가 증가하였다. Dewenter, R,. Heimeshoff, U., Luth, H. (2016)., "The Impact of the Market Transparency Unit for Fuels on Gasoline Prices in Germany", Dusseldorf University Press, 우리나라에서도 석유제품 소매가격과 도매가격을 공개한 이후 주유소들의 마진이 휘발유는 리터당 18.85원, 경유는 2.65원 증가하였다. 김형건, 박성용, "석유제품 가격공개 효과 분석", 산업통상자원부 용역보고서, 2014., [김건우, 알고리즘으로 움직이는 경제 디지털 카르텔 가능성 커진다." 14면.에서 재인용]

37) Ariel Ezarchi, Maurice E. Stucke, "Artificial Intelligence & Collusion: When Computers Inhibit Competition", p.1795.

기 학습에 의한 것으로 발생한 것이 된다. 이 경우 담합 합의 또는 의도에 대한 기존의 법적인 개념은 적용될 수 없게 되는 문제점이 생기게 된다.

4. 알고리즘 담합에 대한 경쟁법 적용 사례

디지털 경제의 발전이 급속하게 이루어지고 있지만 지금까지 알고리즘 담합에 대한 경쟁법 적용 사례는 매우 적은 편이다.

(1) 미국에서의 적용 사례

1) David Topkins Poster 판매 담합 사건 (2015. 4)[38]

본 사건은 온라인에서 판매되는 포스터의 가격을 담합한 사건으로서 미국 법무성(Department of Justice, DOJ)이 e-commerce를 대상으로 한 온라인 담합에 대해 최초로 기소한 사건이다.[39]

David Topkins("Topkins")는 온라인 벽장식 회사(online wall decor)인 Poster Revolution의 창업자이면서 Trend Division의 이사로 근무하면서 아마존에서 포스터 등(poster, prints, framed art)을 판매하였다. 그런데 2013년 9월부터 2014년 1월까지 아마존을 통해 판매하는 포스터의 가격을 담합하여 인상하려는 목적으로 다른 경쟁자들과 공모를 하였다. 그런데 Topkins는 이러한 담합을 위해서 경쟁자 각자의 가격의 변화를 조정하기 위하여 특정한 가격결정 알고리즘을 채택하고 이러한 합의를 유지하기 위하여 가격 결정을 할 수 있도록 알고리즘에 컴퓨터 코드를 입력하였다.[40]

이후, 2015. 4. 30. Topkins는 USD 20,000의 벌금과 유죄 인정에 합의하였고[41] DOJ의 향후 조사에 협조하기로 하면서 본 사건은 종료되었다.[42]

소위 포스터 카르텔(Poster Cartel)라고 불리는 본 사건은 DOJ의 반독점국 법무차관보

---

[38] Plea Agreement between the United States of America and David Topkins, (2015. 4. 30).

[39] DOJ Justice News, "Former-E-Commerce Executive Charged with Price Fixing in the Antitrust Division's First ONlikne Marketplace Prosecution", April 6, 2015, https://www.justice.gov/opa/pr/former-e-commerce-executive-charged-price-fixing-antitrust-divisions-first-online-marketplace (2018. 11.9. 최종접속)

[40] Plea agreement between the United States of America and David Topkins, (2015. 4. 30). pp.3-4.

[41] Plea agreement between the United States of America and David Topkins, (2015. 4. 30). p.6.

[42] Plea agreement between the United States of America and David Topkins, (2015. 4. 30). p.8.

(Assistant Attorney General)인 Bill Baer가 언급했듯이 미국 DOJ가 e-commerce에서 알고리즘을 이용한 담합을 경쟁당국이 최초로 규제한 사건으로서 의미가 있다.[43] 본 사건에서 Topkins는 알고리즘에 직접 컴퓨터 코드를 입력하여 공모의 의도를 들어냈고, 인간인 Topkins의 공모 행위에 알고리즘이 수단으로 사용된 것으로서 앞서 언급한 메신저형 담합 형태의 사건이라고 할 수 있다.[44]

사건으로는 알고리즘이 단순한 공모의 수단으로 사용되었고 공모자로서 인간의 공모 의도는 쉽게 인정될 수 있다는 점에서 알고리즘이라는 부분이 강하게 부각된 것일 뿐 알고리즘 담합과 관련된 본격적인 의미 있는 사건으로 보기는 어렵다고 판단된다.

2) Uber의 가격결정 알고리즘 사건 (2016. 3)[45]

본 사건은 원고 Spencer Meyer("Meyer")가 피고 Travis Kalanick("Kalanick")이 Uber의 가격결정알고리즘을 통해 허브 앤 스포크 방식으로 Uber 드라이버간의 수평적 합의를 조정하여 반독점 행위를 하였다고 집단 소송을 제기한 사건이다.

아래에 설명할 사례는 Kalanick이 Meyer는 집단 소송을 할 권리가 없고 중재(arbitration)에 따라 법적 분쟁을 해야 한다고 주장하면서 기각요청(motion to dismiss)한 것에 대한 New York 지방법원의 결정 (Southern District of New York)이다. 이후 본 사건은 2017. 8. 17, 항소법원인 2nd U.S. Circuit Court of Appeals[46]이 중재조항의 존재를 인정하는 판결을 하여 다시 New York 지방법원(Southern District of New York)으로 환송이 되었고, New York 지방법원은 2017. 11. 24에 집단 소송 대신 중재를 하여야 한다고 판결한 사건이다.

본 사건에서 원고 Meyer는 피고 Kalanick가 Uber의 드라이버들과 공모하여 Uber의 가격결정 알고리즘(pricing algorithm)에 의해 결정된 요금을 Uber의 이용자에게 적용하도록 Uber의 드라이버들과 공모하여 드라이버간의 가격 경쟁을 제한하여 셔먼법 제1조

---

[43] 알고리즘 담합 그 자체에 대해서는 미국 DOJ의 FTC는 1994년의 The airline tariff publishing company case (United States v. Airline Tariff Publishing Co. et al. 836 F. Supp. 9, Civil Action No.: 92-2854.)를 최초의 사건으로 본다. 본 사건은 ATPCO라는 회사가 아침마다 항공사로부터 요금 변동 정보를 취합하여 다시 모든 항공사와 여행사 및 고객에게 송부하여 가격 담합을 한 사건이다. OECD, Directorate for Financial and Enterprise Affairs Competition Committee, Algorithms and Collusion-Note by the United States (DAF/COMP/WD (2017)41), 5면. https://one.oecd.org/document/DAF/COMP/WD(2017)41/en/pdf (2018.11.9. 최종접속)

[44] Freshfields Bruckhaus Deringer, "Pricing algorithms: the digital collusion scenarios", p.1.

[45] Meyer v. Kalanick, 15 Civ. 9796 (JSR), Opinion and Order of United States District Court, Southern District of New York (2016. 3.31)

[46] Meyer v. Uber Technologies Inc, 868 F.3d 66, 80 (2nd U.S. Circuit Court of Appeals, No. 16-2750.)

와 뉴욕 반독점법인 Donnelly Act를 위반하였다고 주장하였다.

Uber는 2009년에 설립된 회사인데 Uber App이라는 드라이버와 고객을 연결해주는 스마트폰 앱을 개발하여 승차공유 사업을 운영하는 회사였다. 피고 Kalanick은 Uber의 창업자이고, CEO이며 Uber App을 이용하는 드라이버이기도 했다. Meyer는 Connecticut의 거주자인데 뉴욕에서 Uber Car를 이용하였다.

Uber는 이용자들이 Uber App을 통해서 드라이버(private driver)가 운전하는 자동차를 타고 목적지에 가게 되고, Uber는 요금의 일부를 software licensing fee로 수취하고 나머지는 드라이버가 갖는 요금체제로 운영되었다. 이 때 Uber App을 이용하는 드라이버들은 별도로 요금에 대해 경쟁하지 않았고, 이용자는 드라이버와 요금을 협상할 수도 없었다. 대신에 드라이버들은 Uber의 가격결정알고리즘(pricing algorithm)에 의해 정해진 요금을 받았다. Uber의 surging algorithm이라는 가격결정 알고리즘 모델은 수요가 많은 시기에 요금을 10배까지 가격을 올릴 수 있도록 고안되었고 실제로 요금을 낮출 수는 없었다. 원고인 Meyer는 Uber의 가격결정 알고리즘에 따르는 것은 초경쟁적 가격을 유지할 수 있도록 하는 것이어서 드라이버들은 공모 동기의 공유(common motive to conspire)가 있었다고 주장하였다. Putative class action인 본 사건에서 Meyer는 원고의 범위를 Uber App을 이용하여 드라이버에게 Uber algorithm에 의해 결정된 요금을 지불하는 미국 내의 이용자로 정의하였다.[47]

법원은 본 결정에서 Kalanick의 기각요청(motion to dismiss)을 인정하지 않았다. 법원은 Uber 드라이버들이 Uber의 Driver Terms에 동의하는 순간 드라이버간의 수직적 합의(horizontal agreement)에 참여하는 것[48]이며, Kalanick과 Uber 드라이버간의 수직적 합의(vertical agreement)를 인정하였다.[49]

법원은 수평적 합의와 관련하여, Uber 드라이버가 Driver Terms에 대해 동의하는 순간 다른 드라이버들도 동일한 가격 결정 알고리즘에 동의할 것을 알고 있었고, 드라이버들이 독립적으로 행동한다면 Uber와의 계약은 자신의 이익에 반하는 것이라고 판단하였다. 또한 Uber Driver Terms에 대해 동의함으로서 다른 드라이버들과 가격 경쟁이 제한되어 Uber 드라이버들이 이익을 얻을 수 있다는 가능성은 공동의 공모 동기(common motive to conspire)라고 하였다.[50]

---

47) Meyer v. Kalanick, 15 Civ. 9796 (JSR), op.cit, pp.1-5.
48) Meyer v. Kalanick, 15 Civ. 9796 (JSR), ibid. p.11.
49) 피고 Kalanick은 Uber의 Driver Terms에 대한 Uber 드라이버들의 동의가 수평적 합의를 나타내는 것이 될 수 없으며, Uber와의 계약 체결에 대한 Uber 드라이버들의 개인적인 결정은 독립적인 것이어서 수직적 합의가 될 수 없다고 항변하였다. Meyer v. Kalanick, 15 Civ. 9796 (JSR), 위의 결정, 10면.
50) Meyer v. Kalanick, 15 Civ. 9796 (JSR), op.cit, pp.12-17.

또한, 법원은 수직적 합의와 관련하여, 수평적 합의 주장 보다는 부족하지만 수직적 합의를 인정할 수 있다고 하면서, Uber의 가격결정 알고리즘에 의해 책정된 요금을 부과하는 것에 대해서 모든 독립적인 Uber 드라이버들이 동의를 했고, 각각의 드라이버들과 Kalanick간의 수직적 합의가 있었다고 인정하였다.51)

참고로 법원은 관련 시장을 모바일 App을 통한 승차 공유 시장(mobile app-generated ride-share service market)으로 인정하였다.52)

본 사건에서 원고는 Kalanick과 Uber 드라이버간의 계약을 통해서 수직적 합의가 성립했고, 그러한 계약을 통해서 Uber 드라이버간의 수평적 합의가 있다고 주장하였다. 그러면서 원고는 Uber의 가격결정 알고리즘에 의해서 결정된 가격을 문제 삼았다. 이러한 가격은 모든 Uber 드라이버에게 동일하게 적용되었고 이 자체가 허브 앤 스포크 형태의 담합의 대상이 되었기 때문이다. 이러한 원고의 주장을 법원은 모두 인정하였다. Uber 사례는 국내외에서 가격알고리즘을 이용한 허브 앤 스포크형 담합의 한 예로 널리 소개되고 있다.53)

그러나 사건으로는 본 사례를 디지털 경제 시대의 알고리즘 담합에 대한 법원의 주요한 판결로 보기에는 다소 부족한 부분이 있다. 이후 사건의 추이까지 고려한다면 본 사건의 핵심 쟁점은 Uber 드라이버들이 Uber Driver Terms에 대해서 동의할 때 jury trial (배심재판)을 할 권리를 포기했는지 여부였고, 본 결정 이후 본 사건은 온라인 계정을 등록하는 것이 온라인 약관에 대한 동의를 명확하게 한 것으로 볼 수 있는지에 대한 판단이 핵심 쟁점이 되었다.

또한 2016. 3.31자 New York 지방법원의 결정문 (Opinion and Order)에는 가격알고리즘에 대한 경쟁법적 평가나 판단은 거의 이루어지지 않고, 허브 앤 스포크 형태의 가격 담합에 대한 경쟁법적 판단이 이루어지고 있다. 즉, 가격알고리즘이 본 건 담합의 기본적 메카니즘이지만 이에 대한 별도의 평가가 이루어지지 않고 일반적인 반독점법 사건과 유사한 판단을 할 뿐이다. 따라서 미국에서 알고리즘에 대한 본격적인 경쟁법적인 평가는 예측 에이전트형 담합이나 자기 학습형 형태의 담합이 발생할 때 본격적으로 가능할 것으로 보인다.

한편, 본 사건을 기존의 허브 앤 스포크 형태의 담합으로 보기에는 다소 무리가 있다는

---

51) Meyer v. Kalanick, 15 Civ. 9796 (JSR), ibid, pp.17-19.
52) Meyer v. Kalanick, 15 Civ. 9796 (JSR), ibid, p.21.
53) Ariel Ezrachi, Maurice E. Stucke, Virtual Competition, Harvard University Press, 2016, 50-52. Ariel Ezarchi, Maurice E. Stucke, "Artificial Intelligence & Collusion: When Computers Inhibit Competition" 1788., 최난설헌, "알고리즘을 통한 가격정보의 교환과 경쟁법적 평가", 『경쟁법연구』 제35권, 2017, 219면. 김건우, "알고리즘으로 움직이는 경제 디지털 카르텔 가능성 커진다.", 4면., 윤창호, "인공지능의 발전이 경쟁법 집행에 미치는 영향 연구", 공정거래위원회, 2018, 59면 등.

의견도 있다. 왜냐하면 기존의 Interstate Circuit 사례나 Toys "R"Us 사례와 달리 Uber는 Hub로서 Spoke에 해당하는 Uber 드라이버와 반경쟁적 합의를 할 만한 불법적인 동기(nefarious motive)가 부족하고 수십만명의 드라이버와 모두 합의를 했다고 볼 수 없고 Uber의 행위는 Uber 드라이버들이 경쟁자가 되는 것을 불법적으로 방해를 한 것이 아니라고 보기 때문이다.[54]

또한 이 사건 이후의 상황이기는 하나, 2018. 7월, New York주 실업보험위원회(New York State Unemployment Insurance Appeal Board)는 Uber가 3명의 Uber 드라이버들의 실업급여에 대해 책임을 부담해야 한다고 하여 Uber 드라이버들이 Uber의 근로자일 수 있다는 결정을 내렸는데[55], 이를 고려한다면 본 사건의 본질이 가격담합 사건인지에 대해서 의문이 있을 수 있다.

추가로 본 사건은 이후에 설명할 Eturas 사건과 구조가 유사하며, Eturas 사건에서 CJEU(Court of Justice of the European Union)는 동조적 행위에 대한 판단기준에 대해 판결을 하게 된다.

(2) EU에서의 적용 사례

1) 영국 CMA[56]의Trod Ltd poster 판매 담합 사건(2016. 7.)[57]

본 사건은 아마존 UK에서 포스터 등을 판매하는 Trod Ltd ("Trod")와 GB eye Ltd ("GB eye")간의 포스터 판매 담합과 관련된 사건이다.

Trod와 GB eye는 2011. 3. 24부터 2015.7.1.까지 아마존 UK에서 포스터 등을 판매하면서 가격 담합을 공모하고 가격담합을 위해 각자가 환경 설정한 가격결정 소프트웨어를 이용하였다.

담합 행위에 대해서 Trod는 £163,371의 벌금을 부과 받았고, GB eye는 CMA에 담합 사실을 신고하고 협조하였기 때문에 벌금 부과를 면제 받았다.

본 사건은 2015년 미국의 David Topkins의 사건과 매우 유사한 사건이다. 역시 담합

---

[54] Nick Passaro, "Uber has an antitrust litigation problem, not an antitrust problem", CPI Antitrust Chronicle May 2018. 2.

[55] http://fortune.com/2018/07/21/uber-drivers-employees-new-york-unemployment/ (2018. 11. 8. 최종접속)
https://arstechnica.com/tech-policy/2018/07/uber-drivers-employees-for-unemployment-purposes-ny-labor-board-says/ (2018. 11. 9. 최종 접속)

[56] Competition and Markets Authority.

[57] 영국 CMA Press Release, "Online seller admits breaking competition law", 21 July 2016, https://www.gov.uk/government/news/online-seller-admits-breaking-competition-law (2018. 11.10. 최종접속)

을 위한 도구로서 가격설정 알고리즘을 사용했고, 그러한 알고리즘에 담합을 위한 특정한 환경 설정을 하였다. 아마존과 같은 온라인 거래는 디지털 경제 시대에서 주요한 판매 수단이 되고 있고, 앞으로도 인간이 담합을 위해서 가격 결정 알고리즘을 이용하는 사례(메신저형 담합)는 흔하게 발생할 것으로 보인다.

2) Eturas 사건 (2016. 1)[58]

본 사건은 리투아니아 최고행정법원(the Supreme Administrative Court of Lithuania)이 CJEU에 대해 예비적 판단(Preliminary Ruling)을 요청한 사안이며 CJEU는 2016.1.21.에 예비적 판단을 했고, 이후 2016. 5. 2. 리투아니아 최고행정법원은 본 사건에 대한 판결을 하였다.

E-TURAS는 여행사에게 여행 관련 서비스를 제공하는 온라인 예약 시스템인데 Eturas UAB는 그러한 시스템의 독점적인 소유자였고, 시스템의 운영자였다.[59]

E-TURAS는 Eturas UAB로부터 사용 라이선스를 취득한 여행사들이 사용하였는데 각 여행사는 E-TURAS에 자신들의 전자 계정을 가지고 있었고 자신들의 password를 통해 접속할 수 있었다. 그러한 전자 계정에는 각 여행사들이 접근할 수 있는 E-TURAS에 특정된 메일함이 있었고 이메일 시스템처럼 운영되었다. 그러한 시스템을 이용하여 발송된 메시지는 이메일처럼 읽혔기 때문에 메시지를 읽기 위해서는 여행사들이 먼저 계정에 접속하여 열어봐야 했다.[60]

자신들의 사이트에 Eturas UAB에 의해 결정된 그런데 Eturas UAB는 E-TURAS를 통해 자신이 판매하는 여행에 적용되는 할인 제한율을 3%로 제한하기로 하고 여행사들에게 E-TURAS에 그러한 할인율을 게시하겠다고 시스템 메시지를 발송하였다.

리투아니아 경쟁당국(Competition Council of the Republic of Lithuania)은 Eturas UAB의 시스템 메시지 전송과 가격알고리즘 조정 및 그러한 메시지를 받은 여행사들이 할인율 제한을 알 수 있었을 것이라는 사실은 장래에 적용할 할인율 제한에 대한 여행사들의 간섭적인 반경쟁적인 공동의 의도를 표현한 것이고 이는 TFEU를 위반하는 동조적 행위에 해당한다고 판단하였다. 이에 2012. 6. 7. 리투아니아 경쟁당국은 Eturas

---

[58] Case C-74/14. Judgment of the Court(Fifth Chamber), 21 January 2016. http://curia.europa.eu/juris/document/document.jsf;jsessionid=98EA068A3D38290093A406819F7E39B3?text=&docid=173680&pageIndex=0&doclang=en&mode=lst&dir=&occ=first&part=1&cid=467349 (2018. 11.28 최종접속)

[59] Supreme Administrative Court of Lithuania, "SACL has rendered a decision in the travel agencies' case", 2016. 5. 16. https://www.lvat.lt/en/news/sacl-has-rendered-a-decision-in-the-travel-agencies-case/390 (2018. 11. 28 최종접속)

[60] Case C-74/14. Judgment of the Court(Fifth Chamber), 21 January 2016. paragraph 6-7.

UAB에게 리투아니아 경쟁법 제5조 및 TFEU 제101조를 위반을 근거로 과징금 Euro 1,500,000을 부과하였다.[61]

Eturas는 과징금 부과처분에 불복하여 소송을 제기하였고, 리투아니아 최고행정법원은 CJEU에게 할인율 제한의 메시지 통지 자체가 여행사들이 그 제한 사항을 알았거나 알 수 있을 것이라는 추정에 대한 증거가 되는지 여부와 할인율 제한에 대해 반대하지 않은 것이 할인율 제한에 대한 동조적 행위인지에 대해 CJEU의 예비적 판단을 신청하였다.[62]

2016. 1. 21에 CJEU는 할인율 제한의 메시지 송부 자체가 여행사들이 제한 사항을 알았거나 알 수 있었는지에 대한 추정이 될 수 있는지에 대해서, 입증책임은 그 위반을 주장하는 경쟁당국에 있고, 메시지 송부가 추정이 될 수 있는지는 회원국의 국내법에 따라야 하지만[63] 메시지 발신만으로 여행사들이 알았거나 알 수 있었다고 단정할 수는 없고[64] 다른 객관성 있고 일관적인 증거가 있어야 한다고 하면서[65], 사업자의 반대 항변은 보장되어야 하고[66] 여행사들이 메시지의 내용을 알고 있었다면 TFEU 제101조를 위반한 것으로 보았다.[67]

또한 리투아니아 법원은 회원국 국가의 증거법에 따라 메시지의 송부 자체가 여행사들이 알고 있었는지에 대해서 충분한 증거가 될 수 있는지 판단해야 하는데, EU의 무죄 추정의 원칙은 단순한 메시지의 송부가 여행사들이 메시지의 내용을 알 수 있었는지를 구성하는 충분한 증거라고 판단할 수 있게 하지 않는다고 하였다.[68]

한편 CJEU는 본 판결을 통해서 동조적 행위 참여 추정의 번복할 수 있는 경우를 제시하는데, 첫째 사업자들이 문제적 행위와 관련 없음을 명시적으로 선언하거나[69] 둘째, 사업자가 그 내용을 경쟁당국에 신고하거나[70], 셋째 사업자가 제한된 할인율을 초과한 할인을 했다는 것을 입증하는 경우[71]이다.

이후 2016. 5.2 리투아니아 최고행정법원은 여행사가 E-TURAS에 의한 할인율 제한을 알고 있었는지 및 알면서 반대했는지 여부를 고려하여 최종적인 판단을 하였다.[72]

---

61) http://ec.europa.eu/competition/ecn/brief/03_2012/lt_online.pdf (2018. 11. 28 최종접속)
62) Case C-74/14. Judgment of the Court(Fifth Chamber), 21 January 2016. paragraph 25.
63) Case C-74/14. Judgment of the Court(Fifth Chamber), 21 January 2016. paragraph 29-30.
64) Case C-74/14. Judgment of the Court(Fifth Chamber), 21 January 2016. paragraph 34.
65) Case C-74/14. Judgment of the Court(Fifth Chamber), 21 January 2016. paragraph 37.
66) Case C-74/14. Judgment of the Court(Fifth Chamber), 21 January 2016. paragraph 40.
67) Case C-74/14. Judgment of the Court(Fifth Chamber), 21 January 2016. paragraph 50.
68) Case C-74/14. Judgment of the Court(Fifth Chamber), 21 January 2016. paragraph 39.
69) Case C-74/14. Judgment of the Court(Fifth Chamber), 21 January 2016. paragraph 47.
70) Case C-74/14. Judgment of the Court(Fifth Chamber), 21 January 2016. paragraph 48.
71) Case C-74/14. Judgment of the Court(Fifth Chamber), 21 January 2016. paragraph 49.

리투아니아 최고행정법원은 여행사를 세 가지 형태로 분류하였다. 첫째, 할인율 제한을 알면서도 반대하지 않은 여행사, 둘째 할인율 제한을 알면서 반대한 여행사, 셋째 경쟁당국이 충분한 증거를 수집하지 못한 여행사로 분류하고, 둘째와 셋째 형태의 여행사들은 과징금 부과를 취소하고 첫 번째 유형의 할인율 제한을 알면서도 반대하지 않은 여행사는 반경쟁적 행위에 참가한 것으로 판단하였다. 또한 Eturas UAB의 경우에는 E-TURAS 시스템을 이용하여 할인율 제한을 조장하였기 때문에 Eturas UAB도 TFEU 제101조를 위반하였다고 보았다.

본 사건의 의의는 EU에서의 알고리즘을 수단으로 하는 행위에 대한 EU 경쟁법의 첫 번째 적용이라는 점에 있다.[73] CJEU는 알고리즘이 기본이 된 본 사건에 TFEU 제101조를 적용하여 동조적 행위에 대한 판단을 하고자 했고, 핵심적인 내용은 여행사들의 인식이었다.[74] 즉, 새로운 정보 교환의 방법인 알고리즘을 통해서 가격 결정의 통지를 했다는 사실과 그러한 통지를 인식했는지 여부에 따라 동조적 행위에 참여했는지가 판단될 수 있다는 것이다.

기존의 미팅, 전화 또는 이메일 교환 등의 행위가 아니라 알고리즘에 의해 결정된 가격 사항을 통지의 형태로 전달한 경우 그 자체는 동조적 행위가 아니며, 그것에 대해 인식을 한 경우 비로소 동조적 행위가 이루어질 수 있다는 것으로서 정보 교환의 새로운 해석을 제시한 것이다.

또한, 본 사건은 경쟁법 집행에서 증명의 문제에 대한 중요한 판결이다.[75] CJEU는 본 사건에서 단순한 통지만으로는 동조적 행위가 추정될 수 없고 다른 객관적이고 일관성 있는 증거가 있어야 동조적 행위가 추정될 수 있다고 하여, 무죄의 추정과 경쟁법 적용의 적정한 균형을 유지하고자 했다.

결론적으로 본 사건은 다른 경쟁사들이 같은 알고리즘을 사용한다는 것과 알고리즘이 특정한 수준으로 가격을 고정한다는 것을 알면서 플랫폼 알고리즘을 사용하기 위하여 독립적으로 등록한 여행사들은 허브 앤 스포크 형태의 담합에 관여했다고 볼 수 있으며[76],

---

72) Supreme Administrative Court of Lithuania, "SACL has rendered a decision in the travel agencies' case", 2016. 5. 16.
https://www.lvat.lt/en/news/sacl-has-rendered-a-decision-in-the-travel-agencies-case/390 (2018. 11. 28 최종접속)

73) Andreas Heinemann, Aleksandra Gebicka, "Can Computers Form Cartels? About the Need for European Institutions to Revise the Concertation Doctrine in the Information Age.", 『Journal of European Competition Law & Practice』 Vol. 7, 2016., p.432.

74) Andreas Heinemann, ibid, p.434.

75) Andreas Heinemann, ibid, p.439.

76) Freshfields Bruckhaus Deringer, "Pricing algorithms: the digital collusion scenarios" p.2.

허브 앤 스포크 형태의 담합에서는 스포크에 해당하는 사업자들은 허브에 해당하는 사업자의 온라인 커뮤니케이션을 효과적으로 모니터링하여 가격결정 알고리즘이 가격 담합의 효과가 발생하는 가격결정을 하는 경우 명확하게 반대의 통지를 해야만 가격 담합의 혐의로부터 자유롭다 것을 명시한 점에 있다.

또한, 본 사건은 알고리즘 자체만으로는 담합을 금지하는 것을 위반하는 것은 아니며, 별도의 동의 부분(이 판결에서는 통지의 인식)이 필요한 것으로 볼 수 있다. 이 부분은 향후 알고리즘 담합의 규제에 중요한 영향을 줄 것으로 보인다.[77]

미국의 Uber 사건과 비교한다면 매우 유사한 담합 구조를 가지고 있는 것으로 보이지만, 앞서 언급한 대로 동조적 행위의 동의 부분에 대한 제한(단순한 통지만으로는 동의로 볼 수 없다는 부분)과 그러한 유형의 동조적 행위에 대한 항변 가능성을 판시했다는 점에서 Uber 사건과는 달리 경쟁법적인 관점에서 발전된 사례라고 보인다.

그러나 본 사건에서 메시지의 발신만으로는 담합이 추정이 되지 않지만 그것을 용인하여 알고리즘이 결정한 가격을 수용할 경우 동조적 행위라고 보았는데 이러한 판단과 Uber 사건에서 법원이 명시적으로 적시하지는 않았지만 Uber 드라이버가 Uber Terms에 동의하는 순간 수평적 합의의 공모가 있다고 보았던 점은 유사한 판단이라고 할 수 있다. 한편, 알고리즘을 개발하는 사업자 등은 그러한 알고리즘이 수직적 합의 또는 수평적 담합을 조장하는 효과를 고려해야 하는 숙제를 안게 되었다.[78]

3) 유럽 Commission의 Asus, Denon&Marantz, Philips, Pioneer의 재판매가격유지행위 조사 건 (2018. 7)[79]

본 사건은 유럽 Commission이 Asus, Denons&Marantz, Philips 및 Pioneer가 온라인 소매업자를 상대로 소비자 가전 제품에 대해서 최저가격 재판매가격유지행위에 관여하였다고 보고 벌금을 부과한 사건이다. 본 사건은 최저가격 재판매유지행위를 위하여 가격결정 알고리즘이 사용된 사례이며, 수직적 합의인 재판매가격유지행위와 관련한 사건이지만, 수직적 합의도 부당한 공동행위의 범위에 포함된다고 볼 수 있으므로 본 논문에서 본 사례를 간단하게 설명하기로 한다.

2017. 2. 2 유럽 Commission은 온라인 거래와 관련하여 소비자 가전 제조업체와 비디오 게임 제조업체 및 호텔업자의 가격차별 등 세 가지 종류의 조사를 시작하였다. 이

---

[77] Andreas Heinemann, op.cit, p.440.
[78] Freshfields Bruckhaus Deringer, "Pricing algorithms: the digital collusion scenarios" p.2.
[79] European Commission, Press release, "Antitrust: Commission fines four consumer electronics manufacturers for fixing online resale prices", 2018. 7. 24. http://europa.eu/rapid/press-release_IP-18-4601_en.htm (2018. 11. 24. 최종접속)

중 조사를 받은 소비자 가전 제조업체는 Asus, Denons&Marantz, Philips 및 Pioneer 였고, 2018년 11월 현재 Denons&Marantz 외에 모든 사건을 종료하였다.[80]

본 건은 모두 최저가격 재판매유지행위와 관련된 사건이며, 조사업체 모두 재판매가격유지행위를 위해서 가격결정 알고리즘을 사용하였다.

Asus[81]는 프랑스에서는 2011년부터 2014년까지, 독일에서는 2013년부터 2014년까지 노트북 등의 소매가격을 모니터링하고 소매가격이 Asus의 가격 정책에 부합하지 않으면 보복을 하였다.

Denons&Marantz[82]는 2011년부터 2015년까지 독일과 네덜란드 등에서 재판매가격유지행위를 하였는데 불응할 경우 판매중단을 협박하였다.

Philips[83]는 2011년부터 2013년까지 프랑스에서 소매가격 등을 모니터링하면서 따르지 않는 소매업자에게는 보복행위를 하였다.

Pioneer[84]는 유럽 전역에서 모니터링 정책을 고안하였고, 2011년부터 2013년까지 재판매가격유지행위를 하고 병행수입을 방해했다.

유럽 Commission은 Asus를 비롯한 4개사가 소매업자들의 소매가격을 모니터링 알고리즘을 이용해 모니터링하면서 소매가격을 자신들이 원하는 가격 이하로 인하하지 못하게 하였다고 판단하였다.[85]

다만, 유럽 Commission은 Asus에게는 조사에 광범위한 협조를 했다고 보아 40% 삭감한 6300만 유로의 벌금을 부과하였고, Pioneer도 주목할만한 조사 협조를 근거로 50% 삭감한 1000만 유로의 벌금을, Philips의 경우에도 효과적인 조사 협조를 근거로 40% 삭감한 2900만 유로의 벌금을, Denons&Marantz에게는 700만 유로의 벌금을 부과하였다.[86]

본 사건은 알고리즘 담합의 관점보다는 유럽 Commission이 전자상거래 분야에 대해 광범위한 조사를 하고 있고, 2003년 Yamaha 사건[87] 이후 유럽 Commission이 15년만

---

80) Aurélien Portuese, "European Algorithmic Antitrust and Resale Price Maintenance: Asus, Denon & Marantz, Philips, and Pioneer Decisions", 『CPI』, November 2018.
81) Case AT.40465-Asus
82) Case AT.40469-Denons&Marantz
83) Case AT.40181-Philips
84) Case AT.40182-Pioneer
85) European Commission, Press release, "Antitrust: Commission fines four consumer electronics manufacturers for fixing online resale prices", 2018. 7. 24.
86) Aurélien Portuese, op.cit, p.2.
87) Yamaha가 EU 경쟁법을 여러 유형으로 위반한 것으로 조사되었는데, 특히 재판매가격유지행위는 1988년 이후부터 2001년까지 네덜란드, 이탈리아, 오스트리아에서 이루어졌다.,
Case Comp/37.975PO/Yamaha, (2003. 7.16),

에 제재한 재판매가격유지 행위 사건이라는 점에서 더 의미가 있는 사건이다. 또한, 수직적 합의에서 이례적인 벌금 감경이 있었다는 면에서 의의가 있다.

EU에서는 재판매가격유지행위는 목적상 경쟁제한 (Restrictive by Object)으로서 당연위법의 원칙이 적용되는 행위인데, 알고리즘이 시장의 투명성의 제고 등의 친경쟁적 효과가 있는데도 알고리즘이 중심이 된 재판매가격유지행위를 여전히 목적상 위법으로 규제해야 하는지에 대한 의문이 있다.[88]

또한, 소매가격에 대한 모니터링 알고리즘이 재판매가격유지행위의 위법성의 중요한 근거가 되었다는 점과, 소매업자들이 사용한 가격 결정 알고리즘은 본 조사의 대상은 아니었지만 그를 통해 경쟁가격과의 조정이 이루어진 점을 볼 때, 하나의 제조업자를 중심으로 하여 다수의 유통업체가 관여하고 재판매가격유지행위가 가격결정 알고리즘이 기반이 된 경우에는 기존의 재판매가격유지행위의 범주에서 벗어나 앞서 언급한 허브 앤 스포크형 담합으로 보아야 할 가능성이 커진다는 점에서 의의가 있다고 본다.

5. 알고리즘 담합과 경쟁법 적용의 문제

현재까지 알고리즘 담합 사례의 유형을 정리해보면 인간이 담합을 주도하면서 알고리즘에 관여하여 수평적 담합이 이루어지거나 허브 앤 스포크형 담합이 이루어지고 있는 경우가 대부분이다. 명시적인 수평적 담합이 이루어지는 경우에는 용이하게 위법성 판단이 이루어졌고, 허브 앤 스포크 형 담합의 형태에서는 스포크에 해당하는 사업자들은 동조적 행위라는 관점에서 접근하고 담합의 의도를 가지고 있는 허브에 해당하는 사업자와 스포크에 해당하는 사업자간에는 수직적 합의를 인정하는 것이 일반적이었다. 이러한 접근은 지금까지의 발생한 사례의 성격을 볼 때 타당하다고 판단된다.

그런데 디지털 경제에서 알고리즘 담합에 대한 경쟁법 적용은 두 가지 방법으로 접근이 되어야 한다. 인간의 담합 의도 또는 담합 의사의 일치가 있는 경우와 인간이 전혀 개입이 되지 않은 경우로 구분해서 접근해야 한다. 첫 번째 경우에는 알고리즘은 인간의 담합 행위의 수단에 불과하므로 기존의 경쟁법적인 원리를 적용하면 될 것이다.[89] 이런 경우는 담합 의사의 합치가 있거나, 정보 교환 행위가 있거나, Eturas 사례와 같은 동조적 행위 등으로 볼 수 있는 경우일 것이다. 두 번째 경우에는 담합 의도나 담합 의사의 합치 없이 알고리즘을 통해서 반독점적인 결과가 나온 경우이다. 이런 경우 인간이 알고리즘의 반독점적 결과를 충분히 예상하여 알고리즘 담합에 대한 예방조치를 한 경우와 그러한 예방조치를 하지 않은 경우로 나누어서 판단해야 한다.

---

[88] Aurélien Portuese, op.cit, p.4.
[89] Freshfields Bruckhaus Deringer, "Pricing algorithms: the digital collusion scenarios" p.2.

인간이 알고리즘에 대한 예방조치를 하지 않은 경우 알고리즘의 반독점적 결과에 법적 책임을 부담해야 한다. 유럽 Commission의 Margrethe Vestager도 2017년 독일연방카르텔청의 18회 경쟁법 회의에서 연설에서 "기업이 할 수 있고 해야 하는 것은 경쟁법적인 compliance를 의도적으로 보장해야 하는 것이다. 이것은 공모가 허용되지 않는 가격결정 알고리즘을 설계해야 하는 것을 의미한다"고 하였다.[90] 이러한 Vestager의 입장은 기업이 경쟁자와 가격 담합을 위한 시스템에 동의하는 것과 같은 불법적인 행위에 알고리즘이 관여하는 것을 방지하기 위한 예방조치를 충분히 하지 않을 경우 경쟁당국이 개입할 수 있다는 내용이며, 기업은 알고리즘의 반독점적 결과에 대해서 책임을 부담해야 한다는 입장이다.[91] 인간이 그러한 예방조치를 전혀 하지 않은 경우에는 알고리즘의 반독점적 결과에 대해서 책임을 부담해야 한다. 그리고 이런 경우 사전 예방조치가 없었다는 점에서 후술할 예방조치가 있지만 알고리즘이 고도로 발전하여 반경쟁적 결과가 발생하는 경우보다 반독점적 결과에 대한 위법성 판단이 좀 더 용이할 것이다.

인간이 알고리즘에 대해서 예방조치를 하더라도 알고리즘이 딥러닝(Deep Learning)과 자기 학습(Self Learning) 등으로 인간의 예상 범위를 넘어 담합 행위를 할 경우는 주로 의식적 병행행위 또는 동조적 행위로 볼 수 있는 경우일 것이다. 이러한 가격결정 알고리즘 형태의 의식적 병행행위와 동조적 행위 그 자체는 불법적인 것이 아닌 것으로 판단될 가능성이 높고 추가적인 정황요소가 있을 경우 경쟁법적인 규제가 이루어질 것이며 이 때 법적인 책임은 기업이 부담하여야 한다.

이 때 추가적인 정황요소는 사업자간의 명시적이지는 않지만 최소한 딥러닝 또는 자기 학습식 알고리즘이 담합을 유도할 것이라는 사전 의식과 적극적으로 담합을 거부하지 않고 수용하는 의도 또는 알고리즘 개발자의 예방조치 미실현 등이 될 것으로 보인다.

결론적으로, 경쟁법의 적용이 가장 어려운 부분은 인간의 행위가 개입이 되지 않는 자기 학습형 담합일 것이며 그 때 문제가 되는 것은 의식적 병행행위 또는 정보 교환의 의도가 없는 외관상 동조적 행위가 될 것이다. 그러나 이 때 별도의 추가적인 정황을 확인하여 알고리즘의 소유자인 기업의 반독점적 정황이 발견되거나 알고리즘을 설계할 경우 반독점적인 영향에 대한 예비조치가 전혀 없었던 경우에 경쟁법적 규제가 있어야 할 것이다. 여기서 반독점적 영향에 대한 예비조치가 무엇인지 어느 정도가 되어야 하는지에 대해서는

---

[90] "...what business can and must do is to ensure antitrust compliance by design. That means pricing algorithms need to built in a way that doesn't allow them to collude.", Algorithms and Competition Bundeskartellanmt 18th Conference on Competition, Berlin 16 March 2017., https://ec.europa.eu/commission/commissioners/2014-2019/vestager/announcements/bundeskartellamt-18th-conference-competition-berlin-16-march-2017_en (2018. 11. 27. 최종접속)

[91] Freshfields Bruckhaus Deringer, "Pricing algorithms: the digital collusion scenarios" p.3.

여전이 의문으로 남는다. 하지만, 중요한 것은 알고리즘의 담합에 대한 규제는 담합 결과에 대한 기업의 책임은 여전히 있어야 한다는 점이다.

한편, 알고리즘 담합에 대한 대응으로 알고리즘 감시제도 (algorithmic police) 또는 로봇에 특정한 권리와 의무를 부여하는 전자인간의 도입을 제안하기도 한다.

알고리즘 감시제도 (algorithmic police)는 경쟁당국의 기술적 전문성을 높여서 알고리즘의 담합에 대한 조사를 하자는 의견이며[92], 전자인간의 도입은 유럽의회(European Parliament)에 제출된 보고서[93]에서 언급이 되기도 했다.

6. 우리나라 공정거래법 개정 과정에서의 알고리즘 담합 논의

우리나라에서도 최근 알고리즘 담합이 활발히 논의가 되고 있고 그에 대한 경쟁법적 적용에 대해 고민하고 있다.[94] 알고리즘 담합에 대한 논의는 38년만의 공정거래법 전면 개정 과정에서도 이루어졌다. 공정거래법 개정안은 2018. 11. 29 현재 국회제출을 한 상태이며 공정거래법 전면 개정 과정에서 공정거래위원회의 김상조 위원장은 여러 차례 알고리즘 담합에 대한 규제의 필요성을 피력해왔다.[95] 김상조 위원장은 알고리즘의 담합을 가격정보 교환을 위한 EU의 동조적 행위로 보아서 규제하려는 입장이었다. 실제로 논의 과정에서 정보교환행위 규율을 위해 동조적 행위 개념을 도입할 경우 알고리즘 담합도 포섭할 수 있다는 점에 공감대가 형성되었으나[96] 동조적 행위는 이번 공정거래법 개정안에 포함되지 않았으며 다만 정보교환이 공동행위의 한 유형으로서 개정안 제39조 제1항 제9호로 포함되었다.[97]

따라서 알고리즘 담합 행위를 동조적 행위로 보아 규제하는 것은 동조적 행위가 개정안에 포함되지 않았기 때문에 개정된 공정거래법의 내용으로도 쉽지 않은 일이 되었다.

사견으로는 알고리즘의 담합 행위가 정보교환 행위로 직접적으로 연결되어 정보교환 행

---

92) Michal S. Gal, "Algorithmic-facilitated coordination: Market and Legal Solutions", 『CPI Antitrust Chronicle』 May 2017, 6면.
93) Report with recommendations to the Commission on Civil Law Rules on Robotics (2015/2013(INL), 2016. 5. 13.
94) 공정거래위원회가 2018. 9. 13에 개최한 제10회 서울국제경쟁포럼에서도 별도 세션으로 알고리즘 담합에 대해 논의가 되었다.
95) 서울경제신문, 2018. 9.2, [가격 알고리즘 담합 논란] 공정위 "알고리즘담합, 별도 새 규제 없다.", 전자신문, 2018. 3. 19, '4차 산업혁명' 발맞춰 공정거래법 전면 개편…알고리즘담합·데이터독점도 감시망에, 머니투데이, 2018. 6. 19. 김상조 "정보교환도 담합 증거로…달라진 경제 환경 반영" 등
96) 공정거래법제 개선 특별위원회 최종 보고서(2018. 7). 27면.
97) 공정거래법 개정안 제39조 제1항 제9호: 그 밖의 행위로서 다른 사업자(그 행위를 한 사업자를 포함한다)의 사업활동 또는 사업내용을 방해·제한하거나 가격, 생산량, 그 밖에 대통령령으로 정하는 정보를 주고받음으로써 일정한 거래분야에서 경쟁을 실질적으로 제한하는 행위

위에 의해 직접적으로 규제되기는 어렵다고 생각한다. 알고리즘 담합 자체가 정보교환의 형태로 발생되기 때문에 공모의 의도 등의 추가적인 정황요소가 필요하기 때문이다. 앞선 사례처럼 메신저형 담합과 허브 앤 스포크 형 담합은 대개의 경우 인간의 담합 의도가 반영이 된다. 실제적으로 문제가 되는 것은 알고리즘의 담합이 인간의 개입 없이 가격조정 등을 하는 경우이다. 이 경우를 직접적으로 정보교환 행위로 보기는 힘들 것으로 보인다. 그렇다면 우리나라에서도 인간이 개입이 없는 알고리즘 담합에 대한 규제는 미국이나 EU의 경우처럼 좀 더 연구되어야 하는 영역이 될 것이다.

Ⅳ. 결론

빅데이터, 인공지능, 사물인터넷 등 제4차 산업혁명 시대의 주요한 기술에 기반한 디지털 경제는 계속해서 발전하고 있고, 경쟁법적인 관점에서는 알고리즘에 기반한 담합의 문제가 도래하게 되었다.

알고리즘은 우리 삶의 곳곳에서 활용되고 있고 시장에서의 정보 비대칭성을 극복하고 거래 비용을 낮추며 시장의 투명성과 효율성을 극대화하는 친경쟁적인 효과가 있다. 하지만, 이러한 알고리즘은 시장 참여자의 담합의 가능성을 더욱 용이하게 할 수 있는 반경쟁적인 효과도 함께 가지고 있다.

알고리즘의 담합의 특징은 자동적으로 정보를 교환하고 가격을 모니터링하고 조정하는 기능을 통해 가격 담합 공모의 가능성과 경쟁자의 기회 박탈을 가져오며, 인간의 물리적인 공모나 반경쟁적인 의도 없이도 발생된다는 점이다.

이러한 알고리즘의 담합에 대해 미국, EU 등의 경쟁당국에서는 디지털 경제 시대의 새로운 담합으로서 주목하고 있으며 실제로 경쟁법 적용을 하기도 하였다.

알고리즘 담합의 유형은 Ezarachi와 Stucke가 구분한 메신저형 담합, 허브 앤 스포크형 담합, 예측 에이전트형 담합, 자기 학습형 담합으로 구분이 될 수 있으며 이러한 구분은 현재까지 생각할 수 있는 알고리즘 담합의 유형을 잘 구분한 것으로 보인다.

알고리즘의 담합의 규제는 인간의 행위가 개입이 된 경우와 인간의 행위가 개입이 되지 않는 경우로 구분해서 접근해야 한다고 한다. 실제로 미국의 David Topkins Poster 담합 사건, Uber의 가격결정 알고리즘 사건, 영국의 Trod Ltd poster 담합 사건, EU의 Eturas 사건, 유럽 Commission의 Asus, Denon&Marantz, Philips, Pioneer의 재판매가격유지행위 조사 건은 모두 인간의 반독점적 의도가 개입이 되었던 사건이다. 이러한 사건의 경우에는 기존의 경쟁법적 원리에 따라 규제를 하면 될 것으로 보인다.

즉, 이러한 사례를 앞선 담합의 형태로 구분해본다면, 메신저형 담합 (David Topkins,

Trod Ltd poster 사건)과 허브 앤 스포크형 담합 (Uber의 가격결정 알고리즘 사건, Eturas 사건)으로 구분할 수 있고 전자의 경우에는 알고리즘은 단순히 공모의 도구로 사용되었고 실제로도 인간에 의해 조정이 되었기 때문에 직접적으로 공모의 존재를 인정할 수 있었고, 후자의 경우에는 허브가 되는 조정자 (Uber 및 Eturas UAB)가 있고, 허브와 연결되어 있는 스포크 (Uber 드라이버 및 여행사)간의 수직적 합의와 스포크간의 합의를 인정할 수 있었다. 특히 Eturas 사건의 경우에는 EU는 동조적 행위라는 개념을 이용하여 수평적 합의를 인정하였는데 동의라는 측면에서 단순한 통지는 동조적 행위를 구성하지 않고 통지에 대한 인식이 필요하다고 하여 새로운 의사 교환의 유형을 인정하였다.

한편, 인간의 행위가 개입이 되지 않는 알고리즘의 담합에 대해서는 현재로서는 기술 발전의 가정 하에서 고민을 할 수 밖에 없다. 또한, 향후 기술의 발전은 알고리즘의 담합에 대한 경쟁법 적용의 새로운 접근법을 요구하게 될 것이다.[98] 예측 에이전트형 담합, 자기 학습형 담합을 의미하는 것인데, 이에 대해서는 EU의 입장처럼 인간이 사전에 알고리즘에 대한 예방조치를 하는 것이 현실적인 대안이 될 수 있다.

그러나 그럼에도 불구하고 알고리즘이 딥러닝(Deep Learning)과 자기 학습(Self Learning) 등으로 인간의 예상 범위를 넘어 담합 행위를 할 경우는 주로 의식적 병행행위 또는 외관상 동조적 행위로 보아 규제가 되어야 할 것이다. 이러한 가격결정 알고리즘 형태의 의식적 병행행위와 외관상 동조적 행위 그 자체는 불법적인 것이 아닌 것으로 판단될 가능성이 높고 추가적인 정황요소가 있을 경우 경쟁법적인 규제가 이루어질 것이며 이 때 법적인 책임은 기업이 부담하게 될 것이다. 이 때 추가적인 정황은 사업자간의 명시적이지는 않지만 최소한 딥러닝 또는 자기 학습식 알고리즘이 담합을 유도할 것이라는 의식과 적극적으로 담합을 거부하지 않고 수용하는 의도 또는 알고리즘 개발자의 예방조치 미실현 등이 될 것으로 보인다.

추가적인 정황을 확인하여 알고리즘의 소유자인 기업의 반독점적 정황이 발견되는 경우와 알고리즘의 설계할 경우 반독점적인 영향에 대한 예비조치가 전혀 없었던 경우에 경쟁법적 규제가 있어야 할 것이다. 물론 반독점적 영향에 대한 예비조치가 무엇인지 어느 정도가 되어야 하는지에 대해서는 여전이 의문으로 남는다. 하지만 핵심적인 것은 디지털 경제에서도 알고리즘 담합과 같은 담합에 대해서는 여전히 사업자가 책임을 부담해야 한다는 점이다.

---

98) Andreas Heinemann, op.cit, p.440.

참고문헌

1. 국내문헌

권오승, 『경제법』 제12판, 법문사, 2015.
신현윤, 『경제법』 제7판, 법문사, 2017.
이기수/유진희, 『경제법』 제9판, 세창출판사, 2012.
이호영, 『독점규제법』, 홍문사, 2015.
정재훈, 『공정거래법 소송실무』 제2판, 육법사, 2017.

전지은/이충권, "온라인 판매자들의 가격조정에 관한 연구", 『한국전자거래학회지』 제19권 제3호, 한국전자거래학회, 2014.
최난설헌, "알고리즘을 통한 가격정보의 교환과 경쟁법적 평가", 『경쟁법연구』 제35 권, 한국경쟁법학회, 2017.
홍명수, "정보교환과 카르텔 규제", 『법과 사회』 제36호, 법과사회이론학회, 2009.

김건우, "디지털 경제, 과소평가되고 있다.", 『LG Business Insight』, 2016.
____, "알고리즘으로 움직이는 경제 디지털 카르텔 가능성 커진다.", LG경제연구원, 2017.
삼정KPMG, "비즈니스 기회 창출을 위한 AI알고리즘의 활용", 삼정KPMG 경제연구원, 2018.
윤창호, "인공지능의 발전이 경쟁법 집행에 미치는 영향 연구 – 디지털 카르텔 사례를 중심으로-", 공정거래위원회, 2018.
한국인터넷기업협회, "디지털 이코노미와 우리경제의 미래", 2016.

공정거래법제 개선 특별위원회 최종 보고서(2018. 7). 27.
머니투데이, 2018. 6. 19. 김상조 "정보교환도 담합 증거로…달라진 경제 환경 반영"
서울경제신문, 2018. 9.2, [가격 알고리즘 담합 논란] 공정위 "알고리즘담합, 별도 새규제 없다."
전자신문, 2018. 3. 19, '4차 산업혁명' 발맞춰 공정거래법 전면 개편…알고리즘담합·데이터독점도 감시망에,

2. 외국문헌

Alison Jones, Brenda Sufrin, 『EU Competition Law Text, Cases, and Materials』(6th Edition), Oxford University Press, 2016.
Ariel Ezrachi, Maurice E. Stucke, 『Virtual Competition』, Harvard University Press, 2016.

Daniel J. Glifford, Robert T. Kurdrle, 『The Atlantic Divide in Antitrust: An Examination of US and EU Competition Policy』, University of Chicago Press, 2015.
Elenor M. Fox, Damien Gerard, 『EU Competition Law: Cases, Texts and Contexts』, Edward Elgar Publishing, 2017.
Herbert Hovenkamp, 『Principles of Antitrust』, West Academic Publishing, 2017.
Richard Whish, David Bailey, 『Competition Law』(Ninth Edition), Oxford University Press, 2018.

Sandra Marco Colino, 『Competition Law of the EU and UK』(Seventh Edition), Oxford Press University, 2011.

Andreas Heinemann, Aleksandra Gebicka, "Can Computers Form Cartels? About the Need for European Institutions to Revise the Concertation Doctrine in the Information Age.", 『Journal of European Competition Law & Practice』 2016 Vol. 7, 2016.

Ariel Ezrachi, Maurice E. Stucke, "Artificial Intelligence & Collusion: When Computers Inhibit Competition", 『University of Illinois Law Review』 2017.

Aurélien Portuese, "European Algorithmic Antitrust and Resale Price Maintenance: Asus, Denon & Marantz, Philips, and Pioneer Decisions", 『CPI』, November 2018.

Gintare Surblyte, "Competition Law at the Crossroads in the Digital Economy: Is It All About Google?", 『Max Planck Institute for Innovation and Competition Research Paper』 No. 15-13., 2015.

Michal S. Gal, "Algorithmic-facilitated coordination: Market and Legal Solutions", 『CPI Antitrust Chronicle』, 2017.

Michal S. Gal, Niva Elkin-Koren, "Algorithmic Consumers", 『Harvard Journal of Law & Technology』 (Volume 30), 2017.

OECD, "Algorithms and Collusion: Competition Policy in the Digital Age", 2017.

Salil K. Mehra, "Antitrust and the Robo-Seller: Competition in the Time of Algorithms", 『Minnesota Law Review』, 2016.

Terrell McSweeny, "Algorithms and Coordinated Effects", 『University of Oxford Center for Competition Law and Policy Oxford』, UK, 2017.

Annabel Wilson, Sathya S. Gosselin, "Are Antitrust Laws Up to the Task? A US/EU Perspective on Anti-Competitive Algorithm Behavior", Hausfeld, 2017.

Algorithms and Competition, Bundeskartellamt 18th Conference on Competition, Berlin 16 March 2017.

CMA Press Release, "Online seller admits breaking competition law", 21 July 2016.

DOJ Justice News, "Former-E-Commerce Executive Charged with Price Fixing in the Antitrust Division's First ONlikne Marketplace Prosecution", April 6, 2015.

European Commission, Press release, "Antitrust: Commission fines four consumer electronics manufacturers for fixing online resale prices", 2018. 7. 24.

Freshfields Bruckhaus Deringer, "Pricing algorithms: the digital collusion scenarios."

G20 Digital Economy Development and Cooperation Initiative, September 5, 2016.

Monopolkommission, "Competition (2018) The twenty-second biennial report by the Monopolies Commission in accordance with section 44 paragraph 1 sentence 1 of the German act against restraints of competition"

Nick Passaro, "Uber has an antitrust litigation problem, not an antitrust problem", CPI Antitrust Chronicle May 2018. 2.

OECD, Directorate for Financial and Enterprise Affairs Competition Committee, Algorithms and

Collusion-Note by the United States (DAF/COMP/WD (2017)41), 5.
Plea agreement between the United States of America and David Topkins, 2015. 4. 30.
Report with recommendations to the Commission on Civil Law Rules on Robotics (2015/2013 (INL), 2016. 5. 13.
Shearman & Sterling LLP, "Artificial Intelligence and Algorithms in Cartel Cases: Risks in Potential Broad, April 16, 2018.
Supreme Administrative Court of Lithuania, "SACL has rendered a decision in the travel agencies' case", 2016. 5. 16.

3. 기타

(1) 판례

1) 미국

United States v. Airline Tariff Publishing Co. et al. 836 F. Supp. 9, Civil Action No.: 92-2854.).
Meyer v. Kalanick, 15 Civ. 9796 (JSR), Opinion and Order of United States District Court, Southern District of New York (2016. 3.31).
Meyer v. Uber Technologies Inc, 868 F.3d 66, 80 (2nd U.S. Circuit Court of Appeals, No. 16-2750.)

2) EU

ECJ, 16.12.1975, Joined Cases 4048, 50, 5456, 111, 113, and 114/73
Case Comp/37.975PO/Yamaha, (2003. 7.16).
Case C-74/14. Judgment of the Court(Fifth Chamber), 21 January 2016.
Case AT.39740-Google Search(Shopping). 2017. 6.27
Case AT.40465-Asus
Case AT.40469-Denons&Marantz
Case AT.40181-Philips
Case AT.40182-Pioneer

(2) 웹사이트

https://arstechnica.com/tech-policy/2018/07/uber-drivers-employees-for-unemployment-purposes-ny-labor-board-says/
https://www.business.com/articles/what-is-dynamic-pricing-and-how-does-it-affect-ecommerce/
https://ec.europa.eu/commission/commissioners/2014-2019/vestager/announcements/bundeskartellamt-18th-conference-competition-berlin-16-march-2017_en
http://ec.europa.eu/competition/ecn/brief/03_2012/lt_online.pdf
http://fortune.com/2018/07/21/uber-drivers-employees-new-york-unemployment/
https://terms.naver.com/entry.nhn?docId=2270445&cid=51173&categoryId=51173

융/합/적/사/회/변/화/와/법

비기술적요소가 포함된 AI발명의 진보성 판단기준

권지현[*]

광운대학교 법학부 조교수

I. 서론

오늘날 제4차 산업혁명은 인간과 인간, 인간과 사물, 사물과 사물을 상호 연결하여 더욱 지능화하고 대융합화하여 초현실사회로 변화하는 디지털 환경을 만드는 것을 의미한다. 이와 같이 제4차 산업혁명은 초연결성 및 초지능화, 대융합화의 특성을 가지며, 이를 통해 다양한 산업과 일상생활 환경이 네트워크로 상호 연결되고 보다 지능화된 초현실사회로 변모시킬 것이다.[1] 이러한 초현실사회로 변화하는 디지털 환경을 만들기 위해서는 인공지능(AI)이 빅데이터(Big Data), 사물인터넷(IoT), 블록체인(Block chain) 등과 결합하여 달성되고 있으며, 그러한 중추적인 역할을 하는 것이 AI와 그 적용기술이고 이를 다양한 산업분야 및 비즈니스에 적용하는 원동력은 넓은 의미에서 소프트웨어(Software : SW)라고 할 수 있다.[2][3]

SW는 반도체와 더불어 산업의 쌀이라고 할 수 있을 정도로 모든 산업분야뿐만 아니라

---

* 〈논문 게재 당시 소속〉 일본 와세다대학 지적재산법제연구소 연구원

[1] 김동준/정차호/이해영, 『디지털 환경에서의 특허요건 및 침해에 대한 연구』, 특허청 정책연구보고서, 2017. 12. 20, 70면; 김진하, "4차 산업혁명 시대, 미래사회 변화에 대한 전략적 대응 방안 모색", 『한국과학기술기획평가원 R&D InI 03』, 한국과학기술기획평가원, 2016, 49면.

[2] 권태복, 『제4차 산업혁명과 특허전략』, 세창출판사, 2019, 80-81면.

[3] Jashandeep Kaur, Intellectual Property Law in Times of Artificial Intelligence: Is It a Misnomer to Consider the Bot a Possible IP Right Holder?, Journal Of Legal Studies And Research, Vol.2 Iss.6 (Sept. 30, 2016), p. 45.

우리 일상생활 환경에도 많이 적용되고 있기 때문에 연구개발이 활발하게 이루어지고 있고, 그 연구 성과물을 특허로 보호하기 위하여 우리나라를 포함한 세계 각국은 SW 또는 비즈니스 모델(BM) 관련 발명의 특허심사기준을 제정하여 시행하고 있다. 우리나라도 「특허·실용신안심사기준[4](이하 "심사기준"이라 한다)」의 제9부 기술분야별 심사기준 중에서 제9장에 "컴퓨터 관련 발명 심사기준[5]"을 근거로 심사하고 있다. 그리고 본 "컴퓨터 관련 발명 심사기준"을 적용함에 있어서 참고용으로 제9부 제10장에 "제4차 산업혁명 관련 발명의 진보성 판단사례" 14건을 제시하고 있다.[6]

그러나 제4차 산업혁명 관련기술이라고 할 수 있는 AI, IoT 등의 관련 발명(이하 "AI발명"이라 한다)에 대한 진보성의 판단은 현행 심사기준에서 제시된 사항만으로는 충분하지 못하다고 생각된다.[7] 물론 AI발명의 진보성 판단에 관한 다양한 심사사례 14건을 제시하여 설명하고 있지만, 이러한 14건의 진보성 판단 심사사례만으로는 AI발명의 구성요소 및 그 특징 등을 보다 구체적으로 구분하여 실제 진보성을 판단하기 위한 기준으로 활용하기 위해서는 한계가 있는 것으로 보인다.

특히 AI발명의 구성요소로는 수집 또는 편집된 원천데이터, 학습데이터 구조, 딥러닝의 인공신경망 구조, 학습전 파라미터 알고리즘, 학습용프로그램 및 알고리즘, 학습완료모델, 학습후 파라미터 알고리즘, 추론프로그램, 응용 입력데이터, 산출물 등으로 구현된 수단 또는 단계로 되어 있다. 이들의 구성요소 중에는 데이터 그 자체, 인간의 인위적 행위, 범용 컴퓨터상식 등의 비기술적요소가 포함되거나 결합되어 있는 경우가 많다. AI발명의 진보성은 비기술적요소를 포함한 상태에서 판단해야 하는지 아니면 제외하고 판단해야 것인지가 쟁점이 되고 있다.[8]

물론 청구범위에 기재된 발명이 "SW에 의한 정보처리 수단 또는 단계"가 추상적 개념을 단지 범용 컴퓨터에 적용하여 인위적 입력에 의하여 자동화한 것에 불과한 비기술적요소만으로 되어 있는 경우에는 당연히 발명의 성립성이 없어서 특허를 받을 수 없지만, 특정 기술적요소와 비기술적요소가 결합되어 발명의 성립성을 만족하는 AI발명의 진보성 판단에 있어서는 그 비기술적요소를 어떠한 기준으로 어떻게 판단해야 하는 것인지가 중요하다.[9] 즉 AI의 딥러닝 적용에 의하여 구현되는 수단 또는 단계를 표현한 구성요소가 '데이

---

[4] 특허청, 『특허·실용신안 심사기준(특허청예규 제116호)』, 2020.
[5] 특허청, 위의 심사기준, 9A01-9A31면.
[6] 특허청, 위의 심사기준, 9B01-9B60면.
[7] 김동준/정차호/이해영, 앞의 글, 20면.
[8] 청구범위에 "인위적인 결정사항"과 "시스템화방법"이 기재되어 있는 경우, 이들의 구성을 분리하는 것이 아니라 유기적으로 결합된 전체로서의 발명으로 파악하여야 하는 것이 중요하다. 즉 비기술적 요소인 "인위적 결정사항"을 분리하지 않고 전체로서 진보성을 판단하여야 한다(특허청, 앞의 심사기준(주 4), 9A24면).

터를 활용한다', 또는 '딥러닝에 적용에 의하여 산출한다', '대량의 데이터를 인위적 작동에 의하여 처리하여 얻는다', '딥러닝 적용에 의하여 불량품을 줄일 수 있다', '데이터를 활용하여 균일한 물건을 생산한다' 등과 같은 비기술적요소의 표현이 청구범위에 기재되어 있는 경우10)의 진보성 유무는 어떠한 기준으로 판단해야 하는 것인지가 매우 중요하다.

이 글에서는 기술적요소와 비기술적요소로 결합된 AI발명의 특징을 검토하고, 이러한 비기술적요소가 포함된 AI발명의 진보성 판단에 관한 미국, 일본, EPO의 판단기준을 비교하여 우리나라와의 차이점을 알아보고, 이를 통하여 비기술적요소가 포함된 AI발명의 진보성 판단기준에 관한 개선방안을 제시하여 본다.

II. 비기술적요소가 포함된 AI발명

1. AI발명의 구성요소

(1) AI발명의 개념

AI 관련기술(이하 "AI기술"이라 한다)이란 특정과제를 해결하기 위하여 주어진 문제점을 찾아내고, 그 문제점을 해결하기 위하여 주어진 데이터를 이용하여 반복학습하고, 그 학습을 통하여 스스로 최적의 해결방안을 도출하는 것이다. 특히 AI의 구현 수단이 매우 추상적이고 복합적인 개념이지만, 어떤 문제를 합리적으로 해결할 수 있는 조치를 취할 수 있는 시스템이라고 할 수 있다.11) AI는 인간이 만든 딥러닝 프로그램을 통하여 스스로 사물을 이해하고, 주어진 주변 환경을 인식하고 이를 경험에 근거하여 학습하여 최적의 서비스모델을 결과물로 도출하는 것이다.

이와 같이 AI발명의 기본개념은 선행 데이터를 이용하여 문제의 해결점을 찾기 위하여 인공신경망 기술기반의 딥러닝을 통한 인간의 지능을 SW 알고리즘으로 구현한 것을 말한다. 통상의 SW발명은 어떤 목적을 해결하기 위한 수단 또는 단계의 프로세서를 알고리즘 형태로 구현한 것을 말하지만, AI발명은 무엇을 하겠다는 최적의 목적을 정해 놓고 알고리

---

9) 특허청, 앞의 심사기준, 9A25면에는 "특정 분야에 관한 컴퓨터 관련 발명에 사용되고 있는 단계 또는 수단은 적용 분야에 관계없이 기능 또는 작용이 공통인 것이 많다. 이러한 경우 어느 특정 분야의 컴퓨터 관련 발명의 단계 또는 수단을 다른 특정 분야에 적용하려고 하는 것은 통상의 기술자의 통상의 창작능력 발휘에 해당한다."고 하여 진보성을 부정하고 있다.

10) 특허청, 앞의 심사기준, 9A24면.

11) John P. Holdren and Megan Smith, Preparing for The Future of Artificial Intelligence, National Science and Technology Council (Oct. 12, 2016), p. 6.

즘을 구현하는 것이 아니라 인간의 신경망을 재현하여 스스로 학습하고 판단하여 최적의 목적을 도출하는 수단 또는 단계의 프로세서를 알고리즘 형태로 한다는 점에서 근본적인 차이가 있다. 일반 SW발명으로서의 프로그램[12]은 발명자 및 프로그래머가 의도하여 코딩한 것 이상의 성능을 내지 못하지만, AI는 딥러닝의 학습을 통해 발명자 및 프로그래머가 의도한 것 이상의 성능(문제점 인식 및 이를 통한 최적 모델)을 낼 수 있는 점이 차이가 있다. 그러나 AI의 적용과 구현 알고리즘도 일반 프로그램과는 다른 특성을 가지고 있다고 하더라도 결국 SW 알고리즘의 범주에 속하는 것이다. 따라서 프로그램발명과 AI발명은 기본적으로 모두 SW발명에 해당하는 것으로, 특허요건 판단도 같은 관점에서 접근하여야 있다.[13]

AI발명을 특허받기 위해서는 정보자료로서의 데이터 및 범용 딥러닝 기술을 적용하는 AI기술만으로 부족하고, AI기술의 적용에 의하여 구현되는 구체적인 수단 또는 단계의 프로세스를 알고리즘 형태로 특허명세서에 기재하여야 한다. 특허명세서의 기재에는 특정데이터 구조에 근거하여 학습프로그램에 의한 학습, 추리, 추론 및 결정의 기술사상을 인간이 지능적으로 인식하는 것과 같은 논리를 알고리즘 형태로 기재하여야 하고,[14] 이러한 AI발명의 특허출원은 방법발명 또는 시스템발명으로 특허를 받을 수 있다.

AI발명은 데이터를 근거로 AI의 딥러닝 기술이 적용된 SW로서의 프로그램발명에 속하는 것이지만, 그 기술적 사상을 구현하는 면에서는 차이가 있다. 우선 SW발명으로서의 프로그램발명은 특정한 과업을 수행하기 위하여 특정한 알고리즘을 구현하는 것을 말한다. 이에 반해, SW발명으로서의 AI발명은 프로그램발명의 알고리즘에 학습데이터 구조 및 학습전 파라미터(하이퍼 파라미터 등)를 근거로 AI의 딥러닝기술을 적용하는 학습프로그램에 의한 반복학습 기능과 그 반복학습에 의하여 문제를 스스로 해결한다는 알고리즘이 추가되어 있어야 한다. 여기서 알고리즘이 특정한 작업을 수행하기 위한 구현 수단 또는 단계가 명시적으로 정해진 특정 알고리즘 형태로 구현되는 것은 아니다. 즉, 제공된 학습데이터 구조에 대응한 해법을 스스로 인식하여 응답하려고 하는 학습프로그램 알고리즘, 여기서 AI가 스스로 인식하여 해결하려고 하는 구현 수단 또는 단계로 학습전 파라미터 및 학습후 파라미터의 알고리즘이 특정되는 것으로 이를 특허명세서에 기재해야 특허를 받을 수 있다.

(2) AI발명의 전체 구성도

AI발명은 컴퓨터 SW알고리즘 내에 입력데이터 및 데이터구조에 의하여 명시적인 코딩

---

[12] 특허법상의 프로그램이란 저작권법에서 말하는 소스코드나 소스코드 그 자체를 말하는 것이 아니라, 기능이나 처리방법 등을 수단 또는 단계로 표현한 알고리즘 형태의 기술사상을 말한다.
[13] 권태복, 앞의 책, 80-81면.
[14] Nishith Pathak, Artificial Intelligence for NET : Speech, Language and Search, Apress (Aug. 16, 2017), pp. 8-10.

(coding) 및 디버그(debugger)를 할 필요가 없고, 구축 또는 제공된 학습 데이터의 패턴으로 컴퓨터상의 AI 딥러닝 프로그램에 의한 반복학습을 통하여 최적의 서비스모델을 도출하는 구현 방법 또는 시스템을 말한다. 즉 아래의 〈그림 1〉과 같이, AI발명을 구현하기 위해서는 먼저 기본적으로 수집된 원시데이터가 있어야 하고, 그 원시데이터를 가지고 AI의 딥러닝기술에 적용하기 위한 학습데이터 구조가 작성되어야 한다. 이러한 원시데이터 및 그 학습데이터 구조를 근거로, AI발명은 인간이 창작한 AI의 딥러닝기술을 이용한 학습프로그램에 의하여 AI가 특정 학습데이터 구조를 학습하여 문제점을 찾고, 스스로 그 문제를 해결하기 위하여 반복학습하여 최적의 모델을 얻는 다고 하는 구현 수단 또는 단계를 알고리즘 형태로 특정해야 한다.

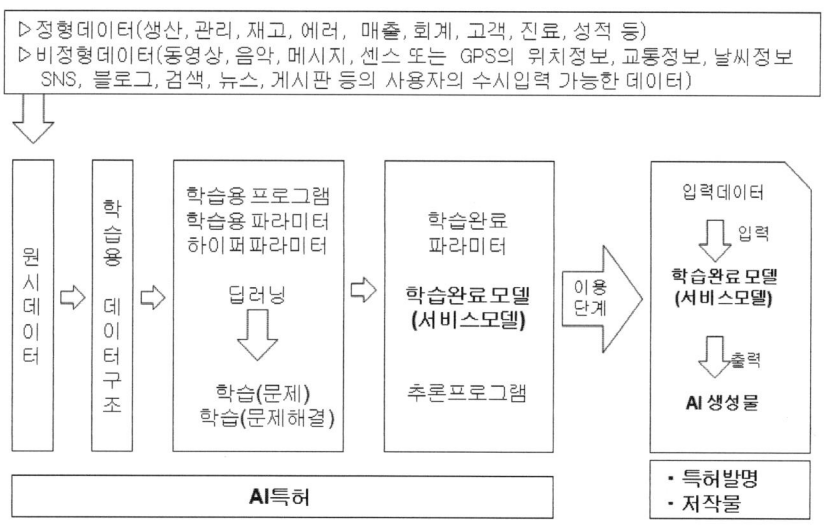

〈그림 1〉 AI발명의 딥러닝 알고리즘의 전체구성도

2. AI발명의 구성요소와 진보성 판단

(1) 원시데이터 또는 가공데이터

AI발명은 기본적으로 반복학습을 하기 위하여 선행 데이터가 있어야 한다. 원시데이터의 수집하여 축적 및 관리하고, 이를 분석하여 통계적 의미를 가질 수 있도록 정보자료를 구축해야 한다.

최근에는 위의 〈그림 1〉과 같이, 산업현장의 생산데이터, 관리데이터, 재고데이터, 고장데이터, 매출·매입데이터, 회계데이터, 고객데이터, 진료데이터, 성적데이터 등과 같은 정형데이터가 정보재로서 수집되어 축적 관리되고 있고, 또 동영상데이터, 음악데이터, 메시지데이터, 센스 또는 GPS의 위치정보데이터, 교통정보데이터, 날씨정보데이터, 그리고 SNS · 블로그 · 검색 · 뉴스 · 게시판 등의 각종 데이터가 사용자의 수시입력에 의하여 수집되고 축적 관리되는 비정형데이터가 있다.

이러한 정형데이터 또는 비정형데이터 그 자체는 특허법의 보호대상이 아니라 저작권법의 보호대상이 될 수 있다. 즉 정보자료로서의 원시데이터 또는 가공데이터 그 자체는 특허법의 보호대상이 아니지만, 데이터 및 빅데이터의 수집방법 및 축적방법, 데이터의 전처리 및 저장관리방법, 데이터의 분석방법 및 그 분석시스템, 데이터의 분석가시화 방법[15] 등은 일반적으로 특허법의 보호대상에 포함되고 선행 인용발명보다 개량되어 있으면 진보성이 있어서 특허를 받을 수 있다.[16]

AI발명의 특허출원에는 특허법의 보호대상이 아닌 원시데이터 또는 그 가공데이터의 자체가 구현 수단 또는 단계의 알고리즘을 기술적으로 표현함에 있어서 하나의 구성요소로 청구범위에 기재할 수 있다. 왜냐하면, 원시데이터 또는 그 가공데이터를 근거로 학습데이터 구조가 작성되어야 실제 AI의 딥러닝이 반복학습을 수행할 수 있기 때문에 청구범위에 데이터가 구성요소로 특정될 수 있다.

따라서 학습데이터의 구조가 아니라 데이터, 원시데이터 또는 그 가공데이터라는 표현으로 청구범위에 기재된 경우, 그러한 데이터 자체는 비기술적요소로서 발명의 성립성이 없어서 특허를 받을 수 없다.[17] 그러나 비기술적요소가 기술적구성요소와 결합하여 청구범위에 기재된 경우에는 발명의 성립성이 인정되지만, 진보성의 판단에 있어서는 그 비기술적요소를 기술적요소와 결합하여 전체로서 선행 인용발명과 비교하여 진보성을 판단할 수 있는 것인지가 쟁점이 된다.

(2) 학습데이터의 구조

AI발명은 데이터의 이용에 의해 학습을 하여 문제를 찾아내고, 그 문제를 해결하기 위하여 데이터를 이용한 반복학습을 수행하여 최적의 모델을 도출하는 것이므로 데이터의 이용이 매우 중요하다. 여기서 AI 딥러닝이 반복학습을 하기 위한 데이터는 수집된 원시데이

---

15) 빅데이터 분석 가시화방법이란 비전문가가 데이터의 분석을 수행할 수 있도록 환경을 제공하는 분석도구 및 그 분석도구를 사용하여 분석한 결과를 함축적으로 정보를 표시하는 인포그래픽스 기술을 말한다.
16) 최근에는 다양한 각종 데이터가 수집, 가공되어서 빅데이터가 구축되고, 빅데이터는 컴퓨터에 의하여 정보처리의 속도 및 처리능력이 향상되고 있어 이용의 편리성이 있으며, 특히 컴퓨터에 의하여 빅데이터의 반복구현이 이루어짐과 더불어 그 학습의 알고리즘도 빠르게 진화하고 있고, 그러한 학습의 알고리즘은 인간이 생각할 수 없는 영역의 최적 목표치에 도달할 수 있다.
17) 청구항에 기재된 발명과 인용발명이 데이터의 내용(콘텐츠)에만 차이점이 있는 경우, 그 차이점으로 말미암아 청구항에 기재된 발명이 진보성이 인정되는 것은 아니다(특허청, 앞의 심사기준, 9A28면).

터나 그 가공데이터가 아니라 학습데이터 구조로 작성되어야 한다.

데이터 구조(data structure)는 특정한 데이터 조작 기능을 위해 설계된 데이터 요소들 간의 관계(set)를 물리적 논리적인 관점에서 나타낸 것을 말한다.[18] 데이터 개체의 집합과 그 원소들 사이에 적용되는 연산의 의미를 기술한 것으로 이것은 특별한 프로그래밍 언어나 컴퓨터 내부의 표현 방식이 아니라 추상적인 데이터와 그것을 다루는 연산에 대한 정의이다.

AI발명의 특허출원에는 데이터 구조가 청구범위에 구성요소로 기재할 수 있다. 특허청의 "컴퓨터 관련발명 심사기준"에 의하면, 데이터 구조란 "데이터 요소 사이의 상호관계를 표시한 데이터의 논리적 구조"라고 정의하면서,[19] 특히 "기록된 데이터 구조로 말미암아 컴퓨터가 수행하는 처리 내용이 '특정되는 구조를 가진 데이터'를 기록한 컴퓨터로 읽을 수 있는 매체"로 청구범위를 기재하는 경우에는 물건의 발명으로 특허를 받을 수 있다고 규정하고 있다.[20]

따라서 어떤 '특정되는 구조를 가진 데이터'는 기술적요소로서 특허의 보호대상이 되기 때문에, AI발명의 특허출원 시에 청구범위에 학습데이터 구조를 구성요소로서 기재할 수 있다. 그러나 청구범위에 학습데이터 구조가 기재되어 있다고 하여 모두 기술적요소로 볼 수 없는 경우가 있다. 즉 청구범위에 AI가 특정한 과제를 해결하기 위하여 학습을 수행할 수 있도록 "데이터 요소 사이의 상호관계를 표시한 데이터의 논리적 구조"가 특정되어 있고, 하드웨어(컴퓨터 등)를 구동시켜 소정의 학습을 통하여 일정한 처리를 수행하도록 하는 구조가 기재되어 있는 경우, 당해 학습데이터 구조는 당연히 기술적요소로 특정되어 있다고 말할 수 있다.

그러나 청구범위에 "데이터 요소 사이의 상호관계를 표시한 데이터의 논리적 구조"가 특정하여 기재되어 있지 않아서 데이터 요소들 간의 구조 또는 기능적 상호 관계를 명확히 알 수 없는 경우, 당해 학습데이터 구조는 일반적인 데이터에 불과한 것으로 간주하여 비기술적요소로 취급하여야 한다. 이와 같은 비기술적요소의 학습데이터 구조가 다른 기술적요소와 결합하여 발명의 성립성을 만족하는 것으로 인정을 받은 후, 진보성의 판단에 있어서는 당해 비기술적요소와 기술적요소를 분리하여 기술적요소만으로 선행 인용발명과 비교하여야 하는 것인지, 아니면 구분하지 않고 전체적으로 진보성을 판단하여야 하는 것인지가 쟁점이 된다.

---

[18] 데이터 구조에는 리스트, 배열, 그래프, 테이블, 트리, 큐, 스택, 파일 등이 있고, 데이터 베이스에 있는 파일 간에 관련성과 각 파일 내의 항목 간의 관련성의 구조를 말한다. 예를 들면, 레코드(데이터) 내에 하나 또는 그 이상의 체인 필드를 설치하여 그것에 관련된 데이터 요소로의 체인 어드레스 없이 포인터를 넣어놓고, 관련된 데이터 요소를 고속으로 꺼내는 것이 가능한 리스트 구조가 전형적인 것이다.

[19] 특허청, 앞의 심사기준, 9A01-9A02면.

[20] 특허청, 앞의 심사기준, 9A04면.

(3) 범용 딥러닝(Deep Learning)

딥러닝이란 데이터 집합으로부터 핵심적인 내용 또는 기능을 요약하거나 장래에 예측할 수 있는 데이터의 최적 규칙을 찾아내는 데 사용되는 통계적 학습 프로세스이다.[21] 딥러닝은 머신러닝(Machine Learning)과 다르게 학습하기 전에 인간이 설정한 목표값의 작업을 하지 않고 학습데이터 구조를 그대로 이용하여, 실세계의 학습용 데이터 셋(set)으로 정확한 예측이 이루질 때까지 반복학습하여 학습완료모델을 도출하는 것을 말한다.[22] 즉 딥러닝은 컴퓨터가 여러 데이터를 이용해 마치 인간처럼 스스로 학습할 수 있게 하기 위해 인공신경망을 기반으로 수행되는 기계학습 기술이라고도 할 수 있다.[23] 컴퓨터가 특정 업무를 수행할 때 정형화된 데이터를 입력받지 않고 스스로 필요한 데이터의 수집·분석을 통하여 학습데이터 셋을 만들고 그러한 학습데이터 셋을 바탕으로 정확한 예측이 이루어질 때까지 반복학습을 수행하여 최적의 학습완료모델을 도출하는 것도 있을 수 있다.

AI의 딥러닝 기술은 학습데이터를 컴퓨터에 입력하고 유사한 특징이 있는 것끼리 체계적으로 분류·정리·배열하여 학습데이터 구조를 생성하고, 그 학습데이터 구조를 이용하여 학습하고, 그 학습을 통하여 문제를 해결할 수 있는 최적의 목표값에 도달하는 것을 말한다.

이와 같이 인간의 사고능력(학습, 추론, 인지)을 모방한 AI기술은 결국 컴퓨터 기술을 이용하여 구현함으로써 문제를 해결할 수 있는 기술이라고 할 수 있다.[24] 컴퓨터 기술을 이용하여 인간의 사고능력(학습, 추론, 인지)과 같이 구현함으로써 문제를 해결한다는 의미는 인간이 특정과제를 해결하기 위하여 만든 딥러닝 학습프로그램이 스스로 예측하고 판단하여 보다 더 좋은 결과를 알아서 수행할 수 있도록 하는 아이디어로서, 이는 SW발명에 관한 것이라고 말할 수 있다.

결국 AI의 딥러닝기술은 인간의 사고능력(학습, 추론, 인지)과 같이 스스로 구현하여 최적의 결과물을 도출하지만, 이러한 구현이 이루어지도록 설계한 딥러닝이라는 학습프로그

---

21) John P. Holdren and Megan Smith, op. cit, p. 6.
22) 딥러닝의 학습은 (ⅰ) 먼저 트레이닝 및 테스트의 셋(set)으로 구분된 과거 데이터 셋을 바탕으로 하여 조정 가능한 파라미터들을 사용하여 의사결정 규칙의 가능한 범위를 특징짓는 수학적 모델 또는 구조를 선택하고, (ⅱ) 파라미터의 특정에 따라 평가할 수 있도록 사용되는 목적함수(objective function)를 정의하고, (ⅲ) 파라미터의 특정을 조정하여 목적함수를 최대화하여 수백만 개의 파라미터 중에서 최적의 모델에 접근하도록 학습알고리즘에 의하여 학습을 수행하고, (ⅳ) 하나의 모델에 대한 학습이 완료되면, 테스트 셋을 사용하여 그 모델의 정확성과 유효성을 평가하고 '학습완료모델'(trained model)을 창작한다(John P. Holdren and Megan Smith, op. cit, p. 9).
23) 차상육, "인공지능(AI)과 지적재산권의 새로운 쟁점-저작권법을 중심으로", 『법조』 제66권 제3호, 법조협회, 2017, 191면.
24) 곽현/전성태/박성혁/석왕헌, "AI(AI) 기술 및 정책 동향", 『한국지식재산연구원 Issue & Focus on IP』 제2016-36호, 한국지식재산연구원, 2016, 3면.

램은 인간이 창작한 것이므로, 당해 딥러닝 학습프로그램은 창작물로서 특허의 보호대상이 될 수 있다. 다만, 딥러닝 학습프로그램에 의하여 AI가 스스로 창작한 결과물은 인간이 창작한 것인가, 아니면 AI가 창작한 것인가의 쟁점은 별론으로 하고, 현재 미국을 포함한 세계 각국은 딥러닝의 학습프로그램이 인간의 개입에 의하여 구현되는 수단 또는 단계의 알고리즘 형태로 청구범위를 기재하면 특허를 허여하고 있다.25)

그러나 AI발명의 특허출원에는 AI의 딥러닝 학습프로그램을 구체적으로 특정하는 알고리즘을 기술하지 않고 단순히 "AI의 딥러닝을 이용 또는 사용, 적용에 의하여" 특정과제를 구현하는 것으로 기재한 경우가 많다. AI발명의 구성요소로 "AI의 딥러닝을 이용 또는 사용, 적용에 의하여"라고 기재한 경우에는 비록 구성요소로서 청구범위에 기재되어 있다고 하더라도 이에 대한 구체적인 구현 수단 또는 단계를 특정한 알고리즘이 기재되어 있지 않으므로 기술적요소가 아니라 범용 딥러닝에 해당하는 비기술적요소로 볼 수 있다.

최근에는 범용 AI 딥러닝을 이용하여 데이터의 활용에 관한 신사업이 활발하게 진행되고 있다. 정부도 2019년부터 2021년까지 매년 600억원씩 3년간 3,000억원의 예산을 투입하여 다양한 데이터를 구매 또는 가공하여 산업 또는 비즈니스에 적용하는 지원사업을 추진하고 있다. 여기서 데이터 또는 가공데이터를 구매하고 동 데이터를 사용하여 AI 딥러닝을 적용하는 신사업을 추진하는 경우에는 시중에서 판매하고 있는 범용 AI 딥러닝 프로그램을 이용하는 경우가 상당히 많을 수 있다.

만약 범용 AI 딥러닝 프로그램을 이용하는 사업을 추진하면서, 당해 사업 비즈니스를 특허출원하는 경우 AI 알고리즘을 발명의 구성요소로서 청구범위에 기재할 수 있다. 청구범위에 기재된 AI 알고리즘은 특허를 받을 수 있는 구성요소가 아니라 시중에서 판매하고 있는 범용 AI 알고리즘이기 때문에 통상적으로 범용화된 컴퓨터기술에 불과한 것으로 비기술적요소로 간주할 수 있다. 즉 AI발명의 특허출원에는 특정과제를 해결하기 위한 구체적인 구현 수단 또는 단계의 알고리즘 형태의 기술적요소와 결합하여 단순히 "AI 딥러닝을 이용한다" 등의 표현으로 청구범위를 작성한 경우가 많다. 이러한 경우, 기술적요소와 비기술적요소의 결합관계, 범용 AI 딥러닝의 이용에 관한 관점을 어디까지 적용되는 것인지의 판단이 쉽지 않다. 따라서 발명의 성립성을 만족한다고 하더라도 진보성을 판단함에 있어서는 단순히 "AI 딥러닝을 이용한다" 등의 표현이 기재된 청구범위를 어떻게 특정하여 선행 인용발명과 대비를 해서 진보성을 판단해야 하는 것인지가 중요하다.

---

25) Dr. Shlomit Yanisky Ravid/Xiaoqiong (Jackie) Liu, "When artificial intelligence systems produce inventions: An alternative model for patent law at the 3A era," 39 Cardozo L. Rev. 2215 (2018), pp. 2221-2223.

Ⅲ. 외국과의 비교검토

1. 외국과의 비교

(1) 미국

미국에 있어서 청구범위에 기재된 일부 구성요소가 비기술적요소에 해당하는 경우에 진보성을 어떻게 판단해야 하는 것인지를 검토하여 본다.

진보성 판단은 미국특허법 제102조에 따른 선행 특허문헌 및 간행물, 기술상식 등을 근거로 제103조의 비자명성 유무를 판단한다. AI발명이 추상적 아이디어로만으로 구성되어 있는 경우에는 미국특허청의 SW발명의 특허적격성판단 가이던스에 의하여 당연히 특허적격성이 없어서 진보성을 판단하지 않고 거절결정된다.[26] 그러나 AI발명을 포함한 SW발명에는 어느 정도 추상적 아이디어 등 비기술적요소를 가지고 있고, 이러한 비기술적요소가 구체적인 해결수단으로 기술적요소와 결합된 구성으로 이루어져 있는 경우에는 발명 전체로서 특허적격성이 있는 것으로 판단하고 있다.[27]

그 다음으로 AI발명의 진보성 판단에서는 비록 비기술적요소가 포함되어 있다고 하더라도 기술적요소를 한정하거나 특정하여 보완하는 관점에서 청구범위에 기재된 경우, 비기술적요소를 제외하지 않고 전체로서 기술적요소와 결합된 것으로 취급하여 진보성을 판단하고 있다.[28] 이러한 진보성 판단에 대해서, 제103조에는 명문으로 청구범위에 기재된 사항의 전체로서(as a whole)로서 선행 인용발명과 대비하여 판단해야 한다고 규정하고 있다.

본 조항에 대한 판단은 특허심사기준(Manual of Patent Examining Procedure: 이하 'MPEP'라 한다)에서 규정하고 있는 일반기준과 2019년 10월 17일 개정된 SW발명의 특허적격성판단 가이던스[29]가 함께 적용되고 있다.

미국판례에 있어서도 청구범위에 기재된 발명 전체로서 진보성을 판단해야 한다고 판시하고 있다.[30] 다만, 발명의 특허적격성 판단에서는 전체로서 판단하여야 하는 것이 Diehr

---

[26] USPTO, Subject Matter Eligibility(The 2019 Revised Patent Subject Matter Eligibility Guidance (2019 PEG) published on January 7, 2019), pp. 4-7.

[27] Samuel Scholz, A SIRI-OUS SOCIETAL ISSUE: SHOULD AUTONOMOUS ARTIFICIAL INTELLIGENCE RECEIVE PATENT OR COPYRIGHT PROTECTION?, Cybaris An Intell. Prop. L. Rev. 81 (2020), pp. 125-128.

[28] John Leeming and Martin Jackson, "Protecting software and computer-implemented inventions in Europe", JA Kemp International, IP Value 2014 (2014), p. 22

[29] USPTO, The 2019 Revised Patent Subject Matter Eligibility Guidance (2019 PEG) published on January 7, 2019.

[30] In re Lowry, 32 F.3d 1579, 1582 (Fed. Cir. 1994).

판결의 법리이었는데,31) Alice 판례32)에서는 특허적격성 판단을 구성요소 별로 판단할 수 있다고 하였다. 특히 Alice 법리로 인하여 구성요소의 분리 판단이 가능하게 되었고 그래서 기술적 사항의 전통성(conventionality)을 검토할 수 있게 되었으며,33) 결과적으로 특허적격성의 문턱이 지나치게 높아졌다는 문제가 지적되기도 하였다.34) 이러한 특허적격성의 분리 판단과는 관계없이 진보성의 판단은 청구항에 기재된 발명 전체를 기준으로 선행 인용발명과 대비하여야 하는 것이 미국의 실무상 일반론이라고 할 수 있다.35)

예를 들면, 청구범위에 [수단 A(기술적요소) 및 수단 B(비기술적요소)가 하드웨어 C와 결합]으로 기재된 AI발명이 있고, 이에 대응한 선행 인용발명으로는 선행기술 1에 수단 A가 개시되어 있고, 선행기술 2가 비기술적 요소인 수단 B가 개시되어 있는 경우를 고려해 볼 수 있다. 이러한 경우, 미국의 진보성 판단은 제103조에서 규정한 발명 전체로서의 원칙을 적용하여 기술적요소인지 비기술적요소인지를 불문하고 청구범위에 기재된 발명 전체와 선행기술 1과 2의 결합을 대비하여 통상의 기술자가 용이하게 발명할 수 있는 것인지를 판단한다.36) 여기서 수단 B(비기술적 요소)가 일반적인 기술 지식이라고 하더라도 수단 A(기술적 요소)와 결합된 수단으로 하드웨어에서 작동 또는 구현되는 경우에는 각 구성수단을 분리하는 것이 아니라 결합된 발명 전체 발명으로서 진보성을 판단해야 한다는 의미이다.37)

따라서 미국은 AI발명에 비기술적요소가 있다는 것만으로 AI발명의 진보성 판단법리와 일반 발명의 진보성 판단 법리를 구분하는 것이 아니라 동일한 관점에서 진보성을 판단하고 있다고 말할 수 있다. 즉, AI발명의 모든 구성요소가(기술적요소 및 비기술적요소를 불문하고) 동일하게 취급되는 것이다.38) AI발명의 진보성 판단을 위해서는 기술적요소이든 비기술적요소이든 구분하지 않고 전체를 검토하여야 하는 미국 법리에 의하면, 비기술적 요소가 진보성이 있는 경우, 즉 [수단 A(기술적 요소) 및 수단 B(비기술적 요소)가 하드웨

---

31) Diamond v. Diehr, 450 U.S. 175, 192 (1981).
32) Alice Corp. Pty. Ltd. v. CLS Bank International, 573 U.S. 208 (2014).
33) Paxton M. Lewis, The Conflation of Patent Eligibility and Obviousness: Alice's Substitution of Section 103, 2017 Utah L. Rev. OnLaw 13, 31 (2017).
34) 김동준/정차호/이해영, 앞의 글, 231면.
35) Michael Gershoni, An Argument against Reinventing the Wheel: Using an Obviousness Analysis to Bring Consistency and Clarity to Patent Eligibility Determinations of Software Patents after Alice Corp., 44 AIPLA Q.J. 295, 320 (2016).
36) Paxton M. Lewis, The Conflation of Patent Eligibility and Obviousness: Alice's Substitution of Section 103, 2017 Utah L. Rev. OnLaw 13, 31 (2017).
37) Ibid, p. 29.
38) Michelle Friedman Murray, Nonobviousness Standards for Hardware and Software Before and After KSR: What is the Difference, 93 J. Pat. & Trademark Off. Soc'y 259 (2011).

어 C와 결합]으로 구성된 AI발명에서 수단 A는 진보된 것으로 볼 수 없지만, 비기술적요소인 수단 B를 수단 A와 결합하는 경우에는 진보된 기술사상으로 볼 수 있다.

다음으로 비기술적요소는 선행 인용발명이 될 수 있는 것인지가 검토하여 본다.

미국의 진보성 판단은 청구항에 기재된 발명이 자명한가를 판단하는 것이 아니라, 청구범위에 기재된 발명 전체로서 선행기술로부터 자명한가를 판단하는 것이다. 이와 같이 진보성을 판단함에 있어서 청구범위에 기재된 비기술적요소도 포함한 발명 전체로서 진보성이 판단되고 있기 때문에, 선행하는 비기술적요소도 선행 인용발명으로 취급하고 있다.39)

이에 대한 구체적인 판례를 검색할 수 없었지만, 제103조의 규정에 의하여 기술적요소와 비기술적요소의 발명 전체를 기준으로 선행 인용발명과 대비하여 진보성이 인정된 특허출원은 특허공보에 의하여 공중에게 공표되기 때문에 선행문헌으로서의 법적지위를 가질 수 있다. 즉, 특허공보에 게재된 비기술적요소도 선행 인용발명으로 인정된다. 만약 비기술적요소를 선행 인용발명으로 인정하지 않는 경우, 특허공보에 기재된 기술적요소만 공지문헌이고 비기술적요소가 공지문헌이 아니라는 것으로 해석되기 때문이다.

따라서 비기술적요소도 제102조의 선행 특허문헌 및 간행물, 기술상식 등에 해당하므로 당연히 선행 인용발명이 될 수 있다. 미국에서는 기술적요소뿐만 아니라 비기술적요소도 함께 발명 전체로서 진보성을 판단하고 있기 때문에 비기술적요소도 당해 출원발명의 구성요소에 해당할 뿐만 아니라 반대로 선행기술로서의 지위도 가지고 있다.

(2) 일본

일본에 있어서 AI 및 IoT 등의 제4차 산업혁명 관련기술을 포함한 SW발명의 진보성 판단은 일본특허법 제2조 제1호 및 제29조의 규정, 일본특허청 심사기준 제3부 제1장 및 "심사기준핸드북 부속서 B 제1장 컴퓨터소프트웨어 관련발명" 심사기준,40) 그리고 2018년 6월에 제정한 "IoT관련 기술의 심사기준에 대하여-IoT, AI, 3D 프린터의 적용에 대하여"41)를 적용하여 판단하고 있다.

인위적 행위 또는 인위적 결정, 범용 컴퓨터상식, 범용 딥러닝 상식기술, 데이터 자료 또는 정보(단, 데이터구조 또는 학습데이터 구조는 제외) 등을 비기술적요소라고 하고 있고, 이러한 비기술적요소가 포함되어 있는 AI발명의 진보성은 비기술적요소를 제외하지

---

39) Paul Spiel, Express Employee Patent Assignments: Staying True to Intellectual Property's Credo of Rewarding Innovation, 99 J. Pat. & Trademark Off. Soc'y 79, 90 (2017).

40) 日本特許廳, 『特許・実用新案審査ハンドブック 附属書B 第1章 コンピュータソフトウエア関連発明』, 2019. 1.

41) 日本特許廳, 『IoT関連技術の審査基準等について-IoT, AI, 3Dプリンティング技術等に対する審査基準・審査ハンドブックの適用について-』, 2018. 6.

않고 기술적요소와 결합하여 전체로서 판단하고 있다.42) 다만, 일본에서는 청구범위에 기재된 AI발명이 비기술적요소만으로 이루어져 있는 경우에는 당연히 일본 특허법 제29조 제1항 및 제2조의 규정에 의한 발명해당성 요건 위반으로 특허를 받을 수 없다. 다만, 비기술적요소가 출원발명의 요부에 해당하거나 비기술적요소가 선행기술에도 개시되어 있지 않는 경우에는 진보성을 어떻게 판단해야 하는 것인지가 쟁점이 되고 있다.43) 최근에는 AI발명의 구성요소에 비기술적요소로서 데이터 정보 및 자료(콘텐츠)가 기재되어 있고, 이러한 비기술적요소가 특징이 있는 경우에는 처음부터 진보성을 부정하는 것이 아니다.44)

청구범위에 기재된 발명과 공지의 인용발명을 비교하여 데이터 정보 또는 자료(콘텐츠)만이 차이가 있고, 그 외의 구성 및 기능, 수단 및 단계 등의 프로세스에는 무엇인가 차이가 없는 경우에는 그 데이터 정보의 차이만으로는 진보성을 인정하고 있지 않다.45)

다음에는 청구항에 기재된 비기술적요소와 관련하여 진보성의 판단이 쟁점이 된 일본 판례를 검토하여 본다.

전자증권발행시스템사건,46) 장학금지급처리시스템,47) 개인진료정보제공시스템48)에서는 "당사자가 적절히 선택하여 얻을 수 있는 사항에 지나지 않는다"고 하는 인위적 행위가 기술적요소와 결합되어 있다고 하더라도 전체적으로 선행기술과 비교하여 진보성이 없다고 판단하였다.

또 일본에는 AI발명을 포함한 SW발명의 특허출원에 있어서 그 청구범위에 "소정의 정보를 전송가능한 매체"와 같이 "정보를 전송한다"고 하는 매체고유의 기능에 의해서만 특정되는 경우에는 진보성의 결여로 특허를 받을 수 없다. 데이터 등의 소정의 정보를 전송가능하다고 하는 것은 통상의 통신망이나 통신선로 등이 고유로 가지는 기능에 의해서 행해지기 때문이다.49) 따라서 데이터의 전송이 가능하다는 사항은 프로그램발명이 물건으로써 전송매체를 특정할 수 없기 때문에 진보성을 인정하고 있지 않다.

결론적으로 일본은 청구항에 기재된 발명에 기술적요소 이외에 "인위적 행위"가 기재되

---

42) SW委員会第2部会, "データ構\造に関する発明の事例紹介", 『パテント』Vol. 66 No. 14, 日本弁理士会, 2013, 5-27頁.
43) 山本雅久, "IoT関連発明、ビジネス関連発明を含むコンピュータソフトウェア(CS) 関連発明についての日部実務雑感", 『パテント』Vol. 72, 日本弁理士会, 2019, 65-66면.
44) 日本特許廳, 앞의 글(주 41), 30면.
45) 日本特許廳, 앞의 글(주 41), 30면.
46) 地裁高裁平成22年3月24日判決(平成21年(行ケ)第10212号).
47) 地裁高裁平成21年10月29日判決(平成21年(行ケ)第10090号).
48) 東京高裁平成17年1月26日判決(平成15年(行ケ)第540号).
49) 日本特許廳, 앞의 글(주 41), 37면.

어 있다거나 구체성이 없는 "정보처리가 하드웨어를 이용하여 실현된다"와 같은 비기술적 요소50) 또는 범용 컴퓨터상식 등이 기재되어 있는 경우에는 기술적요소를 제외하고 비기술적요소만을 근거로 발명해당성을 판단하는 것이 아니다.51) 즉, 기술적요소를 포함하여 전체로서 우선 발명해당성을 판단하고, 여기서 기술적요소가 발명의 요부이고 비기술적요소가 기술적요소의 특징을 한정하고 구현하는 것에 필요한 의미를 가지고 있는 경우에는 발명해당성을 인정하고, 그 다음으로 기술적적요소와 비기술적요소를 결합한 전체로서 진보성을 판단하고 있다.

(3) EU

EPC 제56조 첫 단락에는 「만약, 선행기술을 고려하여 당업자에게 자명하지 않다면, 그 발명은 진보성이 있다」고 규정하고 있다. 다만, 선행기술의 범위, 당업자의 수준, 그리고 자명하다는 것은 무엇인지 등에 관하여 아무런 언급이 없지만, EPO의 심사지침서52)와 EPO 심판부의 심결문집에는 진보성 판단 방법과 판단기준이 규정되어 있다. 즉 EPO 심판부의 심결문집에 따르면, 심사관은 통상 「과제-해결 접근법(Problem and solution approach)」을 사용하여 객관적이고 예측 가능한 방법으로 진보성을 판단하고 있다.53)

EPO의 과제-해결 접근법은 출원발명이 해결하려는 기술적 과제가 선행 인용발명에 비하여 기술적 진보를 가지고 있는 것인지에 대하여 판단하는 것을 말한다.54) EPO 심판원의 Comvik 심결(T 641/00)에 따르면, 어떤 방법(수단 또는 단계)이 그 자체로는 기술적이지 않으나 하드웨어와 결합된 기술적 공정에 적용되고, 그 수단 또는 단계의 공정이 물리적인 것에 의해 수행되어 물리적인 변화를 가져오는 경우에는 그 발명 전체로서 기술적 진보가 있는 것으로 보아 진보성을 인정하고 있다.55)

---

50) 일본에서의 비기술적요소란 인위적 행위, 인위적인 결정, 범용 컴퓨터상식, 범용 딥러닝 상식기술, 데이터 자료 또는 데이터 정보, 구체성이 없는 일반 기술상식 등을 말한다(日本特許廳, 앞의 글(주 31), 13-15면).
51) 일본은 청구항에 컴퓨터(정보처리장치), CPU(연산수단), 메모리(기억수단) 등의 하드웨어 자원이 기재되어 있어도 사용 목적에 따른 특유의 정보의 연산 또는 가공을 실현하기 위한 SW 및 하드웨어 자원이 협동한 구체적 수단 또는 구체적 단계가 기재되어 있지 않은 경우, 청구항에 기재된 발명은 자연법칙을 이용한 기술적 사상의 창작에 해당하지 않는 것으로 간주하여 발명해당성을 인정하지 않는다(日本特許廳, 앞의 글(주 41), 11-12면).
52) EPO, Guidelines for Examination in the European Patent Office (status December 2007).
53) EPO Boards of Appeal, Case Law of the Boards of Appealof the European Patent Office (Fifth edition 2006), pp. 23-29.
54) Steve Hickman, Reinventing Invention: Why Changing How We Invent Will Change What We Patent and What to Do About It, 91 J. Pat. & Trademark Off. Soc'y 108, 112 (2009).
55) EPO Boards of Appeal, op. cit, I.A.2, 4.3.

그러나 AI발명을 포함한 SW발명의 청구범위에는 기술적요소뿐만 아니라 비기술적요소도 함께 기재되어 있는 경우가 많다. 비기술적요소는 직접 어떠한 물리적 변화를 가져오는 것은 아니지만 기술적요소와 결합하여 어떤 역할을 할 수 있는 경우도 있다. 따라서 청구범위에 기재된 AI발명을 특정함에 있어서 기술적요소만으로 특정해야 하는 것인지 아니면 비기술적요소와 기술적요소를 모두 포함하여 특정해야 하는 것인지가 쟁점이 될 수 있다.56) 물론 청구범위는 기술적 특징만으로 기재되는 것이 원칙이지만, AI발명은 일반적으로 비기술적 요소가 청구항의 구성요소로 기재된 경우가 많이 있으므로 당해 발명의 특정이 매우 중요하다.

이에 대하여 EPO는 특허적격성의 판단과 진보성의 판단을 다른 관점에서 접근하고 있다. 즉 특허적격성의 판단에 있어서는 비기술적요소를 발명의 특정범위에 포함시켜 발명 전체로서 발명에 해당하는 것인지를 판단하고 있고, 반면에 진보성 판단에 있어서는 비기술적요소를 제외하고 발명을 특징하여 선행 인용발명과 대비하고 있다.57)58) EPO에서의 진보성 판단에는 청구범위에 기재된 비기술적요소를 제외하고 기술적요소만으로 발명을 특정하여 선행 인용발명과 대비하고 있다.59)60) 진보성의 판단에서 무조건 비기술적요소를 제외하는 것이 아니라 사항에 따라서는 포함하여 전체로 판단하는 경우도 있다. 즉 어떤 SW발명에 있어서 청구범위에 기재된 기술적요소만으로는 성립성을 결여하나, 청구항의 다른 구성요소인 비기술적요소와 결합하여 전체적으로 기술적 특성을 가지고 있는 경우에는 그 비기술적요소를 포함하여 진보성을 판단하고 있다.61)

다음으로 비기술적요소의 문헌 등이 선행 인용발명의 증거로 사용할 수 있는 것인지에 대하여 검토하여 본다.

EPO의 심사관은 당업자가 발명에 도달할 수 있는 다양한 방법이 존재한다는 점에 유의하며 진보성이 존재하는지 여부를 평가하는 것이 중요하다. 이에 대하여 EPO의 심사기준에는 AI발명을 특정하고 있지 않지만 통상 AI발명도 SW발명의 범주에 속하는 것으로 보고 일반발명과 같은 규정을 적용하고 있다. 즉 청구범위에 기재된 발명의 진보성은 전체적으로 고려되어야 하며, 청구항이 "특징들의 조합"으로 이루어진 경우에는 그 조합에서 이끌어 낸 개별 특징들이 공지 또는 자명하므로 청구범위에 기재된 발명 전체가 자명하다는 방법으로 판단하는 것을 부정하고 있다.62) 즉, 청구범위에 기재된 각 구성요소들이 각각

---

56) Ibid.
57) Ibid.
58) Mewburn Ellis LLP, Patentability of Software and Business Method Inventions in Europe (2017), pp. 76-79.
59) EPO Boards of Appeal, op. cit, I.A.2, 4.3.
60) EPO, op. cit, G.VII.5.4.
61) EPO Boards of Appeal, op. cit, I.A.2, 4.3.

별개로 공지되었는지의 여부가 아니라, 이들의 복수기술들로부터 통상의 기술자가 이러한 조합을 하도록 동기를 부여하였는지를 바탕으로 진보성을 판단하고 있다.[63] 이와 같이 복수의 구성요소로 이루어진 출원발명과 복수의 선행 인용발명을 각각 대비하여 판다하는 것이 아니라 유기적 결합에 의해서 판단하다는 진보성 판단법리를 고려하는 경우, 비기술적요소의 선행문헌도 당연히 인용발명으로서의 법적지위가 있는 것이다.

결론적으로 EPO는 AI발명을 포함한 SW발명의 특허출원에 포함된 비기술적요소를 제외하고 진보성을 판단하고 있으므로 특허의 유기적 결합에 의하여 얻어지는 효과를 간과할 수 있어서 진보성이 부정될 확률이 높을 것으로 판단된다. 즉 기술적요소에 비기술적요소를 결합하여 얻어지는 효과가 명확하게 나타나는 경우에는 진보성이 인정될 수 있는 경우가 있음에도 불구하고 기술적요소만으로 진보성을 판단하다보니 진보성 결여를 이유로 특허를 받을 수 없거나[64] 특허무효가 되는 확률이 높을 수 있다.

2. 우리와의 비교 검토

우리나라는 특허법 및 심사기준 등에서 청구범위에 기재된 비기술적요소를 제외하고 판단한다는 명문의 규정은 없고, 다만 심사기준에는 "진보성 판단의 대상이 되는 발명은 청구항에 기재된 발명이다. 이때 발명을 파악함에 있어서, 인위적인 결정사항과 시스템화 방법이 기재되어 있는 경우, 이들의 구성을 분리하는 것이 아니라 유기적으로 결합된 전체로서의 발명으로 파악하여야 하는 것이 중요하다."고 기재하고 있다.[65] 여기서 "인위적 결정사항"은 비기술적요소로 볼 수 있으므로, 위 규정만으로 데이터나 통상의 컴퓨터상식, 범용 딥러닝 상식 등의 비기술적요소도 포함하는 것으로 해석할 수 있다.

이와 같이, 우리나라는 미국이나 일본과 같이 청구범위에 기술적요소와 비기술적요소가 기재되어 있는 경우, 그 비기술적요소를 제외하고 진보성을 판단하는 것이 아니라 발명 전체로서 진보성을 판단하고 있다고 말할 수 있다. 대법원은 복수의 구성요소로 기재된 청구범위의 진보성 판단은 비록 어느 구성요소가 비기술적요소라고 하더라도 이를 제외하지 않고 각 구성요소의 유기적 결합에 의하여 전체로 판단해야 한다고 판시하고 있다.[66] 또 청구범위에 기재된 발명의 일부에 자연법칙을 이용하고 있는 부분이 있더라도 청구항 전체로서 자연법칙을 이용하고 있지 않다면 그것은 발명이 아니라고 판시하였다.[67] 그리

---

62) EPO, op. cit, G.VII.5.4.
63) EPO Boards of Appeal, op. cit, I.A.2, 4.3.
64) Ibid.
65) 특허청, 앞의 심사기준, 9A24면.
66) 대법원 2010. 12. 23. 선고 2009후436 판결, 2008. 12. 11. 선고 2007후494 판결.

고 특허법원도 프로그램발명의 성립성은 컴퓨터상에서 SW에 의한 정보처리가 하드웨어를 이용하여 구체적으로 실현되고 있어야 하고, 특허발명이 자연법칙을 이용한 것인지 여부는 청구범위 전체로서 판단해야 한다고 판시하였다.[68]

이러한 판례는 청구범위가 기술적요소와 비기술적요소를 모두 가지고 있는 경우, 두 사항을 함께 고려한 전체로서 자연법칙을 이용하는 것인지를 판단하여야 한다는 취지로 해석된다. 즉 하드웨어가 개입된다는 사실만으로 성립성이 인정되는 것은 아니며, 정보처리라는 비기술적요소와 하드웨어의 연동을 전체적으로 감안하여 진보성을 판단해야 하는 것을 의미하고 있다.

따라서 AI발명의 진보성을 판단함에 있어서도 각 단계 또는 수단, 기능과 하드웨어를 개별적으로 구분하여 판단할 것이 아니라 발명 전체로서 판단할 필요가 있다.[69] 미국 특허법은 진보성을 규정하는 제103조가 이러한 전체로서의 판단 법리를 명시적으로 규정하고 있으며, 우리나라 및 일본은 미국특허법과 같은 조항이 명문화되어 있지 않지만, 판례나 실무적으로 기술적요소와 비기술적요소 전체를 대상으로 선행 인용발명과 대비하여 진보성을 판단하는 있으므로, 그 판단기법은 미국과 다르다고 할 수 없다.[70] 다만, EPO의 심사기준 및 심판가이드라인에서 제시하고 있는 진보성 판단기준과는 약간의 차이가 있다고 할 수 있다.

또한 비기술적요소를 선행 인용발명으로 인정할 수 있는 것인지에 대하여 비교하여 보면, 우리 대법원은 비기술적요소가 기재된 결합발명의 진보성 판단에 대하여, 2이상의 선행기술(주지관용기술[71] 포함)을 상호결합하여 판단할 수 있으나, 그 결합은 당해 발명의 출원시에 통상의 기술자가 용이하게 할 수 있다고 인정되는 경우에 한하고, 또 프로그램 출원발명은 웹을 통해 게임을 다운받아 실행하는 웹 게임서버에 관한 것으로서 인용발명과의 구성상 차이는 '게임 프로그램과 게임 데이터를 분리하여 다운로드한다는 점'에만 있는 경우, 출원 당시의 기술 수준을 감안할 때 프로그램 코드와 데이터를 분리하여 다운받

---

67) 대법원 2008. 12. 24. 선고 2007후265 판결.
68) 특허법원 2016. 11. 17. 선고 2015허4880 판결.
69) 대법원 2007. 9. 6. 선고 2005후3284 판결에서는 "어느 특허발명의 특허청구범위에 기재된 청구항이 복수의 구성요소로 되어 있는 경우에는 각 구성요소가 유기적으로 결합한 전체로서의 기술사상이 진보성 판단의 대상이 되는 것이지 각 구성요소가 독립하여 진보성 판단의 대상이 되는 것은 아니므로, 그 특허발명의 진보성 여부를 판단함에 있어서는 청구항에 기재된 복수의 구성을 분해한 후 각각 분해된 개별 구성요소들이 공지된 것인지 여부만을 따져서는 안 되고, 특유의 과제 해결원리에 기초하여 유기적으로 결합된 전체로서의 구성의 곤란성을 따져 보아야 할 것이며, 이때 결합된 전체 구성으로서의 발명이 갖는 특유한 효과도 함께 고려하여야 할 것이다."고 판시하고 있다.
70) 김동준/정차호/이해영, 앞의 글, 222면.
71) 주지기술이란 그 기술에 관해 상당히 다수의 문헌이 존재하거나, 또는 업계에 알려져 있거나, 혹은 예시할 필요가 없을 정도로 잘 알려진 기술과 같이 그 기술분야에서 일반적으로 알려진 기술을 말하며, 관용기술은 주지기술 중 자주 사용되고 있는 기술을 말한다.

는 기술적 특징은 단순한 주지관용 기술에 불과하다면, 이를 인용발명에 단순 결합하는 것에 각별한 어려움은 없는 것이므로 진보성이 부정된다고 판시하였다.72)

따라서 우리나라도 미국 및 일본, EPO와 같이 복수 기술적요소의 결합에 대한 암시, 동기 등이 선행 인용발명에 제시되어 있는지의 여부를 판단하기 위해서는 비기술적요소의 문헌 또는 정보, 자료도 인용발명에 포함시킬 수 있는 것으로 볼 수 있다.

IV. 비기술적요소의 진보성 판단기준 정립

1. 비기술적요소의 진보성 판단기준 및 그 사례 제시

특허청의 현행 「컴퓨터 관련 발명 심사기준」에 의하면, 청구범위에 기재된 발명이 인위적 행위 또는 데이터 등의 비기술적요소로만 기재되어 있는 경우에는 당연히 발명의 성립성이 없어서 특허를 받을 수 없다. 그러나 기술적요소와 비기술적요소가 청구범위에 모두 기재되어 있어서 발명의 성립성을 만족하는 경우, 그 진보성을 어떻게 판단할 것인지 그리고 비기술적요소를 어느 정도까지 고려하여 진보성을 판단해야 하는 것인지는 명확하게 규정하고 있지 않다. 만약 인위적 행위가 직접적인 구성요소로 기재되어 있지 않다고 하더라도 청구범위에 기재된 사항이 인위적인 행위에 의하여 데이터가 입력되어야 하는 것으로 해석된다거나 기술적요소의 작용을 수행하기 위해서 반드시 인위적 행위가 수반되어야 하는 것으로 해석되어지는 경우, 어떠한 기준과 방법으로 진보성을 판단해야하는 것인지에 대한 사항이 현재 심사기준에 제시되어 있지 않다. 따라서 비기술적요소가 포함된 AI발명의 진보성를 판단하는 심사사례를 심사기준에 제시하면서 보다 구체적인 판단기준이 정립될 필요성이 있다.

물론 미국특허법에 규정된 것과 같이, 비기술적요소가 포함된 청구범위의 전체를 대상으로 진보성을 판단한다는 것을 우리 특허법이나 하위법령에 규정할 수도 있지만, 그것보다는 현행「컴퓨터 관련 발명 심사기준」이나 일본의 AI 등의 심사기준과 같은 별도의 심사기준을 제정하여 반영할 필요가 있다.

아래와 같이, 비기술적요소와 기술적요소의 결합에 대한 AI발명의 출원사례를 통하여 진보성 판단기준의 개정방안을 제시하여 본다.

첫째, 아래의 청구범위와 같이, AI발명의 특허출원 사례를 통하여 검토하여 본다. 본 출

---

72) 대법원 2008. 5. 15. 선고 2007후5024 판결; 대법원 2010. 12. 23. 선고 2009후436 판결; 대법원 2008. 12. 11. 선고 2007후494 판결.

원발명은 수배전반에 IoT센서를 부착하여 정상시의 전력정보에 대한 데이터를 수집하여 DB화하고, 만약 이상상태 발생시의 데이터를 받은 경우, AI의 딥러닝을 통하여 DB화된 데이터와 학습에 의하여 이상 상태를 파악하여 즉시 대처할 수 있는 AI를 이용한 수배전반 감시방법에 관한 것이다.

[청구범위 제1항]
수배전반의 전력정보의 데이터를 수집하는 수집수단, [구성 1]
주택서버에서 전송되는 데이터 전력정보를 타입별로 DB 구축수단, [구성 2]
상기 수배전반의 이상상태가 발생시 입력에 의한 전력정보의 데이터를 수집하는 수단, [구성 3]
상기 이상 데이터를 상기 DB데이터와 비교하여 이상 상태를 AI의 딥러닝에 의하여 판단하는 분석수단, [구성 4]
상기 AI서버의 분석에 의해 전력정보 타입별 이상 징후를 판단하는 수배전반 감시모델의 예측수단, [구성 5]
상기 예측수단을 통하여 이상전류 패턴을 찾아내어 고장·화재 징후를 사전에 예방하는 감시수단, [구성 6]
이 컴퓨터에 의하여 구현되는 것을 특징으로 하는 AI이용 수배전감시방법

둘째, 발명의 성립성을 판단하여 본다. 자연법칙을 이용하지 않는 추상적 아이디어에 해당하여 성립성(적격성)이 없다는 논리를 전개하여 본다. [구성 1]에서의 "전력정보의 데이터를 수집"하는 방법에 관한 사항이 구체성이 없는 일반적인 기술사상을 단순히 기재한 것에 불과하고, 또 [구성 2]의 "이상상태가 발생시 입력"이라는 구성요소는 인간의 입력에 의하여 실현되는 것이므로 인위적 행위의 비기술적요소이다. 그러나 수집된 데이터 그 자체는 비기술적요소에 해당하지만, 본 발명의 구현에 꼭 필요한 것으로 볼 수 있다. 제1항에 비록 비기술적요소가 포함되어 있다고 하더라도 다른 기술적요소를 구현하기 위하여 필요한 비기술적요소이므로, 이러한 비기술적요소가 있다는 것만으로 발명의 성립성이 없다고 판단하여 거절결정을 하여서는 아니 된다. 이러한 경우에는 발명의 성립성을 인정하고 진보성 판단단계로 넘어가야 한다. 현재 「컴퓨터 관련 발명 심사기준」에는 청구범위에 비기술적요소가 있는 경우에는 발명의 성립성이 없다고 규정하고 있으므로, 기술적요소와 결합된 경우의 판단기준도 별도의 사례로서 심사기준에 제시할 필요가 있다.

셋째, 진보성의 판단은 먼저 본원발명을 특정해야 한다. 여기서 본원발명의 특정에는 기술적요소와 비기술적요소 모두를 특정하여 전체로서 선행 인용발명과 대비하여야 한다. 본원발명(청구항)의 구성을 6개로 분리 가능하다. 즉 우선 [구성 1] 및 [구성 2]는 "전력정보의 데이터를 수집" 및 "데이터 전력정보를 타입별로 DB 구축"이라고 기재하고 있지만, 이러한 사항들 어떠한 방법으로 데이터를 수집하고 DB할 것인지에 대하여 구체적인 구현 또는 실현 수단이 없는 일반적 사항에 관한 것이므로 비기술적요소에 해당하는 것으로 특정할 수 있다. 즉 데이터의 수집과 DB화는 범용기술에 해당하고, 나머지 구성들은 기술적 특징이 있는 것으로 볼 수 있다. 또 각 구성 중에서 데이터 및 그 데이터의 DB 자체는

본원발명의 구성요소에 해당하지만 특허법상의 보호대상이 아니므로 비기술적요소에 해당하는 것이다.

그러나 AI발명의 진보성 판단에 있어서는 위의 [구성 1] 및 [구성 2], 그리고 구성 객체인 데이터 그 자체 및 DB 그 자체를 제외하고 기술사상을 이해할 수 없다. 이러한 비기술적요소를 제외하는 경우에는 심사대상의 발명특정이 달라질 수 있고, 이로 인하여 오히려 부실특허가 양산될 수 있으므로 비기술적요소를 기술요소에 포함하여 전체로서 진보성을 판단해야 한다는 프로세스가 심사기준 등에 구체적으로 제시되어야 할 것이다.

2. 데이터의 특성과 구성요건

AI 발명은 딥러닝 알고리즘을 전제로 하고 있고, 딥러닝 학습을 하기 위해서는 데이터가 있어야 한다. AI의 딥러닝을 이용하는 수많은 발명에는 데이터가 필수이지만, 실제 청구범위에는 데이터의 구체적인 사항을 특정하고 있지 않은 경우가 많다. 지적재산권법 관점에서 보면, 데이터는 편집저작물이 될 수 있고, 그 데이터 DB는 데이터베이서저작물로서 저작권법의 보호대상이 되기 때문에, 특허법에서는 청구범위의 구성객체로서 기재만 되어 있지, 실제 특허요건 판단에서는 그 데이터 자체에 다해서는 비기술적요소로 취급하여 중요시하고 있지 않은 것으로 보인다.

그러나 제4차 산업혁명 시대에서는 데이터가 매우 중요한 역할을 하고 있다. 종전에는 산업의 쌀로 반도체를 지칭하고 있지만, 최근에는 SW와 데이터도 산업의 쌀로 여길 정도로 우리 산업과 일상생활에 매우 중요한 역할을 하는 정보재에 속한다. 이와 같이 각종 데이터를 활용하여 산업사회의 혁신을 추구함과 동시에 미래의 새로운 먹거리로서 신사업 또는 신상품을 창출하기 위한 중요한 소재가 되고, 또 데이터의 가공을 통하여 AI 딥러닝을 적용하여 새로운 사업에 뛰어드는 중소기업이나 벤처기업, 스타트기업, 1인 창조기업들이 드러나고 있는 것이 오늘날의 현실이다.[73]

이와 같이 데이터의 중요함에도 불구하고, AI발명의 특허출원에서는 단순히 어떤 유형의 데이터라고만 기재한다거나, 어떤 방법으로 수집된 데이터라고만 기재하는 경우가 대부분이다. 예를 들면, AI발명으로 특허등록된 청구범위에는 "수배전반에서 전력정보를 수집하도록 수배전반에 장착되며 IoT센서를 이용하여 수배전반 내부의 데이터[74]", "통합 플랫폼에 접속한 사용자의 모든 시계열적 행동에 대한 행동 데이터를 획득하는 단계, 목적 데이터에 도달한 모든 사용자들의 모든 행동 데이터 각각에 대하여 라벨링을 수행한 데이

---

[73] 권태복, 앞의 책, 15면.
[74] 특허등록번호 10-2154854(등록일자 : 2020.09.04., 발명의 명칭 : 빅데이터와 인공지능을 활용한 수배전반 감시 시스템).

터75)", "통합 플랫폼에 접속한 사용자의 모든 시계열적 행동에 대한 행동 데이터를 획득하는 단계76)"와 같은 내용이 기재되어 있으며, 여기서의 데이터는 단순히 어떠한 방법 또는 어떠한 유형의 데이터라는 의미를 특정한 것에 불과한 것으로 소위 데이터 그 자체는 비기술적요소로 볼 수 있다.

그러나 해당 AI특허발명의 실시에서는 데이터가 매우 중요한 역할을 하고 있다. AI발명은 방법특허가 많으며, AI방법특허의 실시에는 그 방법의 사용을 독점배타권으로 보고 있다. 여기서 그 방법을 사용하기 위해서는 반드시 데이터가 수반되어야 한다. 데이터가 선행되지 않으면 AI의 서비스모델은 작동불가와 같은 의미를 갖는다.

이와 같이 AI발명에서 데이터가 매우 중요하기 때문에 단순히 통상 또는 범용으로 수집한 데이터라는 의미의 청구범위 기재방법은 나중에 특허를 받은 후 권리행사에 있어서는 많은 제약을 받을 수 있다. 소위 AI방법특허의 실시에 데이터가 필수구성임에도 불구하고 구체적으로 데이터의 특성을 청구범위에 기재하지 않는 경우에는 범용 데이터의 성격을 가지기 때문에 특허법 제127조의 간접침해를 주장할 수 없게 된다.

따라서 AI발명의 특허출원에서는 데이터 또는 데이터 구조, 데이터의 수집방법을 구체적으로 특정하여 기술하여야 하고, 이러한 특허출원은 비록 데이터 그 자체가 비기술적요소에 해당한다고 하더라도 발명 전체의 관점에 기술적요소와 데이터를 결합하여 진보성을 폭넓게 인정하는 프로세스를 심사기준 등에 반영하는 개정이 필요하다.

편집저작물로서의 데이터 및 데이터베이스저작물로서의 데이터DB는 실제 데이터 그 자체를 말하는 것이고, AI발명의 특허출원에서의 데이터는 데이터 그 자체가 아니라 AI 딥러닝이 학습하기 위한 알고리즘으로서의 데이터이면 충분하기 때문에 AI발명의 구성요소로써 특허법의 보호대상이 된다. 따라서 특허청이 고시한 심사기준에는 AI발명의 특허출원에 데이터의 특정 및 한정하는 구체적인 방법을 예시할 필요가 있다. 즉 진보성의 판단에서는 데이터 그 자체를 비기술적요소로 보지 않고 기술적요소로 취급한다거나, 아니면 기술적요소에 반드시 필요한 비기술적요소로 취급하는 판단하는 프로세서도 함께 심사기준에 정립할 필요가 있다. 또한 이아 관련한 심사사례를 심사기준에 현행 14개 이외에 초가하여 제시할 필요가 있다. 만약 비기술적요소를 기술적요소에 포함하여 진보성을 판단한다는 판단기준을 심사기준에 구체적으로 정립하고, 그에 따른 심사사례도 함께 제시된다면, 종전 발명의 성립성이 없다는 것으로 심사 종결될 수 있었던 발명도 진보성 심사를 받아 볼 수 있고, 또 신보성의 심사에 있어서도 비기술적요소와 기술적요소를 유기적 결합

---

75) 특허등록번호 10-2065399(등록일자 : 2020.01.07., 발명의 명칭 : 인공지능 학습 모델을 이용하여 사용자의 행동 데이터를 분석한 결과에 기초하여 사용자의 행동을 유도하는 방법 및 장치).

76) 특허등록번호 10-2091529(등록일자 : 2020.03.16., 발명의 명칭 : 사용자의 시계열적 행동 데이터를 이용하여 인공지능 모델을 학습시키는 방법 및 장치).

에 의하여 전체적으로 보고 발명의 기술사상을 판단할 수 있으므로 심사의 객관화 및 질적 향상을 높일 수 있어 출원발명의 적절한 특허보호가 이루어질 수 있을 것이다.

V. 결론

AI발명의 특허출원에는 SW발명과 같이 인위적 행위, 데이터 자체, 단순히 데이터를 수집한다거나 적용하여 효과가 있다는 등의 일반 기술상식, 통상의 컴퓨터상식이나 범용 딥러닝 일반상식 등의 비기술적요소가 기재된 경우가 있으며, 이러한 발명의 진보성 판단에 대해 미국 및 일본, EPO, 그리고 우리나라의 판단기준을 비교·검토하였다.

결론적으로 청구범위에 기재된 사항이 비기술적요소로만 기재되어 있는 경우에는 모두 발명의 성립성(미국 및 EPO의 특허적격성, 일본의 발명해당성)이 없다는 취지로 특허를 허여하고 있지 않았다. 또 미국과 일본, 우리나라는 비기술적요소가 기술적요소와 같이 기재되어 있지만, 기술적요소와 결합하여 AI 딥러닝의 학습에 필요한 역할을 하는 경우 비기술적요소도 포함하여 발명 전체로서 진보성을 판단하고 있는 것을 알 수 있었다. 반면에 EPO는 특별한 경우를 제외하고는 원칙적으로 비기술적요소를 제외하고 기술적요소만으로 진보성을 판단하고 있는 것을 알 수 있었다.

다만, 우리나라에서 AI발명의 비기술적요소에 대한 진보성 판단기준의 정립이 요구되고 있다. 우선 기술적요소와 비기술적요소를 어떻게 구분할 것인지에 대한 판단기준이 먼저 제시되어야 하고, 특히 비기술적요소가 AI발명의 구현 수단 또는 단계에 필요한 경우가 대부분이므로 비기술적요소를 제외하지 말고 기술적요소와 결합하여 발명 전체로서 진보성을 판단해야 한다는 기준의 정립이 필요하다고 판단된다.

참고문헌

1. 국내문헌

권태복,『제4차 산업혁명과 특허전략』, 세창출판사, 2019.
특허청,『특허·실용신안 심사기준(특허청예규 제116호)』, 2020.

곽현/전성태/박성혁/석왕헌, "AI(AI) 기술 및 정책 동향",『한국지식재산연구원 Issue & Focus on IP』제 2016-36호, 한국지식재산연구원, 2016.
김동준/정차호/이해영,『디지털 환경에서의 특허요건 및 침해에 대한 연구』, 특허청, 2017.
김진하, "4차 산업혁명 시대, 미래사회 변화에 대한 전략적 대응 방안 모색",『한국과학기술기획평가원 R&D InI 03』, 한국과학기술기획평가원, 2016.
차상육, "인공지능(AI)과 지적재산권의 새로운 쟁점-저작권법을 중심으로-",『법조』제66권 제3호, 법조협회, 2017.

2. 해외문헌

Dr. Shlomit Yanisky Ravid/Xiaoqiong (Jackie) Liu, "When artificial intelligence systems produce inventions: An alternative model for patent law at the 3A era," 39 Cardozo L. Rev. 2215 (2018).
EPO Boards of Appeal, Case Law of the Boards of Appealof the European Patent Office (Fifth edition 2016).
EPO, Guidelines for Examination in the European Patent Office (status December 2017).
Jashandeep Kaur, Intellectual Property Law in Times of Artificial Intelligence: Is It a Misnomer to Consider the Bot a Possible IP Right Holder?, Journal Of Legal Studies And Research, Vol.2 Iss.6 (Sept. 30, 2016).
John Leeming and Martin Jackson, "Protecting software and computer-implemented inventions in Europe", JA Kemp International, IP Value 2014 (2014).
John P. Holdren and Megan Smith, Preparing for The Future of Artificial Intelligence, National Science and Technology Council (Oct. 12, 2016).
Mewburn Ellis LLP, Patentability of Software and Business Method Inventions in Europe (2017).
Michael Gershoni, An Argument against Reinventing the Wheel: Using an Obviousness Analysis to Bring Consistency and Clarity to Patent Eligibility Determinations of Software Patents after Alice Corp., 44 AIPLA Q.J. 295, 320 (2016).
Michelle Friedman Murray, Nonobviousness Standards for Hardware and Software Before and After KSR: What is the Difference, 93 J. Pat. & Trademark Off. Soc'y 259 (2011).
Nishith Pathak, Artificial Intelligence for NET : Speech, Language and Search, Apress (Aug. 16, 2017).
Paul Spiel, Express Employee Patent Assignments: Staying True to Intellectual Property's Credo of

Rewarding Innovation, 99 J. Pat. & Trademark Off. Soc'y 79, 90 (2017).

Paxton M. Lewis, The Conflation of Patent Eligibility and Obviousness: Alice's Substitution of Section 103, 2017 Utah L. Rev. OnLaw 13, 31 (2017).

Samuel Scholz, A SIRI-OUS SOCIETAL ISSUE: SHOULD AUTONOMOUS ARTIFICIAL INTELLIGENCE RECEIVE PATENT OR COPYRIGHT PROTECTION?, Cybaris An Intell. Prop. L. Rev. 81 (2020).

Steve Hickman, Reinventing Invention: Why Changing How We Invent Will Change What We Patent and What to Do About It, 91 J. Pat. & Trademark Off. Soc'y 108, 112 (2009).

SW委員会第2部会, "データ構\造に関する発明の事例紹介", 『パテント』Vol. 66 No. 14, 日本弁理士会, 2013.

USPTO, Subject Matter Eligibility(The 2019 Revised Patent Subject Matter Eligibility Guidance (2019 PEG) published on January 7, 2019).

_____, The 2019 Revised Patent Subject Matter Eligibility Guidance (2019 PEG) published on January 7, 2019.

山本雅久, "IoT関連発明、ビジネス関連発明を含むコンピュータソフトウェア(CS) 関連発明についての日部実務雑感", 『パテント』Vol . 72、日本弁理士会, 2019.

日本特許廳, 『IoT関連技術の審査基準等について-IoT, AI, 3Dプリンティング技術等に対する審査基準・審査ハンドブックの適用について-』, 2018. 6.

_____, 『特許・実用新案審査ハンドブック 附属書B 第1章　コンピュータソフトウエア関連発明』, 2019. 1.

융/합/적/사/회/변/화/와/법

빅데이터 시대의 개인정보 보호법제 개선방안

김정현
전북대학교 일반사회교육과 부교수

I. 서 론

과학기술의 급격한 발전은 인류의 삶을 빠르게 변화시키고 있다. 인공지능·빅데이터·로봇 등으로 대표되는 새로운 과학기술은 인류가 그동안 경험하지 못했던 편안하고 윤택한 삶을 누릴 수 있게 하지만, 일자리 감소·개인정보와 사생활 침해 등 예상하지 못했던 문제점을 야기하고 있기도 하다. 이 가운데 빅데이터는 다양한 데이터 형식과 빠른 속도의 생성 속도로 인해 새로운 분석과 관리가 필요한 대용량의 데이터를 뜻한다. 빅데이터의 영역은 앞으로 무한대가 될 공산이 크기에 예측불가능성을 속성으로 한다. 이로 인해 혼돈과 잠재적 가능성이 공존할 것이라고 한다.[1]

빅데이터에 대해서는 그 수집 및 활용과정에서 개인정보 및 사생활의 침해가능성이 있다는 부정적 시각부터 새로운 산업의 원동력이자 4차산업혁명시대의 핵심적 자산이라는 긍정적인 평가까지 다양한 관점이 존재한다. 빅데이터는 개인의 인적사항뿐만 아니라, 위치·의료·금융·재산 등의 각종 개인정보를 포함하고 있으므로 빅데이터의 수집·활용·이용·서비스창출 전 과정에서 개인정보를 침해할 위험성이 크다. 한편, 빅데이터의 무궁무진한 활용에 주목하는 입장은 개인정보 보호라는 전통적 굴레를 벗어나 신기술을 적극적으로 개발해야 하고, 새로운 제도와 안전장치를 통해 개인정보의 침해 문제는 최소화할 수 있다고 보고 있다. 이를 위해 종래의 규제를 개선해야 한다고 주장한다.

---

1) 한국정보화진흥원(편), 「새로운 미래를 여는 빅데이터 시대」, 한국정보화진흥원, 2013, 13면.

2020년 1월 9일 국회는 이른바 '데이터 3법'을 통과시켰다. '데이터 3법'은 「개인정보 보호법」, 「신용정보의 이용 및 보호에 관한 법률(이하 '신용정보 보호법'이라 함)」, 「정보통신망 이용촉진 및 정보보호 등에 관한 법률(이하 '정보통신망법'이라 함)」의 개정법으로 이들 법(이하에서는 '데이터 3법 개정법'[2])으로 함)은 '가명처리'를 통해 생성된 '가명정보'의 활용에 대한 법적 근거를 두고 있다. 가명정보를 통해 개인정보의 식별성을 낮춤으로써 개인정보의 활용을 막고 있는 규제완화를 도모하겠다는 것이다. 이들 개정법에 대해서는 시민단체를 중심으로 한 반대입장[3]·산업계를 중심으로 한 찬성입장[4]이 팽팽하게 맞섰고, 개정에 신중해야 할 것을 주문하는 입장[5]도 있었다.

빅데이터의 활용과 개인정보 보호의 관계에 있어서 가장 중요한 쟁점은 개인정보의 가명처리를 인정하여 개인정보를 적극적으로 활용할 수 있도록 법적 근거를 마련할 것인지 여부이다. 그 외에도 개인정보의 범위 및 옵트 아웃제도의 도입 여부 등 다양한 법적 쟁점이 존재한다. 이 연구는 빅데이터의 규제 관련 법제 현황과 법적 쟁점을 살펴보고, 빅데이터 산업을 활성화함과 동시에 개인정보의 오·남용을 막을 수 있는 지능정보화 시대의 개인정보 보호법제 개선방안을 제시하고자 한다.

---

2) 개정법 부칙 제1조에 따르면 공포 후 6개월이 경과한 날부터 시행하므로 아직 시행 전의 법률이나, 시행이 확실하므로 '개정안'이 아닌 '개정법'으로 표기하고자 한다.
3) 참여연대 등 6개 시민단체는 데이터 3법이 '개인정보 도둑법'이라고 비판하며, 국회에서의 논의 중단을 촉구했다. 자세한 내용은 이하 참조
https://www.yna.co.kr/view/AKR20191204089500004 [최종접속일 : 2019.11.1.]
또한 데이터 3법이 국회 본회의에서 통과되자 시민단체들은 "데이터 3법 개정은 20대 국회 최악의 입법 중 하나로 기록되고, 2020년 1월 9일은 정보인권 사망의 날로 기억될 것"이라는 비판성명을 냈다. 자세한 내용은 이하 참조
http://www.hani.co.kr/arti/economy/it/923941.html#csidx488b757e7e1b2ed96504e63eb9910e6 [최종접속일 2020.1.10.]
4) 17개 벤처기업단체는 국회가 데이터 3법을 조속하게 통과시켜야 한다고 주장한 바 있다. 자세한 내용은 이하 참조 https://www.asiae.co.kr/article/2019112611005674517[최종접속일 : 2019.11.1.]
은행연합회 등 9개 금융단체들도 유사한 주장을 했다. 자세한 내용은 이하 참조
http://www.newsian.co.kr/news/articleView.html?idxno=38360[최종접속일 : 2019.11.1.]
5) 국가인권위원회는 '데이터 3법' 개정논의에 대한 성명을 내면서 상업적 목적의 가명 개인정보 활용에 신중하고 면밀한 논의가 필요하다는 입장을 피력했다. 상세한 내용은 다음과 같다. "(생략)--빅데이터, 인공지능과 같은 차세대 신기술을 활용한 경제 가치 창출의 중요성은 부인할 수 없습니다. 그러나 정보주체의 동의를 받지 않고도 개인정보를 상업적으로 활용 가능하도록 폭넓게 허용하는 법률 개정을 하면, 이후 정보주체 권리침해 문제가 발생하더라도 이를 다시 되돌리는 것은 매우 어렵다는 것을 결코 간과해서는 안 될 것입니다. 따라서 국회가 '데이터 3법'에 대해 보다 신중히 논의하여 차세대 신기술의 활용을 촉진하면서도 또한 정보주체의 개인정보 권리를 엄격히 보호할 수 있는 현명한 입법적 대안을 마련할 것을 기대합니다."
출처 : 국가인권위원회 보도자료
https://www.humanrights.go.kr/site/program/board/basicboard/view?&boardtypeid=24&menuid=001004002001&boardid=7604739 [최종접속일 : 2019.11.1.]

II. 빅데이터 관련 법제 현황

1. 빅데이터의 활용 및 제한 관련 법제

현행법 중 빅데이터에 관한 일반법적 성격을 가지는 법률은 없다. 빅데이터의 활용 및 제한에 관한 내용을 일부 규정하고 있는 법률들이 있을 따름이다. 빅데이터의 활용을 위한 법률로는 다음과 같은 것들이 있다. 2013년 제정된 「공공데이터의 제공 및 이용 활성화에 관한 법률(이하 '공공데이터법'이라 함)」은 공공기관이 보유·관리하는 공공데이터를 국민에게 제공하고, 그 이용을 활성화할 수 있는 법적 근거를 마련하고 있다. 그리고 「공공기관의 정보공개에 관한 법률(이하 '정보공개법'이라 함)」은 공공기관이 보유·관리하는 정보를 국민에게 공개하도록 함으로써 국민의 알권리를 보장하는 한편, 이를 이용하는 것이 가능하도록 하고 있다.

그 외에도 「국가정보화 기본법」, 「전자정부법」, 「민원 처리에 관한 법률」, 「행정절차법」 등을 빅데이터의 활용에 관한 법률로 볼 수 있다. 기상정보를 활용하기 위한 「기상법」·「기상산업 진흥법」, 통계정보를 활용하고자 하는 「통계법」, 공간정보를 활용하기 위한 「공간정보산업 진흥법」 등은 분야별 빅데이터 활용에 관한 법률이라고 할 수 있다.6)

반면에 「정보공개법」 제9조는 '다른 법령 등이 비공개 대상으로 정한 정보·국가안전보장 등에 관한 사항으로 공개시 국가의 중대한 이익을 현저히 해칠 우려가 있는 정보·개인정보 침해 우려가 있는 정보 등'을 비공개 대상정보를 규정하고 있으므로 빅데이터 활용제한에 관한 법률로도 볼 수 있다. 그 외에 행정조사에 관한 정보활용의 제한에 관하여 규정하고 있는 「행정조사기본법」, 권리처리에 관하여 규정하고 있는 「저작권법」 등도 빅데이터 활용제한 법률에 해당한다.

2. 빅데이터와 개인정보 보호 관련 법제

개인정보 보호에 관한 법률은 공공부문과 민간부문으로 구분되어 있어서 공공부문은 「공공기관의 개인정보보호에 관한 법률」로, 민간부문은 「정보통신망법」과 「신용정보 보호법」이 각가 규율했다. 그러나 2011년 개인정보 보호에 관한 일반법이라고 할 수 있는 「개인정보 보호법」을 제정하면서 기존의 공공과 민간을 이원화한 규율방식을 통합적인 규율방식으로 변경하려 했다. 그러나 「정보통신망법」 등 개별 법률들의 개인정보 보호에 관한 규정들을 부분적으로 존치시킴으로써 공공부문과 민간부분을 통합적으로 규율하는 체계

---

6) 이재호, 「정부3.0실현을 위한 빅데이터 활용방안」, 한국행정연구원, 2013, 88-92면 참조.

를 완비하지 못하였다.7)

　개인정보 보호에 있어서 「개인정보 보호법」은 기본법이고, 「신용정보보호법」과 「정보통신망법」 등은 특별법이라고 볼 수 있다. 중복되는 법령이 존재할 경우에는 통상적으로 특별법 우선의 원칙에 따라 해결하는 것이 원칙이다. 그러나 일반법과 특별법의 관계는 일반법이 우선 제정된 이후에 특정 분야에 대해서 특별히 규율할 필요가 있는 경우에 개별법(특별법)을 제정하여 해당 부분에 대하여 예외적으로 적용하는 것을 의미한다. 개인정보 보호 관련 법제의 경우에는 개별법을 제정 및 시행한 이후에 일반법인 「개인정보 보호법」을 제정했기 때문에 통상적인 일반법-특별법 관계를 따라야 하는지에 대해서는 논란이 있어왔다.8) 그리고 이들 법률의 소관부처는 「개인정보 보호법」은 행정안전부, 「신용정보보호법」는 금융위원회, 「정보통신망법」은 방송통신위원회로 각각 다르다. 이로 말미암아 개인정보에 관한 사항이 중복 규율될 뿐만 아니라 주무 부처의 혼재로 인해 법 적용과정에서 혼란을 야기하고 있다는 비판을 받아왔다.

　'데이터 3법 개정법'은 이러한 문제점을 해소하기 위한 규정들을 담고 있다. 개인정보 보호위원회를 국무총리 소속 중앙행정기관으로 격상하고 현행법상 행정안전부 및 방송통신위원회의 개인정보 보호 관련 기능을 개인정보 보호위원회로 이관함으로써 개인정보 보호의 규제 총괄 기능을 담당하도록 하였다(개인정보 보호법 개정법 제7조, 제7조의2부터 제7조의14까지, 제63조). 그리고 관련 법률의 유사·중복 규정을 「개인정보 보호법 개정법」으로 일원화하고자 하였다. 이를 위해 정보통신망 이용촉진 및 정보보호 등에 관한 법률 개정법」은 개인정보 보호 관련 규정을 삭제하였다.

　따라서 빅데이터와 개인정보 보호 관련 법제의 중추는 「개인정보 보호법」임이 분명하나, 빅데이터는 디지털화된 개인정보를 활용하는 것을 속성으로 하고 있으므로, 신용정보에 관해 규율하고 있는 「신용정보 보호법」과 온라인 정보 등을 규정하고 있는 「정보통신망법」 등도 관련 법제에 포함된다.

3. 개인정보 보호와 빅데이터 활용의 충돌

　아날로그 시대에서의 개인정보와 달리 디지털 시대에서의 개인정보는 무제한으로 복제·저장·유통이 가능해졌다. 이는 영구적으로 보관이 가능해졌음과 동시에 무제한 복제가 이루어지게 되었음을 의미한다. 개인정보가 유출되면 그 피해의 정도가 매우 심각해지게 된 것이다.9) 개인정보 보호에 있어서 보호법익은 개인정보자기결정권과 개인정보의 오남

---

7) 김민호 외, 「개인정보보호 규제 합리화 방안」, 개인정보호호위원회, 2013, 12-13면.
8) 이에 관한 상세한 논의는 위의 책, 57-66면 참조.
9) 전승재/주문호/권헌영, "개인정보 비식별 조치 가이드라인의 법률적 의미와 쟁점", 『정보법학』 제

용으로 말미암아 침해되는 사생활과 비밀의 자유·인격권·저작권·신용 및 명예 등이다.[10]

따라서 개인정보를 보호하기 위하여 「개인정보 보호법」은 다음과 같은 규제를 하고 있다. 「개인정보 보호법」에 따르면, 이 법 제2조 제1호가 정한 개인정보의 개념에 바탕을 둔 정보를 법적 보호대상인 개인정보로 본다. 개인정보처리자는 원칙적으로 정보주체의 동의를 받은 경우에만(동법 제15조 제1항 제1호) 개인정보를 수집하고, 그 수집목적의 범위 내에서만 개인정보를 이용할 수 있다(동법 제16조). 또한 개인정보처리자가 수집된 개인정보를 제3자에게 제공하거나 공유하기 위해서도 기본적으로는 정보주체의 동의를 받아야 한다(동법 제17조). 그리고 이 법은 개인정보 수집 및 처리에 관한 규정 위반행위에 대하여 과징금 부과(제34조의2), 시정조치(동법 제64조), 고발 및 징계권고(동법 제65조), 형사처벌(동법 제70조-제74조), 과태료(동법 제75조) 등의 제재규정을 두고 있다.

이러한 「개인정보 보호법」은 다음과 같은 특징을 갖고 있다. 첫째, 공공부문 뿐만 아니라 민간부문에도 통합적으로 적용되며 유럽형 모델을 따르고 있다. 둘째, 개방적인 개인정보의 개념을 사용하고 있다. 셋째, 정보주체의 동의를 요구한다. 넷째, 형사처벌을 위법사항에 대한 제재조치로 광범위하게 사용하고 있다.[11]

한편, 기관이나 사업자 입장에서 이용자의 편익을 증대시키는 과정에서 개인정보를 활용하는 것은 불가피하다. 가령, 인터넷 사이트가 제공하는 서비스를 이용하기 위하여 자신의 개인정보를 해당 사이트에 제공하는 것이 가장 대표적인 예이다. 또한 빅데이터 산업은 4차 산업시대의 신성장동력이자 무한한 발전가능성을 갖고 있는 분야로 보는 시각과 별개로 빅데이터의 활용은 개인의 인적사항 외에도 금융·위치·의료·재산 등의 각종 정보를 포함하고 있으므로 개인정보 보호에 역기능을 미칠 위험을 갖고 있다.

결국 개인정보의 '보호'와 개인정보의 '활용' 사이의 조화를 꾀할 수 있는 비교형량이 요구된다.[12] 이와 같은 상황 속에서 엄격한 규제를 근본으로 하고 있는 개인정보 보호법제가 개인정보가 포함된 빅데이터를 분석할 때 데이터의 수집 및 처리과정에 현실적인 장애요인이 된다는 비판이 있다. 이러한 비판론에 근거해 빅데이터 환경에 부합하도록 개인정보 보호법상의 개인정보의 범위를 축소해야 한다는 주장[13], 기존의 개인정보 보호법상

20권 제3호, 한국정보법학회, 2016, 263면.

10) 김진환, "개인정보 보호의 규범적 의의와 한계- 사법(私法) 영역에서의 두 가지 주요쟁점을 중심으로", 『저스티스』 제144호, 한국법학원, 2014, 58면.
11) 문재완, "개인정보 보호법제의 헌법적 고찰", 『세계헌법연구』 제19권 제2호, 국제헌법학회한국학회, 2013, 271면.
12) 양자간의 형량적 판단을 입법적 형량과 사법·행정적 형량으로 구분한 논의는 심우민, "스마트 시대의 개인정보보호 입법전략", 『언론과 법』 제12권 제2호, 한국언론법학회, 2013, 155면.
13) 최경진, "빅데이터와 개인정보", 『성균관법학』 제25권 제2호, 성균관대학교 법학연구소, 2013, 213면.

'통지 및 동의 원칙'이 빅데이터 환경에서 그대로 관철되기 어렵다는 입장[14], 과도한 규제는 새로운 성장동력 산업에 악영향을 미친다면서 빅데이터 시대에 정보주체의 동의는 정보처리자의 책임으로 패러다임이 변화해야 한다는 주장[15] 등 관련 법제 개선에 대한 다양한 해결방안이 나오고 있는 상황이다.

이처럼 개인정보의 보호와 개인정보의 활용이라는 상충하는 가치를 어떻게 조화시킬 것인지의 문제를 해결하기 위해 방안은 크게 개인정보 보호법제의 개인정보의 개념을 수정해야 한다는 논의와 가명처리를 통해 개인정보의 식별가능성을 없애자는 논의로 나누어 볼 수 있다.

III. 빅데이터와 개인정보의 범위

1. 개인정보의 개념에 관한 논쟁

「개인정보 보호법」 제2조 제1호은 "개인정보"를 "살아 있는 개인에 관한 정보로서 성명, 주민등록번호 및 영상 등을 통하여 개인을 알아볼 수 있는 정보(해당 정보만으로는 특정 개인을 알아낼 수 없더라도 다른 정보와 쉽게 결합하여 알아볼 수 있는 것을 포함)"로 정의하고 있다.[16] 그리고 정보통신망법 제2조 제1항 제6호에서는 "개인정보"를 "생존하는 개인에 관한 정보로서 성명·주민등록번호 등에 의하여 특정한 개인을 알아볼 수 있는 부호·문자·음성·음향 및 영상 등의 정보(해당 정보만으로는 특정 개인을 알아볼 수 없어도 다른 정보와 쉽게 결합하여 알아볼 수 있는 경우에는 그 정보를 포함)"로 정의하고 있다.[17] 이러한 기존의 법체계는 바뀔 예정이다. 「정보통신망법 개정법」은 제2조제1항제6호를 삭제함으로써 개인정보에 관한 정의조항을 「개인정보 보호법개정법」으로 일원화하였다. 따라서 이하에서는 「개인정보 보호법」을 중심으로 개념에 관한 논의를 하고자 한다.

「개인정보 보호법」상 개인정보의 개념정의에 따르면, 기본적으로 "개인 식별가능성"을

---

14) 전승재/주문호/권헌영, 앞의 논문, 266면.
15) 이순환/박종수, "개인정보 비식별 조치 가이드라인의 법적 문제와 개인정보보호법제 개선방향", 『공법연구』 제45집 제2호, 한국공법학회, 2016, 282면.
16) 헌법재판소는 개인정보를 "개인정보자기결정권의 보호대상이 되는 개인정보는 개인의 신체, 신념, 사회적 지위, 신분 등과 같이 개인의 인격주체성을 특징짓는 사항으로서 그 개인의 동일성을 식별할 수 있게 하는 일체의 정보라고 할 수 있고, 반드시 개인의 내밀한 영역이나 사사(私事)의 영역에 속하는 정보에 국한되지 않고 공적 생활에서 형성되었거나 이미 공개된 개인정보까지 포함한다."고 정의하고 있다(헌재 2005. 5. 26. 99헌마513 등, 판례집 17-1, 681).
17) 「신용정보 보호법」은 '개인정보'가 아닌 '신용정보'에 대하여 정의하고 있어서(동법 제2조 제1항), 제외하였다.

그 주된 개념적 징표로 하되, 해당 정보 그 자체로부터의 직접적인 식별성이 인정되는 경우(개인식별정보)뿐만 아니라 다른 정보와 쉽게 결합하여 식별성이 인정되는 경우(개인식별가능정보)를 포함하고 있다. 이러한 현행법상의 개인정보의 개념이 빅데이터 시대에 부합하지 않는다고 보아 개선이 필요하다는 다양한 주장들이 있고, 그 해법은 제각각이다.

개인정보의 보호에 중점을 두는 입장은 개인정보의 개념을 지금보다 더 확대해야 한다고 본다. 빅데이터 시대에서 개인정보의 개념은 개인을 식별할 수 있는 단초가 있을 경우에는 개인에 관한 모든 정보를 포함해야 한다는 것이다.[18] 개인정보 개념의 범위를 넓게 정의하는 한편, 파생정보가 있을 경우에 소유권 귀속 여부에 대해서도 명확하게 규정해야 한다고 주문하고 있다.[19] 개인정보 보호를 충실하게 하기 위해서는 개인식별성을 고려하지 않아야 한다는 주장도 있다. 식별성 여부가 불분명한 정보도 개인정보에 포함시킴으로써 현행 개인정보 보호 법제의 취약점인 예측불가능성 문제를 해소하자는 것이다.[20]

반면에 사물인터넷의 발전과 빅데이터의 사회 진입으로 말미암아 개인정보의 적극적인 활용이 요구되는 상황에서 현행법상 개인정보의 범위가 지나치게 넓다는 비판도 상당하다. 보호대상이 되는 개인정보의 범위가 넓어지면 신산업을 위축시키는 부작용이 있다는 것이 대표적인 논거라고 할 수 있다.[21] 비판론들은 다양한 방안을 제안하고 있다. 우선, 현행법상 괄호부분인 "해당 정보만으로는 특정 개인을 알아낼 수 없더라도 다른 정보와 쉽게 결합하여 알아볼 수 있는 것을 포함" 부분을 개정해야 한다는 입장이 있다. 이 부분 때문에 개인정보의 보호범위가 지나치게 확대됨으로써 규제 준수 비용이 크게 증가한다고 지적하면서[22] 법개정을 통해 괄호부분을 삭제해야 국민과 기업의 예측가능성을 확보하는 한편, 빅데이터 산업을 육성할 수 있다고 본다.[23] '쉽게'라는 기준이 유동적 개념이다 보니 개인정보의 범위를 지나치게 확장할 수 있으므로 유럽연합의 「개인정보 보호규칙」(General Data Protection Regulation)[24] 제정이나 일본의 개인정보 보호법 개정처럼

---

18) 성준호, "빅데이터 환경에서 개인정보보호에 관한 법적 검토", 『법학연구』 제21권 제2호, 경상대학교 법학연구소, 2013, 320면.
19) 위의 논문, 326-327면.
20) 장주봉, "개인정보의 의미와 보호범위", 『법학평론』 제3권, 서울대학교 법학평론 편집위원회, 2012, 56면.
21) 전승재/권헌영, "개인정보, 가명정보, 익명정보에 관한 4개국 법제 비교분석", 『정보법학』 제22권 제3호, 한국정보법학회, 2018, 200면.
22) 구태언, "개인정보 보호법의 제문제", 『법학평론』 제3권, 서울대학교 법학평론 편집위원회, 2012, 71면.
23) 최경진, "빅데이터와 개인정보", 『성균관법학』 제25권 제2호, 성균관대학교 법학연구소, 2013, 213면.
24) EU의 「개인정보 보호규칙」에 관한 논의로는 김나루, "유럽연합의 새로운 개인정보보호 법제에 관한 소고", 『고려법학』 제86호, 고려대학교 법학연구원, 2017; 문재완, "유럽연합(EU) 개인정보보호법의 특징과 최근 발전", 『외법논집』 제40권 제1호, 한국외국어대학교 법학연구소, 2016; 함인선, "EU의 개인정보보호법제에 관한 연구: '2012년 개인정보보호규칙안'을 중심으로 하여", 『저스티

법제도 개선이 필요하다고 주장한다.25) 빅데이터의 성공 여부가 괄호에 해당하는 정보를 얼마나 많이 수집하느냐에 달려 있어서는 안된다는 것이다.26)

한편, 해석론의 변화를 주문하는 입장도 있다. 기존의 해석은 '쉽게 결합'을 '어떻게든 결합할 여지가 있으면'으로 확장하는 경향이 있었고, 하급심 판결27)이 그 대표적인 예라고 진단한다.28) 법령에서 '쉽게 결합'이라는 불확정한 개념을 사용하는 것은 불가피한 측면이 있지만, 이에 대한 해석론을 통해 개인정보의 범위를 지나치게 확장하는 것을 견제하는 것이 필요하다고 주장한다.29)

그리고 현행 「개인정보 보호법」에 따른 개인정보의 개념정의가 지나치게 넓고 모호한 부분을 개인정보의 범위를 합리적인 수준으로 제약한 익명화된 개인정보는 재식별을 할 수 없다는 것을 전제로 개인정보의 범위에서 제외하는 것으로 해결하자는 입장도 있다.30) 이를 통해 빅데이터를 통한 사회적 가치 창출에 장애요인을 제거하자고 한다.

2. 개인정보 범위의 조정 필요성

「개인정보 보호법」 제2조 제1호에서 말하는 개인정보가 되기 위한 기준은 "식별가능성"과 "결합용이성"이다. 현행 「개인정보 보호법」의 경우 빅데이터 상황을 전제하고 제정한 것이 아니다. 새롭게 개발되는 프로파일링 기법 및 데이터마이닝 기술을 이용한 빅데이터 분석과정에서 개인정보를 어느 선까지 보호해야 할지는 과거에 예측하지 못했던 지점이다. 급격하게 변화하는 기술환경 속에서 개인정보 보호와 개인정보의 적극활용이라는 두 가지 가치 중 어느 것을 더 중시할지의 관점 차이가 치열한 논쟁으로 이어지는 형국이다. 양자 모두 빅데이터 시대에 현행법상의 개인정보의 범위는 조정해야 한다는 점에서는 일치한다. 그러나 원칙적으로 정보 주체와 관련 있는 모든 정보를 개인정보로 포섭하여 보호의 대상으로 볼 것인지, 아니면 일정 수준의 영역의 정보를 개인정보의 범위에서 분리하여 정보의 활용성을 극대화할 것인지에 있어서 극명하게 다른 입장을 보이고 있다.

스』제133호, 한국법학원, 2012.
25) 이순환/박종수, 앞의 논문, 266면.
26) 최경진, 앞의 논문, 212면.
27) 서울중앙지방법원 2011. 2. 13. 선고 2010고단5343 판결. 이에 따르면 스마트폰 앱 개발자의 관점에서 해당 USIM 번호에 대응하는 휴대전화 가입자 정보를 구하는 것이 쉬운지 어려운지와 무관하게 USIM 번호는 개인정보라고 보았다.
28) 전승재/권헌영, "개인정보, 가명정보, 익명정보에 관한 4개국 법제 비교분석", 『정보법학』제22권 제3호, 한국정보법학회, 2018, 197면.
29) 위의 논문, 200면.
30) 정준현/권오민, "개인정보의 수집 처리 제3자 제공과 가치창출에 관한 문제연구", 『홍익법학』제16권 제1호, 홍익대학교 법학연구소, 2015, 945면.

개인정보의 범위를 일률적으로 축소할 경우에는 규범이 보호하는 대상과 내용을 좁히는 것을 의미하는데, 빅데이터와 사물인터넷 등의 발전으로 인하여 개인 식별가능성이 무한대로 확대되는 상황에서 개인정보자기결정권을 심각하게 침해할 수 있다는 문제점이 발생한다. 반면에 세계 각국이 인공지능과 빅데이터 기술 발전에 사활을 걸고 있는 무한경쟁시대에 개인정보의 범위를 확대하는 규제강화는 국가와 기업경쟁력의 약화를 초래하는 부작용이 심대할 공산이 크다. 결국 개인정보의 보호를 통한 기본권의 보장과 개인정보의 활용을 통한 경제적 이익의 창출이라는 상반되는 법익을 어느 지점에서 조화시킬 것이냐의 문제이다.

막연하게 개인정보의 범위를 축소하거나 확장하자는 주장은 빅데이터 관련 논의가 시작되던 무렵에는 나름의 의의를 지녔으나, 현 시점에서는 한계를 지닐 수밖에 없다. 새로운 기술적 수단들이 등장하면서 더욱 정교한 논의가 필요해졌기 때문이다. 괄호부분을 삭제하자는 주장은 자칫 위험한 상황을 초래할 수도 있다. 이에 따르면 과거에는 개인을 식별할 수 없었던 데이터들도 개인을 식별할 수 있는 정보가 됨으로써 발생할 수 있는 개인정보자기결정권의 침해 문제를 막지 못할 위험성이 크다. 반대로 개인정보의 범위를 확대하는 방편으로 식별가능성을 고려하지 말자는 주장에 대해선 정보주체에 대한 식별이 불가능한데도 정보주체의 동의 없이 해당정보를 처리할 수 없다고 보는 것은 모순이라는 지적31)이 옳다.

또한 해석론으로 보완하는 것도 근본적인 방안이 되기는 힘들다. 과거의 판례·구체적인 사실관계의 다양성과 복잡성·과학기술에 대한 불신 등이 복합적으로 맞물리는 점을 고려할 때 법원이 기존 해석의 틀을 벗어나 획기적인 판단을 하는 것은 쉽지 않다.

이러한 입장들을 극복하기 위해 인격주체성과 관련 없는 개인정보는 원칙적으로 정보주체의 동의가 없이도 자유롭게 유통하도록 하되, 고유식별정보에 대한 보호는 현행 수준으로 유지해야 한다는 주장32)은 충분히 설득력이 있다. 개인정보 규제 방식을 좀 더 세분화해 다듬을 필요가 있는 것이다.

개인정보의 침해는 과학기술 발달의 역기능이나, 개인정보를 보호하는 것도 과학기술 발전의 영향권에 있다. 단순히 법제도의 개선과 보완만으로는 신기술의 도입으로 발생하는 난맥상들을 해결하기에는 역부족이다. 기술발전과 연계해야 문제를 개선할 수 있다. 최근 빅데이터 관련 논의에 있어서 가장 핵심적인 화두는 '가명화'이다. 상세한 내용은 후술하겠지만 '데이터 3법 개정법'에 따르면, 가명처리를 통해 가명정보가 되었을 경우에는 정보주체의 동의 없이도 이용 또는 제3자 제공이 가능하도록 한다. 기존의 개인정보 보호법제에 상당한 변화를 초래하는 내용이다. 특히 「개인정보 보호법 개정법」 제2조제1호는 기

---

31) 문재완, "개인정보의 개념에 관한 연구", 『공법연구』 제42집 제3호, 한국공법학회, 2014, 72면.
32) 위의 논문, 74면.

존의 비판을 불식시키고자 "'개인정보'란 살아 있는 개인에 관한 정보로서 다음 각 목의 어느 하나에 해당하는 정보를 말한다. 가. 성명, 주민등록번호 및 영상 등을 통하여 개인을 알아볼 수 있는 정보 나. 해당 정보만으로는 특정 개인을 알아볼 수 없더라도 다른 정보와 쉽게 결합하여 알아볼 수 있는 정보. 이 경우 쉽게 결합할 수 있는지 여부는 다른 정보의 입수 가능성 등 개인을 알아보는 데 소요되는 시간, 비용, 기술 등을 합리적으로 고려하여야 한다."고 개인정보 개념을 개정하였다. 그리고 가명정보에 관한 개념을 추가하여 "가명처리함으로써 원래의 상태로 복원하기 위한 추가 정보의 사용·결합 없이는 특정 개인을 알아볼 수 없는 정보"라고 정의하고 있다(개정법 제2조제1호 다목).

개정법은 기존에 비판받던 '쉽게 결합'에 관한 기준을 '다른 정보의 입수 가능성 등 개인을 알아보는 데 소요되는 시간, 비용, 기술 등을 합리적으로 고려'라고 제시하는 한편, 개인정보의 범위에 가명정보를 포함시킨 셈이다. 이러한 가명정보는 통계작성·과학적 연구·공익적 기록보존 등의 목적으로 정보주체의 동의 없이 처리할 수 있지만, 가명정보를 제3자에게 제공할 때에는 특정 개인을 알아보기 위하여 사용될 수 있는 정보를 포함할 수 없다(개정법 제28조의 2). 이러한 개정법의 태도는 빅데이터 시대에 혼란을 최소화하고자 개인정보의 개념을 명확화하는 한편, 가명정보 개념을 도입하여 개인정보의 이용을 활성화하고자 한 것이다.

하지만 정보주체의 동의 없이 특정 목적 하에서 가명정보를 활용할 수 있게 허용함으로써 정보주체의 기본권이 침해될 가능성을 배제할 수 없다. 현행 「개인정보 보호법」은 민감정보(제23조)·고유식별정보(제24조)·주민등록번호(제25조)에 대해서는 처리를 제한하고 있다. 특히 민감정보와 고유식별정보의 경우 개인정보의 수집·이용·제공시 개인정보처리자는 정보주체의 별도의 동의(이하 '2차 동의'라고 함)를 얻도록 하고 있다. 개정법은 가명정보가 될 경우 특정 목적 이용시 정보주체의 동의를 생략하도록 하고 있는데, 민감정보와 고유식별정보의 경우 가명정보가 되면 1차 동의 외에 2차 동의도 필요없는지 아니면 민감정보와 고유식별정보가 가명정보가 되기 위해서는 2차 동의까지 거쳐야 하는 것인지에 대해서 해석상의 다툼이 발생할 여지가 있다. 이에 대해서는 개정법 제23조와 제24조가 명확하게 규정하고 있지 않기 때문이다. 부연설명하자면, 2차 동의를 얻도록 하고 있는 제23조 제1항제1호와 제24조 제1항제1호에 대한 개정이 없기 때문에 정보주체의 동의를 생략할 수 있도록 허용한 개정법 신설조항인 제15조 제3항과 제17조 제4항이 민감정보와 고유식별정보에도 적용되는지가 불확실하다.

「개인정보 보호법 시행령」제19조에 따르면, 고유식별정보는 주민등록번호·여권번호·운전면허의 면허번호·외국인등록번호이다. 개정법이 강조하고 있는 안전성 확보조치가 적절하게 이뤄질 경우 고유식별정보가 가명정보가 되더라도 정보주체의 권리를 침해할 위험성은 낮아질 수 있다. 하지만 「개인정보 보호법」제23조와 「개인정보 보호법 시행령」제

18조는 민감정보를 "사상·신념, 노동조합·정당의 가입·탈퇴, 정치적 견해, 건강, 성생활 등에 관한 정보, 그 밖에 정보주체의 사생활을 현저히 침해할 우려가 있는 개인정보로서 유전자검사 등의 결과로 얻어진 유전정보·범죄경력자료에 해당하는 정보"라고 규정하고 있다. 이러한 민감정보는 유출 등이 이뤄질 경우 정보주체의 개인정보자기결정권과 사생활의 자유를 침해할 위험성이 대단히 높기 때문에 여타의 개인정보 보다 더욱 강하게 보호해야 할 필요가 있다. 따라서 가명정보의 정의규정에서 민감정보를 제외하거나 민감정보가 가명처리될 때에는 정보주체의 별도의 동의를 얻도록 명확하게 규정하는 추가적인 법개정이 필요하다.

Ⅳ. 빅데이터의 활용과 개인정보의 가명조치

1. 개인정보 보호법의 기본 규제방식 -사전동의제도-

현행 「개인정보 보호법」은 개인정보처리자가 개인정보를 제3자에게 제공하는 단계에 있어서도 원칙적으로 사전동의를 요구하고 있다(제17조제1항). 사전동의제도가 개인정보 보호의 기본 규제방식인 셈이다. 따라서 빅데이터 수집과정에서 수집의 대상인 정보가 이미 개인식별정보 혹은 개인식별가능정보에 해당하는 경우에는 현행법의 해석상 「개인정보 보호법」에 따른 개인정보에 해당하므로, 원칙적으로 동의의 대상이 된다고 할 것이다. 데이터 수집단계에서는 개인식별성이 없던 정보가 데이터 처리과정에서 개인식별성을 가지게 되는 경우, 그에 대해 어떤 개인정보보호조치를 취할 것인가가 핵심적 쟁점이다.

데이터의 수집단계에서는 개인식별성을 갖지 않은 정보라고 할지라도 데이터의 처리과정에서 사후적으로 특정개인에 대한 식별성이 발생할 수도 있다. 이 경우 데이터 처리과정에서 생성되는 개인정보에 대해서도 현행법상의 정보주체 동의권을 인정할지, 동의권을 인정할 경우 데이터처리의 어떠한 단계에서 인정되는 것으로 볼 것인지의 문제가 생긴다.

또한 「개인정보 보호법」은 사전동의에 대한 예외규정을 두고 있다. 첫째, 법률에 특별한 규정이 있거나 법령상 의무를 준수하기 위하여 불가피한 경우(제1호), 둘째, 공공기관이 법령 등에서 정하는 소관 업무의 수행을 위하여 불가피한 경우(제2호)에는 이러한 사전동의 없이도 개인정보처리자인 국가는 개인정보를 제3자에게 제공할 수 있다. 빅데이터의 이용 및 활용의 특성상 현행법에서 요구하는 사전동의를 전제로 개인정보 빅데이터의 제3자 제공은 빅데이터의 특성과 상충한다. 즉, 현행법의 사전동의제도가 빅데이터의 이용 및 활용을 하는 데 장애요인이 될 수 있다.

그리고 현행 「개인정보보호법」에 따른 개인정보는 그 수집 및 제공단계에서 원칙적으로 목적의 범위에서만 이용·제공할 수 있고(제15조제1항), 이러한 범위를 초과한 정보의 제공 및 이용은 원칙적으로 금지된다(제18조제1항). 다만, 이 경우에도 예외는 있다. 정보주체의 사전동의를 받은 경우, 다른 법률에 특별한 규정이 있는 경우, 정보주체 또는 그 법정대리인이 의사표시를 할 수 없는 상태에 있거나 주소불명 등으로 사전 동의를 받을 수 없는 경우로서 명백히 정보주체 또는 제3자의 급박한 생명, 신체, 재산의 이익을 위하여 필요하다고 인정되는 경우, 통계작성 및 학술연구 등의 목적을 위하여 필요한 경우로서 특정 개인을 알아볼 수 없는 형태로 개인정보를 제공하는 경우, 개인정보를 목적 외의 용도로 이용하거나 이를 제3자에게 제공하지 아니하면 다른 법률에서 정하는 소관 업무를 수행할 수 없는 경우로서 개인정보보호위원회의 심의·의결을 거친 경우 등에는 예외적으로 목적 외의 용도로 이용하거나 제3자에게 제공하는 것이 허용된다(제18조제2항).

「개인정보 보호법」은 개인정보처리자로부터 개인정보를 제공받은 자도 원칙적으로 목적 외의 용도로 이용하거나 제3자에게 제공하는 것을 금지하고 있다. 다만, 정보주체로부터 사전동의를 받거나 혹은 다른 법률에 특별한 규정이 있는 경우에는 허용된다(제19조). 그리고 개인정보처리자는 보유기간의 경과, 개인정보 처리목적의 달성 등 개인정보가 불필요하게 되었을 때에는 지체없이 개인정보를 파기해야 한다(제21조).

이러한 사전동의제도 관련하여 대법원은 이미 정보주체의 동의가 있을 경우 객관적으로 인정되는 범위 내에서 별도의 동의가 필요 없다고 본 바 있다.[33] 그럼에도 불구하고 빅데이터 이용 및 활용과 관련하여 어느 정도 단계까지 동의를 요구해야 하는지에 대해서는 논란이 있어왔고, 사전동의제도와 빅데이터 산업과 상충한다는 비판이 있어왔다. 그 대안으로 옵트아웃제도(사후동의제)로의 전면적인 전환[34]이나 개인정보를 식별가능성과 민감정보성을 유형화하여 식별가능성이나 민감정보성이 없을 경우 사후배제제도 도입[35] 등이 제기되었다. 이러한 논의는 개인정보의 '비식별화'가 등장하면서 새로운 전개를 맞게 되고, 더욱 본격화되었다.

---

33) 대법원 2016. 8. 17. 선고 2014다235080 판결에 따르면, "법률정보 제공 사이트를 운영하는 갑 주식회사가 공립대학교인 을 대학교 법과대학 법학과 교수로 재직 중인 병의 사진, 성명, 성별, 출생연도, 직업, 직장, 학력, 경력 등의 개인정보를 위 법학과 홈페이지 등을 통해 수집하여 위 사이트 내 '법조인' 항목에서 유료로 제공한 사안에서, 갑 회사가 영리 목적으로 병의 개인정보를 수집하여 제3자에게 제공하였더라도 그에 의하여 얻을 수 있는 법적 이익이 정보처리를 막음으로써 얻을 수 있는 정보주체의 인격적 법익에 비하여 우월하므로, 갑 회사의 행위를 병의 개인정보자기결정권을 침해하는 위법한 행위로 평가할 수 없고, 갑 회사가 병의 개인정보를 수집하여 제3자에게 제공한 행위는 병의 동의가 있었다고 객관적으로 인정되는 범위 내이고, 갑 회사에 영리 목적이 있었다고 하여 달리 볼 수 없으므로, 갑 회사가 병의 별도의 동의를 받지 아니하였다고 하여 개인정보 보호법 제15조나 제17조를 위반하였다고 볼 수 없다"고 한다.
34) 정준현, "방송과 통신기술간의 융합과 개인정보보호에 관한 법적 문제", 『한양법학』 제26권 4호, 한양법학회, 2015, 42면.
35) 최혜민, "빅데이터 시대의 현행 개인정보보호법제의 부정합 문제 및 그 해결방안에 관한 연구", 『IT와 법 연구』 제8집, 경북대학교 IT와 법 연구소, 2014, 375-377면.

2. 새로운 제도적 방안으로서 가명처리

(1) 비식별화 개념의 등장

빅데이터를 활용하는 데 있어서 현행법상 사전동의제도가 장애요인임은 확실하다. 이를 해결하기 위한 방안으로 등장한 것은 개인정보의 '비식별화'이다. 이를 전제로 법적 동의 요건을 면제해주고, 데이터의 활용성을 확대하자는 것이다.36)

비식별화는 가명화와 익명화가 있다. EU의 「개인정보 보호규칙」에 따르면, 가명화는 '추가 정보를 이용하지 않는 이상 특정 개인에게 귀속될 수 없는 정보"이고 익명화는 '특정 개인과 연관될 수 없거나 식별가능성이 완전히 제거된 정보로써 개인정보의 규제대상이 아닌 것'이다.37) 즉, 가명화 정보는 복원가능성이 있어서 개인정보에 대한 규제가 적용될 여지가 남아 있는 경우라면, 익명화 정보는 복원이 불가능해 법적으로 개인정보가 아닌 경우라고 할 수 있다.38) 개정법은 가명정보 개념을 도입하면서 제3조 제7항을 개정하여 "개인정보를 익명 또는 가명으로 처리하여도 개인정보 수집목적을 달성할 수 있는 경우 익명처리가 가능한 경우에는 익명에 의하여, 익명처리로 목적을 달성할 수 없는 경우에는 가명에 의하여 처리될 수 있도록 하여야 한다."고 규정함으로써 양자를 구별하고 있다.

이러한 제도적 방안을 처음으로 도입하고자 시도한 것은 「개인정보 비식별 조치 가이드라인」이었고, 이를 '가명처리'로 법제화한 것은 '데이터 3법'인 셈이다.

(2) 개인정보 비식별조치 가이드라인의 개인정보 비식별화

2016년 6월 30일 국무조정실, 행정자치부, 방송통신위원회, 금융위원회, 미래창조과학부, 보건복지부 등이 참여한 관계부처 합동회의는 「개인정보 비식별 조치 가이드라인」(이하 "가이드라인"이라 함)을 발표하면서, 정부 3.0 및 빅데이터 활용 확산에 따른 과학적 정책 집행·맞춤형 서비스 제공·개인정보 보호 강화에 대한 사회적 요구·개인정보의 보호와 활용을 동시에 모색하는 세계적 추세에 발맞추기 위해서라고 밝혔다.

이러한 가이드라인은 개인정보의 비식별화에 대한 내용을 담고 있다.39) 가이드라인은

---

36) 전승재/주문호/권헌영, "개인정보 비식별 조치 가이드라인의 법률적 의미와 쟁점", 『정보법학』 제20권 제3호, 한국정보법학회, 2016, 267면.
37) 위의 논문, 269면.
38) 위의 논문, 269-270면.
39) 비식별화라는 용어의 문제점에 대한 지적으로는 김일환/권건보, "가명정보의 개념과 처리조건에 대한 입법론적 고찰", 『토지공법연구』 제87집, 한국토지공법학회, 2019, 753면.
이에 따르면, 비식별화는 식별성이 완전히 없어진 것으로 혼돈을 일으킬 수 있고, 법적보호가 필요한 개인정부의 범주에 대해 그릇된 법해석의 관행을 만들 수 있다고 한다.

개인정보의 비식별 조치기준, 비식별 조치를 통해 습득한 개인정보의 안전한 활용을 위한 지원 및 관리체계 등을 빅데이터의 이용 및 활용을 위한 조건으로 정하고 있다.

비식별 조치란 정보의 집합물에서 개인을 식별할 수 있는 요소를 전부 또는 일부 삭제하거나 대체하는 방법을 통해 개인을 알아볼 수 없도록 하는 조치를 뜻하며, 익명화의 개념에 상응하는 것으로 볼 수 있다. 비식별 정보는 정보의 집합물에 대해 적정하게 비식별 조치를 한 정보를 의미한다. 따라서 비식별 정보는 더 이상 특정 개인을 알아볼 수 없으므로 개인정보가 아닌 것으로 추정한다. 다만, 개인정보에 해당한다는 반증이 없는 한 개인정보가 아니며, 개인정보라는 반증이 나오는 경우 개인정보로 본다.40)

가이드라인에 따르면, 비식별 정보는 개인정보가 아닌 정보로 추정되므로 정보주체로부터 별도의 사전동의 없이 해당 정보를 이용하거나 제3자에게 제공할 수 있다. 다만, 개인정보가 아닌 것으로 추정되더라도 불특정 다수에게 공개되는 경우에는 비식별 정보를 공개하는 것이 원칙적으로 금지된다. 다른 정보를 보유하고 있는 자가 정보주체를 식별할 가능성을 배제할 수 없기 때문이다.41) 그리고 새로운 결합기술이 나타나거나 결합가능한 정보가 증가하는 경우에는 정보주체가 '재식별'될 가능성이 있으므로 비식별 정보일지라도 필수적인 관리적·기술적 보호조치를 이행하여야 한다.42)

가이드라인은 개인정보의 수집 및 활용 전 과정에 걸쳐 단계별 비식별화 조치기준을 설정하고 있다. 이에 따르면 비식별 조치는 사전검토→비식별 조치→적정성평가→사후관리 등 총 4개 단계로 구분된다.43)

그리고 재식별을 했을 경우에 제재조치에 대해서도 정하고 있는데, 가이드라인이 법령이 아니므로 기존 개인정보 보호법령에 근거한 내용에 대해 정리하고 있는 정도이다. 즉, 비식별정보를 지식별하여 이용하거나 제3자에게 제공한 때는 개인정보의 목적 외 이용 및 제공한 경우이므로 형사처벌 대상이 된다(개인정보 보호법 제18조 제1항, 정보통신망법 제24조·제24조의2, 신용정보 보호법 제32조·제33조). 그리고 비식별 정보를 활용하는 과정에서 재식별을 했다면 즉시 파기조치해야 하는데, 이를 보관했을 경우에는 과태료 부과대상이 된다(개인정보 보호법 제15조 제1항, 정보통신망법 제22조 제1항, 신용정보 보호법 제15조 제2항).44)

하지만 이러한 가이드라인에 대해서는 다양한 비판이 제기되었다. 가장 중요한 법적 쟁점은 수권법률 없이 제정된 가이드라인의 법적 효력을 어느 정도 수준으로 인정해야 하는

---

40) 관계부처 합동, 개인정보 비식별 조치 가이드라인; 비식별 조치 기준 및 지원·관리체계 안내, 2016. 6. 30. 57면.
41) 위의 책, 57면.
42) 위의 책, 57면.
43) 위의 책, 3면.
44) 위의 책, 21면.

가이다.

가이드라인은 행정규칙에 해당하는데, 법률의 위임을 받아 제정된 것이 아니므로 일반 국민에 대한 대외적 구속력이 없다.45) 헌법재판소는 법령보충적 행정규칙을 폭넓게 인정하면서도 의회입법의 원칙에 반하게 되므로 제한적으로 인정되어야 하는 것으로 보고 있다. 이에 따라 "법령보충적 행정규칙을 법규명령으로 본다면 법규명령에 관한 법리가 적용되어야 하므로 상위법의 개별적·구체적 위임이 요구되며 포괄위임은 금지된다"고 보는 등 위임입법의 한계를 준수할 것을 선언하고 있다.46) 그렇다면, 법령보충적 행정규칙 자체도 법령에서 위임한 범위 내에서 수범자의 권리과 법률관계에 영향을 주는 내용을 형성하여야 할 것이고, 이를 위반할 경우에는 위헌적 행정규칙이 된다.

또한 가이드라인의 비식별화란 개념이 불명확하다는 지적이 있다. 비식별화는 익명화보다 넓은 개념으로 보아야 하는데, 가이드라인은 유럽연합의 익명화와 사실상 같은 개념으로 사용하고 있다고 비판한다.47)

그리고 사업자에게 재식별 가능성을 확인할 의무를 부과하고 있는데, 새로운 재식별 사례나 새로운 기술의 등장을 매번 확인하고 재식별가능성을 판단해야 하는 것은 지나친 과중한 의무부담이라는 비판도 있다.48) 게다가 정보주체의 동의 없이 개인정보가 제3자에게 양도되어 이용되던 '비식별 정보'가 재식별되어 개인정보가 침해되었다면, 최초 비식별조치자인 양도인과 현재 이용 중인 양수인 중 누구에게 법적 책임을 지우는 것이 합당한지 불명확하다는 지적도 있다.49)

가이드라인은 「개인정보 보호법」이나 「정보통신망법」 등 대외적 구속력을 부여할 수 있는 위임근거가 없다. 그리고 설사 위임근거가 있다고 하더라도 법률에서 비식별 조치에 대한 규정이나 비식별 조치에 따른 사전동의 제외에 관한 사항을 정하고 있지 않은 상황에서 행정규칙으로 비식별 조치와 이에 따른 사전동의 제외를 규정함으로써 위임범위를 크게 일탈했다는 문제점이 있었다. 즉, 비식별화 조치를 규율했던 가이드라인은 헌법상 법률우위원칙과 법률유보원칙에 위배될 소지가 높고,50) 이를 해결하기 위해서는 입법화가 필요했다.51)

---

45) 전승재/주문호/권헌영, "개인정보 비식별 조치 가이드라인의 법률적 의미와 쟁점", 『정보법학』 제20권 제3호, 한국정보법학회, 2016, 279면.

46) 헌재결 2004. 10. 28, 99헌바91

47) 이순환/박종수, "개인정보 비식별 조치 가이드라인의 법적 문제와 개인정보보호법제 개선방향", 『공법연구』 제45집 제2호, 한국공법학회, 2016, 274-275면.

48) 위의 논문, 277-278면.

49) 전승재/주문호/권헌영, 앞의 논문, 281면.

50) 동지, 김일환/권건보, 앞의 논문, 754면.

51) 가이드라인은 법적 효력이 없으므로 사법부의 판단에 영향이 없고, 비식별화더라도 불법유출에 대한 위법성조각사유나 면책사유가 될 수 없다는 지적으로는 이순환/박종수, 앞의 논문, 280면.

(3) '데이터 3법 개정법'의 가명처리에 관한 주요내용

가이드라인의 법적 성격 및 내용 등에 대한 논란이 있자, 법개정을 통해 빅데이터의 활용성을 제고해야 한다는 사회적 논의가 촉발되었고, 이는 '데이터 3법'의 국회 통과로까지 이어졌다. 최근 국회를 통과한 데이터 3법은 가명처리와 가명정보란 개념을 사용하고 있다.[52]

'개인정보 보호법 개정법'은 가명처리와 가명정보에 대하여 다음과 같이 규정하고 있다. "가명처리"란 개인정보의 일부를 삭제하거나 일부 또는 전부를 대체하는 등의 방법으로 추가 정보가 없이는 특정 개인을 알아볼 수 없도록 처리하는 것을 말하고, "가명정보"란 가명처리함으로써 원래의 상태로 복원하기 위한 추가 정보의 사용·결합 없이는 특정 개인을 알아볼 수 없는 정보이다(개정법 제2조제1호다목 및 제1호의2 신설규정). 개인정보를 익명 또는 가명으로 처리하여도 개인정보 수집목적을 달성할 수 있는 경우 익명처리가 가능한 경우에는 익명에 의하여, 익명처리로 목적을 달성할 수 없는 경우에는 가명에 의하여 처리될 수 있도록 하여야 한다(개정법 제3조제7항). 이러한 가명정보의 경우 개인정보처리자는 통계작성, 과학적 연구, 공익적 기록보존 등을 위하여 정보주체의 동의 없이 처리할 수 있다. 단, 가명정보를 제3자에게 제공하는 경우에는 특정 개인을 알아보기 위하여 사용될 수 있는 정보를 포함해서는 아니 된다(개정법 제28조의2). 개인정보처리자는 당초 수집 목적과 합리적으로 관련된 범위 내에서 정보주체에게 불이익이 발생하는지 여부, 암호화 등 안전성 확보에 필요한 조치를 하였는지 여부 등을 고려하여 대통령령이 정하는 바에 따라 정보주체의 동의 없이 개인정보를 이용 및 제공할 수 있다(개정법 제15조 제3항 및 제17조 제4항 신설규정).

가명정보의 결합에서 발생하는 문제를 방지하고자 서로 다른 개인정보처리자 간의 가명정보의 결합은 개인정보보호위원회 또는 관계 중앙행정기관의 장이 지정하는 전문기관이 수행하도록 하였다(개정법 제28조의3). 그리고 아울러 가명정보를 처리하는 경우에는 관련 기록을 작성·보관하는 등 대통령령으로 정하는 안전성 확보조치를 하도록 하고, 특정 개인을 알아보는 행위를 금지하는 한편 이를 위반하는 경우 형사처벌, 과징금 등의 벌칙을 부과하도록 하였다(개정법 제28조의4, 제28조의5, 제28조의6 신설규정).

개인정보처리자는 정보주체 또는 제3자의 이익을 부당하게 침해할 우려가 있을 때를 제외하고는 시장조사 등 상업적 목적의 통계작성, 서비스 개발 등 산업적 목적을 포함하는 과학적 연구, 공익적 기록보존 등의 목적으로 개인정보를 가명처리하고 그 결과 생성된 가명정보를 정보주체의 동의 없이 원본 개인정보의 목적 외의 용도로 이용하거나 이를 제

---

[52] 비식별화 대신에 가명처리 또는 익명처리라는 용어로 통일할 필요가 있다는 입장으로는 백승엽/김일환, "개인신용정보 비식별조치의 내용과 한계에 관한 연구", 『성균관법학』 제29권 제4호, 성균관대학교 법학연구소, 2017, 91면.

3자에게 제공할 수 있도록 한다(개정법 제19조의2 신설규정). 개인정보처리자는 정보주체 또는 제3자의 이익을 부당하게 침해할 우려가 있을 때를 제외하고는 시장조사 등 상업적 목적의 통계작성, 서비스 개발 등 산업적 목적을 포함하는 과학적 연구, 공익적 기록보존 등의 목적으로 보유하고 있는 개인정보와 다른 개인정보처리자가 보유하고 있는 개인정보를 가명처리 후 결합하여 이용할 수 있도록 한다(개정법 제19조의3 신설규정). 그리고 개인정보와 다른 개인정보처리자가 보유하고 있는 개인정보들을 총칭하여 정보집합물이라 하고 있다.

당초 '정보통신망법 개정안'은 "가명처리"와 "가명정보"에 관한 규정을 두고 있었으나, 과학기술정보방송통신위원회는 2019년 12월 4일 기존의 개정안을 본회의에 부의하지 않고, 정보통신방송법안심사소위원회가 마련한 대안을 위원회안으로 제안하기로 의결하였다. 대안이 개정법으로 통과되었고, 이에 따르면 「정보통신망법」에 규정된 개인정보 보호에 관한 사항을 삭제하고 「개인정보 보호법」으로 이관하였다. 따라서 「정보통신망법」은 더 이상 개인정보 보호에 관한 규정을 두지 않게 되었다.

이와 달리 '신용정보보호법 개정법'도 가명처리 및 가명정보에 대한 규정을 신설 하고 있다. 추가정보를 사용하지 아니하고는 특정 개인을 알아볼 수 없도록 처리(가명조치)한 개인신용정보로서 가명정보의 개념을 도입하고 있다. 그리고 통계작성(시장조사 등 상업적 목적의 통계작성을 포함), 연구(산업적 연구를 포함), 공익적 기록보존 등을 위해서는 가명정보를 신용정보주체의 동의 없이도 이용하거나 제공할 수 있도록 함으로써 금융분야에서 빅데이터 분석·이용을 활성화하도록 하고 있다(개정법 제2조제15호·제16호 및 제32조제6항제9호의2·제9호의4 신설규정).

또한 신용정보회사 등에 대하여 가명조치에 사용한 추가정보는 일정한 방법으로 분리하여 보관하도록 하고, 신용정보회사 등은 가명정보를 보호하기 위하여 일정한 기술적·물리적·관리적 보안대책을 수립·시행하도록 하고 있다. 개정법은 가명정보를 이용하는 과정에서 특정 개인을 알아볼 수 있게 된 경우 처리를 즉시 중지토록 하고, 특정 개인을 알아볼 수 있게 된 정보를 즉시 삭제토록 하는 등의 의무를 부과하고 있다. 아울러 개정법은 빅데이터 분석·이용에 따라 발생할 수 있는 부작용을 방지하기 위한 안전장치를 마련하고 있다(개정법 제40조의2제1항·제2항 및 제6항부터 제8항까지 등 신설). 한편, 더 이상 특정 개인을 알아볼 수 없도록 개인신용정보를 처리하는 익명조치에 대해서는 금융위원회가 지정하는 데이터전문기관의 적정성 평가를 거친 경우에는 더 이상 특정 개인을 알아볼 수 없도록 처리된 정보로 추정하여 금융회사 등의 빅데이터 활용에 따른 법적 불확실성을 해소하고자 하였다(개정법 제2조 제17호, 제26조의4 제3항, 제40조의2 제3항 부터 제5항까지 신설규정).

영리 또는 부정한 목적으로 특정 개인을 알아볼 수 있게 가명정보를 처리한 경우 금융위원회가 전체 매출액의 100분의 3 이하에 해당하는 금액을 과징금으로 부과할 수 있도록 하는 동시에, 5년 이하의 징역 또는 5천만원 이하의 벌금에 처하도록 하는 등 빅데이터 활용에 따른 부작용을 방지하기 위한 책임성 확보장치를 마련하고자 했다(개정법 제42조의2 제1항 제1호의 4, 제50조 제2항 제7호의 2 신설규정).

이처럼 개정법은 가명처리를 통해 개인정보의 식별가능성을 낮추거나 없앰으로써 개인정보를 빅데이터로 활용하기 위한 법적 근거를 마련하고 있다. 빅데이터로 개인정보를 활용하는 과정에서 개인정보를 침해할 수 있는 위험성을 제거하기 위함이다.

3. 가명처리의 필요성과 한계지점

(1) 가명처리의 필요성

빅데이터의 적극적인 활용을 위해서 개인정보 보호 관련 법제가 가명처리를 규정하는 것은 불가피하다. 개인정보 보호는 헌법상 중요한 가치임은 분명하다. 하지만 개인정보를 활용함에 있어서 개인정보의 침해가능성이 낮은 수단이 있다면 이를 적극적으로 이용하는 것이 합당하다. 기술적 수단이 없을 경우에는 개인정보 보호가 개인정보의 활용을 통한 각종 편익의 확보와 부가가치의 창출보다 더 중요한 법익이 될 수 있으나, 개인정보를 충분히 보호할 수 있는 수단이 확보되었다면 다른 관점에서 접근해야 한다.

가명처리 도입을 통해 개인정보를 활용할 수 있도록 하는 것은 세계적인 추세라고 할 수 있다. 2018년부터 시행되고 있는 유럽연합의 「개인정보 보호규칙」상 가명처리에 관한 규정은 제5조 제1항 (b)이다. 이 조항에 따르면, 공익을 위한 기록보존 목적·과학 또는 역사 연구 목적·통계 목적의 개인정보 처리의 경우에는 정보주체의 동의가 없어도 추가적 처리(further processing)가 가능하다. 다만, 가명처리(pseudonymisation) 등 안전장치가 있어야 한다. 여기에서 "가명처리"란 추가적 정보의 이용 없이 개인정보가 더 이상 특정 정보주체에게 귀속될 수 없는 방식으로 처리하는 것(제4조 제5호)을 의미하는데, 비식별화 처리 정도가 낮은 상태이기에 가명처리를 했더라도 여전히 개인정보로 파악한다. 한편, 가명처리와 비교할 것으로는 익명처리(anonymisation)가 있는데, 익명처리는 비식별화 처리 정도가 매우 높아 익명처리한 정보는 개인정보가 아니라고 본다.

그리고 일본은 2015년 개인정보 보호법을 개정하였다. 개정법상 가명조치와 관련한 조항은 제36조와 제37조이다. 이 조항에 따르면, 개인정보취급사업자 또는 익명가공정보취급사업자는 익명가공정보를 정보주체의 동의 없이 제3자에게 제공할 수 있다. 다만, 이 경우 개인정보보호위원회 규칙이 정하는 바에 따라 미리 제3자에게 제공되는 익명가공정보에 포함된 개인에 관한 정보 항목 및 그 제공방법에 대하여 공표하여야 하고, 동시에

해당 제3자에게 제공하는 정보가 익명가공정보라는 사실을 명시해야 한다.53)

개인정보의 활용은 혁신적인 기술개발과 미래지향적 산업발전에 기초적인 토대가 될 공산이 크다. 개인정보의 활용이 개인정보자기결정권이라는 헌법상 기본권을 침해하지 않는다면, 이를 뒷받침할 수 있는 법제도를 만드는 것이 필요하다. 아울러 외국의 입법추세를 보더라도 가명처리를 통해 개인정보의 식별가능성을 없앰으로써 개인정보를 활용할 수 있는 법적 토대를 마련하고 있다.

이러한 점들을 고려했을 때, '개인정보 보호법 개정법'이 규정하고 있는 가명조치 도입은 타당하다고 본다.

(2) 가명처리의 한계지점과 대안의 지속적인 모색

다만, 가명조치 및 가명정보에 대한 국민적 신뢰를 확보할 수 있느냐가 관건이 될 것이다. 2011년 7월 SK컴즈 개인정보유출사건이나 2014년 1월 KB국민카드·롯데카드·NH농협은행의 개인정보 대량유출사건처럼 주기적으로 발생하는 대규모 개인정보 보안 사고는 국민들의 개인정보 보호에 대한 불안감을 심화시켰다.

또한 빅데이터 시대는 인류에게 편리함과 풍요로움을 선사할 수도 있지만, 단지 장밋빛 미래로만 전개될지는 누구도 장담할 수 없다. 빅데이터가 오히려 불평등을 확산하고, 민주주의를 위협할 수 있다는 비판을 경시해서는 안 된다. 정교하게 설계된 알고리즘이 다수의 사회적 약자의 기회를 박탈하고, 데이터에 대한 신뢰가 그들의 이의제기 가능성마저 박탈할 수 있다고 한다.54) 가령, 미국 24개 주 법원이 도입한 재범위험성모형(recidivism models)에 따라 고위험군으로 분류된 사람은 일정한 직업이 없고 범죄자가 주변에 많은 환경에서 성장했을 가능성이 높은데, 고위험군이어서 중형을 선고받아 다시 장기간 동안 범죄자들과 생활하고 수감생활이 끝난 후에도 재범을 저지를 가능성이 높아지는 식이다.55) 알고리즘이 패배자로 낙인찍은 사람은 이를 극복하기가 매우 어려운 반면에, 빅데이터 경제에 통제력을 갖게 된 소수는 부와 지배력을 확대할 수 있는 문제가 있다는 것이다.56) 데이터가 만들어낸 불평등이 데이터에 대한 지배력에 따라 지속적으로 고착될 수 있다.

빅데이터에 기반한 마이크로 타기팅(micro-targeting)기법은 세분화된 소규모 집단에

---

53) 일본의 개정 개인정보 보호법에 관한 논의는 손형섭, "일본 개정 개인정보보호법과 우리법의 나아갈 방향", 『공법연구』 제46집 제2호, 한국공법학회, 2017 참조.
54) Cathy O'Neil, Weapons of math destruction : how big data increases inequality and threatens democracy, 캐시 오닐(김정혜 역), 「대량살상 수학무기 : 어떻게 빅데이터는 불평등을 확산하고 민주주의를 위협하는가」, 흐름출판, 2017, 56-62면.
55) 위의 책, 51-54면.
56) 위의 책, 91면.

전략적으로 접근할 수 있는 기법을 제공하는데, 정치인들은 각 집단에 맞는 세심한 접근수단을 사용할 수 있다.57) 이는 유권자의 기호에 맞는 선거전략을 만들고, 국민들의 요구사항을 적절하게 반영할 수 있다는 점에서 긍정적일 수도 있다. 그러나 마이크로 티기팅 기법은 유권자를 점수화해 표적 유권자에게만 돈과 관심을 쏟아 그들의 환심을 사는데 집중하게 하고, 그 결과 나머지 유권자들은 정치에 대한 환멸을 갖게 될 수도 있다고 경고한다.58) 빅데이터가 정치에 적극적으로 활용될 경우 투표결과에 막대한 영향을 미칠 수 있는 유권자들에게 집중하고, 나머지 유권자들을 방치하는 역기능이 있을 수 있고, 이는 민주주의에 위협적 요인이 될 수 있다는 것이다.

새로운 기술은 명암을 함께 지닐 수밖에 없다. 부작용을 최소화하고, 역기능을 억제하는 것이 법과 제도의 몫이다. 「개인정보 보호법」의 개정으로 가명조치와 가명화가 도입되었으나, 아직 미비한 점들이 있다. 우선, 정보주체가 자신의 민감정보가 가명정보로 될 수 있다는 것을 정확하게 알 수 있어야 한다. 개정법은 이를 명확하게 규정하지 않아 해석상의 혼란이 있을 수 있다. 가명정보에서 배제하거나 가명처리시 민감정보의 경우 별도의 동의를 얻도록 해야 한다. 그리고 가명처리에 대한 신뢰성 확보는 기술적 수단의 발전과 밀접한 연관이 있다. 신기술에 대한 연구지원을 통하여 식별가능성을 최대한 낮추는 것이 가명처리에 대한 일각의 두려움을 불식시키고, 신뢰를 확보할 수 있는 방안이라고 생각한다.

V. 결론

'개인정보 보호법 개정법'의 주요 내용은 추가정보의 사용없이 특정 개인을 알아볼 수 없게 조치한 가명정보의 경우 상업적 목적을 포함한 통계작성과 연구 등에 개인의 동의 없이 활용할 수 있도록 한 것이다. 이 법들이 국회를 통과한 상황에서 신산업 육성에 크게 기여할 수 있는 법적 토대를 마련했다는 긍정적 평가와 개인정보 자기결정권을 비롯한 국민의 기본권이 침해될 우려가 확대되었다는 부정적 평가가 공존하고 있다.

이종 산업간 데이터 결합은 산업분야의 혁신적 성장을 견인할 수 있을 것이란 기대는 정보통신기술과 금융정보의 결합을 통한 금융산업의 혁신, 위치정보와 제조업정보를 결합한 자율주행차와 스마트공장·사물인터넷 분야의 성장을 꿈꾼다. 국민 입장에서도 편리함이 증가할 수 있다. 또한 유럽연합의 적정성 평가제도 통과가 가능해졌기 때문에 국내 기업들이 유럽연합에 진출했을 때 자유로운 데이터 처리가 가능해졌다는 환영의 목소리도

---

57) 위의 책, 313면.
58) 위의 책, 326-328면.

있다.

하지만 가명정보의 재식별화 가능성은 여전히 높기 때문에 개인정보 침해의 위험성은 얼마든지 존재한다는 비판도 중시해야 한다. 그동안 대규모 개인정보 유출 사건이 발생했을 때, 국민피해는 심각했지만 유효한 피해구제 수단은 약했고, 법원의 처벌 수위도 높지 않았다. 국민적 불신도 여전히 존재하고 있는 것이다.

법개정은 이제 시작이다. 비판과 불신을 불식시킬 수 있도록 지속적인 논의가 있어야 하고, 필요한 경우에는 입법적 조치가 계속적으로 있어야 한다. 기술개발이 급격하게 이루어지는 분야이기 때문이다. 법제도가 기술변화를 이끌어가진 못하더라도, 기술변화에 대응할 수는 있어야 한다.

참고문헌

1. 국내문헌

한국정보화진흥원(편), 「새로운 미래를 여는 빅데이터 시대」, 한국정보화진흥원, 2013.
Cathy O'Neil, Weapons of math destruction : how big data increases inequality and threatens democracy, 캐시 오닐(김정혜 역), 『대량살상 수학무기 : 어떻게 빅데이터는 불평등을 확산하고 민주주의를 위협하는가』, 흐름출판, 2017.

구태언, "개인정보 보호법의 제문제", 『법학평론』 제3권, 서울대학교 법학평론 편집위원회, 2012.
김나루, "유럽연합의 새로운 개인정보보호 법제에 관한 소고", 『고려법학』 제86호, 고려대학교 법학연구원, 2017.
김일환/권건보, "가명정보의 개념과 처리조건에 대한 입법론적 고찰", 『토지공법연구』 제87집, 한국토지공법학회, 2019.
김재광, "개인정보보호법에 관한 새로운 법적 문제", 『강원법학』 제36권, 강원대학교 비교법학연구소, 2012.
김진환, "개인정보 보호의 규범적 의의와 한계- 사법(私法) 영역에서의 두 가지 주요쟁점을 중심으로", 『저스티스』 제144호, 한국법학원, 2014.
문재완, "개인정보의 개념에 관한 연구", 『공법연구』 제42집 제3호, 한국공법학회, 2014.
＿＿＿, "개인정보 보호법제의 헌법적 고찰", 『세계헌법연구』 제19권 제2호, 국제헌법학회한국학회, 2013.
＿＿＿, 유럽연합(EU) 개인정보보호법의 특징과 최근 발전", 『외법논집』 제40권 제1호, 한국외국어대학교 법학연구소, 2016.
백승엽/김일환, "개인신용정보 비식별조치의 내용과 한계에 관한 연구", 『성균관법학』 제29권 제4호, 성균관대학교 법학연구소, 2017.
성준호, "빅데이터 환경에서 개인정보보호에 관한 법적 검토", 『법학연구』 제21권 제2호, 경상대학교 법학연구소, 2013.
손형섭, "일본 개정 개인정보보호법과 우리법의 나아갈 방향", 『공법연구』 제46집 제2호, 한국공법학회, 2017.
심우민, "스마트 시대의 개인정보보호 입법전략", 『언론과 법』 제12권 제2호, 한국언론법학회, 2013.
이순환/박종수, "개인정보 비식별 조치 가이드라인의 법적 문제와 개인정보보호법제 개선방향", 『공법연구』 제45집 제2호, 한국공법학회, 2016.
이창범, "개인정보보호법제 관점에서 본 빅데이터의 활용과 보호 방안", 『법학논총』 제37권 제1호, 단국대학교 법학연구소, 2013.
장주봉, "개인정보의 의미와 보호범위", 『법학평론』 제3권, 서울대학교 법학평론 편집위원회, 2012.
전승재/권헌영, "개인정보, 가명정보, 익명정보에 관한 4개국 법제 비교분석", 『정보법학』 제22권 제3호, 한국정보법학회, 2018.
전승재/주문호/권헌영, "개인정보 비식별 조치 가이드라인의 법률적 의미와 쟁점", 『정보법학』 제20권 제3호, 한국정보법학회, 2016.
정준현, "방송과 통신기술간의 융합과 개인정보보호에 관한 법적 문제", 『한양법학』 제26권 4호, 한양법학회, 2015.
정준현/권오민, "개인정보의 수집 처리 제3자 제공과 가치창출에 관한 문제연구", 『홍익법학』 제16권 제1호, 홍익대학교 법학연구소, 2015.

정혜영, "개인정보보호법의 내용과 체계에 관한 분석", 『공법학연구』제12권 제4호, 한국비교공법학회, 2011.
최경진, "빅데이터와 개인정보", 『성균관법학』제25권 제2호, 성균관대학교 법학연구소, 2013.
최혜민, "빅데이터 시대의 현행 개인정보보호법제의 부정합 문제 및 그 해결방안에 관한 연구", 『IT와 법 연구』제8집, 경북대학교 IT와 법 연구소, 2014.
함인선, "EU의 개인정보보호법제에 관한 연구: '2012년 개인정보보호규칙안'을 중심으로 하여", 『저스티스』제133호, 한국법학원, 2012.

2. 기타

김민호 외, 「개인정보보호 규제 합리화 방안」, 개인정보보호호위원회, 2013.
관계부처 합동, 개인정보 비식별 조치 가이드라인; 비식별 조치 기준 및 지원·관리체계 안내, 2016.
이재호, 「정부3.0실현을 위한 빅데이터 활용방안」, 한국행정연구원, 2013.

융/합/적/사/회/변/화/와/법

데이터 3법의 주요 개정 내용 및 형사법적 의의에 관한 소고

주승희[*]

덕성여자대학교 글로벌융합대학 법학전공 교수, 미국 District of Columbia 변호사

I. 서론: 빅데이터 산업의 파도 위에 선 데이터 3법

정보통신기술의 급속한 발달과 더불어 우리들은 인터넷과 스마트폰 등 각종 디지털 기술을 활용해 손쉽고 빠르게 필요한 정보를 얻고 있다. 페이스북이나 트위터 등 다수의 소셜 네트워킹 서비스에 하루에도 여러 차례 텍스트나 영상, 사진, 웹문서를 올리고 서로간에 필요한 정보들을 활발히 교류하고 있다. 그런데 모바일 데이터의 양이 워낙 방대하고 축적된 양이 폭발적으로 증대하다 보니 이들 비정형화된 데이터[1)]의 새로운 가치와 활용 가능성이 각광을 받게 되었고, 이들 데이터를 사물인터넷이나 인공지능, 클라우드 등 신기술과 결합하여 적극적으로 활용하는 이른바 '빅데이터' 산업이 근래 들어 4차산업혁명시대의 핵심산업으로 부상하였다.

---

[*] 〈논문 게재 당시 소속〉 덕성여자대학교 법학과 교수
1) 데이터(data)나 정보(information) 모두 학자에 따라 다양하게 정의 내리고 있다. 데이터는 '관찰이나 측정을 통해 얻은 사실이나 값'을 의미하고, 정보는 '데이터를 문제해결, 의사결정 등에 도움이 되도록 숫자나 기호, 문자, 그림, 소리, 동영상 등의 형태로 가공한 것'으로 서로 구분된다는 견해도 있으나(원소연/심우현, 『지능정보사회 촉진을 위한 데이터 및 정보관련 규제 개선 방안 연구』, 한국행정연구원, 2019, 26면), 필자가 본 논문에서 언급하는 데이터는 개인의 정보와 관련성 있는 정보에 국한되므로, 양자를 엄격히 구분하지 않고 혼용하여 사용함을 밝힌다.

문제는 '21세기 원유'라고 지칭되는 이들 빅데이터가 개개인에 관한 정보의 집합물이기에 빅데이터의 활용 가능성을 높일수록 개인정보의 침해 위험성도 그만큼 높아진다는 것이다. 빅데이터 산업의 발전 측면에서 보자면, 개인정보를 가급적 두텁게 보호하고자 했던 그간의 우리나라 개인정보 보호법제가 산업성장의 가장 큰 장애물이 되어 버렸고, 이에 지난 수년간 개인정보의 손쉬운 활용을 위해 관련 법령을 개정해달라는 유관 기관과 학계, 기업의 요청이 끊임이 없었다. 우리나라 개인정보보호법제에 큰 영향을 끼쳐온 유럽연합(EU)이 일반개인정보보호규칙(General Data Protection Regulation, 이하 'GDPR')을 제정하여 2018년 5월부터 시행하였다. 4차산업혁명이라는 시대적 흐름에 부응하여 디지털 경제 활성화와 개인정보 보호 사이의 균형을 맞춘 입법이기에 우리나라 개인정보보호법제의 대대적 수정 필요성을 더욱 부각시켰다. 우리나라 정부 역시 데이터 경제로의 전환이라는 전 세계적 환경변화를 적극적으로 수용하고, 데이터를 이용한 신산업의 육성을 범국가적 과제로 삼아 관련 법률의 정비에 노력을 기울였다. 2018년 상반기 금융위원회가 '금융분야 데이터활용 및 정보보호 종합방안'을 발표하면서 금융분야 빅데이터 활성화, 데이터산업 경쟁력 강화, 정보보호 내실화를 추진전략으로 내세운 것을 예로 들 수 있다.[2]

이처럼 4차산업혁명과 빅데이터 산업의 큰 파도를 성공리에 넘어서기 위한 입법적 노력의 결실이 바로 2020년 1월 9일 국회 본회의를 통과한 일명 '데이터 3법'이다. 이들 법개정을 통해 개인의 정보는 '수동적 보호' 대상에서 '적극적 활용' 대상으로 그 입지가 변화하였다.[3] 그럼에도 여전히 개인의 정보 중 상당수는 여전히 적극적으로 보호할 필요성이 존재하고, 그 위법한 활용에 대한 형사처벌 규정도 굳건히 자리를 지키고 있다. 다만 형사처벌의 필요성을 판단할 때 기존의 '보호'라는 잣대 외에 이제는 '활용'이라는 어쩌면 모순적으로도 보일 수 있는 잣대도 동시에 사용해야 한다는 변화가 생겼다. 이 변화는 단순히 해석 차원에서 고려할 잣대로만 기능하는 것에 멈추지 않고, 형사제재를 개인정보의 보호 무기로 삼는 것이 합리적인지에 대한 근본적인 물음을 던져주고 있다. 따라서 본 논문은 2020년 개정된 이들 데이터 3법, 즉 「개인정보 보호법」, 「정보통신망 이용촉진 및 정보보호 등에 관한 법률(이하 '정보통신망법')」, 「신용정보의 이용 및 보호에 관한 법률(이하 '신용정보법')」의 개정 취지와 주요 내용을 소개한 후에, 이들 개정 법률이 내포하는 형사법적 의의에 대해서 차례로 살펴보고자 한다.

---

[2] 금융위원회, 보도자료(2018년 3월 20일), '「금융분야 데이터활용 및 정보보호 종합방안」 발표', https://www.fsc.go.kr/info/ntc_news_view.jsp?bbsid=BBS0030&page=1&sch1=subject&sword=%EA%B8%88%EC%9C%B5%EB%B6%84%EC%95%BC%20%EB%8D%B0%EC%9D%B4%ED%84%B0%ED%99%9C%EC%9A%A9&r_url=&menu=7210100&no=32365(2020년 12월 14일 최종검색).

[3] 같은 견해로는 이정념, "개인정보보호법 위반행위에 대한 제재 예외 사유", 『법학논총』 제27집 제2호, 조선대학교 법학연구원, 2020, 50면.

II. 데이터 3법 개정의 취지 및 주요 개정 내용

1. 개인정보 보호법의 개정 취지 및 주요 개정 내용

(1) 개인정보 보호법의 연혁

인터넷의 역사는 1960년대 후반 미국에서 국방부 주도로 구축한 아르파넷(ARPANET)에서 시작된 것으로 널리 알려져 있다. 제한된 컴퓨터만 연결되어 있던 아르파넷이 개방형 구조로 네트워크화되고, 상업적 목적하에 1990년대 초반 월드와이드웹이 개발·배포되면서 그 이용자 수가 폭발적으로 증가하였으며, 인터넷을 통해 다양한 정보가 손쉽게 생산되고 전달되면서 정보의 수집과 처리, 저장이 중요한 자원이 되는 정보화 사회를 맞이하게 되었다. 개인의 정보에 경제적 가치가 부여되면서 우리 사회 모든 영역에서 개인정보의 수집과 이용이 나날이 확대되었지만, 공공기관에 의한 개인정보 보호만을 규율하는 법이 있었을 뿐 사적 기관에 의한 개인정보의 무분별한 수집과 사생활침해를 막을 수 있는 법적 장치는 마련되지 않았었다.4) 2000년대 중반 개인정보를 유출하거나 오용·남용하는 사례가 지속적으로 발생하여 사회적으로 큰 파장을 야기하였고,5) 결국 2011년 개인정보 보호에 관한 일반법이라 할 수 있는 개인정보 보호법(법률 제10465호, 2011. 3. 29., 제정, 2011. 9. 30. 시행)이 제정되었다.

동법은 개인정보 보호 범위를 공공부문뿐 아니라 민간부문으로 확대하였고, 개인정보 보호 강화를 위해 개인정보 보호위원회 설치, 개인정보 보호기준 마련, 주민등록번호 등 고유식별정보의 처리제한 강화, 열람청구권·삭제청구권 등 정보주체의 권리 보장, 개인정보 분쟁조정위원회 설치 및 집단분쟁조정제도 도입 등을 주된 내용으로 함으로써, 바야흐로 국제수준에 부합하는 개인정보의 보호와 피해구제가 가능케 되는 개인정보 보호의 새로운 장이 열리게 되었다.

그러나 개인정보 보호법의 제정 이후에도 보안 사고가 잇따라 터졌고, 특히 2014년 1월 카드 3사의 개인정보유출 사건이 세간에 드러나면서,6) 동년 3월 개인정보 유출 피해를 최

---

4) 공공기관이 처리하는 개인정보의 보호를 위하여 「공공기관의 개인정보보호에 관한 법률」(이하 '공공기관개인정보보호법')이 1995년 제정·시행되다가 동법은 2011년 개인정보보호에 관한 일반법이라 할 수 있는 개인정보 보호법의 제정과 함께 폐지되었다.

5) 2000년 말 동창회 사이트인 '아이러브스쿨' 등 46개 인터넷 사이트를 해킹해 약 630만명의 개인정보를 빼낸 사건과, 2008년 1월 옥션 회원 1081만명의 개인정보(이름, 주민등록번호, ID 등)가 유출된 '옥션 해킹사건'이 대표적 사례이다(조선비즈, 2008년 4월 17일자, 옥션 해킹사고 정보유출, 무려 '1081만명') https://biz.chosun.com/site/ data/html_dir/2008/04/17/2008041700945.html(2020년 12월 12일 최종방문)

6) 2012년과 2013년 NH농협카드, KB국민카드, 롯데카드 등 카드 3사에 파견 나갔던 외주업체 직원

소화하기 위하여 개인정보처리자의 주민등록번호 암호화 의무를 주된 내용으로 하는 개정이 있었다. 이후로도 크고 작은 개인정보 유출사고가 계속되면서 2015년 개정에서는 개인정보 유출 피해에 대한 구제 강화를 위해 징벌적 손해배상제와 법정손해배상제를 도입하는 한편, 개인정보 범죄에 대한 제재 수준을 강화하는 방향으로 개정이 되었다. 2016년에도 개인정보처리자가 정보주체 이외로부터 개인정보를 수집·처리하는 경우 정보주체에게 수집 출처·처리 목적 등을 고지하도록 함으로써 정보주체의 개인정보 자기결정권을 보다 두텁게 보호하는 방향으로 개정이 이루어졌다.

(2) 개인정보 보호법(법률 제16930호, 2020. 2. 4., 일부개정, 2020. 8. 5. 시행)의 개정 취지 및 주요 내용

상술한 바와 같이 2011년 개인정보 보호법이 제정된 이후로 여러 차례 개정이 있었는데, 그 주된 방향은 개인정보의 보호에 있었다. 그런데 개인정보 보호법은 개인정보의 개념부터 불명확하고, 관련 법률인 정보통신망법이나 신용정보법과 유사·중복 조항이 산재하고 서로 충돌하는 규정들이 있어서 정비 필요성이 컸다.7) 특히 개인정보의 수집 및 활용을 억제하는 기조가 강해서 빅데이터와 인공지능 등 데이터를 기반으로 하는 4차 산업의 성장을 저해하는 요소로 비판을 받았다.8) 이에 제19대 국회에서부터 개인정보 보호법 개정 논의가 활발하게 진행되었고, 2020년 2월 데이터 이용의 활성화를 통한 신산업 육성이라는 명제하에 개정되었는데 그 주된 내용은 아래와 같다.

1) 개인정보 개념의 변경

개정전 개인정보 보호법은 개인정보를 '살아 있는 개인에 관한 정보로서 성명, 주민등록번호 및 영상 등을 통하여 개인을 알아볼 수 있는 정보(해당 정보만으로는 특정 개인을

이 자신의 이동저장장치(USB)에 카드사 고객 정보, 총 1억건이 넘는 개인정보(이름, 주민등록번호, 휴대전화번호, 카드번호, 유효기간, 계좌번호 등 민감정보)를 무작위로 내려받아 그 중 일부를 돈을 받고 팔아넘겼음에도 이들 카드사가 전혀 인지하지 못한 상황에서, 2014년 1월 검찰수사를 통해 비로소 세간에 알려지고, 금융시스템에 대한 사회적 신뢰도를 크게 저하시킨 사건이다(중앙일보, 2020년 9월 14일, '초유의 개인정보 유출사건, 6년만의 결론은 "카드사 책임"', https://news.joins.com/article/23871180(2020.12.12.최종방문).

7) 예컨대 주민등록번호의 암호화는 개인정보 보호법에만 규정되어 있고 신용정보법에는 없으며, 동의 없는 개인정보 수집행위에 대해서 개인정보 보호법은 과태료를 부과하는 반면, 정보통신망을 형벌을 부과하는 등 법령 간 관계가 불확실하여 실무상 많은 혼란이 발생한다는 것이다(김일환, "개인정보보호 법제 정합성 강화를 위한 고찰 -정보통신망법 및 신용정보법을 중심으로-", 『법학논총』 제42권 제1호, 단국대학교 법학연구소, 2018, 259면 이하)

8) 이대희, "개인정보 보호 및 활용을 위한 공정정보원칙(FIPPs)의 융통적인 적용과 새로운 접근방법에 대한 연구 - 사물인터넷 및 빅데이터의 예를 중심으로", 『법조』 67권 1호, 법조협회, 2018, 32면 이하.

알아볼 수 없더라도 다른 정보와 쉽게 결합하여 알아볼 수 있는 것을 포함한다)'로 정의하였는데(제2조 제1호), 개정법은 개인정보 개념을 아래와 같이 구체화시키고 있다.

> 개정 개인정보 보호법 제2조(정의) 이 법에서 사용하는 용어의 뜻은 다음과 같다.
> 1. "개인정보"란 살아 있는 개인에 관한 정보로서 다음 각 목의 어느 하나에 해당하는 정보를 말한다.
>   가. 성명, 주민등록번호 및 영상 등을 통하여 개인을 알아볼 수 있는 정보
>   나. 해당 정보만으로는 특정 개인을 알아볼 수 없더라도 다른 정보와 쉽게 결합하여 알아볼 수 있는 정보. 이 경우 쉽게 결합할 수 있는지 여부는 다른 정보의 입수 가능성 등 개인을 알아보는 데 소요되는 시간, 비용, 기술 등을 합리적으로 고려하여야 한다.
>   다. 가목 또는 나목을 제1호의2에 따라 가명처리함으로써 원래의 상태로 복원하기 위한 추가 정보의 사용·결합 없이는 특정 개인을 알아볼 수 없는 정보(이하 "가명정보"라 한다)
> 1의2. "가명처리"란 개인정보의 일부를 삭제하거나 일부 또는 전부를 대체하는 등의 방법으로 추가 정보가 없이는 특정 개인을 알아볼 수 없도록 처리하는 것을 말한다.

2) 가명정보 개념 정의 규정 및 가명정보 처리에 관한 특례 규정 신설

개정법 제2조 제1의 2호에 따르면, '개인정보의 일부를 삭제하거나 일부 또는 전부를 대체하는 등의 방법으로 추가 정보가 없이는 특정 개인을 알아볼 수 없도록 처리'하는 것이 가명처리이고, '가명처리함으로써 원래의 상태로 복원하기 위한 추가 정보의 사용·결합 없이는 특정 개인을 알아볼 수 없는 정보'가 '가명정보'에 해당한다(제2조 제1호 다목). 개정법은 이와 같은 가명정보 역시 개인정보에 해당함을 분명히 하였고, 가명정보의 경우 정보주체의 동의가 없더라도 통계작성, 과학적 연구, 공익적 기록보존 등을 위하여 처리할 수 있을 뿐만 아니라 전문기관에 의한 가명정보의 결합이 가능하도록 특례 규정을 신설하였다(제28조의2 이하). 가명정보에 대해서는 정보처리자가 기타 개인정보의 이용시 준수해야 할 제한 규정들의 적용을 제외시킴으로써 그 활용을 상대적으로 용이하게 하였다(제28조의7). 다만 가명정보의 공개만으로도 정보주체를 식별할 수 있는 가능성이 전혀 없지 않고, 기술적 조치를 통해 정보주체를 식별할 수 있는 가능성이 있으므로, 가명정보를 처리하는 경우 원래의 상태로 복원하기 위한 추가 정보를 별도로 분리하여 보관·관리하는 등 해당 정보가 분실·도난·유출·위조·변조 또는 훼손되지 않도록 안전성 확보에 필요한 기술적·관리적 및 물리적 조치를 취할 의무가 있다(제28조의4).

3) 개인정보의 수집·이용 편의성 확대 및 개인정보 보호위원회의 위상 강화

개정 전 개인정보 보호법은 법률에 명시된 경우 외에는 개인정보처리자가 정보주체로부터 별도의 동의 없이 당초 수집한 목적 이외의 용도로 정보를 이용하거나, 제3자에게 제공하는 것을 금지하였는데, 개정법은 정보주체의 동의 없이도 당초 수집 목적과 '합리적으로 관련된 범위 내'에서 정보주체에게 불이익이 발생하는지 여부, 암호화 등 안전성 확보에 필요한 조치를 하였는지 여부 등을 고려하여 개인정보를 이용하거나 제3자에게 제공할 수 있도록 하였다(제15조 제3항, 제17조 제4항).9) 개정전 법령에 따르면 정보수집주체인 기업은 아주 사소한 변경사항이 발생해도 재동의를 받아야 했다. 고객들에게 더 좋은 서비스 구현을 위한 목적이라고 밝혀도 이용자들이 동의를 잘 해주지 않아, 기업으로선 수집단계에서 가능한 많은 동의를 받으려는 경향이 있었고, 고객의 경우에는 서비스 이용을 위해 기계적으로 동의하다 보니 엄격한 사전동의제도가 오히려 개인정보보호에 역행하고 관련 산업의 발전도 저해한다는 비판이 있었는데,10) 이번 개정을 통해 이를 개선한 것이다.

또한 개정법은 개인정보 보호위원회의 위상을 대폭 높이고, 독자적인 조직·인사·예산권과 조사·처분 등 집행권을 부여하였다. 이전에 행정안전부와 방송통신위원회가 수행했던 업무를 이관받으면서 자료제출 요구, 검사 등 행정 감독 및 과징금, 과태료 부과 등 행정 제재에 관한 부과 권한을 부여받았다. 이하의 개별법에서 소개하듯이 신용정보법이나 정보통신망법에서 중복규제되던 내용들이 대폭 삭제되고, 관련 규정들이 개인정보 보호법으로 이전되고, 관련 규제기관이 개인정보 보호위원회로 일원화됨으로써 이전의 다중규율체계에서 발생했던 문제점이 상당부분 해소될 전망이다.11) 형사제재와 관련해서도 개인정보 보호법 위반 범죄행위에 대한 고발권의 행사주체가 행정안전부장관에서 개인정보 보호위원회로 변경되었다(제65조 제1항).

---

9) 관련하여 개정된 개인정보 보호법 시행령(대통령령 제30892호, 2020. 8. 4., 일부개정, 2020. 8. 5.시행)은 그 세부적 판단 요소로서 1. 당초 수집 목적과 관련성이 있는지 여부, 2. 개인정보를 수집한 정황 또는 처리 관행에 비추어 볼 때 개인정보의 추가적인 이용 또는 제공에 대한 예측 가능성이 있는지 여부, 3. 정보주체의 이익을 부당하게 침해하는지 여부, 4. 가명처리 또는 암호화 등 안전성 확보에 필요한 조치를 하였는지 여부를 제시하고 있다(제14조의2 제1항).

10) 심상현, 『개인정보 관련 제재 및 피해구제 합리화 방안 연구』, 한국인터넷진흥원, 2013, 75면 이하; 원소연/심우현, 『지능정보사회 촉진을 위한 데이터 및 정보관련 규제 개선 방안 연구』, 한국행정연구원, 2019, 308면 이하.

11) 개인정보의 활용과 보호에 관한 총괄적인 조정역할의 수행기관은 개인정보보호위원회이지만, 구체적 집행기능은 각 부처(예컨대, 공공 및 민간분야 데이터정보의 활용은 행정안전부, 정보통신분야는 방송통신위원회, 금융분야는 금융위원회, 보건의료분야는 보건복지부)에서 수행하고 있어서, 동일한 사항에 대한 서로 다른 규정, 서로 다른 수준의 제재조치 등 불일치가 발생하는 문제점이 있었다(원소연/심우현, 앞의 보고서(주 10), 387면 이하).

2. 신용정보법의 개정 취지 및 주요 개정 내용

(1) 신용정보법의 연혁

신용정보법은 1995년 신용정보업의 육성과 신용정보의 효율적 이용, 신용정보의 오남용으로부터 사생활의 비밀 등을 적절히 보호하기 위해 제정되었다. 이후 30여 차례의 개정이 있었는데, 그중 2002년과 2004년, 2009년 개정이 개인정보 보호 및 개인정보통제권의 강화에 중점을 둔 개정으로 들 수 있다. 2002년 개정법(법률 제6562호, 2001. 12. 31., 일부개정, 2002. 4. 1.시행)은 개인의 성명·주소·주민등록번호 등 개인식별 정보 제공시 해당 개인의 서면동의를 받도록 하고, 신용정보업자등이 신용불량자 등록 등 불리한 조치를 취할 경우 미리 해당 개인에게 통보하도록 하는 규정을 신설하였다. 2004년 개정법(법률 제7110호, 2004. 1. 29., 일부개정, 2004. 1. 29. 시행)은 신용정보제공·이용자가 개인식별정보를 신용정보업자등 제3자에게 본인의 동의를 얻은 경우 제공할 수 있도록 하면서 동시에 신용정보주체인 개인이 신용정보업자등에 대하여 본인에 관한 신용정보를 제공받은 자, 그 이용 목적, 제공 일자, 제공 정보의 주요내용 등을 통보하도록 요구할 수 있는 권리 규정을 신설하였다. 특히 금융인프라 선진화 및 금융규제 개혁의 일환으로 이루어진 2009년 개정(법률 제9617호, 2009. 4. 1., 전부개정, 2009. 10. 2. 시행)은 한편으론 금융시장의 발전에 시장 수요에 효율적으로 대응하기 위해서 신용정보회사의 업무범위를 확대하였고, 다른 한편으론 신용정보관리·보호인 제도를 도입하여 신용정보회사 등의 내부통제를 강화하고, 개인의 신용정보 동의 철회권 도입, 신용정보회사를 통한 개인신용정보 집중·활용에 대한 개인의 동의제도 도입 등 개인의 자기정보통제권을 확대할 뿐만 아니라 신용정보를 더욱 보호하는 방향으로 개정이 이루어졌다.

(2) 신용정보법(법률 제16957호, 2020. 2. 4., 일부개정, 2020. 8. 5. 시행)의 개정 취지 및 주요 개정 내용

서론에서 언급한 바와 같이 우리 정부는 금융분야에서의 데이터 활용 신산업 육성을 목표로 하고 있다. 금융결제원은 데이터 경제활성화 정책에 부응하고 빅데이터 활용을 촉진하기 위해 금융데이터융합센터를 신설하였고,[12] 금융위원회는 마이데이터 산업('본인 신용정보 관리업')을 적극 추진 중에 있다. 금융분야의 마이데이터 산업은 금융정보의 주체인 금융소비자가 자신의 신용정보를 체계적으로 관리할 수 있도록 지원하고 소비패턴 등의 분석을 통해 개인의 신용관리·자산관리 서비스를 제공하는 데이터 산업으로서 단순히

---

12) 금융결제원, 보도자료(2020년 2월 10일), 금융데이터융합센터 신설 http://www.kftc.or.kr/kftc/pr/EgovkftcPrDetail.do(2020년 12월 20일 최종방문)

개인의 신용정보를 수집, 신용도 등 신용정보를 만들거나 이를 제공하는 신용조회업 (Credit Bureau)과는 차이가 있다. 이미 미국이나 유럽연합의 경우 다양한 핀테크 기업이 출현하여 개인을 대상으로 하는 금융정보관리 지원서비스를 경쟁적으로 제공 중인데,13) 우리나라의 핀테크 기업들은 서비스 수준이 제한적이고 정보보호와 보안의 측면에서 우려도 제기되어 산업 성장에 어려움이 컸다. 특히 이전의 신용정보법 개정 방향은 전술한 바와 같이 신용정보의 효율적 이용 및 체계적 관리나 신용정보 주체의 보호에 기여하는 측면이 있으나, 데이터 산업의 발전을 저해하는 부정적 측면도 없지 않았다. 이에 2020년 2월 개정 신용정보법은 마이데이터 산업을 도입, 금융분야의 빅데이터 활용을 촉진시키는 한편 그에 따른 부작용의 방지와 개인의 정보자기결정권의 보장을 주요 내용으로 담고 있으며, 개인정보 보호법과의 유사·중복 조항 문제 등 종전부터 지적되어온 조항들을 손질하였고, 그 구체적 내용은 아래와 같다.

1) 신용정보 등 주요 개념 정비 및 신설

개정전 신용정보법은 '금융거래 등 상거래에 있어서 거래 상대방의 신용을 판단할 때 필요한 다음 각 목의 정보로서 대통령령으로 정하는 정보'(제2조 제1호)로 규정하면서, 그 구체적 의미는 시행령을 참고해야만 비로소 파악할 수 있었다. 개정법에서는 아래의 밑줄 친 부분과 같이 식별가능한 개인정보만이 신용정보에 해당함을 법률로 명시하였다.

> 개정 신용정보법 제2조(정의) 이 법에서 사용하는 용어의 뜻은 다음과 같다.
> 1. "신용정보"란 금융거래 등 상거래에서 거래 상대방의 신용을 판단할 때 필요한 정보로서 다음 각 목의 정보를 말한다.
>   가. 특정 신용정보주체를 식별할 수 있는 정보(나목부터 마목까지의 어느 하나에 해당하는 정보와 결합되는 경우만 신용정보에 해당한다)
>   나. 신용정보주체의 거래내용을 판단할 수 있는 정보
>   다. 신용정보주체의 신용도를 판단할 수 있는 정보
>   라. 신용정보주체의 신용거래능력을 판단할 수 있는 정보
>   마. 가목부터 라목까지의 정보 외에 신용정보주체의 신용을 판단할 때 필요한 정보

이 외에도 개인정보 보호법과 마찬가지로 가명처리와 가명정보 개념을 새롭게 도입하였고, 개인신용평가회사나 신용정보집중기관 등에 제공하거나 그로부터 제공받는 경우, 통계작성, 연구, 공익적 기록보존 등을 위하여 가명정보를 제공하는 경우에는 신용정보주체

---

13) 각국의 마이데이터 산업의 사례에 대해서는 고환경/손경민/주성환, "정보이동권과 마이데이터산업", 『BFL』 제93호, 서울대학교 금융법센터, 2019, 25면.

의 동의 없이도 개인신용정보를 제공할 수 있도록 하였다(제2조 제15호, 제16호, 제32조 제6항 제9호의2, 제9호의4). 또한 종전에 지나치게 포괄적으로 규정되어 있는 신용조회업무의 정의를 개정하여 개인신용평가업, 개인사업자신용평가업, 기업신용조회업, 신용조사업으로 세분화하여 정의하였다(제2조 제8호, 제2조 제8호의2, 제8호의3, 제9호). 신용정보주체인 개인의 신용관리를 지원하기 위하여 본인의 신용정보를 일정한 방식으로 통합하여 그 주체에게 제공하는 행위를 영업으로 하는 본인신용정보관리업 개념을 도입하므로(제2조 제9호의2, 제9호의3), 전술한 마이데이터 산업의 근거규정을 마련하였다.

2) 개인신용정보 전송요구권 도입 등 정보주체의 권리 강화

개정법은 개인인 신용정보주체가 신용정보제공·이용자등에 대하여 그가 보유하고 있는 본인에 관한 개인신용정보를 본인이나 본인신용정보관리회사, 개인신용평가회사 등에 전송하여 줄 것을 요구할 수 있는 개인신용정보 전송요구권을 도입하였다(제33조의2). 이는 일차적으로 개인의 자기 정보 통제 권한의 강화를 의미하지만, 시장경제적 측면에서 볼 때 고객 기반이 확립되지 않은 신규 데이터산업자의 진입장벽을 낮추고, 동종 업체간의 경쟁을 유발함으로써 서비스 혁신을 통해 소비자 이익을 높일 뿐만 아니라, 기업이 사용하는 데이터가 증가함으로써 기업의 생산성이 향상되고 집적된 데이터를 통해 혁신적인 이익이 기업과 소비자에게 주어질 것이라는 긍정적 전망[14]이 반영된 것으로 보인다. 이 외에도 EU GDPR이 개인정보보호의 강화를 위해 신설한 프로파일링(Profiling) 대응권이 금번 개정을 통해 국내에도 도입되었다. 이는 개인인 신용정보주체가 개인신용평가회사 등에 대하여 자동화평가(프로파일링)[15]를 하는지 여부 등에 대해 설명을 요구할 수 있고, 자동화평가 결과의 산출에 유리하다고 판단되는 정보를 제출하거나 기초정보의 정정·삭제를 요구할 수 있는 권리이다(제36조의2). 기타 신용정보주체가 자신의 정보활용의 동의 여부를 결정할 때 관련 내용을 명확하게 이해할 수 있도록 '보다 쉬운 용어나 단순하고 시청각적인 전달 수단 등을 사용하여 신용정보주체가 정보활용 동의 사항을 이해할 수 있도록 할 것' 등 개인신용성보 등의 활용 관련 동의의 원칙에 관한 사항을 신설하였다(제34조의2). 또한 '정보활용 동의등급' 제도를 신설하여 신용정보주체가 자신의 정보활용 동의의 파급효과를 손쉽게 알 수 있도록 하였다(제34조의3).

---

[14] 정원준, "데이터 이동권 도입의 실익과 입법적 방안 모색", 『성균관법학』 제32권 제2호, 성균관대학교 법학연구원, 2020, 82면 이하.

[15] 프로파일링이란 통계모형, 머신러닝에 기초한 개인신용평가나 인공지능을 활용한 온라인 보험료 산정 결과 등을 의미한다(유주선, "데이터 3법 개정과 보험업에 관한 법적 연구", 『상사판례연구』 제33편 제3권, 한국상사판례학회, 2020, 174면).

3) 마이데이터 산업 도입 및 신용정보 관련 산업의 규제 완화

개정법은 마이데이터 산업의 활성화를 위해 자본금 요건이나 금융권 출자의무 등 진입장벽을 최소화하는 차원에서 최소 자본금 또는 기본재산의 요건을 처리대상 정보나 업무의 특성 등을 고려하여 20억원 또는 5억원으로 하고 있다(제6조 제2항). 또한 신용조회회사의 경우 종래 영리 목적으로 다른 업무를 겸업할 수 없도록 한 규제를 폐지하고 신용정보주체 보호 및 신용질서를 저해할 우려가 없는 업무에 대해서는 겸영을 허용하였고, 허가를 받은 업무에 부수하는 업무를 수행할 수 있도록 하였다(제11조, 제11조의2). 빅데이터 활용의 활성화를 위해 신용정보회사 등이 금융위원회가 지정한 데이터전문기관을 통해서 자기가 보유한 정보집합물을 제3자가 보유한 정보집합물과 결합할 수 있도록 하였는데, 정보집합물의 결합 목적으로 데이터전문기관에게 개인신용정보를 제공하는 경우에는 신용정보주체의 동의 없이도 개인신용정보를 제공할 수 있도록 하였다(제17조의2, 제32조 제6항 제9호의3). 한편 개인정보의 대량 수집·관리 등에 따라 발생할 수 있는 정보 유출 및 피해를 막기 위해서 상시적 평가체제 구축(제20조 제6항, 제22조의2), 가명처리·익명처리에 관한 행위 규칙 신설(제40조의2), 배상책임보험의 가입 의무화(제43조의3), 등록제 대신 허가제 실시(제4조) 등도 새롭게 포함되었다(제26조의3).

4) 유관 법령과의 관계 명확화 및 유사·중복 조항 등 정비

다른 법률과의 관계를 규정한 신용정보법 제3조의2는 제1항에서 '신용정보의 이용 및 보호에 관하여 다른 법률에 특별한 규정이 있는 경우를 제외하고는 이 법에서 정하는 바에 따른다'고 하면서, 제2항에서는 '개인정보의 보호에 관하여 이 법에 특별한 규정이 있는 경우를 제외하고는 「개인정보 보호법」에서 정하는 바에 따른다'고 규정하고 있다. 이는 신용정보에 대해서는 신용정보법이 일반법의 지위에 있고, 개인정보에 대해서는 신용정보법이 특별법의 지위에 있음을 선언하는 규정으로 해석될 수 있다. 관련하여 개정전 신용정보법에 따르면 식별정보가 개인신용정보이면서 동시에 개인정보에 해당하는 것으로 해석될 여지가 있어서 신용정보법과 개인정보 보호법 모두를 적용하는 이중규제의 문제가 발생할 여지가 있었다. 이 문제는 전술한 바와 같이 신용 관련 정보와 결합한 식별정보만이 신용정보에 해당함을 법률로 명확히 함으로써 자연스럽게 해결되었다.

개인정보 보호법과 중복되는 규정들도 다수 정비하였다. 개정법 제15조 제1항이 '이 법 및 「개인정보 보호법」 제3조 제1항 및 제2항에 따라 그 목적 달성에 필요한 최소한의 범위에서 합리적이고 공정한 수단을 사용하여 신용정보를 수집 및 처리하여야 한다'라고 규정한 부분과 동조 제2항 제1호에서 '「개인정보 보호법」 제15조 제1항 제2호부터 제6호까지의 어느 하나에 해당하는 경우' 신용정보주체의 동의를 받지 않도록 예외규정을 둔 것을 예로 들 수 있다. 그 외에도 제17조 제1항, 제6항, 제20조 제4항, 제5항, 제20조의2 제2

항 등에서 관련 개인정보 보호법 규정을 준용하도록 자구를 수정하였으며, 신용정보회사의 신용정보의 수집·조사 및 처리의 제한에 관한 규정인 제16조는 개인정보 보호법과 중복되는 내용으로 삭제되었다.

3. 정보통신망법의 개정 취지 및 주요 개정 내용

개정 전 정보통신망법의 경우에도 개인정보 보호법이나 신용정보법과 유사하고 중복되는 조항이 다수 있어서 그 해석 및 관할이 충돌된다는 문제제기가 있었다. 이번 개정을 통해서 정보통신망법상의 개인정보 보호 관련 규정을 대폭 삭제하고, 개정 개인정보 보호법 제6장에 '정보통신서비스 제공자 등의 개인정보 처리 등 특례'를 신설하여 이관함으로써 규제를 일원화하였다. 즉, 개정 정보통신망법(법률 제16955호, 2020. 2. 4., 일부개정, 2020. 8. 5. 시행) 제1조 목적조항에서 '개인정보'를 보호한다는 취지를, 제2조 정의조항에서는 '개인정보' 개념을, 제22조에서 개인정보 수집·이용 동의 조항을 삭제하는 등 개인정보 보호 관련 조문들이 대부분이 삭제된 것이다. 이로써 인터넷상 개인정보 보호 관련 규제 및 감독주체에 관해 그동안의 방송통신위원회와 개인정보보호위원회의 충돌 문제도 해소되어 이제는 개인정보보호위원회로 거버넌스가 집중되었다.

III. 데이터 3법 개정의 형사법적 의의

1. 형사처벌 조항 신설 및 법정형 일부 상향

이번 데이터 3법 개정의 경우, 형사처벌 관련 규정들에 있어서는 일견 큰 변화가 없다고 볼 수 있다. 다만 앞서 소개한 바와 같이 개인정보 보호법상 가명정보 처리의 법제화나 신용정보법상 마이데이터 산업의 도입 관련 등 규정이 신설되면서 이들 규정을 위반한 행위들에 대해서 형벌 규정이 일부 도입되었고, 종래의 법정형보다 높아진 행위유형도 일부 있다.

우선 개인정보 보호법상 신설된 가명정보 처리에 관한 특례 규정을 위반한 행위에 대해서는 그 위험성에 따라 법정형이 나뉜다. 가명정보의 결합 제한에 관한 제28조의3을 위반하여 가명정보를 처리하거나 제3자에게 제공한 자 및 그 사정을 알면서도 영리 또는 부정한 목적으로 가명정보를 제공받은 자(제71조 제4의2호), 특정 개인을 알아보기 위한 목적으로 가명정보를 처리한 자(제71조 제4의3호)는 5년 이하의 징역 또는 5천만원 이하의 벌금에 처한다(제71조). 반면 가명정보에 대한 안전조치 의무(제28조의4)를 위반한 경우에는 2년 이하의 징역 또는 2천만원 이하의 벌금에 처한다.

신설된 규정으로서 정보통신망 이용자의 동의를 받지 아니하고 개인정보를 수집한 정보통신서비스제공자와 법정대리인의 동의를 받지 아니하거나 법정대리인이 동의하였는지를 확인하지 아니하고 만 14세 미만인 아동의 개인정보를 수집한 자에 대해서 5년 이하의 징역 또는 5천만원 이하의 벌금에 처하는 규정(제71조 제4의5호, 제71조 제4의6호)은 정보통신망법상 개인정보보호 관련 규정이 개인정보 보호법으로 이전되면서 개인정보 보호법으로 이전한 것에 불과하다. 법정형도 정보통신망법상 처벌 규정과 동일하다. 불필요한 개인정보를 파기하지 않은 자에 대한 처벌(2년 이하의 징역 또는 2천만원 이하의 벌금) 규정도 정보통신망법에서 이전한 규정이다(제73조 제1의2호).

한편 법정형이 상향된 구성요건도 있다. 개인정보처리자는 자신의 개인정보를 열람한 정보주체의 요구가 있는 경우 지체 없이 그 개인정보를 조사하여 정정·삭제 등 필요한 조치를 이행할 의무가 있는데(제37조 제2항), 이를 위반하여 개인정보를 이용하거나 제3자에게 제공한 경우, 2년 이하의 징역형 또는 2천만원 이하의 벌금형에서, 5년 이하의 징역형 또는 5천만원 이하의 벌금형으로 그 법정형이 높아졌다(제71조 제4의4호).

개정 신용정보법의 경우 가명정보의 처리 규정이 신설됨에 따라 위법하게 영리 또는 부정한 목적으로 특정 개인을 알아볼 수 있게 가명정보를 처리한 자를 5년 이하의 징역 또는 5천만원 이하의 벌금에 처하는 처벌조항이 신설되었다. 신용정보집중기관 허가를 받지 아니하고 신용정보집중기관 업무를 하거나, 채권추심회사 외의 자에게 채권추심업무를 위탁한 행위도 동일한 법정형이 부과되도록 신설되었다(제50조 제2항). 개정법에서 신설된 신용조사회사의 행위규칙(제22조의7)을 위반한 경우, 즉 의뢰인에게 허위 사실 고지, 신용정보에 관한 조사 의뢰 강요, 신용정보 조사 대상자에게 조사자료의 제공과 답변 강요, 금융거래 등 상거래관계 외의 사생활 등을 조사하는 행위에 대해서는 3년 이하의 징역 또는 3천만원 이하의 벌금에 처한다(제50조 제3항).

상술한 바와 같이 개정 데이터 3법상 형사처벌 관련 규정들을 살펴보면, 개인정보처리자 등에게 새롭게 부과되는 의무들을 위반하는 행위들에 대해서 이전에 규율되던 법령위반 행위들과 마찬가지로 형벌을 부과하는 법조문을 추가하였을 뿐 형식적 측면에서 볼 때 비범죄화나 범죄화 등에서 큰 변화가 있는 것은 아님을 알 수 있다. 다만 아래에서 기술하는 바와 같이 실질적 측면에서는 형사법적으로 유의미한 변화가 있었음을 확인할 수 있다.

2. 개인정보 및 신용정보 개념의 변경: 명확성 제고 및 가벌성의 실질적 축소

개정전 개인정보 보호법상 개인정보 개념은 해당 정보만으로 개인을 특정할 수 없어도 '다른 정보와 쉽게 결합하여 알아볼 수 있는 것'을 개인정보에 포함시킴으로써 개인 정보의 범위가 무한정 확장될 수 있다는 우려가 높았다. 구체적으로 '다른 정보와 쉽게 결합'한다는 의미가 정보 입수의 용이성을 뜻하는 것인지 아니면 결합의 용이성을 뜻하는 것인지 불명확하고, 비식별조치를 통해 정보주체의 식별가능성이 낮은 정보마저도 다른 정보와 결합되어 정보주체를 식별할 가능성을 갖게 되므로 여전히 개인정보의 규율 대상이 될 수 있어서 자칫 모든 정보가 개인정보 보호법의 규율대상에 포함시킬 수 있다는 문제가 있었다.16) 이는 개인정보를 수집·처리·관리 등의 행위를 하는 자로 하여금 자신의 행위가 불법하다는 것에 대한 명확한 인식도 없이 관련 규정 위반으로 형사처벌의 위험에 빠뜨리는 결과를 초래할 위험이 컸고, 따라서 죄형법정주의의 세부원칙 가운데 명확성 원칙을 침해할 여지가 크다는 비판이 있었다.17) 개인정보에 대한 그간의 법원 판례 역시 개인정보로 식별될 가능성이 매우 낮음에도 불구하고 유죄로 선고한 경우가 많아서 예측가능성에 대한 혼란을 야기했다는 비판이 있었다.18) 개정 개인정보 보호법은 개인정보 개념을 보다 명확하고 상세하게 규율함으로써 범죄구성요건의 명확성 원칙 침해 우려를 상당 부분 불식시켰다고 볼 수 있다. 즉, 개정법은 개인정보 여부를 판단함에서 있어서 '해당 정보만으로는 특정 개인을 알아볼 수 없더라도 다른 정보와 쉽게 결합하여 알아볼 수 있는 정보'를 개정전과 마찬가지로 개인정보 개념에 포함시키면서도(제2조 제1호 가목, 1문), '이 경우 쉽게 결합할 수 있는지 여부는 다른 정보의 입수 가능성 등 개인을 알아보는 데 소요되는 시간, 비용, 기술 등을 합리적으로 고려하여야 한다'(제2조 제1호 가목, 1문)는 문장을 추가함으로써 '합리성'의 관점에서 개인정보 개념을 판단하도록 하고 있다. 또한 새롭게 추가된 조문에서 '이 법은 시간·비용·기술 등을 합리적으로 고려할 때 다른 정보를 사용하여도 더이상 개인을 알아볼 수 없는 정보에는 적용하지 아니한다'(제58조의2)고 재차 확인시켜 줌으로써, 설사 이론적으로는 식별가능성이 있다고 하더라도 시간이나 비용, 기술 등을 종합적으로 고려할 때 현실적으로 식별에 어려움이 있는 정보들, 이른바 '익명정보'를 개인정보 개념에서 제외시키고,19) 개인정보 보호법의 적용 가능성을 원천적으로 차단함으로써 한편으론 명확성 원칙을 구현하면서도 다른 한편으론 처벌 범위를 축소하는 효과가 있다.

신설된 가명정보에 관한 개념 정의 규정과 가명정보 처리에 관한 특례 규정 역시 가명정보의 개념 및 위상을 명확히 하였고, 그 처리 절차에 대한 특례를 둠으로써 개인정보 개념의 명확성을 높였고, 형식적으로 볼 때에는 관련 규정의 위반행위에 대한 처벌 규정이 신

---

16) 이소은, "개인정보 보호법의 주요 개정 내용과 그에 대한 평가 -개인정보 처리의 정당화 사유를 중심으로-", 『이화여자대학교 법학논집』 제24권 제3호, 이화여자대학교 법학연구소, 2020, 253면.
17) 이성대, "개인정보보호를 위한 현행 형벌체계의 문제점 검토", 『형사정책연구』 제26권 제1호, 한국형사정책연구원, 2015, 37면.
18) 원소연/심우현, 앞의 보고서(주 10), 378면.
19) 유주선, 앞의 논문(주 15), 169면.

설됨으로써 가별성이 확대되었다고 볼 여지가 있으나, 실질적으로 더이상 일반적인 개인정보로 취급받지 않고 가명정보로서 규제수단과 강도가 낮아졌다는 점에서 전체적으로 가별성이 축소된 것으로 볼 여지가 있다.

법개정을 통한 구성요건 명확성의 제고 및 가별성의 축소는 이번 신용정보법 개정에서도 볼 수 있다. 개정전 신용정보법의 경우 신용정보의 개념을 동법 시행령을 참고해야만 비로소 파악할 수 있었고, 특히 성명이나 주민등록번호 등의 식별정보가 신용정보의 하나로 규정되어 있어 혼란의 여지가 있었다.[20] 개정법은 이전에 시행령에서 규정했던 내용, 즉 식별정보의 경우 신용거래내용이나 신용도 등과 같이 신용을 판단할 때 필요한 정보와 결합된 경우에만 비로소 신용정보에 해당할 수 있음을 개정법 제2조 제1호 가목 괄호('나목부터 마목까지의 어느 하나에 해당하는 정보와 결합되는 경우만 신용정보에 해당한다)에서 명시함으로써 그 해석의 혼란을 줄였다. 이 외에도 개인정보 보호법과 마찬가지로 가명처리와 가명정보 개념을 새롭게 도입하였고, 그 취급에 있어서 일반 신용정보와 달리함으로써 가별성이 영역이 축소된 것으로 볼 수 있다.

3. 정보주체의 권리 강화 및 개인정보자기결정권의 형법적 의의

개정 신용정보법이 개인신용정보 전송요구권과 프로파일링 대응권을 도입함으로써 정보주체의 권리를 강화했음은 앞서 소개한 바와 같다. 정보활용동의 등급제도나 개인신용정보등의 활용에 관한 동의원칙의 신설 또한 신용정보주체인 개인이 자신의 정보에 대한 활용 동의를 좀 더 신중하게 할 수 있도록 함으로써 정보주체의 권리 행사를 강화한 것으로 볼 수 있다. 그런데 이와 같은 신용정보법상 정보주체의 권리 강화는 관련 법령의 위반 범죄의 특성, 그 중에서도 행위객체인 개인(신용)정보의 특성과 보호법익의 성격에 대해서 재고할 여지를 주고 있다. 신용정보법상 정보주체의 정보에 관한 권리를 침해하는 범죄의 특성 및 보호법익이 무엇인지 살펴보기 위해서 우선 개인신용정보 전송요구권의 성격에 대한 논란부터 살펴볼 필요가 있다.

(1) 개인신용정보 전송요구권의 법적 성격에 관한 제 논의

개인신용정보 전송요구권(또는 '개인정보이동권')은 정보주체인 개인이 금융회사 등 개인정보처리자에게 자신의 신용정보를 제3자에게 제공할 것을 요구할 수 있는 권리라는 점

---

20) 고동원, "2015년 개정「신용정보의 이용 및 보호에 관한 법률」에 관한 법적 검토", 『금융정보연구』 제4권 제2호, 한국금융정보학회, 2018, 14면 이하; 백승엽/김일환, "개인신용정보 보호법제의 중복규제 및 해소방안 연구-신용정보의 이용 및 보호에 관한 법률을 중심으로-", 『미국헌법연구』 제28권 제3호, 미국헌법학회, 2017, 91면.

에서 그 법적 성격에 관해 다양한 의견이 제시되고 있다. 정보주체가 개인정보의 공개와 이용에 관해 스스로 통제하고 결정할 권리, 즉 헌법상 보장된 개인정보자기결정권의 내용으로 보는 견해도 있고,[21] 이에 반대하는 견해도 있다. 개인정보이동권은 정보주체가 자신의 정보에 대한 공개·이용을 누구에게 어느 범위까지 허용할 것인지를 스스로 결정하는 데에 머무르는 것이 아니라, 타인(개인정보처리자)에게 자신의 정보를 제3자에게 제공(전송)하도록 의무를 부과하는 것이고, 경쟁관계에 있는 타사업자에게 정보를 전송시킴으로써 선택권의 확대 및 경쟁 개선에 도움이 된다는 측면을 고려할 때 개인정보자기결정권에서 당연히 도출되는 권리로 보기 어렵다는 이유이다.[22] 기타 소비자 데이터 주권, 즉 '소비자가 재화 및 서비스를 이용하는 과정에서 생성된 데이터의 생성, 저장, 유통 및 활용에 대해 데이터 주체로서 소비자가 가치는 배타적 권리로서 소비자 이익을 위해 데이터의 흐름, 공개·비공개 여부, 사용 등을 소비자 스스로 통제할 수 있는 권리'를 강화하는 제도로 이해하는 견해도 있다.[23]

한편, 개인정보이동권의 근거 또는 밀접한 관련이 있는 권리로서 언급되는 개인정보자기결정권의 헌법적 근거에 대해서는 헌법 제10조(인간의 존엄과 가치)에서 찾는 견해, 헌법 제17조(사생활의 비밀과 자유)에서 찾는 견해, 제10조와 제17조 모두에서 찾는 견해, 헌법에 열거되지 아니한 기본권으로서 독자적 기본권으로 파악해야 한다는 견해로 나뉜다.[24] 우리 헌법재판소의 결정례 또한 제10조와 제17조에서 도출되는 권리로 판시한 경우[25]와 헌법에 열거되지 아니한 독자적 기본권으로 판시한 경우[26]로 나뉜다. 대법원은 전자의 헌법재판소 결정례를 인용하여 개인정보자기결정권이 헌법 제10조와 헌법 제17조에서 도출되는 권리로 판시하고 있다.[27]

(2) 개인(신용)정보의 재산권적 성격 강화

전술한 견해 대립은 개인정보자기결정권의 헌법적 근거에 관한 논란에서 보듯이, 개인

---

21) 정원준, 앞의 논문(각주 14), 76면.
22) 고환경/손경민/주성환, 앞의 논문(각주 13), 27면.
23) 윤수영, "4차 산업 혁명 시대의 소비자 데이터 주권에 대한 고찰: EU GDPR을 중심으로", 『소비자학연구』 제29권 제5호, 한국소비자학회, 2018, 110면.
24) 관련 독일 학설 및 국내 학설의 견해 대립에 대한 상세한 소개로는 정태호, "개인정보자결권의 헌법적 근거 및 구조에 관한 고찰", 『헌법논총』 14, 헌법재판소, 2003, 414면 이하를 참고할 것
25) 헌재 2005. 7. 21. 2003헌마282; 헌재 2012. 12. 27. 2010헌마153; 헌재 2018. 8. 30. 2016헌마483
26) 헌재 2005. 5. 26. 99헌마513, 판례집 17-1, 668, 683; 헌재 2009. 10. 29. 2008헌마257
27) 대법원 2014. 7. 24. 선고 2012다49933 판결대법원 2016. 8. 17. 선고 2014다235080 판결; 대법원 2016. 8. 17. 선고 2014다235080 판결

정보이동권이나 개인정보자기결정권의 실질적 내용이나 성격에 대한 다툼이라기보다는 오히려 그 보장과 제한에 있어서 근거가 될 수 있는 기본권의 성격 및 보호 범위에 대한 이해의 차이로 보인다. 예컨대, 헌법 제10조에서 찾는 견해는 헌법 제10조의 일반적 인격권의 보호범위가 제17조의 보호범위보다 넓다는 등의 논거이고,28) 헌법 제10조 및 제17조에서 찾는 견해는 헌법 제17조가 자유권으로서 방어권적 측면을 가지므로 개인정보자기결정권의 적극적 측면(ex. 정보공개요구권)을 포괄할 수 없으므로 청구권적 권리를 포함하는 제10조를 함께 근거로 삼아야 한다는 주장이다.29) 계속해서 제17조에서 찾는 견해는 사생활 관련 사항을 폭넓게 이해하여 개인정보자기통제권으로 발전적으로 포섭할 수 있다는 주장이며,30) 독자적 기본권으로 보는 견해는 헌법 제10조와 제17조뿐만 아니라 자유민주적 기본질서 규정 또는 국민주권원리와 민주주의원리 등을 근거로 고려할 수 있는데 개인정보자기결정권으로 보호하려는 내용을 위 각 기본권들 및 헌법원리들 중 일부에 완전히 포섭시키는 것은 불가능하고 바람직하지도 않다는 입장이다.31)

결국 이들 견해 대립은 개인정보자기결정권이 갖는 복합적 성격, 즉 직업선택의 자유(제15조)나 통신의 비밀(제18조), 양심의 자유(제19조), 종교의 자유(제20조 제1항), 언론출판집회결사의 자유(제21조), 혼인과 가족생활의 자유(제36조 제1항) 등 고전적 자유권적 성격과 국민주권원리나 민주주의원리 등의 정치적 권리로서의 성격까지 아우르는 혼합된 특징을 여실히 보여준다고 볼 것이다. 앞서 소개한 개인신용정보 전송요구권의 성격에 관한 논의 역시 개인정보자기결정권이 갖는 혼합적 성격에서 비롯된 것이며, 그 중에서도 소비자데이터주권의 한 내용으로 파악하는 견해는 경제주체로서 소비자 개인이 갖는 정보에 대한 권리로서 개인정보자기결정권의 재산권적 성격을 잘 보여준다고 판단된다. 정보사회에서 개인의 정보는 개인의 인격을 구성하는 것이면서 동시에 경제적 활동에 의해 획득할 수 있는 자산, 즉 인격과 재산의 두 가지 특성을 모두 가지고 있는데,32) 이번 신용정보법 개정으로 도입된 마이데이터 산업과 신용정보전송요구권은 근래 빅데이터산업의 발전을 통해 극대화되고 있는 개인(신용)정보의 재산적 가치를 잘 보여준다고 볼 것이다. 개인정보가 갖는 여러 특성을 고려할 때 개인정보자기결정권이 갖는 법익의 무게 및 이를 침해하는 행위의 불법의 크기를 보다 섬세하게 가늠할 수 있으리라 본다.

---

28) 정태호, 앞의 논문(주 24), 423면 이하.
29) 김철수, 『헌법학개론,』, 박영사, 2003, 264면.
30) 권건보, 『개인정보보호와 자기정보통제권』, 경인문화사, 2005, 115면; 성낙인, 『헌법학』, 법문사, 2018, 1272면 이하.
31) 헌재 2009. 10. 29. 2008헌마257.
32) 권건보, 앞의 책(주 30), 18면; 이상돈/전현욱, "정보이용동의 -정보적 자기결정의 새로운 차원-", 『고려법학』47권 0호, 고려대학교 법학연구원, 2006, 89면 이하.

(3) 개인정보의 특성 및 개인정보자기결정권 침해범죄의 보호법익

한편 개인정보가 갖는 경제적 가치는 형법상 보호 대상인 전통적인 재산(재물 또는 재산상 이득)의 특징과 차이가 있다. 형법상 재물이나 재산상 이득은 대부분 경합성을 갖는다. 즉 A가 특정 재화를 사용한 후에 B가 그 재화를 동일하게 다시 사용할 수 없다. 또한 배제성이 있어서 A가 특정 부동산을 점유한 경우 B가 해당 부동산을 동일하게 점유할 수 없다. 현금처럼 유사한 재화로 대체 가능한 경우는 많다. 상품의 유형을 탐색재(search goods, 소비재가 상품을 구매하기 전에 품질을 평가할 수 있는 상품, ex. 옷, 보석, 가구 등 대부분의 재물)와 경험재(experience goods, 상품을 구매 후 또는 소비하는 과정에서 평가할 수 있는 상품, ex. 음식점의 음식맛, 미용실 서비스), 신뢰재(credence goods, 상품을 구매한 이후에도 품질을 평가하기 어려운 전문 서비스 상품, ex. 병원 진료 서비스)로 구분하는 유형 구분[33])에 따를 경우, 탐색재에 해당하는 경우가 대부분이다. 반면 개인정보는 다양한 사용자가 동시에 사용해도 정보·데이터가 소진되지 않는다는 점에서 경합적이지 않고, 비배제적이다(비경합성, 비배제성). 유사하게 보이는 데이터라도 할지라도 서로 대체할 수 없는 경우가 많으며, 개인정보의 경우 더욱 그러하다(비대체성). 또한 분석을 통해 산출물을 확인하기 전에는 그 가치는 분명히 알 수 없다는 점에서 경험재적 특성을 가진 것으로 평가받고 있다.[34])

즉, 개인정보는 그 내용에 따라 개인의 인격적 가치나 신용의 평가, 사생활의 평온 등 인격권과 관련을 맺는 경우가 많지만, 데이터산업의 발전과 함께 재화로서의 가치가 더욱 부각되고 있다. 다만 재화로서의 가치 역시 전술한 바와 같이 형법상 보호를 받고 있는 전통적 재화와는 다른 특징을 가지므로, 개인정보의 사용·수익·처분에 대한 통제권이나 이를 침해하는 범죄의 불법성 또한 전통적인 형법의 범죄들과 비교하기가 매우 곤란하다. 즉 개인정보보호법상 형사처벌 규정들은 직간접적으로 개인정보자기결정권을 보호하고 있다는 점에서 의사결정의 자유를 침해하는 범죄이지만, 행위객체인 개인정보의 특성에 따라서 그 구체적 법익은 의사결정의 자유 외에도 개인의 비밀이나 명예, 신용, 재산상 이득 등 다양한 법익이 포함될 수 있다. 또한 새롭게 규정된 가명정보처럼 식별가능성이 낮은 정보의 경우에는 개인의 명예나 비밀 등 인격권적 특성은 현저히 줄어들고 재산권적 특성이 드러난다는 점에서 정보의 가공방식이나 정도에 따라 법익침해의 불법의 내용과 크기가 달라질 수 있다.

---

33) Darby, Michael R., and Edi Karni. "Free Competition and the Optimal Amount of Fraud." The Journal of Law & Economics, vol. 16, no. 1, 1973, pp. 67-88. JSTOR, www.jstor.org/stable/724826. Accessed 8 Jan. 2021, pp. 68; Nelson, Phillip. "Information and Consumer Behavior." Journal of Political Economy, vol. 78, no. 2, 1970, pp. 311-329. JSTOR, www.jstor.org/stable/1830691. Accessed 8 Jan. 2021.

34) 원소연/심우현, 앞의 보고서(주 10), 28면 이하.

이와 같은 개인정보의 재화적 성격과 개인정보자기결정권 침해범죄에 내포된 보호법익의 다양성은 이들 형사처벌규정의 합리성에 의구심을 갖게 할 여지가 있다. 인격적 차원에 대한 침해는 형사불법에 가깝고, 재산적 차원에 대한 침해는 민사불법에 가깝다는 인식에 기초할 경우,[35] 행위객체가 빅데이터 기술 등에 의해 가공된 정보일수록 형법의 보충성 원칙에 의거할 때 형사처벌의 정당성이 낮아질 것이기 때문이다. 결과적으로 개인정보보호 관련 범죄에 대한 그간의 비범죄화 요청 목소리에 힘을 실어주는 요소로 작동할 수 있다고 본다.

IV. 결론 : 숙제로 남은 비범죄화 파도

2020년 데이터 3법의 개정은 4차산업혁명시대의 핵심산업인 빅데이터산업의 활성화를 위한 규제 개선의 일환으로 이루어졌고, 본문에서 상세히 다룬 바와 같이 관련 법령인 데이터 3법이 대대적으로 정비되어 우리나라 개인정보 보호체계가 획기적으로 변화하였다. 한마디로 개인정보의 '보호'에서 '활용'으로 그 방향성이 변화된 것이다. 형사법적 관점에서 볼 때는 형식적 측면에서는 형벌규정에 큰 변화가 없고 오히려 처벌조항의 신설이나 법정형의 상향으로 가벌성이 확대된 것으로 해석할 여지도 있으나, 실질적 측면에서 볼 때는 개인(신용)정보 개념이 보다 명확하고 상세하게 규율됨으로써, 오히려 범죄구성요건의 명확성 원칙 침해 우려가 상당 부분 불식되고 가벌성 영역도 다소 줄어들었다고 판단하는 것이 타당함을 설시하였다.

한편 이번 개정을 통해 부각된 개인정보가 갖는 재화적 성격과 개인정보자기결정권 침해범죄에 내포된 보호법익의 다양성은 관련 범죄의 비범죄화론에 힘을 실어주고 있다. 개정법에 대해서도 여전히 명확성원칙 및 형벌적정성 원칙의 침해 우려가 있으므로 비범죄화하자는 견해가 주장되고 있다. 예컨대 개인정보 보호법상 정보주체의 개인정보 정정·삭제 요구(제36조 제2항)에 대한 이행의무를 위반한 경우 과태료 부과대상인데(제75조 제2항 제11호), 정정·삭제 등 필요한 조치를 하니 아니하고 개인정보를 계속 이용한 경우에는 형벌 부과대상이 되도록 규정되어 있는데(제73조 제2호), 수집된 개인정보가 전산상 자동처리 되는 점을 고려하면 단순한 조치 미이행인지 이용행위인지 즉, 과태료 대상인지 형벌대상인지 엄격하게 구분하기 힘들다는 지적이다. 피해자 역시 가해자의 처벌보다는 손해 방지와 구제에 더 큰 관심이 있으므로 형사처벌보다는 사법적·행정적 구제방법을 보다 확실하게 보완하여 해결하자는 주장이다.[36] 동의 없는 무단수집 행위 자체는 가벌성

---

35) 이상돈/전현욱, 앞의 논문(주 32), 114면.

이 낮고 민사가처분이나 행정조치를 통해 위법상태를 제거할 수 있으므로 비범죄화하고 시정명령이나 시정조치, 명령불이행죄를 통해 위법상태를 제거하고 재발방지를 하는 것이 타당하다는 주장도 있다.37)

개인정보 보호법은 제정 당시부터 형사처벌 규정이 비교법적으로 볼 때나 형법상 유사한 다른 범죄와의 법정형보다 높다는 비판이 있었고, 거의 모든 규정 위반행위에 대해 형사처벌을 규정하고 있어서 개인정보 처리자를 크게 위축시킬 수 있으므로 중대한 위반행위에 대해서만 형사처벌하자는 제안이 지속되고 있었지만,38) 이번 개정에는 그와 같은 비범죄화 요구는 적극적으로 받아들여지지 않은 것이다. 앞으로 빅데이터산업에 인공지능기술이나 사물인터넷 등 최첨단 기술이 적극적으로 융합·활용될 것이 자명하고, 관련 기술이 발달할수록 개인정보처리자의 책임 역시 불명확해질 수밖에 없으므로, 개정법상 형사처벌 규정은 책임원칙의 잣대 위에서도 그 정당성을 시험받아야 하는 것이다. 결과적으로 개정 데이터 3법은 비범죄화의 파도 위에 서 있고, 이를 성공리에 넘어서기 위한 고민이 우리 정부와 학계, 관련 산업계의 숙제로 남아 있다.

---

36) 손형섭, "개정 개인정보 보호법에서 형사제재 규정의 헌법적 합리화 연구", 『헌법학 연구』 제26권 제1호, 한국헌법학회, 2020, 181면 이하

37) 심상현, 앞의 보고서 『개인정보 관련 제재 및 피해구제 합리화 방안 연구』, 한국인터넷진흥원, 2013, 73면 이하.

38) 이대희, 앞의 논문(주 8), 38면.

참고문헌

1. 국내문헌

[단행본]

권건보,『개인정보보호와 자기정보통제권』, 경인문화사, 2005
김철수,『헌법학개론,』, 박영사, 2003
성낙인,『헌법학』, 법문사, 2018
심상현,『개인정보 관련 제재 및 피해구제 합리화 방안 연구』, 한국인터넷진흥원, 2013
원소연/심우현,『지능정보사회 촉진을 위한 데이터 및 정보관련 규제 개선 방안 연구』, 한국행정연구원, 2019

[국내논문]

고동원, "2015년 개정 「신용정보의 이용 및 보호에 관한 법률」에 관한 법적 검토",『금융정보연구』제4권 제2호, 한국금융정보학회, 2018
고환경/손경민/주성환, "정보이동권과 마이데이터산업",『BFL』제93호, 서울대학교 금융법센터, 2019
김일환, "개인정보보호 법제 정합성 강화를 위한 고찰 -정보통신망법 및 신용정보법을 중심으로-",『법학논총』제42권 제1호, 단국대학교 법학연구소, 2018
백승엽/김일환, "개인신용정보 보호법제의 중복규제 및 해소방안 연구-신용정보의 이용 및 보호에 관한 법률을 중심으로-",『미국헌법연구』제28권 제3호, 미국헌법학회, 2017
손형섭, "개정 개인정보 보호법에서 형사제재 규정의 헌법적 합리화 연구",『헌법학 연구』제26권 제1호, 한국헌법학회, 2020
유주선, "데이터 3법 개정과 보험업에 관한 법적 연구",『상사판례연구』제33편 제3권, 한국상사판례학회, 2020
윤수영, "4차 산업 혁명 시대의 소비자 데이터 주권에 대한 고찰: EU GDPR을 중심으로",『소비자학연구』제29권 제5호, 한국소비자학회, 2018
이대희, "개인정보 보호 및 활용을 위한 공정정보원칙(FIPPs)의 융통적인 적용과 새로운 접근방법에 대한 연구 – 사물인터넷 및 빅데이터의 예를 중심으로",『법조』67권 1호, 법조협회, 2018
이상돈/전현욱, "정보이용동의 -정보적 자기결정의 새로운 차원-",『고려법학』47권 0호, 고려대학교 법학연구원, 2006
이성대, "개인정보보호를 위한 현행 형벌체계의 문제점 검토",『형사정책연구』제26권 제1호, 한국형사정책연구원, 2015
이소은, "개인정보 보호법의 주요 개정 내용과 그에 대한 평가 -개인정보 처리의 정당화 사유를 중심으로-",『이화여자대학교 법학논집』제24권 제3호, 이화여자대학교 법학연구소, 2020
이정념, "개인정보보호법 위반행위에 대한 제재 예외 사유",『법학논총』제27집 제2호, 조선대학교 법학연구원, 2020
정원준, "데이터 이동권 도입의 실익과 입법적 방안 모색",『성균관법학』제32권 제2호, 성균관대학교 법학연구원, 2020
정태호, "개인정보자결권의 헌법적 근거 및 구조에 관한 고찰",『헌법논총』14, 헌법재판소, 2003

2. 해외문헌

Darby, Michael R., and Edi Karni. "Free Competition and the Optimal Amount of Fraud." The Journal of Law & Economics, vol. 16, no. 1, 1973, pp. 67-88. JSTOR, www.jstor.org/stable/724826. Accessed 8 Jan. 2021

Nelson, Phillip. "Information and Consumer Behavior." Journal of Political Economy, vol. 78, no. 2, 1970, pp. 311-329. JSTOR, www.jstor.org/ stable/1830691. Accessed 8 Jan. 2021

펜데믹(Pandemic) 기간 동안의 원격의료 허용 여부 및 그 범위에 관한 고찰

백경희[*] · 박성진[**]

인하대학교 법학전문대학원 교수 · 법무법인 최선 대표변호사

I. 서론

우리나라를 비롯하여 전세계는 코로나바이러스감염증-19(COVID-19)[1]가 초래한 펜데 믹으로 인해 경험해 보지 못했던 초유의 비대면(非對面, Untact) 시대를 맞이하게 되었다. 전세계는 코로나-19에 대응하기 위한 대대적인 방역을 진행하였고, 감염을 막기 위해 '사회적 거리두기'를 시행하면서 대면의 기회를 최소화하고 있다. 그리고 이는 의료영역에도 예외는 아닌바, 우리나라도 의료진과 국민을 모두 보호하기 위한 일환으로 코로나-19가 확산하던 2020. 2. 24.부터 한시적으로 전화상담과 처방이라는 원격의료를 허용하기로 하였다.

코로나 19 사태에서 비대면 진료의 허용 양상은 우리나라 외에 원격의료의 발상지라고 할 수 있는 미국에서도 나타나고 있다. 특히 미국의 경우 우리나라에서 허용된 전화상담과 처방을 비롯하여 다양한 의료기기를 활용한 원격의 재택 환자에 대한 모니터링까지 다양

---

[*] 〈논문 게재 당시 소속〉 인하대학교 법학전문대학원 부교수
[**] 〈논문 게재 당시 소속〉 법무법인 최선 변호사
[1] 세계보건기구에서는 코로나 바이러스 질병의 약자와 발생년도를 결합하여 'COVID-19'을 정식 명칭으로 채택하였으나, 우리나라에서는 '코로나 19'로 통칭되고 있으므로 본고에서는 '코로나 19'를 사용하기로 한다.; 2020.02.12.자 중앙일보 기사, '우한' 이름 쓰면 안된다던 WHO "코로나 명칭은 COVID-19"

한 원격의료의 유형을 일시적으로 확장하고, 관련 기기에 대한 규율을 완화하며, 그에 대하여 공보험 급여까지 적용하고 있다. 그런데 이 과정에서 미국에서는 코로나 19로 인한 펜데믹 기간에 종래 원격의료에 대해 법적으로 규제된 부분을 한시적으로 완화하는 것이 불가피하였다고 하더라도, 규격에 맞지 않은 원격의료 관련 기기의 사용으로 인한 오진의 발생, 개인의료정보의 유출 등이 부작용이 심화되는 상황이 잇따르고 있는 상황이다.

우리나라에서도 2020. 7. 13. 김성주의원 대표발의로 '감염병의 예방 및 관리에 관한 법률 일부개정법률안(의안번호 1841, 이하 '감염병 예방법 일부개정법률안'이라 한다)'이 심각한 감염병 위기 상황 시 환자 및 의료인의 감염 예방과 의료기관 보호를 통한 대응력 강화를 위해 한시적 비대면 진료의 법적 근거로 조문을 신설하는 내용으로 국회에 계류되어 있는 상황이다.

이에 본고에서는 ① 감염병 예방법 일부개정법률안에서 기술한 비대면 진료와 의료법상의 원격의료가 어떠한 개념적 차이를 지니고 있는지 및 그 유형을 먼저 검토하고, ② 우리나라의 원격의료에 관한 현행법 규정과 코로나19로 인한 펜데믹 기간 동안 한시적으로 인정된 전화처방과 상담, 감염병 예방법 일부개정법률안이 어떠한 내용인지 살펴본 후, ③ 미국의 코로나19에 대응하기 위한 원격의료 정책과 그 부작용을 고찰하여 ④ 우리나라의 원격의료 법정책에 대한 시사점을 알아보고자 한다.

II. 비대면 진료, 원격의료의 개념과 유형

1. 원격의료의 개념

(1) 원격의료의 도입 배경

세계 최초로 원격의료의 개념을 정립하고 의료체계에 도입한 국가는 미국이다. 주지하다시피 미국은 방대한 영토로 인하여 지리적으로 도시와 떨어진 소위 '격오지'가 많고 격오지는 도시에 비하여 상대적으로 의료의 물적·인적 환경이 열악할 수밖에 없다. 그 결과 이러한 격오지에서 생활하는 환자나 불가피하게 격오지에서 집단생활을 하여야 하는 군인이나 교도소 수감자 등에게 의료서비스를 적재적소에 그리고 적기에 제공하는 것이 수월하지 않았다. 이에 미국에서는 이들의 건강권을 보호하기 위하여 상호 작용하는 음성·화상 등을 비롯한 각종 정보통신기술을 사용하여 도시와 격오지를 잇는 원거리간 의료정보 및 의료서비스를 전달하는 시스템을 개발하고자 하였고, 이것이 바로 원격의료의 출발점이다.[2][3]

따라서 원격의료는 환자와 의료인 사이에 '원거리'라는 공간적 제약을 '정보통신기술'을 통해 극복하여 의료서비스를 제공하는 '비대면 방식'의 의료라는 것에 그 핵심이 있다.

(2) 원격의료의 개념과 유형

미국에서 고안된 원격의료는 정보통신기술을 이용하여 원거리 간의 의료정보 및 의료서비스를 전달하는 모든 활동을 지칭하는 것이었고, 세계보건기구(World Health Organization, WHO) 또한 원격의료를 "원거리를 주된 요소로 정보통신기술을 사용하여, 모든 보건의료종사자가 환자의 질병 및 부상 등에 대한 진단, 치료 및 예방, 의료에 관한 연구 및 평가, 지속적인 의료정보 교환을 행하고, 모든 보건의료종사자에 대한 지속적인 의료 관련 교육을 하는 것, 그리고 개인과 지역 사회의 건강을 증진시키는 건강관리 서비스"라고 그 개념을 정의한 바 있다.[4]

원격의료의 유형으로 논의되고 있는 것으로 의사와 의사 사이에 PACS (Picture Archiving Communications System)를 사용하여 환자의 치료에 대해 방향을 논의하는 원격화상회의, 정보통신기술을 통해 환자에 대한 화상이나 개인의료정보를 전송하는 방식으로 환자의 치료를 도모하는 원격자문(Teleconsultation),[5] 환자가 의료기관이 아닌 곳에서 정보통신기술과 디지털 기기를 활용하여 의사와 원격으로 진료를 하는 유비쿼터스 헬스(ubiquitous health)[6] 내지 홈 모니터링(home monitoring), 의료인이나 환자에 대해 의료에 관한 정보를 제공하거나 원격 교육(Teleeducation)을 수행하는 것을 들 수 있다.[7][8]

---

2) 조형원, "u-Health의 현황과 법적 문제", 『의료법학』 제7권 제2호, 대한의료법학회, 2005, 140면; 김병일, "유비쿼터스 시대를 위한 의료법의 개정방안 : 원격의료를 중심으로", 『법학논총』 제27권 제2호, 전남대학교 법학연구소, 2007, 59면.

3) 김대중, "주요국의 원격의료 추진 현황과 시사점 - 미국과 일본을 중심으로", 『보건·복지 Issue & Focus』 제270호, 한국보건사회연구원, 2015, 2면.

4) World Health Organization, *Telemedicine*, Global Observatory for eHealth series - Volume 2, 2010, pp. 8-9.

5) https://www.hhs.gov/sites/default/files/telehealth-faqs-508.pdf(2020. 9. 14. 최종 방문)

6) 이를 u-Health로 약칭하는데, 개별 환자들이 병원 이외의 곳, 특히 자가(自家)에서 의료서비스를 받을 수 있는 원격의료의 개념에 기반을 두는 것이다. 만성환자에 해당하는 당뇨, 고혈압, 비만, 치매 등의 질환자가 일상생활을 하면서 휴대폰 앱이나 인터넷을 이용한 홈 네트워크를 사용함으로써 시공간의 경계를 허물고 자신의 건강상태를 체크할 수 있도록 도움을 받는 것이다.; 조형원, 앞의 논문, 140면.

7) 이우정/홍승욱/박정화/정영철, "의료법상의 원격의료에 대한 법적 쟁점", 『한국의료법학회지』 제11권 제1호, 한국의료법학회, 2003, 51-53면; 윤영한, "우리나라 원격의료산업의 글로벌 경쟁력 강화를 위한 정책 과제", 『통상정보연구』 제13권 제3호, 한국통상정보학회, 2011, 329면.

8) 보건복지부는 원격의료가 의료인 간에 진행되느냐 혹은 의사와 환자 간에 진행되느냐에 따라 구분하고 있는데, 전자는 원격자문의 유형이고 후자는 원격모니터링(건강상태에 대한 파악과 해석, 상담 교

최근 미국의 일부 주와 캐나다에서는 위와 같은 외연의 원격의료를 다시 원격지 의료(遠隔地 醫療, Telemedicine)와 원격 건강관리서비스(Telehealth)로 세분하여 용어를 사용하고 있다고 한다. 이에 따르면 원격지 의료는 의사와 의사 간 이루어지는 원격 임상(臨床)의 의료서비스를 의미하고, 원격 건강관리서비스는 원격지 의료를 포섭하는 포괄적 개념으로 의사와 환자 간, 비(非)의사와 환자 간 이루어지는 비(非) 임상의 의료서비스까지 포함하는 것이라고 이해한다.[9]

이와 같이 미국에서는 원격지 의료가 원격 건강관리서비스에 포섭되는 것으로 혼용되고 있다. 그렇게 볼 경우 광의의 원격의료는 원격 건강관리서비스와 동일시될 수 있으며,[10] 정보통신기술을 활용하여 서로 떨어져 있는 상황에서 임상과 비임상을 포함한 건강관리서비스를 환자에게 제공함으로써 의료상담, 진단, 치료, 교육, 자기 관리를 용이하게 하고자 하는 것으로 이해될 수 있다. 이에 미국에서는 원격의료를 원격건강관리서비스로 통칭하여 정립하려는 경향이 나타나고 있다.[11]

2. 비대면 진료와의 관계

정부와 감염병 예방법 일부법률개정안에서는 원격의료라는 개념 대신 '비대면 진료'라는 개념을 사용하고 있는데, 엄밀히 말하면 양자는 다소 차이가 있다. 즉, 비대면 진료는 환자가 의료인을 직접 대면하지 않는 상황에서 의료서비스를 받을 수 있는 의료형태를 포괄적으로 지칭하는 것으로, 그 대표적인 유형의 한 축이 원격의료(Telemedicine)이고 그 외의 축으로 디지털 치료제(Digital Therapeutics) 등이 포섭된다고 보고 있다.[12]

디지털 치료제란 인공지능, 스마트폰 애플리케이션, 증강현실(Virtual Reality) 등을 활용

육 등)과 원격진료(질병에 대한 진단 및 처방)으로 나누고 있다고 한다.; 김민지/강선준/원유형/오건택, "저출산·고령화 시대 의료 정책 및 법제 개선방안에 관한 연구 - 원격의료제도 활성화를 위한 검토를 중심으로 -", 『법학논총』 제36집, 숭실대학교 법학연구소, 2016, 5-6면.

9) Center for Connected Health policy(The National Telehealth Policy Resource Center), *State Telehealth Laws, Public Health Institute*, Fall 2018, pp. 1-2.; https://www.aafp.org/media-center/kits/telemedicine-and-telehealth.html(2020.09.14. 최종방문); Hussein Z. Noorani, M.·ScJocelyne Picot, "Assessment of Videoconferencing in Telehealth in Canada", *Technology report* no. 14, Canadian Coordinating Office for Health Technology Assessment, May 2001, p. 2.; 백경희, "미국의 원격의료에 관한 고찰 - 코로나 19 대처에 대한 시사점을 중심으로", 『법학논고』 제70집, 경북대학교 법학연구원, 2020, 368-369면; 백경희/심영주, "캐나다의 원격의료에 대한 법제에 관한 고찰 - 우리나라에 대한 시사점을 중심으로 -", 『강원법학』 제60권, 강원대학교 비교법학연구소, 2020, 121-122면.

10) 신문근, "원격의료의 법제화방안 연구", 『법제현안』 제2001-6호, 국회사무처, 2001, 3-4면.

11) Center for Connected Health policy, Ibid, Part New York, p. 7.

12) 김지연, "비대면 시대, 비대면 의료 국내외 현황과 발전방향", 『KISTEP Issue Paper』 통권 제288호, 한국과학기술원, 2020, 3면.

한 소프트웨어 프로그램을 이용하여 질병을 예방·진단·관리·치료하는 의약품에 가까운 것인바, 이는 디지털 치료제의 표준을 정립하고 지원하기 위해 설립된 국제 비영리 산업계 연합(Digital Therapeutics Alliance, DTA)이 2018년에 정의한 것이다. 그렇기 때문에 원격의료에 환자 모니터링 용도로 사용되는 웨어러블 기기를 비롯한 디지털 헬스케어 제품과는 구별되는 차이가 있고, 특정 질병이나 장애를 대상으로 근거기반(evidence-based) 치료를 하기 위해 의약품과 동일하게 임상시험을 거쳐 치료효과를 검증받아 규제기관의 인허가를 받은 후에야 사용이 가능하다는 점이 다르다. 미국 FDA가 승인한 디지털 치료제의 예로는 Pear Therapeutics사에서 개발한 알코올 및 약물 중독 치료를 위한 인지행동치료 디지털 앱인 reSET, Palo Alto사에서 개발한 외상 후 스트레스 장애 증상을 치료하기 위한 디지털 앱인 FreeSpira, Akili Interactive사에서 개발한 소아 주의력결핍과잉행동장애를 치료하기 위한 게임 기반 치료제인 EndeavorRx을 들 수 있다.13)

앞서 살펴본 바와 같이 비대면 진료와 원격의료의 개념은 현재 진행형이기 때문에 그 외연이 서로 교차할 수밖에 없으나, 양자는 정보통신기술을 활용한다는 점과 환자와 의료인이 직접 대면하지 않는다는 점에서는 공통점을 지니고 있다고 보인다.

III. 원격의료에 관한 우리나라의 현행법제와 코로나 19 기간 동안의 법정책

1. 원격의료에 대한 현행 규정

우리나라의 원격의료에 관한 명문규정은 의료법에 존재하는바, 동조항의 신설은 2002. 3. 30. 법률 제6686호 rnm 의료법 제30조의2(원격의료)로 이루어졌다. 원격의료의 조문 신설 이유에 대하여는 '양질의 의료서비스제공에 대한 국민들의 욕구가 높아지고 의료기관 등에서 이용가능한 정보통신기술이 크게 발전하는 등 급격하게 변화하고 있는 보건의료환경에 적절하게 적응하여 전반적인 의료의 질 향상을 도모할 목적'이라고 설명되어 있다.14)

의료법의 개정을 거쳐 현행 의료법에는 제34조에서 원격의료를 규율하고 있다. 즉, 동조 제1항은 '의료업에 종사하는 의사·치과의사·한의사, 즉 원격지 의사는 컴퓨터·화상통신 등 정보통신기술을 활용하여 먼 곳에 있는 의료인(의사·치과의사·한의사 외에 조

---

13) 김지연, 앞의 논문, 4-6면.
14) http://likms.assembly.go.kr/bill/jsp/BillDetail.jsp?bill_id=016941(2020.09.14. 최종방문)

산사와 간호사가 포함된다)에게 의료지식이나 기술을 지원하는 원격의료를 할 수 있다'고 규정하였고, 이 때 원격의료를 행하거나 받으려는 의료인 모두 원격진료실과 데이터 및 화상(畵像)을 전송·수신할 수 있는 단말기, 서버, 정보통신망 등의 일정 장비를 구축할 의무를 부과하고 있다(동조 제2항, 의료법 시행규칙 제29조).

한편 이 때 동조 제3항과 제4항은 원격의료에서 의료인이 부담하는 책임에 관하여 규율하고 있는데, 제3항에서는 원격지의사에게 환자를 직접 대면하여 진료하는 경우와 같은 책임을 원칙적으로 부담하도록 하고 있고, 제4항에서 예외적으로 원격지의사의 원격의료에 따라 의료행위를 한 현지 의료인이 의사, 치과의사, 한의사인 경우, 그 의료행위에 대하여 원격지의사의 과실을 인정할 만한 명백한 근거가 없으면 환자에 대한 책임이 현지 의사, 치과의사, 한의사에게 있는 것으로 보고 있다.

위와 같은 현행 의료법의 명문규정에 비추어 우리나라는 앞서 살펴본 원격의료의 유형 중 원격지의사와 현지 의료인 사이의 의료지식이나 기술을 지원하는 임상 원격의료(telemedicine) 중 '원격자문'의 형태만을 허용하고 있는 것으로 파악된다.15) 즉, 현행 의료법은 정보통신기술을 활용하여 의사와 환자 사이 직접적인 진료가 이루어지도록 하는 유형의 원격의료 - 정보통신기술의 하나인 전화를 이용하여 의사와 환자 사이에 진료가 이루어지는 경우를 포함한다 - 는 상정하고 있지 않다. 따라서 원거리에 있는 원격지의사와 환자가 대면으로 진료하는 것이 불가능한 상황을 전제하여, 현지 의료인을 매개체로 예외적으로 허용되는 비대면 형식의 진료로 평가이며, 의료지식이나 기술의 지원은 의료인 사이에 이루어지는 것이기에 환자는 현지 의료인을 통해서만 간접적 효과를 받을 수 있는 것이다.16)

2. 우리나라의 코로나 19 사태에 대한 원격의료 규제 완화

우리나라에서도 2020. 2.경 코로나 19 사태의 확산세가 두드러지자 의료기관을 방문해야 하는 환자들이 감염에 대한 공포로 의료기관에 내원하지 못하고, 의료기관에서도 확진자가 일부 발생하는 상황에 봉착하였다. 그러한 연유로 진료에 있어서 불가피하게 공백이 발생하였고, 더불어 의료기관에서 환자와 의료진 사이에 대면진료를 행할 경우 야기될 수 있는 환자와 의료진 간의 감염을 방지할 필요가 있었다.

이에 정부는 그 해결책으로 「보건의료기본법」 제39조, 제40조 및 제44조, 「의료법」 제

---

15) 윤석찬, "원격의료(Telemedizin)에서의 의료과오책임과 준거법", 『저스티스』 통권 제80호, 한국법학원, 2004, 25-27면; 정용엽, "원격의료의 민사책임 및 법제 개선에 관한 연구", 경희대학교 일반대학원 법학과 박사학위 논문, 2005, 61-69면.
16) 류화신, "원격의료에서의 의사의 책임원리", 『비교사법』 제12권 제1호, 한국비교사법학회, 2005, 561면.

59조제1항, 「감염병예방법」 제4조에 근거하여 2020. 2. 24.부터 코로나 19 사태가 지속되는 동안 한시적 특례로 의사의 판단에 따라 안전성 확보가 가능한 경우 환자가 의료기관을 직접 방문하지 않고도 전화 상담 또는 처방을 받을 수 있도록 하였다.17) 한편 코로나 19의 경증·무증상 환자를 치료하는 생활치료센터에서 환자에 대한 원격 모니터링과 화상 원격의료 방식의 의사와 환자 간 비대면 진료를 일부 허용하였다.18)

위 한시적 대책에 따라 우리나라에서는 2020. 2. 24.부터 2020. 7. 5.까지 진료분을 기준으로 6,557개 의료기관에서 522,446건의 전화상담 또는 처방이 이루어진 것으로 나타났다.19)

(단위: 기관, 건, 천원)

구 분		전화상담 진찰료 청구		
		기관수	총횟수	진료금액
총계		6,577	522,446	7,313,246
상급종합		29	78,123	1,326,948
종합병원		170	142,740	1,986,303
병원급	병원	377	45,625	531,056
	요양병원	95	8,921	89,478
	치과병원	6	82	1,851
	한방병원	7	107	1,145
의원급	의원	5,070	235,048	3,242,682
	치과의원	54	199	2,694
	한의원	769	11,601	131,089

〈그림 1〉 보건복지부 발표 의료기관 종별 전화상담·진찰료 청구 현황20)

---

17) [보건복지부 공고 제2020-177호], 「전화상담 또는 처방 및 대리처방 한시적 허용방안」안내, 코로나바이러스감염증-19 중앙사고수습본부-311호(2020.02.23.).
18) 이러한 정부의 정책에 대하여 대한의사협회는 원격의료의 체계가 갖춰지지 않은 상태에서 원격의료를 확대하는 것은 임상에서의 혼선을 가중시키고, 오진의 우려가 있음을 이유로 반대하는 입장을 표명하기도 하였다.; 중앙일보 2020.04.29.자 기사, "병원 꼭 직접 가야돼? 코로나 한방에 날아간 20년 명분"
19) 홍형선(보건복지위원회 수석전문위원), 『감염병의 예방 및 관리에 관한 법률 일부개정법률안 검토보고서』, 보건복지위원회, 2020, 7, 5면.
20) 홍형선, 위 보고서, 5면.

3. 감염병예방법 일부개정법률안의 내용

(1) 제안 이유

2020. 7. 13. 김성주 의원의 대표발의로 감염병예방법 일부개정법률안이 국회에 제안되었는데, 그 골자는 코로나 19 사태와 같은 감염병 위기 상황에서 '심각' 단계에 해당하는 경우 환자와 의료인 사이의 비대면 진료를 일정한 범위 내에서 인정하는 내용을 명문화하자는 것이다. 제안이유를 구체적으로 살펴보면, '코로나 19의 경우 감염 초기 높은 전염력으로 사스・메르스 등의 감염병과는 확연히 다른 전파 양상을 보이고 있어 코로나19 사태 장기화가 전망되는 가운데, 치료제 및 백신 개발 전까지 산발적 소규모 감염 및 대규모 집단감염 가능성에 대비해야 하고, 특히 감염병 위기 상황일수록 의료기관의 안정적 운영을 보장하고 환자와 의료인을 감염의 위험으로부터 보호해야 할 필요가 크기 때문에, 심각한 감염병 위기 상황 시 환자 및 의료인의 감염 예방과 의료기관 보호를 통한 대응력 강화를 위해 한시적 비대면 진료의 법적 근거를 마련하기' 위함이라고 설명하고 있다.[21]

(2) 신설조문인 감염병예방법 일부개정법률안 제49조의3의 구체적 내용

신설조문인 감염병예방법 일부개정법률안 제49조의3의 구체적 내용은 다음과 같다.

첫째, 제1항에서 감염병에 관하여 「재난 및 안전관리 기본법」 제38조제2항[22]에 따른 "심각" 단계 이상의 위기경보 발령 시 의료인이 환자・의료인・의료기관 등을 감염위험에서 보호하기 위하여 필요하다고 인정하는 경우에 한해, 보건복지부장관이 정하는 범위에서 정보통신기술을 활용한 비대면 진료 등을 제공할 수 있도록 하였다. 감염병에 관한 위기경보 발령 기준은 다시 네 단계로 나뉘는데, ① 위기징후와 관련된 현상이 나타나고 있으나 그 활동 수준이 낮아서 국가 위기로 발전할 가능성이 적은 상태인 관심(Blue), ② 위기징후의 활동이 비교적 활발하여 국가 위기로 발전할 수 있는 일정 수준의 경향이 나타나는 상태인 주의(Yellow), ③ 위기징후의 활동이 활발하여 국가위기로 발전할 가능성이 농

---

[21] 의안번호: 1841, 발의연월일: 2020. 7. 13., 발의자: 김성주/홍성국/이원욱/조응천/허영/강병원/최연숙/기동민/이상헌/임호선/강선우/한정애 의원(12인),
http://likms.assembly.go.kr/bill/billDetail.do?billId=PRC_J2Y0U0Z7C1E3N1H4N0I0J1Y4A6B9X8(2020.09.14. 최종 방문)

[22] 제38조(위기경보의 발령 등) ① 재난관리주관기관의 장은 대통령령으로 정하는 재난에 대한 징후를 식별하거나 재난발생이 예상되는 경우에는 그 위험 수준, 발생 가능성 등을 판단하여 그에 부합되는 조치를 할 수 있도록 위기경보를 발령할 수 있다. 다만, 제34조의5 제1항 제1호 단서의 상황인 경우에는 행정안전부장관이 위기경보를 발령할 수 있다.
② 제1항에 따른 위기경보는 재난 피해의 전개 속도, 확대 가능성 등 재난상황의 심각성을 종합적으로 고려하여 관심・주의・경계・심각으로 구분할 수 있다. 다만, 다른 법령에서 재난 위기경보의 발령 기준을 따로 정하고 있는 경우에는 그 기준을 따른다.

후한 상태인 경계(Orange), ④ 위기징후의 활동이 매후 활발하여 국가위기의 발생이 확실시되는 상태인 심각(Red) 단계로 구분된다.[23] 동조항에서 지칭하는 감염병과 관련한 위기경보 수준 중 "심각" 단계는 제일 위험한 단계로 국내에 유입된 해외 신종감염병이 지역사회에 전파되거나 전국에 확산하는 경우와 국내의 원인불명·재출현 감염병이 전국적으로 확산될 경우에 해당하는 경우를 의미한다.

〈표 1〉 감염병 관련 위기 경보 수준[24]

수준	내용	주요 대응 활동
관심 (Blue)	• 해외에서의 신종감염병 발생 • 국내 원인불명·재출현 감염병 발생	• 감염병별 대책반 운영(질병관리청) • 위기징후 모니터링 및 감시 대응 역량 정비 • 필요 시 현장 방역 조치 및 방역 인프라 가동
주의 (Yellow)	• 해외에서의 신종감염병의 국내 유입 • 국내에서 원인불명·재출현 감염병의 제한적 전파	• 중앙방역대책본부(질병관리청) 설치·운영 • 유관기관 협조체계 가동 • 현장 방역 조치 및 방역 인프라 가동 • 모니터링 및 감시 강화
경계 (Orange)	• 국내 유입된 해외 신종감염병의 제한적 전파 • 국내 원인불명·재출현 감염병의 지역사회 전파	• 중앙방역대책본부(질병관리청) 운영 지속 • 중앙사고수습본부(보건복지부) 설치·운영 • 필요 시 총리주재 범정부 회의 개최 (행정안전부) • 범정부 지원본부 운영 검토 • 유관기관 협조체계 강화 • 방역 및 감시 강화 등
심각 (Red)	• 국내 유입된 해외 신종감염병의 지역사회 전파 또는 전국적 확산 • 국내 원인불명·재출현 감염병의 전국적 확산	• 범정부적 총력 대응 • 필요시 중앙재난안전대책본부 운영

둘째, 제2항에서는 한시적 비대면 진료의 지역, 기간 등의 범위에 대하여 보건복지부장관이 결정하되, 감염병관리위원회의 의견을 듣도록 함으로써 감염병 상황에 맞는 효율적 비대면 진료가 이루어질 수 있도록 하는 한편, 무분별한 비대면 진료의 부작용을 예방하도록 하도록 하였다.

셋째, 제3항에서는 의료사고에 대한 피해 보상 지원과 관련하여 감염병 위기 상황 시 시행한 비대면 진료 과정 등에서 의료인이 충분한 주의의무를 다하였음에도 불구하고 불가항력적으로 발생한 의료사고에 대하여 국가와 지방자치단체가 피해보상 비용을 지원할

---

23) 보건복지부, 『감염병 위기관리 표준매뉴얼』, 2014, 4면.
24) http://www.cdc.go.kr/contents.es?mid=a20301020300(2020.09.14. 최종 방문)

수 있도록 하였다.25)

다만 이를 대표발의한 김성주 의원은 일부개정법률안 제49조의3이 코로나 19 감염자 폭증에 따른 의료붕괴 사태 방지를 위한 한시적·제한적 제도 시행을 목적으로 하는 것이기 때문에 영리목적의 원격의료와는 명확히 구분된다고 선을 그었다.26)

IV. 코로나 19에 대한 미국의 원격의료 관련 대처

1. 종래 미국의 원격의료에 관한 법제

미국은 51개의 주로 이루어져 있어 법제가 주마다 차이가 있고, 이는 원격의료의 법제에서도 나타나는 현상이다.

미국의 원격의료에 관한 법제는 주 차원에서 먼저 이루어졌는데, 조지아 주가 1992년 최초로 원격의료법안(Georgia Distance Loaming and Telemedicine Act of 1992)을 법제화시켰고,27) 이후 다른 주에서도 원격의료에 관한 법제를 정비하여 현재 대부분의 주가 원격의료와 관련된 법제를 두고 있다.28) 연방 차원에서 원격의료의 도입은 1996년 보건복지법령인 건강보험 정보 활용 및 책임에 관한 법(HIPPA: Health Insurance Portability and Accountability Act of 1996)을 통해서 법제화되었다.29) 동법에서는 원격의료에 대

---

25) 제49조의3(의료인, 환자 및 의료기관 보호를 위한 한시적 비대면 진료) ① 의료업에 종사하는 의료인(「의료법」 제2조에 따른 의료인 중 의사·치과의사·한의사만 해당한다. 이하 이 조에서 같다)은 감염병에 관하여 「재난 및 안전관리 기본법」 제38조제2항에 따른 심각 단계 이상의 위기경보가 발령된 때에는 환자, 의료인 및 의료기관 등을 감염의 위험에서 보호하기 위하여 필요하다고 인정하는 경우, 보건복지부장관이 정하는 범위에서 「의료법」 제33조제1항에도 불구하고 유선·무선·화상통신, 컴퓨터 등 정보통신기술을 활용하여 의료기관 외부에 있는 환자에게 건강 또는 질병의 지속적 관찰, 진단 및 처방을 할 수 있다.
② 보건복지부장관은 위원회의 의견을 들어 제1항에 따른 한시적 비대면 진료의 지역, 기간 등 범위를 결정한다.
③ 국가와 지방자치단체는 제1항에 따른 조치 과정에서 의료인이 충분한 주의의무를 다하였음에도 불구하고 불가항력적으로 발생한 의료사고 피해 보상에 소요되는 비용의 일부 또는 전부를 예산의 범위에서 보조할 수 있다.
26) 2020.07.14.자 의학신문, 감염병 위기시 한시적 비대면 진료 허용 법안 추진
https://www.bosa.co.kr:449/news/articleView.html?idxno=2130463(2020.09.14. 최종 방문)
27) 미국의 사례 중 조지아 주의 원격의료 법제에 관한 구체적 연구로는 김항중, "우리나라 원격의료에서 제기되는 보험급여(Reimbursement) 문제에 관한 법적 연구 -미국 조지아 주(州)의 사례를 중심으로", 『서울법학』 제27권 제3호, 서울시립대학교 법학연구소, 2019, 319-361면.
28) 김병일, 앞의 논문, 60면.
29) 이외에 연방 차원의 원격의료 관련 법안으로는 1997년 원격진료에 대한 통합 법안(Comprehensive Telehealth Act of 1997), 2004년 원격의료 향상 법안(Telehealth Improvement Act of 2004)

한 지침으로 건강정보의 보호, 그 중에서도 전자적으로 보호된 건강정보(electronic Protected Health Information, ePHI)에 대하여 엄격하게 규제하고 있다. 즉, 원격의료를 수행하기 위하여는 승인된 사용자만이 ePHI에 접근할 수 있어야 하고, ePHI의 무결성을 보호하기 위한 보안통신시스템이 구축되어야 하며, ePHI를 포함한 통신 모니터링 시스템이 우발적·악의적 침해를 방지하여야 한다는 보안규칙을 준수하여야 한다.

2. 코로나 19에 대한 원격의료 정책의 활성화

미국 보건복지부장관은 2020년도에 접어들면서 코로나 19의 확산 조짐이 전세계적으로 나타나자 2020. 2. 4. 코로나 19에 관한 공중 보건 비상 사태를 선언하면서 국가 안보 또는 해외에 거주하는 미국 시민의 건강 및 안보에 영향을 미칠 수 있는 중대한 잠재적인 공중 보건 비상 사태가 발생하였다고 하였다.30)

그 뒤 미국 내 코로나 19 감염자는 기하급수적으로 증가하고 확산세가 뚜렷해지자 도널드 트럼프 대통령은 2020. 3. 13. 도널드 트럼프 대통령은 코로나 19에 대한 국가비상사태를 선포하였다. 그 내용은 미국 연방재난관리처(Federal Emergency Management Agency, FEMA)의 재난기금을 활용하여 주 정부에 코로나 19와 관련된 검사 실시 및 의료시설 등에 필요한 자금을 지원하고, 코로나 19 긴급 운영센터를 설치하며, 원격의료에 대한 종래의 규제를 대폭 완화함과 동시에 주 의료인 면허에 대한 유연성 부여하여 원격의료를 활성화시키는 것이었다.31)

등을 들 수 있다.; Lynn D. Fleisher and James C. Dechene, *Telemedicine And E-Health Law*, ALM Media, New york, 2006, pp. 1-14.

30) https://www.federalregister.gov/documents/2020/02/07/2020-02496/determination-of-public-health-emergency(2020. 9. 14. 최종방문). 구체적으로 미국 시민이나 영주권자의 직계 가족이 아닌 외국 국적자는 최근 14일 이내 중국을 방문한 경우 미국으로의 입국이 거부되고, 중국 우한이 속한 후베이성에서 귀국하는 미국 시민의 경우 별도 시설에서 14일간 의무 격리가 이루어지며, 최근 14일 내에 후베이성이 아닌 다른 중국 지역에 체류하다가 귀국하는 미국 시민은 일부 공항에서 예방적 차원에서 입국 시 건강 검사를 받아야 하는 것이 정당화된다고 하였다.; https://www.phe.gov/emergency/news/healthactions/phe/Pages/2019-nCoV.aspx(2020.09.14. 최종방문).

31) https://www.whitehouse.gov/presidential-actions/proclamation-declaring-national-emergency-concerning-novel-coronavirus-disease-covid-19-outbreak/(2020. 9. 14. 최종 방문).

3. 코로나 19 관련 원격의료에 대한 규제 완화

(1) 미국 보건복지부의 의료기기에 대한 비상사용 승인

앞서 2020. 2. 4. 이루어진 보건복지부의 코로나 19에 관한 공중 보건 비상 사태 선언을 기반으로 보건복지부는 다시 의료기기와 관련된 3개의 긴급 사용 승인(Emergency Use Authorization, EUA)을 발표하면서 3. 24.부터 발효한다고 하였는데, ① 코로나 19의 진단 및 검출을 위한 체외 진단 기기, ② 개인 호흡 보호 장비, ③ 홈 모니터링 장치에 사용되는 의료기기가 그것이다.32)

(2) 미국 식품의약국의 원격의료 규제 완화 정책 발표

미국 식품의약국(U.S. Food and Drug Administration, 이하 'FDA'라 한다)도 2020. 3. 20. 원격의료의 규제 완화 지침으로, '코로나 19 공중 보건 응급 상황에서 환자 모니터링을 지원하는 데 사용되는 비 침습적 원격 모니터링 장치에 대한 시행 정책(Enforcement Policy for Non-Invasive Remote Monitoring Devices Used to Support Patient Monitoring During the Coronavirus Disease 2019 (COVID-19) Public Health Emergency)'을 발표하였다.33)

이는 코로나 19 기간 동안 정보통신기술을 활용한 원격 환자 모니터링 장비를 사용하여 의료진과 환자 간의 비대면 진료의 허용 범위를 넓히고, 그 전제로 원격의료에 사용되는 비 침습적 원격 모니터링 장치에 대한 기존의 규제를 대폭 완화하겠는 것이다. 따라서 이는 임상에서 의료인과 의료인 사이의 원격지 의료보다는 의료인과 환자 사이의 원격의료 서비스, 그 중에서도 재택에서 환자가 의료인의 감독없이 모니터링 장치를 사용하여 수집된 건강 관련 데이터를 정보통신기술을 이용하여 의료인에게 전달하고 의료인으로부터 원격으로 비대면 진료를 받는, '홈 모니터링(home monitoring)'에 초점을 맞추고 있다.34) 이 때 홈 모니터링의 원격의료 기술에 사용되는 비 침습적 장치는 원격 모니터링이 가능한 웨어러블 기기, 핸드 헬드(hand-held) 기기, 재택 모니터링 장치 및 디지털 인터페이스를 포함한다. 이러한 장치들과 블루투스(Bluetooth), 와이파이(Wi-Fi), 셀룰러 등 무선 네트워크를 연결한 후에, 환자에 대해 측정된 각종 건강 관련 데이터 관련 수치를 의료기관에

---

32) https://www.federalregister.gov/documents/2020/03/27/2020-06541/emergency-use-authorization-declaration(2020.09.14. 최종 방문).
33) https://www.fda.gov/media/136290/download(2020.09.14. 최종 방문).
34) Sara Gerke, Carmel Shachar, Peter R. Chai & I. Glenn Cohen, "Regulatory, safety, and privacy concerns of home monitoring technologies during COVID-19", *Nature Medicine* vol. 26, August 2020, p.1176.

직접 전송하여 의료인과 공유하게 되면, 의료인은 환자를 직접 대면하지 않은 상태에서 환자의 특정 상태나 질병 유무를 확인하여 환자의 상태를 진단하게 된다. 한편 미국 정부는 코로나 19 사태에서 의료인이 원격의료를 부득이하게 사용함으로써 야기될 수 있는 의료과실에 있어서, 의료인에게 법적 책임과 관련된 불이익을 주지 않을 것이란 점을 명시하였다.35)

(3) 미국 질병통제예방센터의 코로나 19 상황시 허용되는 원격의료에 대한 지침 마련

위 FDA의 정책 외에 미국의 질병통제예방센터(CDC, Centers for Disease Control and Prevention)는 코로나 19 상황에서 원격의료가 적용될 수 있는 범위를 구체화하여 지침으로 정하였다. 이에 의하면, ① 코로나 19의 증상이 발현되거나 발현될 가능성이 있는 환자의 선별, ② 코로나 19 증상이 없는 환자에 대한 위험이 낮은 응급치료, 추가적 진료, 의료상담의 제공, ③ 만성질환 혹은 정신질환으로 인한 약물 관리를 위한 의료의 제공, ④ 만성질환자에 대한 건강관리를 위한 상담 및 지원, ⑤ 건강관리를 위한 대면적 물리치료, 작업치료 등에 대한 하이브리드 접근(hybrid approach), ⑥ 특정 만성질환자에 대한 활력징후 모니터링, ⑦ 의료기관 접근이 어려운 격오지 환자 관리, ⑧ 입원 환자에 대한 경과관찰, ⑨ 생명을 위협하거나 의료 위기 상황 발생 시 환자와 간병인에 대한 치료계획 내지 상담 제공, ⑩ 장기 요양기관 입소자에 대한 비(非) 응급 치료의 제공, ⑪ 원격지에서 이용할 수 없는 전문적 의료행위에 관한 의료인 교육의 경우 원격의료의 사용이 가능하다고 한다.36)

4. 원격의료 완화 정책의 부작용

미국의 원격의료에서 종래에 해결되지 않은 문제점으로 거론되는 것은 정보통신기술의 격차로 인해 격오지에서는 원격의료 자체의 제공이 원활하지 않다는 점, 각 주별로 원격의료의 개념과 보건의료종사자에 대한 면허 제도37) 등의 의료시스템과 의료사고 발생 시 손

---

35) 위 정책에서는 구체적으로 맥박・산소측정기(Pulse Oximetry, SpO2), 비침습성 혈압 측정기(Non-invasive Blood Pressure, NIBP), 호흡수・호흡빈도 측정기(Respiratory Rate/Breathing Frequency), 임상 전자온도계(Clinical electronic thermometer), 전자 청진기(Electronic Stethoscope), 비침습적 심전도검사(Electrocardiograph, ECG), 일반적으로 구입이 가능한 ECG 소프트웨어 프로그램(Electrocardiograph software for over-the counter use) 및 심장 모니터링(Cardiac monitor) 원격 장치를 들고 있다.; U.S.Food and Drug Administration, *Enforcement Policy for Non-Invasive Remote Monitoring Devices Used to Support Patient Monitoring During the Coronavirus Disease 2019 (COVID-19) Public Health Emergency*, March 2020, pp. 5-6.

36) https://www.cdc.gov/coronavirus/2019-ncov/hcp/telehealth.html(2020.07.25. 최종방문).

해배상 책임 및 보험 적용 범위가 상이하여 원격의료의 기준점을 책정하기 쉽지 않다는 점, 개인의료정보의 보호나 정보통신기술의 불안전성이 완전하게 해결되지 않은 상태라는 점이다.38) 이렇듯 원격의료를 선도적으로 주도해 온 미국의 원격의료가 지니고 있는 문제점 외에 앞서 살펴본 바와 같이 미국은 코로나 19 기간 동안 원격의료의 범위를 확장하고, 특히 원격 모니터링 장치에 대한 규제를 완화하여 '홈 모니터링 기술'을 적극 활용하고 있는 부분에서 발생하는 문제가 최근 지적되고 있다.

아래 <그림 2>는 코로나 19 사태 이전과 이후의 홈 모니터링 기술 규제에 관한 것으로, 홈 모니터링의 경우 코로나 19 사태 이전에 일부의 홈 모니터링 기술만이 의료기기로 분류되어 규제되었고, 특히 소프트웨어 프로그램 같은 경우 의료기기가 아니기 때문에 규제 대상이 아니었다. 또한 코로나 19 사태 이전에는 홈 모니터링에 사용되는 의료기기를 위험성이 낮은 것과 높은 것에 기반하여 각각 Ⅰ, Ⅱ, Ⅲ 단계로 규제하여 시판하였으나, 코로나 19 대유행 이후에는 긴급 사용 승인을 통해 규제의 단계가 단순화되었다.

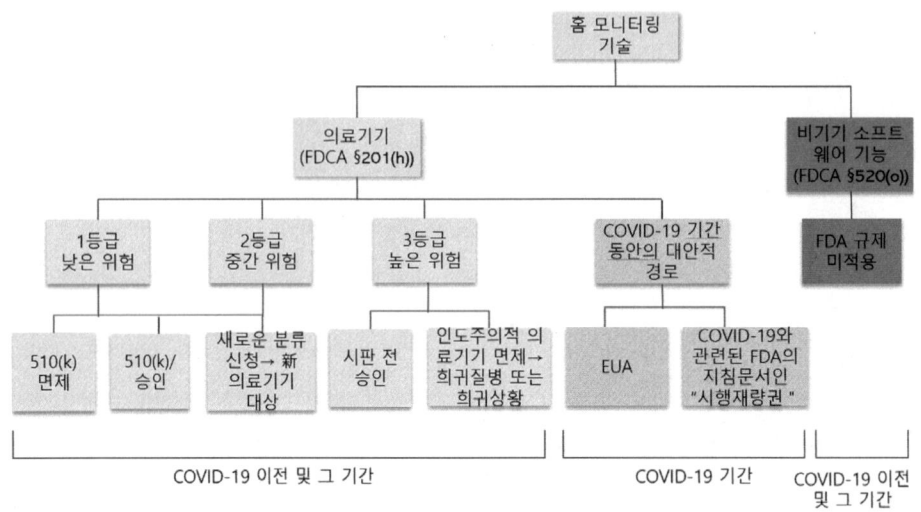

<그림 2> 코로나 19 사태 이전과 이후의 홈 모니터링 기술 규제39)

위의 <그림 2>에서 알 수 있듯이 일부의 홈 모니터링에 사용되는 기기는 의료기기로 간주되지 않아 FDA 규정의 적용을 받지 않는데, 예를 들어 체중 관리나 영양 관리를 위한 응용 프로그램이나 심혈관 건강 향상을 위한 열량 소비 내지 운동 관리를 위한 소프트웨어

---

37) 미국 각 주의 원격의료에 관련된 의사의 자격기준에 관하여는 김항중, "미국 원격의료에 있어 의료인의 자격에 관한 소고", 『법학논고』 제47집, 경북대학교 법학연구원, 2014, 547-552면.
38) https://www.aha.org/factsheet/telehealth(2020.09.14. 최종 방문).
39) Sara Gerke, Carmel Shachar, Peter R. Chai & I. Glenn Cohen, Ibid, p. 1177.

기능이 그 예라고 한다. 또한 우측의 코로나 19 기간 동안에는 긴급 사용 승인(EUA) 경로를 통한 원격의료 기기의 승인을 종래 요구하던 특정 사항을 면제하거나 승인의 등급을 완화함에 따라 원격의료 기기의 안전성과 유효성을 검증하지 못하는 결과를 가져와 국민의 건강 상 잠재적 위험을 야기시킬 수 있다는 점도 유의하여야 한다. 즉, 코로나 19 기간의 긴급 사용 승인 경로의 경우에도 원격의료 기기를 사용하는 환자에 대한 피해를 방지하고 장치 제조와 관련된 위험을 최소화하기 위해 원격의료 기기가 어느 정도의 의학적 유효성을 갖추고 있는지를 분석하여 승인의 적정한 기준을 갖추도록 함이 지적된다. 이는 코로나 19로 인한 부득이한 원격의료에 대한 규제 완화는 그 혁신을 가속화할 수 있지만 그 이면에 위험을 증가시킨다는 점을 유념해야 한다는 것을 의미한다. 뿐만 아니라 FDA는 홈 모니터링에 사용되는 원격의료 기기에 대한 규제를 대폭 완화하였는데, 이러한 기기를 의학전문가인 의료인의 개입 없이 자택에서 환자 스스로 사용하도록 되어 있어, 환자가 그 기기의 사용 시 측정을 잘못하거나 위양성 혹은 위음성에 해당하는 수치에 대한 이해가 없어 이를 잘못 인식하였음에도 불구하고 그 수치가 원격의료를 통해 의료인에게 전달되어 그에 따라 진단된 경우 환자의 건강에 치명적인 악결과를 초래할 수 있음을 간과해서는 안 된다는 것이다.

V. 우리나라에 대한 시사점 및 입법적 제언

코로나 19의 대유행은 세계적으로 감염병 방역에서 디지털 기술을 사용한 데이터 공유의 필요성을 가져왔고, 동시에 원격의료의 확장이라는 디지털 의료의 새로운 분야를 양산하였다. 우리나라 또한 정부에서 한국판 뉴딜을 추진하면서 디지털 뉴딜의 한 축에 '스마트 의료 인프라'라는 과제를 두고 그 핵심에 원격의료의 활성화를 주창하였다.40) 그러나 그 과정에서 공중 보건 감시를 위해 개인의료정보에 대한 지나친 개입을 하게 되었고 종래 법제화되지 않은 원격의료의 방식을 급작스럽게 허용하는 과정에서 검증되지 아니한 원격의료 관련 장비나 디지털 검사 기기를 사용하면서 생명·신체에 대한 위험뿐만 아니라 법적·윤리적 위험에 노출되게 되었다. 그렇기 때문에 펜데믹 상황에서 원격의료가 불가피하더라도 사회적 논의와 그에 따른 합의가 필요하고, 궁극적으로 법제를 통한 체제의 안정

---

40) 스마트 의료 인프라는 5G·IoT 등 디지털 기술을 도입하여 입원환자를 실시간 모니터링하고 의료기관 간 협진 등 가능이 가능한 디지털 기반 스마트병원 18개, 호흡기전담클리닉 1천개, 20개 질환 AI 진단을 2025년까지 구축하여 안전진료를 도모하고. 고령자 등 건강취약계층 12만명을 대상으로 IoT와 인공지능을 활용하여 디지털 돌봄을 수행하며, 만성질환자 20만명을 대상으로 웨어러블 기기를 보급하여 건강을 관리하는 시스템을 구축하겠다는 것이다.; 2020.07.14. 한국판 뉴딜 종합계획, 한국판 뉴딜 국민보고대회(제7차 비상경제회의), 13면.

화가 필요한바, 미국의 코로나 19 정책이 우리나라에 주는 시사점과 함께 입법적 제언을 하고자 한다.[41]

1. 원격의료를 수행하는 의료인의 책임 경감 필요성

현행 의료법 제34조 제3, 4항에서는 원격자문을 수행함에 있어 의료사고 발생시 원격지 의사와 현지 의료인 사이의 책임을 규정하고 있다. 그런데 동조항에서 환자가 원격지의사나 현지 의료인의 지시를 따르지 않거나, 원격지 의사나 현지 의료인의 의료과실을 인정할 만한 명백한 근거가 없는 경우에 대한 면책의 여지에 대하여는 규율하고 있지 아니하다. 이러한 부분에 대하여 2018년 의료법 개정안에서 논의된 바 있으나 입법화되지는 않았다. 특히 코로나 19 사태에서는 의료인과 환자 사이의 접촉을 피하여 감염의 확산을 방지하여야 할 필요성이 높기 때문에 우리나라나 미국 모두 비대면 방식의 원격의료를 권장할 수밖에 없고, 따라서 의료인의 입장에서는 원격의료를 불가피하게 수행하여야 하는 사정이 존재한다. 그러한 이유로 미국에서는 코로나 19 기간 동안 원격의료를 사용함에 있어서 발생할 수 있는 의료과실과 관련하여 의료인의 법적 책임에 대한 감면 가능성을 고려한 바 있는바 우리나라의 경우도 이러한 법제가 필요하다고 생각한다.

물론 우리나라도 감염병 예방법 일부개정법률안을 통하여 감염병 위기 상황 시 시행한 비대면 진료 과정 등에서 의료인이 충분한 주의의무를 다하였음에도 불구하고 불가항력적으로 발생한 의료사고에 대하여 국가와 지방자치단체가 피해보상 비용을 지원할 수 있도록 하여 의료사고에 대한 무과실 보상 관련 조문을 신설한 바 있다. 그러나 이와 같은 펜데믹 기간 동안의 원격의료 수행시 의료무과실에 대한 피해 보상을 국가와 지방자치단체가 지원하는 외에, 부득이한 원격의료 수행 시 의료인의 의료 과실이 있는 경우의 책임의 경감 여지에 대한 것은 별도로 규율하고 있지 않으므로 이에 대한 고려가 필요하다. 또한 2014년 원격의료와 관련한 의료법 개정안에서 ① 환자가 원격지 의사의 지시를 따르지 아니한 경우, ② 환자가 갖춘 장비의 결함으로 인한 경우, ③ 원격의료행위에 대하여 원격지의사의 과실을 인정할 만한 명백한 근거가 없는 경우는 경우 원격지 의사의 면책가능성을 규정한 부분도 함께 규정될 필요가 있다.[42]

---

[41] Jobie Budd, Benjamin S. Miller, Erin M. Manning, Vasileios Lampos, Mengdie Zhuang, Michael Edelstein, Geraint Rees, Vincent C. Emery, Molly M. Stevens, Neil Keegan, Michael J. Short, Deenan Pillay, Ed Manley, Ingemar J. Cox, David Heymann, Anne M. Johnson & Rachel A. McKendry, "Digital technologies in the public-health response to COVID-19", *Nature Medicine* vol. 26, August 2020, p. 1192.

[42] 그 자세한 내용에 대하여는 백경희/장연화, "원격의료와 설명의무에 관한 고찰", 『과학기술법연구』 제21집 제2호, 한남대학교 법학연구소, 2015, 63면.

2. 원격의료에 사용되는 기기의 의학적 유효성과 안전성 확보

앞서 살펴본 바와 같이 미국은 코로나 19의 펜데믹 기간 동안 홈 모니터링에 사용되는 원격 의료 기기에 대한 규제를 완화하는 정책을 천명하여 시행 중이다. 그런데 그 완화 과정에서 원격의료 기기에 대한 의학적 유효성 검증이 면제됨에 따라 안정성을 확보하지 못함으로써 환자에 대한 피해가 유발될 가능성이 있을 뿐만 아니라 원격의료 기기를 사용하는 환자의 의학지식 부족으로 원격의료 기기로부터 정확한 정보를 확보하여 의료인에게 전달하는 것인지에 대한 부분이 불분명하여 의료사고 발생의 우려를 높이고 있다.

우리나라는 코로나 19 기간 동안 한시적으로 의사의 의료적 판단에 따라 안전성이 확보된다고 판단되는 경우 의사와 환자 사이의 전화 상담과 처방만을 허용하고 있기에, 미국과 같이 홈 모니터링과 관련된 원격의료 기기 사용에 연계된 문제가 현재를 기준으로는 상대적으로 적다고 할 것이다. 그렇지만 우리나라에서도 시범사업을 통해 홈 모니터링과 같은 원격 모니터링에 대한 원격의료를 수차례 진행해 왔고, 이는 추후 원격의료의 하나로 홈 모니터링을 인정할 가능성이 높기 때문에, 미국에서의 상황을 반추하여 홈 모니터링에 사용되는 원격 의료기기의 유효성과 안전성을 점검하여야 하고,[43] 원격 의료기기를 사용하지 못하는 환자들을 위하여 의료인을 개입시켜 진행하고 있는 방문건강관리사업을 적극적으로 활용하여 지원할 필요가 있다.[44]

3. 한시적으로 허용되는 원격의료의 범위

감염병 예방법 일부개정법률안 제49조의3 제2항에서는 한시적 비대면 진료의 지역, 기간 등의 범위에 대하여 보건복지부장관이 결정하되, 감염병관리위원회의 의견을 듣도록 하였다. 그런데 감염병 예방법 일부개정법률안에서는 현행 의료법에서 명문으로 규정한 '원격의료'가 아닌 '비대면 진료'라는 개념을 사용하고 있고, 다른 용어를 사용하면서도 비

---

[43] 우리나라에서도 비대면의 안면인식 체온계와 관련하여 식품의약품 안전처의 인증이 필요 없는 열화상 카메라를 안면인식 체온계로 판매하고 이를 사용한 것과 관련하여 논란이 된 바 있다.; 2020.09.10.자 서울경제 기사, "안면인식 체온계 '쓰라는 건지 말라는 건지'"

[44] 방문건강관리사업은 지역사회주민들의 건강관리를 수행하는 보건소의 기본업무에 해당하는바, 방문전문인력이 지역주민을 대상으로 가정 또는 시설방문을 통하여 가족문제 및 가구원 건강문제를 가진 가구를 발견하고 질병예방 및 관리, 건강증진 등을 위하여 적합한 보건의료서비스 등을 직접 제공하거나 의뢰·연계함으로써 가족의 자가 관리능력을 개선하여 삶의 질을 향상시켜 주는 포괄적인 건강관리사업이다. 통상 방문건강관리사업에 투입되는 인력으로는 의사, 한의사, 간호사, 치과의사, 물리치료사, 영양사, 운동사, 치위생사와 같은 보건의료인 외에 사회복지사 등이 있다.; 백경희, "방문건강관리사업과 방문간호에서 의료정보 동의에 관한 법적 문제점에 대한 소고", 『입법과 정책』 제9권 제3호, 국회입법조사처, 2017, 9면.

대면 진료의 범위를 구체화하지 않고 있다.

앞서 살펴본 바와 같이 원격의료와 비대면 진료가 환자와 의사가 직접 대면하지 않는다는 공통점은 있으나 외연에 차이가 있다는 견해도 존재하고, 더구나 우리나라 현행 의료법에서 인정하는 원격의료의 유형이 원격자문에 그치고 그 이상의 유형을 인정할 것인지에 대한 의료법 개정이 이루어지고 있지 아니하여, 감염병 예방법 일부개정법률안에서 사용한 '비대면 진료'의 문구는 재고할 필요가 있다. 즉, 의료법 개정을 통해 원격의료의 유형을 어디까지 확장할 것인지를 선결적으로 해결한 후 그와 보조를 맞추어 감염병 예방법의 개정이 필요하다고 보이며, 그렇지 아니할 경우에는 감염병 예방법에서 사용하는 원격의료의 범위와 단계를 어떻게 설정할 것인지를 명문으로 규율하는 것이 필요하다. 즉, 앞서 살펴본 원격의료의 유형을 모두 받아들일 것인지 아니면 일부만 받아들일 것인지를 우리나라의 의료시스템과 원격의료 기술 발달의 현황을 고려하여 신중하게 설정하여야 할 것이다.

어떠한 방식이든 팬데믹 기간에서 한시적으로 허용되는 원격의료의 범위는 원격의료가 대면진료를 대체하는 것이 아닌 보완적 방법이라는 세계보건기구의 입장을 유념하여 설정되어야 한다고 생각한다. 그러므로 팬데믹 기간 동안에도 환자의 생명·신체의 안전을 보장하고 의료과실을 최소화하기 위해, 의료시스템상 대면진료를 할 수 있는 상황이라면 대면진료를 수행하도록 하고, 감염병의 확산이 중한 경우에 대면진료를 보완하는 방안으로 원격의료를 사용하도록 해야 할 것이다.

4. 전화상담 또는 처방의 구체적 근거 마련

정부는 의사의 판단에 따라 안전성 확보가 가능한 경우 환자가 의료기관을 직접 방문하지 않고도 전화상담 또는 처방을 받을 수 있도록 한시적으로 허용하면서, 그 추진근거로 「보건의료기본법」 제39조, 제40조 및 제44조, 「의료법」 제59조제1항, 「감염병예방법」 제4조를 들고 있다.

그러나 원격의료에 대한 우리나라의 현행법제는 원격의료의 유형 중 원격지의사와 현지 의료인 사이의 의료지식이나 기술을 지원하는 임상 원격의료(telemedicine) 중 '원격자문'의 형태만을 허용하고 있는바, 정부가 들고 있는 「보건의료기본법」 제39조, 제40조 및 제44조는 계획 규정 내지 국가 등의 책무 규정에 불과하고 의료법 제59조제1항은 의료법 제34조와 상충하는 면이 있어, 정부가 제시하는 추진근거만으로는 전화 상담 또는 처방 등 원격진료에 대한 현행 규정의 예외를 설정하기는 어려운 측면이 있다.

따라서 현재 실시되고 있는 전화상담 또는 처방 역시 전체 법체계 정합성, 원격진료의 보완적 측면 및 우리나라의 의료 체계와 공보험 시스템 등을 충분히 고려하여 그 구체적 근거를 마련할 필요성이 있다.

참고문헌

1. 국내문헌

보건복지부, 『감염병 위기관리 표준매뉴얼』, 2014.
홍형선(보건복지위원회 수석전문위원), 『감염병의 예방 및 관리에 관한 법률 일부개정법률안 검토보고서』, 보건복지위원회, 2020.

김대중, "주요국의 원격의료 추진 현황과 시사점 - 미국과 일본을 중심으로", 『보건·복지 Issue & Focus』 제270호, 한국보건사회연구원, 2015.
김민지/강선준/원유형/오건택, "저출산·고령화 시대 의료 정책 및 법제 개선방안에 관한 연구 - 원격의료제도 활성화를 위한 검토를 중심으로 -", 『법학논총』 제36집, 숭실대학교 법학연구소, 2016.
김병일, "유비쿼터스 시대를 위한 의료법의 개정방안 : 원격의료를 중심으로", 『법학논총』 제27권 제2호, 전남대학교 법학연구소, 2007.
김지연, "비대면 시대, 비대면 의료 국내외 현황과 발전방향", 『KISTEP Issue Paper』 통권 제288호, 한국과학기술원, 2020.
김항중, "미국 원격의료에 있어 의료인의 자격에 관한 소고", 『법학논고』 제47집, 경북대학교 법학연구원, 2014.
_____, "우리나라 원격의료에서 제기되는 보험급여(Reimbursement) 문제에 관한 법적 연구 -미국 조지아 주(州)의 사례를 중심으로", 『서울법학』 제27권 제3호, 서울시립대학교 법학연구소, 2019.
류화신, "원격의료에서의 의사의 책임원리", 『비교사법』 제12권 제1호, 한국비교사법학회, 2005.
백경희, "방문건강관리사업과 방문간호에서 의료정보 동의에 관한 법적 문제점에 대한 소고", 『입법과 정책』 제9권 제3호, 국회입법조사처, 2017.
_____, "미국의 원격의료에 관한 고찰 - 코로나 19 대처에 대한 시사점을 중심으로", 『법학논고』 제70집, 경북대학교 법학연구원, 2020.
백경희/심영주, "캐나다의 원격의료에 대한 법제에 관한 고찰 - 우리나라에 대한 시사점을 중심으로 -", 『강원법학』 제60권, 강원대학교 비교법학연구소, 2020.
백경희/장연화, "원격의료와 설명의무에 관한 고찰", 『과학기술법연구』 제21집 제2호, 한남대학교 법학연구소, 2015.
신문근, "원격의료의 법제화방안 연구", 『법제현안』 제2001-6호, 국회사무처, 2001.
윤석찬, "원격의료(Telemedizin)에서의 의료과오책임과 준거법", 『저스티스』 통권 제80호, 한국법학원, 2004.
윤영한, "우리나라 원격의료산업의 글로벌 경쟁력 강화를 위한 정책 과제", 『통상정보연구』 제13권 제3호, 한국통상정보학회, 2011.
이우정/홍승욱/박정화/정영철, "의료법상의 원격의료에 대한 법적 쟁점", 『한국의료법학회지』 제11권 제1호, 한국의료법학회, 2003.
장연화/백경희, "의사의 대면진료의무와 의료법 제17조 제1항의 해석에 대한 소고", 『법학논집』 제17권 제4호, 이화여자대학교 법학연구소, 2013.
정용엽, "원격의료의 민사책임 및 법제 개선에 관한 연구", 경희대학교 일반대학원 법학과 박사학위 논문, 2005.
조형원, "u-Health의 현황과 법적 문제", 『의료법학』 제7권 제2호, 대한의료법학회, 2005.

2. 해외문헌

Center for Connected Health policy(The National Telehealth Policy Resource Center), *State Telehealth Laws, Public Health Institute*, Fall 2018.

Hussein Z. Noorani, M.·ScJocelyne Picot, "Assessment of Videoconferencing in Telehealth in Canada", *Technology report* no. 14, Canadian Coordinating Office for Health Technology Assessment, May 2001.

Jobie Budd, Benjamin S. Miller, Erin M. Manning, Vasileios Lampos, Mengdie Zhuang, Michael Edelstein, Geraint Rees, Vincent C. Emery, Molly M. Stevens, Neil Keegan, Michael J. Short, Deenan Pillay, Ed Manley, Ingemar J. Cox, David Heymann, Anne M. Johnson & Rachel A. McKendry, "Digital technologies in the public-health response to COVID-19", *Nature Medicine* vol. 26, August 2020.

Lynn D. Fleisher and James C. Dechene, *Telemedicine And E-Health Law,* ALM Media, New york, 2006.

Sara Gerke, Carmel Shachar, Peter R. Chai & I. Glenn Cohen, "Regulatory, safety, and privacy concerns of home monitoring technologies during COVID-19", *Nature Medicine* vol. 26, August 2020.

U.S.Food and Drug Administration, *Enforcement Policy for Non-Invasive Remote Monitoring Devices Used to Support Patient Monitoring During the Coronavirus Disease 2019 (COVID-19) Public Health Emergency*, March 2020.

World Health Organization, *Telemedicine*, Global Observatory for eHealth series – Volume 2, 2010.

저자 소개

김영국
- (현) 국회 입법조사처 입법조사관
- 한양대학교 대학원 법학과 법학박사(상법학 전공)
- 금융감독원 분쟁조정위원회 전문위원
- (사)한국법이론실무학회 학술부회장
- (사)한국보험법학회 이사, [보험법연구] 편집간사
- (사)한국상사법학회 이사, [상사법연구] 편집위원
- (사)한국법학회 이사, [법학연구] 편집위원
- (사)4차산업융합법학회 이사
- (사)한국부동산법학회 기획이사
- 한양대학교 법학연구소 연구원
- 법조협회 사무국 계장

송승현
- (현) 서강대학교 대우교수
- (현) 대한 변협 법제연구원 연구원
- (현) 성균관대학교 법학연구원 선임연구원
- (현) 연세대학교 강사
- (전) 경희대학교 강사
- (전) 충북대학교 강사
- (전) 대전대학교 강사
- (전) 목원대학교 강사
- (전) 중앙경찰학교 외래강사
- (전) 식품의약품안전처 식품정책조정과 연구원

박선종
- (현) 숭실대학교 법과대학 법학과 교수
- 고려대학교 법학박사(민법/금융법)
- BS투자증권(현 BNK투자증권) 상무
- 유진투자선물 전무

- 고려대학교 금융법센터 연구위원
- 금융위원회 자체규제심사위원

박창규
- (현) 대한상사중재원 중재인
- 법학박사
- 고려대학교 일반대학원 법학과 박사과정 졸업

권지현
- (현) 광운대학교 법학부 조교수
- 한양대학교 정보통신대학 미디어통신공학 공학사
- 일본 와세다대학 대학원 지적재산권법 법학석사
- 일본 와세다대학 대학원 지적재산권법 법학박사
- 일본 쇼우바야시 특허법인 특허컨설팅 분석관
- 일본 와세다대학 법학부 조수
- 일본 와세다대학 지적재산법제연구소 연구원
- 전남대학교 지식재산전문인력양선센터 전담교수

김정현
- (현) 전북대학교 일반사회교육과 부교수
- (현) 대법원 통일사법연구위원회 위원
- (전) 법제처 남북법제연구위원회 위원
- (전) 한국법제연구원 연구위원
- (전) 국민권익위원회 부패영향평가 자문위원

주승희
- (현) 덕성여자대학교 글로벌융합대학 법학전공 교수, 미국 District of Columbia 변호사
- (현) 법무부 보통징계위원회 위원
- (현) 금융감독원 제재심의위원회/징계위원회 위원
- (현) 금융위원회 법령해석심의위원회/적극행정위원회 위원
- (현) 국가정보원 국제범죄정책위원회 위원
- (현) 한국형사법학회/비교형사법학회/형사소송법학회 상임이사
- 한국형사정책연구원 부연구위원(2005.12~2007.08)

백경희

- (현) 인하대학교 법학전문대학원 교수
- (현) 대한의료법학회 편집위원
- (현) 한국의료법학회 연구이사
- (현) 한국의료분쟁조정중재원 비상임조정위원
- (현) 법제처 법령해석심의위원회 해석위원
- (현) 국가생명윤리정책연구원 기관생명윤리위원회 평가위원
- (현) 대한변호사협회 법제연구원 일반연구위원
- 제43회 사법시험 합격
- 고려대학교 일반대학원 법학박사(민법전공)
- 공동법률사무소 해울 수석변호사

박성진

- (현) 법무법인 최선 대표변호사
- 제51회 사법시험 합격
- 연세대학교 법학과 법학사
- 해군법무관(군검사, 법무실장)
- 김·장 법률사무소
- 서울남부지방법원 민사조정위원